中国计量学院 质检法教材系列
CHINA JILIANG UNIVERSITY

总主编　杨秀英

检验检疫法教程

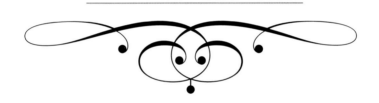

季任天　于俊嶙　编

厦门大学出版社
XIAMEN UNIVERSITY PRESS
国家一级出版社
全国百佳图书出版单位

图书在版编目(CIP)数据

检验检疫法教程/季任天,于俊嶙编. —厦门:厦门大学出版社,2011.12
(质检法教材系列)
ISBN 978-7-5615-4162-3

Ⅰ.①检… Ⅱ.①季… ②于…Ⅲ.①国境检疫:卫生检疫-卫生法-中国-教材
Ⅳ.①D922.16

中国版本图书馆 CIP 数据核字(2011)第 263706 号

厦门大学出版社出版发行

(地址:厦门市软件园二期望海路 39 号 邮编:361008)

http://www.xmupress.com

xmup @ public.xm.fj.cn

厦门集大印刷厂印刷

2011 年 12 月第 1 版 2011 年 12 月第 1 次印刷

开本:787×960 1/16 印张:20.5 插页:2

字数:357 千字 印数:1~3 000 册

定价:33.00 元

本书如有印装质量问题请直接寄承印厂调换

编审委员会

总 主 编 杨秀英

副总主编 朱一飞（常务） 张 云 季任天 汪江连

委员（按姓氏笔画排序）

于俊嶙 王长秋 朱一飞 刘 瑾 李晓君 季任天

汪江连 张 云 张俊霞 范晓宇 徐楠轩 杨秀英

彭飞荣 韩光军 冀 瑜

总　序

　　我们统称为"质检"的产品质量、食品安全、标准化、技术监督和检验检疫，不仅是当前而且在将来都是社会关注的热点与难点问题。究其原因，主要在三个方面：首先，在市场经济条件下，由于生产者与经营者的趋利性和竞争性，加之消费者的信息不对称和产品质量的辨识难度，产品质量以及食品安全问题的出现，似乎是市场经济不可避免的"副产品"。其次，随着经济社会的发展和人民生活水平的日益提高，人们对产品质量的要求和期望随之提高，与此相应，人们维护自身合法权益的权利意识和维权能力也随之提高，这就对产品质量和食品安全的监管工作提出了更高的要求。最后，随着我国政府职能转变和政府机构改革的稳步推进，政府对于经济运行的监管方式，逐渐由"管项目、管企业"转变为"管市场、管质量"，即一方面管理市场秩序，维护自由竞争和公平竞争，另一方面监管产品质量，维护消费者权益。因此，质检作为政府经济职能的重要组成部分，就越来越具有举足轻重的地位。正是在这样的大背景下，对质检法的相关问题展开研究，就显得越发重要而不可或缺。

　　中国计量学院是国家质检总局和浙江省"省部共建"的高校，也是我国质检行业唯一一所普通高校。学校以"计量立校、标准立人、质量立业"为办学理念，在质量监督、标准化和计量、检验检疫的教学和科研方面具有鲜明的特色和优势。中国计量学院法学院成立伊始，便将质检法学确立为特色发展的方向之一，积极致力于质检法的教学与研究。为此，学院专门开设了"产品质量与消费者权益保护法"、"检验检疫法"、"标准化法"等富有特色的院设及校设选修课。经过多年的努力，学院老师发表了具有一定影响力的一批科研成果，并且承担了多项省部级的科研项目。2010年，王艳林教授在他主编的国家"十一五"规划教材——《质检法教程》中，首次系统阐释了"质检法"的名称、体系和内容。

　　基于以上原因，中国计量学院法学院在多年积累教学经验和学术成果的基础上，组织了部分长期致力于质检法教学和研究的骨干教师，编写并出版此套质检法系列教材，即《产品质量法教程》、《食品安全法教程》、《标准化法教程》、《检验检疫法教程》及以产品质量犯罪为主要内容的《新编经济刑法教

程》。

　　本系列教材是我国迄今第一套较为系统的质检法教材，覆盖了质检法的主要内容。它既是对现有质检法律制度的梳理和对前期学术研究成果的总结，同时又在前期成果的基础之上有所深化、有所扩展。可以说，这套系列教材不仅具有教材的功用，而且具有一定的学术价值。

　　因此，在教材即将面世之际，我们在此郑重地向读者予以推介，本系列教材不仅可供法学专业的高年级本科生在选修质检法相关课程时作教材使用，也可供相关专业的研究生和实务部门的工作人员选作参考书使用。

　　由于本系列教材是我国第一套质检法教材，在编写体例、基本理论、基本观点和基本知识方面，可能存在一定的问题，我们衷心期望读者和法学界、质检法学者对本系列教材批评指正，不吝赐教。

杨秀英

2011 年 12 月

前 言

检验检疫法是出入境检验检疫法的简称,是调整检验检疫社会关系的法律规范的总和。检验检疫社会关系是指在检验检疫活动中产生的各种社会关系。检验检疫活动主要有综合性、技术性、强制性、公正性、及时性、国际性等特征。

检验检疫法属于质量监督检验检疫法,质量监督检验检疫法属于市场规制法,市场规制法属于经济法,因此检验检疫法属于经济法这一部门法。在法律的公平与效益、自由与平等、正义与秩序等价值形态中,检验检疫法的核心价值取向首先是安全价值,其次是效益价值,再次是公平价值。检验检疫法保障检验检疫活动实现其促进国际交往与国际贸易的作用,因此具有非常重要的意义。

出入境检验检疫局的工作人员必须熟练掌握检验检疫法的知识和执行检验检疫法的要求,进出口商品和动植物及其产品的企业与个人,任何进出国境的人、物、交通工具以及国境单位都必须了解与遵守检验检疫法的规定。因此,检验检疫法的适用面很广,涉及的人员众多。检验检疫法不但是检验检疫部门与出入境企业中检验检疫人才的必备知识,也是普法的重点内容。

为培养检验检疫专业人才和普及检验检疫法知识,"检验检疫法"被一些高校列为法学专业特色课程之一,也是检验检疫相关专业的必要课程。中国计量学院早在 20 世纪 90 年代即开设了"技术监督法律法规"课程,作者于1998 年起参与担任"技术监督法律法规"课程的教学任务。随着 2001 年国家质检总局的成立,国家质量技术监督局与国家出入境检验检疫局合并,"技术监督法律法规"课程内容相应作了扩展,增加了检验检疫法的内容。作者在2003 年主编出版的国家质检总局统编教材《质量技术监督法律基础》中就专章列入了《检验检疫法》。随后中国计量学院先后开设了"商检管理学"、"质量监督检验检疫概论"、"检验检疫法"等涉及检验检疫法的课程,作者也陆续出版了《商检管理学》、《质量监督检验检疫概论》等教材。作者负责法学专业特色课程"检验检疫法"的建设与教学任务,还担任了经济法学研究生课程中的"检验检疫法"教学任务,参与编写了国家十一五规划教材《质检法教程》,执笔

撰写检验检疫法章节的内容。多年的研究教学工作实践,已令我与检验检疫法难分难舍。

作者在担任"检验检疫法"课程的教学任务中,一直没有找到合适的教材。完整地介绍检验检疫法的教材屈指可数,分别介绍进出口商品检验法、进出境动植物检疫法、国境卫生检疫法的书尚有几本,但适合做教材的也很少。这些现有教材,基本上是分别地介绍检验检疫法的各个具体法律制度,没有进行理论上的阐述,没有三检合一地诠释。本教材在作者多年研究的基础上,尝试挖掘检验检疫法的本质属性,对于三检合一思想进行有益的探索,首次提出检验检疫法的核心价值取向,首次对检验检疫法律责任进行全面介绍。教材还整理了主要的国际检验检疫法律。

作为"检验检疫法"课程的教材,本书介绍检验检疫法的基本理论和基础知识,如检验检疫法的基本范畴,检验检疫法的发展历史,检验检疫法律关系,检验检疫法的价值取向,以及进出口商品检验法、进出境动植物检疫法、国境卫生检疫法、检验检疫法律责任等具体法律制度,最后介绍了技术性贸易壁垒协定、实施卫生与植物卫生措施协定、装运前检验协定、原产地规则协定、国际卫生条例等国际检验检疫法。

全书由中国计量学院季任天、于俊嶙撰稿。探索既意味着创新,也意味着不成熟。由于对检验检疫法的研究目前尚不深入,对检验检疫法的理论研究不够完善,同时限于作者水平,书中难免会有一些错误之处,恳请读者不吝赐教(作者电子邮箱:jirentian@163.com)。

作者

2011 年 9 月于西子湖畔

目　录

第一章　绪　论

第一节　检验检疫法的基本范畴

检验检疫法的基本范畴主要有：检查、检验、检疫以及检验检疫、检验检疫活动、检验检疫法、检验检疫法学等。

一、检查

检查简称为检（检即查的意思）或查，是指为了发现问题而用心查看。按照检查地点不同，检查分为境内检查、边境检查、境外检查；按照检查手段不同，分为技术检查与常规检查。出入境检验检疫属于边境技术检查，目前我国边境技术检查的主要内容是出入境检验检疫，包括检验与检疫两种技术手段。因此，出入境检验检疫是检查的一种特殊形式，具备检查的基本特征。检验检疫就是对出入境环节的商品、动植物、人、包装、交通工具等进行的检查。所以说，检查是检验检疫的核心范畴。

按照检查的受体不同，检查分为对人的检查、对物的检查、对场所的检查等。出入境检验检疫的受体既包括人，也包括商品、动植物及其产品、其他检疫物、包装、交通工具等物，还包括边境场所。

根据检查主体不同，检查分为行政检查、组织检查、个人检查。出入境检验检疫属于行政检查。根据检查受体的意愿不同，分为强制检查与自愿检查。如医疗检查一般是自愿检查，但是涉及传染病的检查就可能是强制检查。出入境检验检疫中除了非法定检验等少数情况外，大多数是属于强制性的。因此，出入境检验检疫一般可理解为是行政强制检查的一种类型。行政强制检查是指行政主体对相对人的有关事实作单方强制了解的行政行为。

需要注意的是，检验检疫中的报检制度规定，出入境当事人必须主动报

检,这并不能说明检验检疫是依申请的非强制性检查。如果当事人不通过报检接受检验检疫并获得合格的检验检疫证书,海关是不会放行的。因此,当事人为了出入境,事实上不得不主动接受(也就是被强制接受)检验检疫。

行政强制检查属于行政强制措施。行政强制措施是指行政主体为了实现一定的行政目的,而对特定相对人或特定物作出的,以限制权利和科以义务为内容的、临时性的强制行为。行政强制措施具有具体性、强制性、从属性、限权性、临时性、非制裁性、可诉性等特征。

出入境检验检疫无疑属于行政强制措施,但不完全属于行政强制检查。出入境检验中法定检验属于行政强制检查,检查的结果若不符合要求,就予以行政处罚。出入境检疫包括行政强制检查,检查的结果若不符合要求,可以直接予以退货、扑杀、责令离境、罚款等行政处罚;但是往往需要同时给予卫生处理,根据情况甚至采取就地诊验、留验、隔离等行政强制措施。

行政强制措施属于具体行政行为。具体行政行为是指行政主体通过行政人基于行政职权进行的,针对特定的行政相对人就特定的事项,直接引起权利义务法律效果的单方行为。具体行政行为具有行政性、特定性、外部性、单方性、法律效果性。

二、检验

狭义的检验是指对产品的一种或多种特性进行测量、检查、试验、计量,并将这些特性与规定的要求进行比较,以确定其符合性的活动。[1] 狭义的检验即质量检验,根据《辞海》定义,质量检验是根据质量标准或有关技术文件,对影响产品质量的各种因素进行检验的工作。包括对原材料、外购件的检验,设备、工艺装备的检验,半成品和成品的检验。[2]

广义的检验是对产品或服务的一种或多种特性进行测量、检查、试验、计量,并将这些特性与规定的要求进行比较,以确定其符合性的活动。[3] 广义的检验将检验对象从局限于产品,扩充为产品和服务。ISO 9000 将检验定义为:通过观察和判断,适当结合测量、试验所进行的符合性评价。该定义未指明限于产品,理应适用于产品和服务,即该定义也是指广义的检验。

---

[1] 顾钟毅、李德涛编著:《质量检验基础》,中国标准出版社 2004 年版,第 1 页。
[2] 辞海编辑委员会编:《辞海》,上海辞书出版社 1989 年版,第 708 页。
[3] 秦现生主编:《质量管理学》,科学出版社 2002 年版,第 286 页。

虽然广义的检验有其合理性,但是在出入境检验检疫中的检验是指进出口商品检验,也就是说检验对象仅限于商品即产品①,此处的检验是狭义的。检验是人类生产活动的一个重要组成部分,其目的是要科学地揭示产品的特性,剔除那些不符合需要的产品,从而确保产品质量达到标准要求,并为改进产品质量和加强质量管理提供信息。检验包括境内检验、边境检验、境外检验,其中境外检验实际上是另一国(地区)的境内检验,因此从实质区别看,检验分为境内检验与边境检验。边境检验亦称为进出口商品检验,简称商检。境内检验一般称为产品质量检验。

根据检验发生的产品生命周期环节的不同,可以分为产品设计环节的检验、产品生产环节的检验、产品流通环节(包括境内流通环节与边境流通环节)的检验、产品维修环节的检验、产品终结环节(如产品召回、产品回收、产品报废)的检验等。境内检验涉及所有环节的检验,最普遍的是产品生产环节的检验和产品流通环节的检验;边境检验仅属于流通环节的检验,即边境流通环节的检验。

三、检疫

检疫是防止某些传染病在国内蔓延和国际间传播的一项措施,包括接触者检疫、疫区检疫、国境卫生检疫。② 从字面上理解,"检"是检查、检验之意,"疫"是流行性急性传染病的总称,因此,检疫的本意是指对是否可能产生流行性急性传染病所进行的检查。在出入境环节上除了检查人与动物的传染病外,还对动物寄生虫病、植物危险性病、虫、杂草以及其他有害生物进行检查。

检疫的英文为 quarantine,源自拉丁文 quarantum,原意为 40 天。现在,从词义上讲 quarantine 包括:(1)(对港口船舶等的)检疫、留检、检疫处、检疫期;(2)(因传染病流行而对人、畜等的)隔离、隔离区;(3)四十天。③《国际卫生条例》(2005)第 1 条规定,检疫是指"限制无症状的受染嫌疑人的活动和(或)将无症状的受染嫌疑人及有受染嫌疑的行李、集装箱、交通工具或物品与

---

① 此处产品是广义的产品,即凝聚人类劳动力在内的物品。当产品用于交换,就视为商品。我国《产品质量法》中的产品排斥了初级农产品等未经加工制作的产品,但广义上的产品只要是用于销售,仍然被视为商品。

② 辞海编辑委员会编:《辞海》,上海辞书出版社 1989 年版,第 3425 页。

③ 《新英汉词典》(增补本),上海译文出版社 1985 年版,第 1083 页。

其他人或物体分开,以防止感染或污染的可能播散。"这一定义已获得世界各国的公认,可见检疫的含义除了检查,还有检查之后采取强制措施的含义。

根据检疫的对象不同,检疫分为对动植物的检疫和对人的检疫。根据检疫的地点不同,检疫分为境内的检疫和边境的检疫。因此,检验检疫中的检疫是指特定技术机构的工作人员运用一定的仪器设备、应用科学的技术方法依法对出入境的人、动植物和商品是否带有传染病、动物寄生虫病、植物危险性病、虫、杂草以及其他有害生物进行检查和处理的行政管理活动。就目前来说,我国边境检疫包括国境卫生检疫和进出境动植物检疫。

四、检验检疫

从检验和检疫的原始概念中可以看出它们都是既包括国内的检验、检疫,也包括国境上的检验、检疫。虽然检验包括国内市场的产品质量检验,检疫也可用于国内的检疫,但是当检验检疫作为一个整体出现时,其含义已经专指国境上的检验和检疫,即出入境检验检疫。

因此,检验检疫是指国家出入境检验检疫部门依照国家检验检疫法律法规规定,对进出境的商品(包括动植物产品)以及运载这些商品、动植物和旅客的交通工具、运输设备,分别实施检验、检疫、鉴定、监督管理和对出入境人员实施卫生检疫及口岸卫生监督的统称。简而言之,检验检疫是指在出入境环节中进行的检验与检疫活动。检验检疫包括出入境环节中对商品进行的质量检验、对动植物及其制品进行的检疫和对人的卫生检疫,分别称作:进出口商品检验、进出境动植物检疫和国境卫生检疫。

检验检疫与质量技术监督、质量监督检验检疫、防疫等范畴之间具有密切的联系,但是也有本质的区别。

1. 检验检疫与质量技术监督的关系

一般所说的质量技术监督是指狭义的质量技术监督,即国家以法律法规为准绳,以标准为依据,以技术检验、计量检测为手段,对产品质量安全进行综合管理和执法监督的行政管理活动。质量技术监督是对国内市场产品质量的监督,检验检疫是对国境上的产品质量和人的健康进行的监督。两者主要区别有三点:一是监督的地点不同,前者在国内,后者在国境;二是监督的对象不同,前者限于产品,后者包括产品,也包括动植物和人;三是监督的手段不同,除检验之外,前者有检定,后者有检疫。两者的共同点是都包括对产品(商品)的质量进行检验监督,而且两者共同构成质量监督检验检疫。

2. 检验检疫与质量监督检验检疫的关系

质量监督检验检疫是指国家及其授权行政机构以法律法规为准绳,以标准等技术性规范为依据,以计量检测、技术检验、技术检疫、认证认可为手段,对国内产品质量安全和出入境商品、动植物、人体健康安全进行综合管理和执法监督的行政管理活动。

质量监督检验检疫等于质量监督加上检验检疫,即质量技术监督加上检验检疫。因此,质量监督检验检疫的概念比检验检疫的概念宽泛,前者包括了后者,后者是前者的一个组成部分。

3. 检验检疫与防疫的关系

检验检疫一般限于国境线上的出入境检验与检疫。而防疫一般是指在一国境内对于动植物与人的传染性疾病的防范与控制。检验检疫中的检疫,与防疫两者相互影响、相互联系,并一起构成了一国完整的传染性疾病的防范与控制体系。

五、检验检疫活动

检验检疫活动是指与检验检疫有关的各种工作中的各项过程。检验检疫活动的主要内容有以下三个方面:

1. 对进出口商品进行检验、鉴定和监督管理,保证进出口商品符合质量(标准)要求、维护对外贸易有关各方的合法权益,促进对外经济贸易的顺利发展。

2. 对出入境动植物及其产品,包括其运输工具、包装材料的检疫和监督管理,防止危害动植物的病菌、害虫、杂草种子及其他有害生物由国外传入或由国内传出,保护本国农、林、渔、牧业生产和国际生态环境及人类的健康。

3. 对出入境人员、交通工具、运输设备以及可能传播检疫传染病的行李、货物、邮包等物品实施国境卫生检疫和口岸卫生监督,防止传染病由国外传入或者由国内传出,保护人类健康。

检验检疫活动主要有以下几个特征:

1. 综合性。检验检疫活动既包括对商品的检验,也包括对动植物和人的检疫。进出口商品检验涉及的商品领域非常广泛,几乎涉及所有进出口的商品;进出口商品检验不仅仅是在进出口环节的法定检验,还包括从法定检验延伸到生产和使用部门,帮助他们建立健全检验机构和检验制度,促进工厂的全面质量管理。检验检疫工作也不仅仅是单纯技术型的工作,而且是管理型的

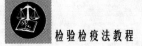

工作。检验检疫既有强制性检验检疫,又有非强制性检验鉴定;既有检验检疫把关,又有监督检查;既有管理,又有服务。因此,检验检疫的监督管理具有明显的综合性。

2. 技术性。检验检疫活动涉及的检验或检疫都属于技术检查,需要运用先进的技术手段和先进的技术设备。进出口商品的检验涉及各类商品的不同技术指标的检出与验证,有的商品技术指标的技术性弱些,有的技术性强些,但绝大部分进出口商品的检验都有很强的技术性。对人体和动植物的疫病检出需要病理学、流行病学、毒理学、医学等相关领域的技术手段,对后续的检疫处理也需要卫生处理技术、医学处理技术。可见,检验检疫活动不可避免地具有显著的技术性。

3. 强制性。为控制疫病的传播,各国的进出境动植物检疫与国境卫生检疫一般都是完全强制的。至于进出口商品的检验,各国一般对列入法定检验目录的进出口商品实施强制检验,体现了商检工作的强制性;对目录外的进出口商品,实行自愿申请检验。列入目录的进口商品未经检验合格的,不准销售、使用;列入目录的出口商品未经检验合格的,不准出口。商检机构可以对有关单位和机构检验的商品进行抽查检验;必要时派员驻厂,参与监督列入目录内的出口商品出厂前的质量检验工作和进口的重要商品的验收检验工作;对重要的进出口商品及其生产单位实行质量许可证制度等。这些法定检验的相关工作,由国家法律予以规定,由国家强制力保证其实施,有关单位和个人必须服从和配合。

4. 公正性。在进出境动植物检疫与国境卫生检疫中,检验检疫机关的检疫结果必须具有公正性,对具有疫病的动植物与人体不漏掉检出、检疫处理;对没有疫病且没有染疫嫌疑的动植物与人体不能作出检疫处理。在国际贸易活动中,贸易有关各方为了维护各自的利益,避免和减少各种风险损失和责任划分的争议,便利货物的交接结算,客观上要求有一个公正的、能够发挥居间证明作用的第三方检验机构,对货物进行检验、鉴定,以证明货物是否符合合同的约定,以及商品流动过程中各环节的状况,并判明事故的原因和责任的归属,以保护贸易各方的合法权益。因此,第三方检验机构所进行的检验、鉴定工作必须具有公正性,保证自己的检验结果准确,而不能故意偏袒国际贸易中的任何一方。

5. 及时性。国境卫生检疫必须即时进行、即时处理,避免国境上人流的拥挤、堵塞,进出国境的人流虽能在一定时间内遵守排队候检的约束,但是过长时间的候检必然造成国际交往的障碍,因此国境卫生检疫必须符合及时性的要求。进出境动植物检疫与进出口商品检验主要是针对动植物与商品的国际贸易开展的,为国际贸易把关、服务,从而促进国际贸易。而国际贸易中时间就是金钱,要求每一笔国际交易在尽可能短的时间内完成,以提高交易双方的经济效益。在每一笔具体交易中,从货物的交接、货款的结算、保险责任的起讫、运输环节的风险划分等都受到时间、地点的严格约束。进出境动植物检疫与进出口商品检验作为国际贸易过程中必须经过的一个环节,其耗费时间的长短直接影响到国际贸易时间的长短。因此,进出口商品检验活动有确定的、严格的时间与空间的要求,商检活动必须根据贸易合同的要求和国际通行的惯例,在其规定的时间、地点完成。这就要求进出境动植物检疫与进出口商品检验具有及时性,至少要做到出口商品检验检疫不误装运期,进口商品检验检疫不误索赔有效期。

6. 国际性。检验检疫活动是为国际交往与国际贸易服务的。检验检疫的结果直接作为人与动植物、商品等能否进出国境的凭据,进出境动植物检疫与进出口商品检验出具的证书还是国际贸易有关方货物交接、计费计价、通关结汇、处理争议、诉讼举证的有效凭证。检验检疫活动不仅要遵循本国的法律、法规,同时还要遵循国际通行的惯例,其活动结果须得到国际交往与国际贸易有关方面的确认。这些都表明检验检疫活动的作用空间超越了国界,具有明显的国际性。

六、检验检疫法

检验检疫法是出入境检验检疫法的简称,是调整检验检疫社会关系的法律规范的总和。检验检疫社会关系是指在检验检疫活动中产生的各种社会关系。检验检疫社会关系是检验检疫法的调整对象,它一经检验检疫法调整,则上升为检验检疫法律关系。检验检疫社会关系主要包括进出口商品检验社会关系、进出境动植物检疫社会关系、国境卫生检疫社会关系等。

对于检验检疫法的部门法归属问题,看法不一。有人认为,应当属于经济法;有人认为,应当属于行政法;有人认为,应当属于经济法与行政法的交叉,因为它既有部门经济法的内容,又有部门行政法的内容。2008年《中国法治建设的白皮书》将《进出口商品检验法》、《进出境动植物检疫法》列为经济法部门,将《国境卫生检疫法》列为行政法部门。本书主张将检验检疫法都纳入经济法部门。区分经济法与行政法的关键是调整对象是否涉及增量利益,根据增量利益理论,进出口商品、进出境动植物均涉及增量,对其检验检疫属于对增量的监管,因此《进出口商品检验法》、《进出境动植物检疫法》理应属于经济

法部门。至于国境卫生检疫虽然是针对人的健康安全进行的检疫,但是一方面也会对涉及增量的进出口货物、交通工具等进行检疫,另一方面人的出入境一般原因是谋取一定增量,国家卫生检疫是对增量的一种安全控制,因此属于调整增量利益的经济法部门。

作为现代法的经济法,必定会采取行政法等传统法中的调整手段,因此出入境检验检疫的行政执法、行政责任、行政救济等内容虽属于行政法的范畴,但同时也是检验检疫法的组成部分,也属于经济法的调整手段。

检验检疫法的调整方法不外乎检验检疫法律责任与检验检疫法律奖励两大类方法。虽然,目前检验检疫法律奖励运用得较少,也较不规范,但是基于浓奖淡罚有利管理效果的原则,为提高检验检疫的效果,今后应当加强检验检疫法律奖励,适当淡化检验检疫法律责任,或者至少是两者并驾齐驱。

(一)检验检疫法律责任

检验检疫法律责任是指检验检疫法律关系主体违反了法律规定的义务,应当承担的不利后果。根据主体不同,分为检验检疫行政主体的法律责任和检验检疫相对人的法律责任。根据责任形式不同,分为民事责任、刑事责任、行政责任、不经济责任。民事责任、刑事责任、行政责任属于传统的法律责任形式,在具体检验检疫法律制度中可以很容易地发现,而不经济责任属于作为经济法部门成员的特有责任形式。[①] 不经济责任与经济奖励相对应,属于经济法学的范畴。根据责任性质不同,不经济责任分为财产性不经济责任和人身性不经济责任;根据责任目的不同,不经济责任分为补偿性不经济责任和惩罚性不经济责任;根据责任强制力不同,不经济责任分为强制性不经济责任和非强制性不经济责任。检验检疫法律制度设立的卫生处理、医学处理等检疫处理制度都是典型的检验检疫不经济责任方式。

(二)检验检疫法律奖励

检验检疫法律奖励是指检验检疫法律关系主体履行了法律规定的义务,并取得优良的结果,应当获得的肯定性评价和利益。根据奖励受体不同,分为给予相对人的奖励和给予行政主体的奖励;根据奖励方式不同,分为精神奖励与物质奖励两大类,这两大类又可继续细分为许多具体奖励方式。检验检疫

---

① 陈乃新著:《经济法理性论纲——以剩余价值法权化为中心》,中国检察出版社2004年版,第129页。

法律设立的原产地标记制度、地理标志产品保护制度、普惠制原产地证明书制度等都是典型的检验检疫法律奖励方式。

七、检验检疫法学

检验检疫法学是以检验检疫法为研究对象的一门法律科学。这门法律科学现在研究者甚少,甚至尚没有学者提出"检验检疫法学"的概念。检验检疫法学属于经济法学的分支。研究检验检疫法学首先应当研究检验检疫法学的基础理论,包括检验检疫法的基本概念、特性,以及检验检疫法律关系,检验检疫法律体系等问题;其次,应当研究检验检疫法的具体法律制度,包括《进出口商品检验法》、《进出境动植物检疫法》、《国境卫生检疫法》、检验检疫法律责任等法律制度;再次,应当研究外国检验检疫法和国际检验检疫法,通过与我国检验检疫法的比较研究,提出完善我国检验检疫法的对策。检验检疫法学的研究难点在于解决三检合一的需求与三检合一的障碍之间的矛盾,这就需要研究者不断挖掘三检之间的共同性,真正实现三检合一。经济法学研究学者应当重视对于检验检疫法等具体法律制度的研究。

第二节 检验检疫法的发展历史

一、检验检疫法产生的原因

检验检疫法是由于跨国境的交易与往来日益密切,因而所带来的风险需要法律控制而产生的。

国际交易的发展使得进出口商品检验与进出境动植物检疫变得非常重要,从而成为法律规制的对象。进出口商品检验(以下简称商检)是随着生产力的发展、社会分工的扩大和国际贸易的发展而产生和发展起来的。生产力的发展促使国际分工和国际贸易不断发展,而国际贸易的发展又使商品生产者之间相互依赖的程度日益加深,国际贸易各方都希望其他方的行为具有可信性,这就需要进出口商品检验工作。商检法律最早出现在发达国家,也印证了商检法律是经济发展与国际贸易发展的结果,因为发达国家一般也是国际贸易发达的国家。发达国家为了本国的商品能占领国际市场,不断扩大销路,

通过立法限制不合格的产品出口。同时为了防止带菌、带毒的商品进口，保护本国的农牧业生产，制定法令限制不合格商品进口。国际交易的发展使得进出境的动植物交易增加，引发动植物疫病的传播风险加大，需要法律进行控制，从而促使进出境动植物检疫法的诞生。事实上，最早的商检法律大多是针对进出口动植物商品的检疫而产生的。

随着国际贸易的发展，商检法律也不断更新。为适应国际贸易的新要求，商检法律不再局限于动植物产品的检疫，逐渐发展成现在的商检法律，而不少国家将进出境动植物检疫单独立法。商检法律产生的直接原因是国际贸易发展的需要。国际贸易的贸易方式已经发展为凭样凭票成交。这种交易方式下，买卖双方远隔重洋，货物难以当面点交验收。为了严格执行合同或标准，判断交易是否符合成交样品或凭证的要求，以便明确各有关方面的责任，避免和减少贸易纠纷，这就需要专业的权威的商检。各国商检机构出具的证明，已成为银行向卖方支付货款的单据之一，同时也是向买方收取货款的必需单证。国际贸易货物运输往往交由专业化的运输公司承运，为明确托运人与承运人之间的责任，必须鉴定运输商品的数量、重量，划分运输途中风险责任的归属，并对运输工具装载条件和所载商品品质状况予以证明。国际贸易的发展，不仅仅需要商检，更需要对商检进行规范，需要商检法律对哪些商品需要商检、如何商检、在何地商检、谁来商检等予以明确规定。

国际往来的日益频繁，导致人类疫病传播的风险不断加大，需要对出入境的人和物进行全面检疫，防止人类疫病的传播，这就需要相应的法律进行规范，从而诞生了国境卫生检疫法。

二、国外检验检疫法的发展历史

对人进行检疫的法律起源于 14 世纪的威尼斯港。1374 年，威尼斯港颁布了禁止染疫者或染疫嫌疑者入城的法令。1377 年，亚得里亚海的拉古萨共和国（Ragusa）颁布了海员管理规则，规定对鼠疫患者实施隔离。英国于 1701 年实施检疫措施并颁布检疫法规。1810 年—1829 年间，南美各大港口建立检疫机构、颁布检疫法规。1925 年，英国的检疫法律规定了在某种情况下，对擅自接触受隔离船舶的人员实施死刑的处罚。①

---

① 林建伟：《国际卫生条例若干法律问题的思考》，载《中国卫生检疫法学硕士研究生班论文集》，中国检察出版社 1997 年版，第 309 页。

早在 16 世纪,欧洲就出现了从事商品检验鉴定业务的公证人员和私人开设的公证行。1660 年,法国地方政府通过法令禁止小麦秆锈病传入。1664 年,法国政府为了促进出口商品质量的提高,制定了商品取缔法令,对 150 多种商品制定了具体的品质标准和工艺规程,在全国各主要城市设立了商品检验机构,依法执行检验管理。凡检验符合技术标准规定的发给证书准予出口,检验不合格的不准出口,并责令工厂研究改进,首创了由国家进出口商品检验机构对进出口商品实施检验管理的制度。1872 年法国基于引种美国葡萄枝条导致葡萄根瘤蚜蔓延,导致大面积葡萄园被毁的事实,颁布了禁止从国外输入葡萄枝条的法令。法国除颁布了许多贸易法规外,于 1874 年下令禁止、限制进口美国含有硬壳虫的番薯,1875 年又下令禁止进口包装番薯的袋子。

随后其他国家也都立了法。英国 1877 年农渔部颁布了病虫害法。1877 年奥地利政府发现从美国进口的葡萄中附有虫害而下令依法进行检验。1879 年,意大利下令禁止美国肉类输入,以防肉类旋毛虫。在连遭英、法、奥、德等国颁布禁令限制进口后,1890 年美国国会为了本国的利益通过议案,规定凡出口的火腿等肉品需由政府检验机构检验合格取得证书后方准出口;1891 年又进一步通过议案,规定了屠宰场必须施行宰前宰后检验,并且必须经过显微镜检验,证明无病虫害后才颁发证书准予出口。这样做提高了商品质量,赢得了其他国家的信任,欧洲国家相继取消了禁令,美国的肉品又恢复了出口。日本政府依据不同商品,分别制定了单项商品检查法,如 1896 年制定了生丝检查法,随后又对出口花席绢织物及进口苗木、水果等商品制定了专项检查法,1908 年又颁布了肥料取缔法等。1912 年美国在以往单项法规的基础上,制定颁布了植物检疫法,作为检疫的母法;1917 年又发布补充法令,授权农业部长制定国内植物检疫法;此后陆续颁布了有关规定,形成了一整套植物检疫的法律。日本 1914 年制定出口植物检查证明规程,1950 年制定植物防疫法及其执行细则;1978 年修订植物防疫法。1951 年日本颁布了家畜传染病预防法,同时颁布了新的进出口动物检疫制度。

各国政府的检验机构,都是执行政府检验法规的职能机构,对进出口商品实行强制性管理,依法检验。1664 年法国政府设立的商品检验机构是世界上最早的商检机构。自 1664 年法国政府第一个设立检验机构后,相隔了一段较长的时间,直到 19 世纪,比较发达的国家才普遍设立检验机构。如意大利政府于 1850 年在米兰设立检验所,主要负责检验生丝。1874 年德国政府设立

检验农产品病虫害的机构。1877 年奥地利政府设立检验机构执行农产品病虫害检验。英国政府于 1877 年在英格兰和惠尔斯设立机构检验农产品的病虫害。美国政府因出口肉类产品经奥地利、德国、法国、丹麦等国家检验后发现虫害而遭受打击,因此美国政府于 1890 年成立检验机构,总部设在纽约,并在费城等 4 个城市设立分支机构进行检验和管理。日本政府为加强对出口产品的质量检验管理,防止商人贪图一时利益,粗制滥造,运销粗劣产品到海外市场,于 1896 年成立检验机构,并先后在横滨、神户、京都等 12 个主要城市设立检验机构,依法执行农产品、水产品的检验。至 19 世纪末 20 世纪初,瑞典、丹麦、比利时、捷克、希腊、智利、挪威、墨西哥等国家都先后建立了商品检验管理机构。

1881 年在瑞士伯尔尼签订的《葡萄根瘤蚜公约》是世界上第一个防止植物危害性病虫传播的国际公约。1914 年,法、意、奥、匈等 31 个国家通过了《国际植物病理公约》。此后陆续签订了关于动植物及其他产品的检验检疫国际条约,影响最大的当数 WTO 中的相关协定。

法国、英国、奥地利等地中海沿岸的 11 个国家于 1851 年在巴黎召开会议,制定了世界上第一个地区性《国际卫生公约》,1926 年作了修订。1946 年,联合国 64 个国家的代表签署了《世界卫生组织法》。1948 年,世界卫生组织宣告成立。1951 年,第四届世界卫生大会通过了《国际公共卫生条例》。1969 年世界卫生大会修改《国际公共卫生条例》,并将其改名为《国际卫生条例》。[①] 2005 年 5 月,第 58 届世界卫生大会通过了《国际卫生条例（2005）》。

三、中国检验检疫法的发展历史

(一)新中国成立前的检验检疫法

源于中国国际贸易的落后,中国检验检疫法的发展历史很短。由于几千年来的闭关锁国,国际贸易的浅尝辄止,没有频繁的国际贸易与国际交往,检验检疫没有存在的必要,因此中国长期以来没有检验检疫法。19 世

---

① 吕志平、潘德观:《贯彻〈国际卫生条例〉修改〈国境卫生检疫法〉》,载国家质量监督检验检疫总局卫生司中国卫生法学会国境卫生检疫专业委员会深圳出入境检验检疫局主编:《国际卫生条例与中国卫生检疫》,广东科技出版社 2008 年版,第 4 页。

纪后期,中国近代对外贸易与国际往来逐渐发展起来,检验检疫法也逐渐萌芽。

1. 新中国成立前商检法的发展

19世纪后期,由于清政府的腐败,西方列强侵略中国,霸占了中国海关的主权,同时控制了中国的对外贸易和商品检验主权。清同治三年(1864年),由英商劳合氏的保险代理人——上海仁记洋行,代办水险和船舶检验、鉴定业务,这是中国第一个办理商检业务的机构。随后一些规模较大的外国检验机构,先后到上海及其他重要口岸设立了公证检验机构,办理洋行贸易商品的检验、鉴定工作,在中外贸易关系中充当居间人,袒护本国商人的经济利益,控制了中国的进出口商品检验主权,商检成为外国列强对中国进行经济侵略的工具之一。

辛亥革命后,国民政府开始重视商品检验工作,相继颁布了《商品出口检验暂行规则》、《商品出口检验局暂行章程》、《商品检验法》,设立了上海、汉口、青岛、天津、广州5个商品检验局。抗战时期设立重庆商检局和昆明商检局;抗战胜利后,设有天津、上海、青岛、广州、汉口、重庆等6个商检局。

2. 新中国成立前进出境动植物检疫法的发展

中国最早的动物检疫是1903年在中东铁路管理局建立的铁路兽医检疫处对来自沙俄的各种肉类食品进行的检疫工作。1913年英国为防止牛羊疫病的传入,禁止病畜皮毛的进口,向中国政府提出检疫要求。上海的英国商人为了使其经营的产品顺利地出口到英国,聘请了英国的兽医派得洛克在上海作出口肉类检验,并签发"兽医卫生证书"。北京张作霖军政府农工部于1927年制定颁布了《毛革肉类出口检查条例》、《毛革肉类检查条例实施细则》,同时限制染有炭疽病菌肉类的进口。当年在天津成立了"农工部毛革肉类检查所"。随后,又在上海、南京设立分所,在东北的绥芬河、满洲里设立工作点,具体执行毛、革、肉类的出口检查任务。

1928年国民政府制定了《农产物检查所检查农产物规则》、《农产物检查所检验病虫害暂行办法》等一系列规章,成立了"农产物检查所",执行农产品的检验和植物检疫任务。1930年"毛革肉类检查所"与"农产物检查所"统一划归1929年成立的商品检验局负责。1939年4月上海商检局开始实施植物病虫害检验。抗战期间,除了少量的桐油、茶叶、蚕丝外,农畜产品的进出口量甚少,动植物检疫工作基本上处于停滞状态。也正是在这时,国外很多疫病传入了中国,如甘薯黑斑病、蚕豆象、棉花黄枯萎病等。

3. 新中国成立前的国境卫生检疫法的发展

1873年,由于印度、泰国、马来半岛等地霍乱的流行并向海外广泛传播。帝国主义为了巩固和扩大他们在华的既得利益,在其控制下的上海、厦门海关设立了卫生检疫机构,订立了相应的检疫章程,并任命一些当时被外国掌管的海关官员为卫生官员,开始登轮检疫。这是中国出入境卫生检疫的雏形。

1910年和1921年,中国东北两次鼠疫大流行,为了加强卫生检疫工作,减少疫情带给人民的灾难,当时的东三省防疫总管理处向南京国民政府提出从海关收回卫生检疫权的要求。历经数年的努力,经国民政府批准终于达成协议:在上海建立全国海港检疫总管理处,自1930年7月1日始先收回上海海港检疫机构,由外国人掌握的中国海关交回中国政府管理。总管理处订立全国检疫章程,呈中央政府批准后施行,总管理处负责分期收回上海港以外的各口岸卫生检疫机构。

1930年,各地卫生检疫从海关分离出来,成为一个独立部门,隶属国民政府内务部卫生署。卫生署先后在上海、天津、广州、汉口、满洲里、厦门等口岸设立海港检疫管理处和卫生检疫所,负责出入境卫生检疫。同年颁布了《海港检疫章程》。1931年至1932年,海港检疫总管理处从海关收回了汕头、营口、塘沽、秦皇岛等卫生检疫所。

1932年,中华苏维埃共和国临时中央政府颁布了《苏维埃区暂行防疫条例》。

1937年,抗日战争爆发,大部分港口被日本占领,上海检疫工作暂由港务局代管,检疫行政由海关主持,具体业务由中日双方医师共同负责,沦陷区其他口岸由日本人接办。在国民政府管辖地区设有宜渝(汉口、宜昌、重庆)与滇边检疫所。

1945年抗战胜利后,国民政府卫生署先后从海关收回天津、上海、秦皇岛、广州等检疫所,并成立大连、台湾检疫总所。1946年,卫生署颁布了《出国旅客健康检查规则》、《交通检疫实施办法》、《海港检疫所组织规程》、《海港检疫所消毒熏蒸规则》等一系列法规规章。

(二)新中国成立后检验检疫法的发展

1. 新中国成立后商检法的发展

新中国成立后,中央贸易部国外贸易司设立商品检验处,统一领导全国商检工作,并在改造国民政府遗留下来的天津、上海、青岛、广州、汉口、重庆等6个商检局的基础上,在大连、新疆设立了商品检验局。1952年,中央贸易部分为商业部和对外贸易部,在外贸部内设立商品检验总局,统一管理全国的进出口商品检验工作,加强了对全国进出口商品检验工作的管理。1954年1月3日原中央人民政府政务院颁布《输出输入商品检验暂行条例》。

1980年,外贸部商品检验总局改为中华人民共和国进出口商品检验总局(副部级),并将各地商检局的建制收归中央,实行中央与地方双重领导,以中央领导为主的垂直领导体制,地方局改称进出口商品检验局,冠以所在省、自治区和直辖市名称。1982年,中华人民共和国进出口商品检验总局更名为中华人民共和国国家进出口商品检验局,由外经贸部归口管理。

1984年1月28日,国务院颁布《中华人民共和国进出口商品检验条例》。1989年2月21日全国人大常委会颁布《中华人民共和国进出口商品检验法》,1989年8月1日起施行。1992年10月23日国家进出口商品检验局发布经国务院批准的《中华人民共和国进出口商品检验法实施条例》。1994年机构改革,国家进出口商品检验局又升格为副部级,内设司、室机构。2002年4月28日,修改后的《中华人民共和国进出口商品检验法》颁布,从而使得我国的进出口商品检验法律制度更加符合WTO的要求。

2. 新中国成立后动植物检疫法的发展

新中国成立后,于1949年建立了由中央贸易部领导的商品检验机构,1952年明确由外贸部商检总局负责对外动植物检疫工作,其中,畜产品检验处负责动物检疫、农产品检验处负责植物检疫。相继颁布了《输出输入农畜产品检验暂行标准》、《输出输入植物检疫暂行办法》、《输出输入植物应施检疫种类与检疫对象名单》等法规。

1964年2月,国务院决定将动植物检疫从外贸部划归农业部领导(动物产品检疫仍由商检局办理)。并于1965年在全国27个口岸设立了中华人民共和国动植物检疫所,以后又根据形势发展的需要,在开放的口岸设立进出境动植物检疫机构。

1982年,国务院正式批准成立国家动植物检疫总所,并明确其性质为代表国家行使对外动植物检疫行政管理职权,负责统一管理全国口岸动植物检疫工作的局级事业单位。国家动植物检疫总所的成立,将进出口动植物检疫改为由中央和地方双重领导,以中央领导为主的垂直领导体制。

1982年6月4日,国务院颁布《中华人民共和国进出口动植物检疫条例》。农业部制定了《中华人民共和国进出口动植物检疫条例实施细则》和《进口动物检疫对象名单》、《进口植物检疫对象名单》、《中华人民共和国禁止进口

植物名单》等一系列配套规章。

1991年,七届全国人大常委会二十二次会议审议通过《中华人民共和国进出境动植物检疫法》。1995年,国家动植物检疫总所更名为国家动植物检疫局。1996年12月,国务院颁布《动植物检疫法实施条例》。随后,农业部、国家动植物检疫局先后制定了一系列配套规章及规范性文件,如《进境动物一、二类传染病、寄生虫病名录》《禁止携带、邮寄进境的动物、动物产品和其他检疫物名录》《进境植物检疫危险性病、虫、杂草名录》《进境植物检疫禁止进境物名录》等。

3. 新中国成立后国境卫生检疫法的发展

新中国成立后,中央人民政府卫生部防疫处设立防疫科,接管了原有的17个海陆空检疫所并更名为"交通检疫所"。除天津、塘沽、秦皇岛检疫所由卫生部直接领导外,其他各所分别划归东北、华北和中南大行政区军政委员会卫生部领导。1950年2月,卫生部召开建国后第一次全国卫生检疫会议。1953年1月,卫生部通知将各地交通检疫所移交有关省、市、自治区卫生厅直接领导,北京、天津、秦皇岛检疫所仍由卫生部直接领导。

1957年,第一届全国人大常委会第88次会议通过《中华人民共和国国境卫生检疫条例》(以下简称《卫生检疫条例》)。1958年,卫生部发布《中华人民共和国国境卫生检疫条例实施细则》。

改革开放后,卫生部发布了《国境口岸卫生监督办法》《实施卫生监督办法若干规定》等部门规章。1986年12月2日,全国人大常委会颁布了《中华人民共和国国境卫生检疫法》。1989年,卫生部发布了《中华人民共和国国境卫生检疫法实施细则》。

1988年5月4日,中华人民共和国卫生检疫总所成立,同年6月26日,卫生部发文确定第1批15个省、市、自治区卫生检疫机构上划卫生部直接领导,至1992年全部上划完毕。1992年各地卫生检疫所更名为"中华人民共和国×××卫生检疫局",1995年中华人民共和国卫生检疫总所更名为"中华人民共和国卫生检疫局"。

1998年3月,全国人大九届一次会议批准通过的国务院机构改革方案确定,国家进出口商品检验局、国家动植物检疫局和国家卫生检疫局合并组建国家出入境检验检疫局,并于1998年4月成立。国家出入境检验检疫局设立在各地的直属局于1999年8月10日同时挂牌成立。2001年4月国家出入境检验检疫局又与国家质量技术监督局合并,组建了国家质量监督检验检疫总局(以下简称国家质检总局),但是,省级以下的质量技术监督局和出入境检验检疫局仍分开单独存在。

四、检验检疫法律体系现状

检验检疫法律体系,又称为检验检疫法规体系,是一个由所有检验检疫法律规范所构成,分门别类而又有机联系的统一体。构成这个体系的法律规范既包括现行有效的法律规范,也包括即将制定颁布的法律规范。根据法律规范所调整的社会关系不同,检验检疫法律体系主要由进出口商品检验法律体系、进出境动植物检疫法律体系、国境卫生检疫法律体系、检验检疫行政法律体系等具有内在联系、相互协调的子体系构成。各个子体系又分别由相应法律、法规、规章等不同效力层次的法律规范构成。

目前,近百个国家的检验检疫法主要遵循如下立法模式:

1. 统一出入境检疫立法模式

统一检疫立法模式认为卫生检疫和动植物检疫是检疫制度的两种形式,二者之间的同一性大于差异性,因此合并立法,而商品检验则属于合同事项,宜单独立法。美国和澳大利亚是这一模式的代表。

2. 统一全国卫生检疫立法模式

统一全国卫生检疫立法模式是指一个国家的卫生检疫与卫生防疫统一进行立法。而动植物检疫和商品检验,则另行单独立法。该模式认为国内卫生防疫与国境卫生检疫具有同一性,因此合并立法。德国、俄罗斯是这一模式的代表。

3. 卫生检疫、动植物检疫和商品检验三检分别立法模式

三检分别立法模式有别于上述两种模式的根本之处在于,国境卫生检疫单独立法,国内卫生防疫单独立法,动植物检疫和商品检验也分别予以立法。中国是这一立法模式的代表。

世界各国的检验检疫法都尽量与国际检验检疫法保持一致,使《国际卫生条例》、《国际植物保护公约》和《国际动物卫生法典》具有国际协调、国际统一和国际标准的性质。南非甚至直接将《国际卫生条例》引入国内法适用,作为检疫的法律依据。

我国目前检验检疫法律体系还采取三检分立的立法体例,法律层面主要是《进出口商品检验法》、《进出境动植物检疫法》、《国境卫生检疫法》三大法律以及《食品安全法》等法律中的部分条文规定,相应地有配套的行政法规和部门规章。由于我国目前采取检验检疫垂直管理,检验检疫职能由国务院检验

检疫职能部门直接管理,地方政府不涉足检验检疫的管理,检验检疫没有相应的地方性法规和地方政府规章,只有港澳台尚有自己的检验检疫法规,因此检验检疫法律体系的渊源主要是法律、行政法规和部门规章三种。

国家质检总局组建以后陆续发布了融合两检以上的部门规章,如《出入境检验检疫代理报检管理规定》、《出入境检验检疫报检员管理规定》、《出入境检验检疫查封、扣押管理规定》、《进出境转基因产品检验检疫管理办法》、《国境口岸突发公共卫生事件出入境检验检疫应急处理规定》、《出入境人员携带物检疫管理办法》、《出口货物实施检验检疫绿色通道制度管理规定》、《出口禽肉及其制品检验检疫要求(试行)》、《国际航行船舶出入境检验检疫管理办法》、《出入境粮食和饲料检验检疫管理办法》、《供港澳食用水生动物检验检疫管理办法》、《供港澳蔬菜检验检疫管理办法》、《供港澳活猪检验检疫管理办法》、《供港澳活禽检验检疫管理办法》、《出入境检验检疫风险预警及快速反应管理规定》、《出入境快件检验检疫管理办法》、《进出境邮寄物检疫管理办法》等。其中,《出入境检验检疫风险预警及快速反应管理规定》、《出入境检验检疫代理报检管理规定》、《出入境检验检疫报检员管理规定》、《出入境检验检疫查封、扣押管理规定》、《国际航行船舶出入境检验检疫管理办法》等少数规章能够覆盖三检。

目前,我国检验检疫法的制定与实施尚存在一些问题:(1)管理体制尚未理顺,国内国境之间的配合存在问题,三检之间的合一尚貌合神离;(2)风险控制不科学,有害生物风险分析(PRA)未被广泛应用,否定列表式的制度存在可能产生风险的缺陷;(3)检验检疫机构的检测能力存在障碍,有些安全指标与疫病无法检出,有些卫生处理与医学处理的效果不佳。因此,我国检验检疫法还需在很多方面进行完善。

有学者提出要制订《中华人民共和国检验检疫法》,取代三检分立立法。[①]有学者论证了三检合一的必要性,主张制定《进出境商品(人员)检验检疫法》。[②] 由于检验检疫部门已经实现执法机关的三检合一,并对三检合一执法进行了探索,因此三检合并立法的可能性并非没有,但目前似乎时机尚未成熟,原因大概在于三检共同性的挖掘尚未深入。目前的共识只能认可其中两检的共性,一种是进出口商品检验与进出境动植物检疫的合二为一,都是针对

---

① 陈大文、熊国忠:《我国"三检合一"新体制与"三检"统一立法刍议》,载《中国软科学》1999 年第 12 期。

② 黄作英:《论"三检合一"》,载《环渤海经济瞭望》1999 年第 3 期。

货物的检查;一种是进出境动植物检疫与国境卫生检疫的合二为一,都是对疫病的检查。但是,三检之间存在的差异显著。检验只针对商品(可能包括动植物性的商品,但绝对不包括人体)的检查,不涉及对商品的任何处理;检疫针对生命来源的物体(包括人体,包括动植物性的商品,但绝对不包括来源于非生命的商品)的检查,而且往往还涉及对检查对象的处理(包括卫生处理、除害处理)。将三检放在一起要找出共同性,目前只能局限于"出入境"这一名词上,只要说起检验检疫,检验与检疫两个词语一个都不能少,可见检验与检疫无法合成为一个共同的名词,这也就意味着三检合一形同虚设。本书认为,可以将检验检疫合称为边境技术检查,检验检疫法即边境技术检查法。边境技术检查可能还会包括其他的检查形式,其内涵可以随着今后实践的发展而扩展。

第三节 检验检疫法律关系

一、检验检疫法律关系的概念

检验检疫法律关系是根据检验检疫法律规范产生的,以主体之间的权利与义务关系的形式表现出来的特殊的社会关系,或者说是经过检验检疫法律规范调整的社会关系。检验检疫法律关系由检验检疫法律关系的主体、内容和客体三个要素构成。

根据法律规范所调整的社会关系不同,检验检疫法律关系可以分为进出口商品检验法律关系、进出境动植物检疫法律关系、国境卫生检疫法律关系、检验检疫行政法律关系。

二、检验检疫法律关系的主体

检验检疫法律关系的主体,即检验检疫法律关系的参加者,是检验检疫法律关系中权利的享受者和义务的承担者。享有权利的一方称为检验检疫权利人,承担义务的一方称为检验检疫义务人。

检验检疫法律关系主体作为法律关系主体的一种,必须具有权利主体能力。权利主体能力包含两个因素:(1)独立地享有权利和承担义务的能力,即权利能力;(2)独立地、以自己的行为实现权利和义务的能力,即行为能力。

检验检疫法律关系主体一般包括公民（自然人）、法人（又包括企业法人、事业法人、机关法人、社团法人等）、非法人组织以及检验检疫行政部门。任何公民、法人、非法人组织只要有货物或人体涉及出入境，就成为检验检疫法律关系的一方主体。检验检疫法律关系的另一方主体一般是检验检疫行政部门，主要是国家质量监督检验检疫总局和地方出入境检验检疫局。

（一）国家检验检疫行政部门

国家检验检疫行政部门是国家质量监督检验检疫总局。2001 年 4 月 10 日，原国家出入境检验检疫局和原国家质量技术监督局合并为国家质量监督检验检疫总局（正部级，简称国家质检总局），是我国政府现时主管出入境检验检疫工作的最高行政执法机关。国家质检总局的主要检验检疫职责如下：

1. 组织起草有关检验检疫方面的法律、法规草案，研究拟定检验检疫工作的方针政策，制定和发布有关规章、制度；组织实施与检验检疫相关法律、法规，指导、监督检验检疫的行政执法工作；负责全国与检验检疫有关的技术法规工作。

2. 拟定出入境检验检疫综合业务规章制度；负责口岸出入境检验检疫业务管理；负责商品普惠制原产地证和一般原产地证的签证管理。

3. 组织实施出入境卫生检疫、传染病监测和卫生监督工作；管理国外疫情的收集、分析、整理，提供信息指导和咨询服务。

4. 组织实施出入境动植物检疫和监督管理；管理国内外重大动植物疫情的收集、分析、整理，提供信息指导和咨询服务；依法负责出入境转基因生物及其产品的检验检疫工作。

5. 组织实施进出口食品和化妆品的安全、卫生、质量监督检验和监督管理；管理进出口食品和化妆品生产、加工单位的卫生注册登记，管理出口企业对外卫生注册工作。

6. 组织实施进出口商品法定检验和监督管理，监督管理进出口商品鉴定和外商投资财产价值鉴定；管理国家实行进口许可制度的民用商品入境验证工作，审查批准法定检验商品的免验和组织办理复验；组织进出口商品检验检疫的前期监督和后续管理；管理出入境检验检疫标志（标识）、进口安全质量许可、出口质量许可，并负责监督管理。

7. 管理与协调检验检疫方面的国际合作与交流；代表国家参加与检验检疫有关的国际组织或区域性组织，签署并负责执行有关国际合作协定、协议和议定书，审批与实施有关国际合作与交流项目。按规定承担技术性贸易壁垒协议和卫生与植物检疫协议的实施工作,管理上述协议的通报和咨询工作。

8.制定并组织实施检验检疫的科技发展、实验室建设规划,组织重大科研和技术引进;负责检验检疫的统计、信息、宣传、教育、培训及相关专业职业资格管理工作;负责检验检疫情报信息的收集、分析、整理,提供信息指导和咨询服务。

9.垂直管理出入境检验检疫机构。

根据上述职责,国家质检总局设通关业务司、卫生检疫监管司、动植物检疫监管司、检验监管司、进出口食品安全局等相应职能司(局)。

(二)地方出入境检验检疫局

根据中央机构编制委员会办公室、原国家出入境检验检疫局1999年5月30日发布的《全国各地出入境检验检疫机构组建方案》,各地出入境检验检疫机构分为直属局和分支局,是负责所辖区域出入境卫生检疫、动植物检疫和进出口商品检验的行政执法单位;实行垂直管理的体制,即直属局由国家质检总局直接领导,分支局隶属于所在区域的直属局。

1.机构设置

(1)各出入境检验检疫直属局及分支局的名称,统一为"中华人民共和国××(地名)出入境检验检疫局"。全国共设置直属局35个,其中:正厅(局)级直属局32个,副厅(局)级直属局3个;共设置分支局295个,机构级别一般为处级或副处级。直属局和分支局的设立、变更,要严格履行有关程序,由中央机构编制委员会办公室审核后,报国务院审批。

(2)直属局机关一般设10~12个处(室),内陆地区的直属局要更精干一些。机关党的工作机构和纪检监察工作机构按照有关规定设置。

(3)根据出入境检验检疫工作需要,在科学组合的基础上,组建区域性的检验检疫技术中心、国际旅行卫生保健中心、评审中心和机关服务中心等事业单位,并按有关规定报批。

2.职责

各出入境检验检疫直属局的主要职责是:

(1)贯彻执行出入境卫生检疫、动植物检疫和进出口商品检验的法律、法规和政策规定及工作规程,负责所辖区域的出入境检验检疫、鉴定和监管工作。

(2)实施出入境卫生检疫、传染病监测和卫生监督。

(3)实施出入境动植物检验检疫和监督管理。

(4)实施进出口商品的法定检验和监督管理,负责进出口商品鉴定管理工作,实施外商投资财产鉴定,办理进出口商品复验。

(5)实施对进出口食品及其生产单位的卫生注册登记和对外注册管理,实施进口安全质量许可和出口质量许可以及与进出口有关的质量认证认可工作。

(6)实施国家实行进口许可制度的民用商品入境验证管理工作,按规定承担技术性贸易壁垒和检疫协议的实施工作。

(7)管理出入境检验检疫证单、标志及签证、标识、封识,负责出口商品普惠制原产地证和一般原产地证的签证工作。

(8)负责所辖区域出入境检验检疫业务的统计工作,收集国外传染病疫情、动植物疫情,分析、整理、提供有关信息。

(9)依法对所辖区域涉外检验检疫、鉴定机构(包括中外合资、合作机构)以及卫生、除害处理机构实施监督管理。

(10)按照干部管理权限负责管理局机关和所属分支局、事业单位的人事工作,负责纪检监察、外事、科技、财务等工作。

(11)承办国家质检总局交办的其他工作。

各出入境检验检疫分支局的职责是,依法履行具体的出入境检验检疫职能,执行直属局赋予的其他任务。

各地的出入境检验检疫机构要配合有关部门建立新的口岸通关协调机制,切实提高口岸行政执法的整体效能。在口岸通关作业过程中遇有重要问题需要协调时,由海关牵头。

目前各省、市、自治区和地区出入境检验检疫局的部门设置,都以职责分工制度形式加以明确。由于这两个层次的管理幅度相对小一些,因此不能做到上下完全对口,只能根据实际需要重新组织,而且内部机构的名称虽然相同(如办公部门、综合业务部门、检务部门),但其分工和职责任务不完全相同。需要注意的是,上下左右之间的职位差异,往往容易造成对工作的相互推诿,因此,在有条件时,应力求标准化、规范化。

三、检验检疫法律关系的内容

检验检疫法律关系的内容是指检验检疫法律关系主体的检验检疫权利与检验检疫义务。

1. 检验检疫权利

检验检疫权利是指检验检疫法律关系主体依法具有的自己为或不为一定行为和要求他人为或不为一定行为的资格。不同的检验检疫法律关系主体享有不同的检验检疫权利,其中最主要的是以下两种检验检疫权利。

(1)检验检疫职权

检验检疫职权是检验检疫行政部门进行检验检疫活动时依法享有的职责和权力。它具有三个显著特征:①检验检疫职权的产生是基于国家授权或法律的直接规定;②检验检疫职权具有命令与服从的隶属关系;③检验检疫职权不得随意转让、放弃和抛弃。检验检疫职权的内容具体包括立法权、决策权、指挥权、调解权、监督权等。

(2)检验检疫请求权

检验检疫请求权是指检验检疫法律关系主体(主要是公民、法人以及其他组织)为了维护自身的合法权益,依法享有要求检验检疫行政部门行使检验检疫职权的权利。检验检疫请求权主要有请求检验检疫权、申请复议权等。

2. 检验检疫义务

检验检疫义务是指检验检疫法律关系主体依法承担的为一定行为和不为一定行为的责任。最基本的检验检疫义务是必须遵守检验检疫法律、法规和规章。对检验检疫行政部门来说主要是依法履行检验检疫职责的义务,对公民、法人以及其他组织来说主要是不得逃避检验检疫的义务。

四、检验检疫法律关系的客体

检验检疫法律关系的客体指检验检疫法律关系主体的检验检疫权利与检验检疫义务所共同指向的对象。检验检疫法律关系的客体主要有以下几大类:

1. 物质财富,如进出口商品、进出境动植物等。

2. 人的健康。

3. 行为,如对进出口商品进行检验的行为、对进出境动植物和人体的检疫行为等。

4. 行为资格,如原产地证、原产地标记等。

五、检验检疫法律关系的产生、变更与消灭

1. 检验检疫法律关系的产生、变更和消灭的条件

检验检疫法律关系的产生,变更和消灭的条件包括:(1)检验检疫法律规范,即检验检疫法律关系产生、变更和消灭的法律依据;(2)检验检疫权利主体,即检验检疫权利与检验检疫义务的承担者;(3)检验检疫法律事实,即出现检验检疫法律规范所假定出现的那种情况。其中检验检疫法律规范和检验检疫权利主体是检验检疫法律关系产生的抽象的、一般的条件,而检验检疫法律事实则是检验检疫法律关系产生的具体条件,检验检疫法律关系只有在一般的与具体的条件同时具备的情况下才能产生。

2. 检验检疫法律事实

检验检疫法律事实是由检验检疫法律规范所规定的,能够引起法律后果即检验检疫法律关系产生、变更和消灭的现象。检验检疫法律事实,根据它是否以检验检疫权利主体的意志为转移,可以分为检验检疫行为和检验检疫事件。

检验检疫行为是以检验检疫权利主体的意志为转移,能够引起法律后果的检验检疫法律事实。检验检疫行为按其与检验检疫法律规范的要求是否一致可以分为合法行为和不合法行为。

检验检疫事件是不以检验检疫权利主体的意志为转移的法律事实。检验检疫事件依是否由人们行为引起的可以划分为绝对事件和相对事件。绝对事件不是由人们的行为而是由某种自然原因引起的事件,相对事件是由人们的行为引起的,但它的出现在该检验检疫法律关系中并不以检验检疫权利主体的意志为转移。

检验检疫法律事实以检验检疫行为为主,即一般是由于检验检疫行为引发检验检疫法律关系的产生、变更和消灭。

第四节　检验检疫法的价值取向

明确检验检疫法的价值取向有利于检验检疫法价值的实现。在法律的公平与效益、自由与平等、正义与秩序等价值形态中,检验检疫法的核心价值取向首先是安全价值,其次是效益价值,再次是公平价值。

一、安全价值

检验检疫法最核心的价值取向应当是安全。如果一定要找出三检之间的共同性,那么就是三检的价值取向都是安全,进出口商品检验的价值取向之一是保障进出口商品的安全性能,避免进出口商品对消费者安全的侵犯;进出境动植物检疫的价值取向主要是保障进出境的动植物不会引发动植物疫病的跨国传播,保障动植物的安全和人体的安全;国境卫生检疫的价值取向直接就指向了人体的安全。

安全价值有几层具体含义:一是动植物与人的生物健康安全,二是商品无缺陷的消费者安全保障,三是国家整体利益的安全。

霍布斯(Hobbes)有句格言:"人民的安全乃是至高无上的法律。"安全能够使人们享有生命、财产、自由和平等价值的状况稳定化并尽可能地延续下去。人身安全、财产安全、公共安全和国家安全等属于社会基本安全,是人类社会生活正常进行的最起码条件。① 检验检疫直接涉及人身安全和财产安全,间接关系着公共安全甚至国家安全。正常的市场经济秩序应当维护消费者的合法权益,保障国家和人民的财产安全及人身健康;正常的国际贸易秩序需要保障进出口商品和动植物的各方合法权益;正常的国际交往秩序要求保障出入境的人体健康安全。

现代社会早已从工业社会转入风险社会。风险无处不在,风险到处扩散。风险在它的扩散中展示了一种"飞去来器效应",无论贫穷与富有、百姓与官员、东方与西方、发达国家与不发达国家,无一可以幸免。"飞去来器效应"精确地打击了那些富有的国家,这些国家曾经希望通过将生产与使用化学物质的污染危险转移到国外来根除危险,却因不得不进口廉价的食品使得杀虫剂等化学污染物质通过食品链又回到了高度工业化的故乡。

无可否认的是,在风险社会中,日常生活中的任何产品都可能在一夜之间转变成为带来危险的"特洛伊木马"。而人们对风险的认知往往处于无知与麻木状态。例如,食品中是否有滴滴涕或者甲醛,这些物质是在哪里或哪个环节进入食品的,这些物质是否有害以及达到多大浓度时会造成显性或隐性的危害,这些问题超出了人们的知识范围。对这些问题的认知程度,也决定了人们经受苦难危害的方式、频率、程度。

随着人们对于风险社会认知的逐渐深入与风险知识普及,进出口商品安全与出入境生物健康安全作为检验检疫法的价值取向越来越显著,检验检疫法存在明显的安全化趋势。检验检疫法的安全化趋势是指检验检疫法从以质量为中心,逐步转变到以安全为重心。针对一般商品,以商品质量监管为中心;针对食品、汽车、玩具、特种设备等安全性要求突出的商品,以商品安全监

---

① 张文显主编:《法理学》,高等教育出版社 2003 年版,第 398 页。

管为重点;针对动植物及人体的健康以进行安全监管为重点。商品质量是商品满足需要的程度,是特性的组合,其包含的特性可以很多,但是基本上可以分为两大类特性:一是安全特性,二是与安全无关的特性。动植物与人体健康都属于安全特性。对于安全特性应当强制性检验检疫,对于与安全无关的特性不需要强制性检验检疫。

商品安全秩序日益严重的破坏源于现代技术的广泛运用。正如雅斯贝尔斯所言:由于技术的两面性,使得"技术不仅带来无可估量的机会,而且也带来无可估量的危险"。① 现代技术对商品质量安全的影响体现为各种影响商品质量安全的因素大都与现代技术有关。商品安全秩序的重建也需要依赖技术手段与法律手段的运用。技术手段与法律手段的结合是技术法规。检验检疫法对商品的检验检疫就是通过技术法规实现对现代技术的控制,对进出口的商品与动植物进行安全风险监测与评估、制定安全标准、制定检验技术规程等方面的技术法规对现代技术带来的安全风险进行规制。现代技术的运用还带来了人体健康隐患的增加,对人体健康的检疫也需要通过技术法规进行规制。

安全秩序这一价值并不是绝对价值。安全具有一张两面神似的面容,一味强调安全,只会导致停滞,最终还会导致衰败;有时只有经由变革才能维续安全,而拒绝推进变革和发展则会导致不安全和社会分裂。②

安全秩序不是短时安全秩序,而应当是长期安全秩序。目前的检验检疫法在判定风险时,如果商品对危害的产生没有确定的因果性,一般的做法是予以肯定,允许商品的进出口。法律对危害因果性明确的商品作出禁止进出口的限制,列出否定性列表。这种规定是基于一种谬误认识,即还没有被认知的或不能被认知的物质就不是有毒性的,还没有被认知的或不能被认知的危险就是安全的。近年来日本发展起来的肯定列表是一种进步的动向,只有列入肯定列表的物质才允许投入食用农产品中,而危害因果性尚未明确的物质不得投入食用农产品。这虽然会抑制技术的发展,但肯定有助于风险的控制。历史上的事实证明,不少在使用当时被认为是安全的商品,在使用多年后被发现对人类有巨大的危害,曾被认定为"危害控制在可接受水平"的产品却产生

---

① 张成岗:《现代技术:问题与出路——论雅斯贝尔斯的技术观》,载《自然辩证法研究》2003 年第 7 期。

② [美]博登海默著:《法理学:法律哲学与法律方法》,邓正来译,中国政法大学出版社 1998 年版,第 321 页。

了不可接受的后果。因此,在强调检验检疫法的安全秩序价值时,必须坚持可持续的安全秩序。当然,对于国际交往中的人体检疫,不宜采用肯定列表,而只能针对检出的已知危害性的疫病进行检疫控制。

二、效益价值

检验检疫法通过规制检验检疫活动,一方面可以将质量健康不符合标准的国外商品、动植物与人拒之于国门之外,避免劣质商品和疫病流入对国内生活、生产造成不良影响。另一方面,可以将质量健康不符合标准的国内商品、动植物与人控制在国门之内,避免劣质商品和疫病传出国门对我国造成不良影响,这种不良影响主要体现在两方面:一是对我国政府和企业的声誉的不良影响,二是国外买家与消费者退货、索赔给我国企业造成的经济损失。

检验检疫不严格,将导致严重的损害。历史上非洲猪瘟的传播蔓延,使得占世界养猪总数近 20% 的非洲猪几乎绝种。根据联合国粮农组织的估计,每年至少有 5% 的牛、10% 的山羊和绵羊以及 15% 的猪因疫病而死亡。疫病除了导致大量动物死亡外,往往还导致存活的动物生长缓慢、繁殖率低,严重影响畜牧业的发展。一些人畜共患的疫病发生,还会危及人体生命健康安全。

检验检疫法通过规制检验检疫活动,最终都表现为对国际贸易和国际交往的促进作用。促进国际贸易的增长无疑促进了效益的增长,促进国际交往的良性发展不会体现在直接效益的增长上,但是却为国际贸易的发展提供了间接的支撑,从而间接地促进了效益的增长。因此,效益价值也成为检验检疫法的重要价值取向。检验检疫法的效益价值要求检验检疫法实现"提速、减负、增效","零库存","大通关"等效果。

三、公平价值

检验检疫法应当有利于建立与维护国际贸易中的公平竞争秩序。一方面,必须惩罚出口商损害进口商、进口国消费者产品质量利益的行为;另一方面,必须制裁出口商以损害消费者、购买者的商品质量利益来争夺利润的不正当竞争行为。检验检疫法是调控国际贸易秩序的重要手段,国际贸易秩序应当是公平竞争的秩序。

进出口商品检验中的法定检验以及动植物检疫、国境卫生检疫需要坚持公平价值取向,避免该检不检、不该检却检的不公平结果。尤其是检验检疫法

中的进出口商品检验法还规制非法定检验,更需要强调其公平价值取向。进出口商品的非法定检验一般是基于当事人的请求才开展的,其目的是为进出口商品提供第三方公正性居间证明服务。在国际贸易的货物交接、计费、索赔、理赔、免责等环节,都需要商检提供公正的数据,以确保交易各方的权益得到合理公正的保护。此外,进出口商品检验的结果为海关、税务等部门的执法提供依据。因此,为各方利益的平衡考虑,就必须坚持公平价值。

思考题

1. 试比较三检合一与三检分立的优缺点。
2. 检验检疫法产生与发展的决定因素有哪些?
3. 试举例说明检验检疫法律关系的构成要素。
4. 如何理解检验检疫法的安全价值?
5. 检验检疫法的效益价值与公平价值,何者为先? 为什么?
6. 检验检疫法是属于行政法还是属于经济法? 为什么?

第二章　进出口商品检验法

第一节　概　述

一、进出口商品检验法的概念

进出口商品检验，简称商检，是指特定机构根据国家授权，对进出口商品的质量、数量、重量、包装、安全、卫生以及装运条件等进行的检验管理活动，以及对进出口业务活动提供具有公正性证明作用的检验、鉴定活动。商检的本意应当是商品检验，包括国际市场的商品检验（进出口商品检验）和国内市场的商品检验。但是，由于国内市场的商品检验一般称为产品质量检验，很少有人将它归入商检的范畴。事实上，目前商检已经成了进出口商品检验的简称。随着出入境检验检疫局的成立，进出口商品检验与检疫工作融合在同一个部门，这时商检的含义可以被扩大，除了进出口商品检验，还包括进出境动植物检疫和国境卫生检疫，这是广义的商检，但实际上用得较多的还是狭义的商检即进出口商品检验。

广义的进出口商品检验法是调整进出口商品检验社会关系的法律规范的总和。狭义的进出口商品检验法仅指1989年2月21日颁布，2002年4月28日修改的《中华人民共和国进出口商品检验法》。进出口商品检验法的立法宗旨是为了加强进出口商品检验工作，规范进出口商品检验行为，维护社会公共利益和进出口贸易有关各方的合法权益，促进对外经济贸易关系的顺利发展。

《进出口商品检验法》除了有实施条例之外，还有很多配套的部门规章，如《中华人民共和国非优惠原产地证书签证管理办法》、《进口商品残损检验鉴定管理办法》、《进口医疗器械检验监督管理办法》、《进出口煤炭检验管理办法》、《进口食品国外生产企业注册管理规定》、《进出境转基因产品检验检疫管理办

法》、《进出口商品检验鉴定机构管理办法》、《进口旧机电产品检验监督程序规定》、《出口货物实施检验检疫绿色通道制度管理规定》、《汽车运输出境危险货物包装容器检验管理办法》、《进出口商品抽查检验管理办法》、《进口涂料检验监督管理办法》、《禁止进口货物目录》、《进口许可制度民用商品入境验证管理办法》、《出入境粮食和饲料检验检疫管理办法》、《出口蜂蜜检验检疫管理办法》、《铁路运输出口危险货物包装容器检验管理办法(试行)》、《出口烟花爆竹检验管理办法》、《进口汽车检验管理办法》、《出口工业产品企业分类管理办法》等。

二、商检的机构

国务院设立进出口商品检验部门(以下简称国家商检部门),主管全国进出口商品检验工作。目前我国国家商检部门是国家质量监督检验检疫总局。国家质量监督检验检疫总局在省、自治区、直辖市以及进出口商品的口岸、集散地设立的进出口商品检验局及其分支机构(以下简称商检机构),管理所负责地区的进出口商品检验工作。

商检机构的职责是:对进出口商品实施检验,办理进出口商品鉴定,对进出口商品的质量和检验工作实施监督管理。国家商检部门和商检机构加强进出口商品检验工作、规范进出口商品检验行为的目的,是维护社会公共利益和进出口贸易有关各方的合法权益,促进对外经济贸易关系的顺利发展。

商检机构的检验人员须经考核合格并取得证件后,方可执行检验任务。商检机构的检验人员依法执行职务,不受非法干预和阻挠。

三、商检的范围

国家商检部门根据保护人类健康和安全、保护动物或者植物的生命和健康、保护环境、防止欺诈行为、维护国家安全的原则,制定、调整必须实施检验的进出口商品目录(以下简称目录)并公布实施。列入目录的进出口商品,必须经过商检机构检验。列入目录的进口商品未经检验的,不准销售、使用;列入目录的出口商品未经检验合格的,不准出口。

商检机构和经国家商检部门许可的检验机构,依法对进出口商品实施检验。商检机构和经国家商检部门许可的检验机构对进出口商品实施法定检验的范围包括:

1. 对列入目录的进出口商品的检验;

2. 对出口食品的卫生检验;

3. 对出口危险货物包装容器的性能鉴定和使用鉴定;

4. 对装运出口易腐烂变质食品、冷冻品的船舱、集装箱等运载工具的适载检验;

5. 对有关国际条约规定须经商检机构检验的进出口商品的检验;

6. 对其他法律、行政法规规定须经商检机构检验的进出口商品的检验。

依照有关法律、行政法规的规定,进出口药品的卫生质量检验、计量器具的量值检定、锅炉压力容器的安全监督检验、船舶(包括海上平台、主要船用设备及材料)和集装箱的规范检验、飞机(包括飞机发动机、机载设备)的适航检验以及核承压设备的安全检验等项目,由其他检验机构实施检验。

商检机构对法定检验以外的进出口商品,可以抽查检验并实施监督管理。法定检验以外的进出口商品,对外贸易合同约定或者进出口商品的收货人、发货人申请商检机构签发检验证书的,由商检机构实施检验。

当然,对于列入目录的进出口商品,凡符合国家规定的免予检验条件的(如经商检机构检验质量长期稳定的或者经国家商检部门认可的外国有关组织实施质量认证的),由进出口商品的收货人或者发货人申请,经国家商检部门审查批准,可以免予检验。此外,进出口的样品、礼品、非销售展品和其他非贸易性物品,可以免予检验,但是国家另有规定或者对外贸易合同另有约定的除外。

四、商检的标准

商检机构对进出口商品实施检验的内容,包括商品的质量、规格、数量、重量、包装以及是否符合安全、卫生要求。商检机构按照下列标准对进出口商品实施检验:

1. 法律、行政法规规定有强制性标准或者其他必须执行的检验标准的,按照法律、行政法规规定的检验标准检验。

2. 法律、行政法规未规定有强制性标准或者其他必须执行的检验标准的,按照对外贸易合同中约定的检验标准检验;凭样成交的,还应当按照样品检验。

3. 法律、行政法规规定的强制性标准或者其他必须执行的检验标准,低于对外贸易合同约定的检验标准的,按照对外贸易合同约定的检验标准检验;

凭样成交的,还应当按照样品检验。

4. 法律、行政法规未规定有强制性标准或者其他必须执行的检验标准,对外贸易合同又未约定检验标准或者约定检验标准不明确的,按照生产国标准、有关国际标准或者国家商检部门指定的标准检验。

国家质检总局根据进出口商品检验工作的实际需要和国际标准,可以制定进出口商品检验方法的技术规范和标准。进出口商品检验依照或者参照的技术规范、标准以及检验方法的技术规范和标准,应当至少在实施之日 6 个月前公布;在紧急情况下,应当不迟于实施之日公布。

五、商检的项目

商检是对进出口商品的相关内容进行检验。其具体检验的项目主要是以下几项:

1. 质量检验。质量检验或称品质检验,是对进出口商品的质量是否符合标准与合同规定的判定。它包括外观质量检查和内在质量检验。外观质量检查包括检查进出口商品的外观形态、尺寸规格、样式、花色、造型、表面缺陷、表面加工装饰水平,以及通过视觉、嗅觉、味觉等进行的检查。内在质量检验主要是成分检验和性能检验,其中成分检验是对商品有效成分的种类及含量、杂质与有害成分的种类及含量的判定;性能检验包括物理性能、化学性能、机械性能、使用性能、安全性能、卫生性能、环保性能等的检验。

2. 数量或重量检验。数量或重量检验属于计量工作,需要确定计量单位,其中重量检验还要确定计量方法及计量器具。

(1)数量检验的计量单位:机电仪器类产品、零部件、日用轻工品等常用个数计量,计量单位为个、只、件、套、打、台等;纺织品、布匹、绳索等用长度计量,计量单位为米、英尺等;玻璃、胶合板、地毯、镀锌(锡)钢板等多用面积计量,计量单位为平方米、平方英尺等;木材一般用体积计量,计量单位为立方米、立方英尺等;液体、气体产品常用容积计量,计量单位为升、加仑等。

(2)重量检验的计量单位:重量有毛重(gross weight,指商品本身重量加上包装重量)、净重(net weight,即商品本身重量)之分,大部分商品按照净重计价。但对于包装相对于货物本身来说重量很轻或者包装本身不便计量等情况,往往以毛作净(gross for net),即以商品的毛重作为净重。对于棉、毛、丝等纺织纤维,由于其含水率变化影响重量,一般用公量重(conditioned weight)为计价重量。公量重是指商品的干态重加上标准含水率(公定含水率)时的水分的重量。各种重量一般使用公吨(metric ton)、公斤(kg)为单位,但也有为照顾进口国需要而使用英制长吨(long ton)、美制短吨(short ton)、磅、盎司等为单位的。

(3)重量检验的计量方法:可以采用衡量计重、水尺计重、容量计重、流量计重等方法,其中衡量计重是使用最多的计重方法,需用天平、台秤、汽车衡、轨道衡、料斗秤等衡器。

3.包装检验。包装检验是根据外贸合同、标准和其他有关规定,对进出口商品的外包装和内包装以及包装标志进行检验。包装检验首先应核对外包装上的商品包装标志(标记、号码等)是否与进出口贸易合同相符。对进口商品主要检验外包装是否完好无损,包装材料、包装方式和衬垫物等是否符合合同规定要求。对外包装破损的商品,要另外进行验残,查明货损责任方以及货损程度。对发生残损的商品要检查其是否由于包装不良所引起。对出口商品的包装检验,除包装材料和包装方法必须符合外贸合同、标准规定外,还应检验商品内外包装是否牢固、完整、干燥、清洁,是否适于长途运输和保护商品质量、数量的习惯要求。对装运危险货物的包装容器,要进行特别的包装性能检验,如跌落试验、堆码试验、气密试验、液压试验等。商检机构对进出口商品的包装检验,一般进行抽样检验或在当场检验,或在进行衡器计重的同时结合进行。

4.出口商品装运技术检验。出口商品装运技术检验是指对出口商品的装载条件、装载技术、适载性等内容进行的检验,包括船舱检验、进出口集装箱鉴定、监视装载、积载鉴定等。

(1)船舱检验。船舱检验包括干货舱检验、油舱检验、冷藏舱检验,主要检验各类船舱的清洁、干燥、无异味、无虫害、卫生、安全等情况。

(2)进出口集装箱鉴定。包括集装箱的装箱鉴定、拆箱鉴定、承租鉴定、退租鉴定,以及集装箱的清洁、温度、风雨密固性等单项鉴定。其中,装箱鉴定是根据拟装货物的特性,鉴定集装箱的结构、卫生、冷冻等条件,制定装箱计划和防护措施,指导和监视装货,鉴定所装货物的数量、包装、标志并对集装箱签封,出具鉴定证书。拆箱鉴定是对进口集装箱货物,查核集装箱号码、封识号及外观状态,检查卸货前货物在箱内状态,监视卸货,鉴定所卸货物的数量、包装、标志,确定货损、货差,出具鉴定证书。

(3)监视装载。监视装载是对出口商品装货进行的监视鉴定。在船舱检验、进出口集装箱鉴定的基础上,审核承运人的配载计划是否符合货运安全的需要,监督承运人按照商品的装载技术要求进行装载,并出具监视装载证书。

(4)积载鉴定。积载鉴定是对出口商品装载情况进行的鉴定。主要是审核承运人的配载计划是否合理,是否具有安全性、稳固性,能否防止货物互相抵性、串味等;并检查装船技术措施是否符合保护货物的质量、数量、完整和安全的要求,比如是否有良好的加固、隔离、衬垫、通风措施等,据实出具鉴定证明。

5. 货载衡量鉴定。这是对贸易成交即将运输的商品进行体积和重量的测量并予以鉴定。根据鉴定结果,可以计算运输中的运费和保证运输船舶的合理配载。

6. 进出口商品残损鉴定。这是对进出口过程中由于货物的质量、运输环节、人为因素、意外灾害等原因产生的货物变质、短少、破损等残损情况进行的鉴定。发生残损的原因主要有渍损、残破、霉烂、变质、变形、短缺、锈损、火损、串味、虫蛀、鼠咬等。在残损鉴定中首先要查明致损原因,判别责任归属(是原残、短装、船残、工残,还是海损);其次要确定商品的受损程度,包括数量、重量的短少变化、品质变异、降等、降级等情况;再次,对残损商品进行估损和确定贬值;最后,出具残损鉴定证书,供申请人向责任方或保险公司办理索赔。残损鉴定还包括舱口检视、载损鉴定、监视卸载、海损鉴定等。

原残是指进口商品在商品付运前已经存在问题的残损,应由发货人承担责任。原残包括:(1)货物在生产、加工制造、装配、包装过程中已发生的残损或缺陷;(2)货物装运前在储运过程中形成的残损;(3)货物由于包装条件不符合合同约定,或不适合海洋运输条件而造成的残损。

短装是指货物在起运前原装短少,即发货时错装或少装所致,下列情况均可判断为短装:(1)包装外表完好,内部装置完好,其短缺货物的数量和体积不可能装入原件包装的;(2)外包装虽有某些破损,但内部装置完整,又无空隙可以装置短缺的货物;(3)桶装商品,其桶内衬袋完好无损,或无衬袋,但查无渗漏痕迹而到货重量不足。

船残是指进口货物在装船至卸货前的过程中船上发生的残损,应由承运人承担责任。船残一般由于下述原因致使货物受损:(1)船舱条件不适宜载货,如船体陈旧,年久失修,船舱不密,水舱漏水,水管锈蚀、裂缝、断裂、脱焊,货舱不清洁、不干燥或有异味、虫害等;(2)船舱设备不良,如缺乏通风设备,造成货物污水渍损,覆盖用帆布数量不足或有破洞等;(3)配载不当,如没有根据不同商品的特点进行配载,使有些商品相互串味等;(4)积载不良,如没有采取合理的加固、绑扎、隔离、隔层、铺垫、通风、衬垫等有关的保护措施;(5)冒雨冒雪装卸货物;(6)船员在航程中没有注意管好货载,以及发现有问题时未及时采取补救措施等。凡是清洁提单,大副收据没有批注,发货人并未提供保函的进口货物,而卸货港理货单上却有船方签认的货损,一般都属于船残。

工残是指进口货物由于装卸工引起的残损,应由港务或铁路等装卸部门承担责任。工残发生的原因包括违章操作、机械失灵、粗暴搬动、装卸不慎、使用工具不当等。例如搬运工人单纯追求卸货速度或贪图省力,而将货物乱摔乱放,应该用网兜吊货却用绳吊造成货残;绞车失灵,货物下坠碰破,钢丝绳起吊断裂使货物遭损;装卸搬运不慎货物落地撞破,包件货用手钩造成钩洞残破使货物漏失等。此外,在卸货码头、车站、仓库、场地,由于装卸、搬运、堆放或保管不善,致使货物遭受雨淋、水湿、损坏的,也属于港务或铁路等装卸部门的责任。

7. 外商投资财产鉴定。这是指对国外(包括港、澳、台地区)的公司、企业、其他经济组织或个人在中国境内开办的外商投资企业及在各种经济贸易活动投入中国的财产所进行的鉴定。鉴定的内容包括价值鉴定、损失鉴定以及品种、质量、数量鉴定。

六、商检的地点

商检的检验时间和地点由买卖双方约定(强制性检验除外),主要有以下五种类型:

1. 在出口国产地检验。发货前,由卖方检验人员会同买方检验人员对货物进行检验,卖方只对商品离开产地前的品质负责。离产地后运输途中的风险,由买方负责。

2. 在出口国装运港(地)检验。货物在装运前或装运时由双方约定的商检机构检验,并出具检验证明,作为确认交货品质和数量的依据,这种规定被称为以"离岸品质和离岸数量"为准。

3. 在进口国目的港(地)检验。货物在目的港(地)卸货后,由双方约定的商检机构检验,并出具检验证明,作为确认交货品质和数量的依据,这种规定被称为以"到岸品质和到岸数量"为准。

4. 在进口国买方营业处所或用户所在地检验。对于那些密封包装、精密复杂的商品,不宜在使用前拆包检验,或需要安装调试后才能检验的产品,可将检验推迟至用户所在地,由双方认可的检验机构检验并出具证明。

5. 出口国检验,进口国复验。按照这种做法,装运前的检验证书作为卖方收取货款的出口单据之一,但货到目的地后,买方有复验权。如经双方认可的商检机构复验后,发现货物不符合合同规定,而且是属于卖方责任,那么买

方可在规定时间内向卖方提出异议和索赔,甚至拒收货物。

上述各种做法,各有特点,应视具体的商品交易性质而定。但对大多数一般商品交易来说,"出口国检验,进口国复验"的做法最为方便而且合理,因为这种做法一方面肯定了卖方的检验证书是有效的交接货物和结算凭证,同时又确认买方在收到货物后有复验权,这符合各国法律和国际公约的规定。因此,我国对外贸易中大多采取这一做法。

七、商检的报检

进出口商品的收货人或者发货人可以自行办理报检手续,也可以委托代理报检企业办理报检手续;采用快件方式进出口商品的,收货人或者发货人应当委托出入境快件运营企业办理报检手续。

进出口商品的收货人或者发货人办理报检手续,应当依法向出入境检验检疫机构备案。代理报检企业、出入境快件运营企业从事报检业务,应当依法经出入境检验检疫机构注册登记。未依法经出入境检验检疫机构注册登记的企业,不得从事报检业务。办理报检业务的人员应当依法办理报检从业注册,并实行凭证报检。未依法办理报检从业注册的人员,不得从事报检业务。代理报检企业、出入境快件运营企业以及报检人员不得非法代理他人报检,或者超出其业务范围从事报检业务。

代理报检企业接受进出口商品的收货人或者发货人的委托,以委托人的名义办理报检手续的,应当向出入境检验检疫机构提交授权委托书,遵守本条例对委托人的各项规定;以自己的名义办理报检手续的,应当承担与收货人或者发货人相同的法律责任。出入境快件运营企业接受进出口商品的收货人或者发货人的委托,应当以自己的名义办理报检手续,承担与收货人或者发货人相同的法律责任。委托人委托代理报检企业、出入境快件运营企业办理报检手续的,应当向代理报检企业、出入境快件运营企业提供所委托报检事项的真实情况;代理报检企业、出入境快件运营企业接受委托人的委托办理报检手续的,应当对委托人所提供情况的真实性进行合理审查。

八、商检的形式

对进出口商品实施检验,可以根据商检机构自身特点以及社会的检验条件,并参照国际上的惯例,采取不同的检验形式。主要的商检形式有自行检验、共同检验、委托检验、认可检验等。

（一）自行检验

自行检验是指商检机构在接到进出口申请人的申请后，自行派出技术人员进行抽样并完成全部项目的检验。自行检验的全过程是由商检机构靠自身的技术力量①（包括在局部地区或在全局范围内）严格按照进出口商品检验规程进行的，是商检机构在进出口商品检验中采取的最主要形式。对那些本地区主要的进出口商品，特别是直接涉及人畜、环境安全、卫生及生态平衡的商品和项目，商检机构必须增强自行检验的能力。

（二）共同检验

共同检验是指商检机构以自身的检验力量为主体，派出检验技术人员与有关部门共同合作完成对进出口商品的检验。对于检验的项目，可根据情况由商检机构和承担检验任务的单位共同完成。凡是重要的检验项目，以及涉及安全、卫生和国内外比较敏感或容易发生争议的项目，都应由商检机构自行完成。对确需送样到其他部门检验的，也应从技术上加强管理和监督检查，必要时每批都由商检部门指派技术人员参与检验，并视情况抽查或复查其检验结果，以避免出现差错。

（三）委托检验

委托检验是指商检机构对某一商品或某个项目委托具备检验条件②的单位进行检验，又称"转承包检验"。商检机构应对被委托单位的检测能力和管理效能进行检查和考核，并与这些单位签订委托协议，明确该单位与商检机构

---

① 自行检验并不排除在某些商品或某个项目的检验中，需要申请人或有关单位提供一些辅助劳力或工具。有时，商检机构对某一个项目的检验，可以在抽样之后利用厂矿企业、生产部门以及科教部门、专门检测机构的仪器设备，自己进行检验。这种做法也属于自行检验的范围。

② 承担委托检验任务的单位必须具备以下基本条件：（1）具有本专业检验所必需的检验仪器设备和检验技术人员；（2）检验室应有严密的组织机构和严格的管理制度；（3）在接受委托检验任务的全过程中，能自觉地按照商检机构的规定和要求，按时完成任务，并接受商检机构的检查和监督；（4）检验人员能按照商检机构的规定，认真检验，结果准确，记录完整，经得起检查，不徇私枉法；（5）检验室和检验人员经商检机构考核合格并认可方可上岗。

的任务分工、委托范围、具体做法、费用支付以及被委托方所应承担的责任。

商检机构为了做好委托检验工作的管理,必须做到以下几点:

1. 委托检验的范围应尽量缩小,避免对外委托能够自行检验的商品或项目。

2. 严格规定委托检验的办理程序、手续和批准权限,统一对被委托单位进行考核的标准和审批程序。

3. 要对被委托的单位进行统一管理,要做到"四个统一":统一接受报验、统一安排检验、统一收费、统一签发检验证书。

4. 要定期对被委托的单位进行抽查和复核,组织双方检验人员进行交流、研究来提高检验检测水平,以保证检验结果的准确性和可靠性。

（四）认可检验

认可检验是商检机构对具备认可检验条件①的出口生产企业或进口收、用货单位出具的进出口商品检验结果进行认可的检验形式。商检机构经过对出口生产企业或进口的收、用货单位的检验室和检验人员进行考核合格后,可颁发相应的认可文件或证书。凡经过商检机构认可的单位,商检机构可在其对产品出厂检验或进口商品验收合格的基础上,派出检验技术人员,审核认可单位的检验记录,核对检验结果,并可根据情况按一定的比例抽查检验,符合要求的,则签发检验证书。商检机构必须加强对认可检验的管理,尤其是对关系到安全、卫生的出口商品生产企业和进口收、用货单位,要经常深入了解情况,帮助他们搞好出厂检验和进口验收。

共同检验、委托检验、认可检验都是商检机构组织社会力量对进出口商品进行检验的形式,是重要的补充形式,但商检机构必须加强对这些检验形式的监督管理。

九、商检的方法

对进出口商品进行检验鉴定的方法可以概括为感官检验方法、物理检验

---

① 被认可的检验单位应具备以下基本条件:(1)质量意识强,能严格按照合同、标准进行生产或严格按照合同、标准进行验收;(2)建立了健全有效的质量管理体系;(3)检验室和检验人员经过商检机构考核合格,其检验结果与商检机构的检验结果相比,符合规定要求;(4)领导重视,检验室机构、制度健全,检验技术人员作风正派、坚持原则。

方法、化学检验方法、生物检验方法以及把上述方法原理仪器化的仪器分析方法等。

（一）感官检验方法

感官检验方法是凭借检验人员的感觉器官（眼、耳、鼻、舌、手）的视觉、听觉、嗅觉、味觉、触觉等感觉来检验、鉴定商品的现状或某种特性的方法。

感官检验的测定过程是生理和心理的过程，检验的结果一般不是定量而是定性的，要通过本人的语言进行描述。因此，检验的结果会受检验人员的资历、教育程度、经验、性别、风格等的影响，检验结果往往因人而异。即使是同一个人，检验结果也会因检验时环境条件[①]、心理精神状态、体力等的变化而受到影响。尽管感官检验存在上述不足，但由于目前有一部分进出口商品或其项目[②]是设备仪器所检验不了的，只能用感官检验方法来检验鉴定其优劣、等级、真假，加上感官检验方法简单、方便、迅速、灵活，因而它仍被广泛地应用于一般商品甚至高档精密商品的检验中。感官检验在技术上除了依靠检验人员各种感官的灵敏度和多年积累的经验外，有时还要借助一些标样、标准照片、图片、图谱等，有时还需要采用数理统计方法和模糊数学方法，对检验的结果作出统计推断或模糊判断，增加感官检验的科学性。

感官检验中常采用以下办法：（1）比较法，即将被检验的样品与合同规定、标准文件、标准样品、标准图片等进行比较后判断该样品是否合格或确定其等级、规格、品种的方法。（2）定性或简单定量描述法，即对各个样品、项目的检验结果用文字的形式加以描述和说明，或尽量用简单的数据说明问题的方法。

（二）物理检验方法

在进出口商品检验中，使用各种工具、设备仪器，对检验对象的物理结构、物理性能和物理量进行检测的方法，属于物理检验方法。对几何量、物理量的

---

①　因此，感官检验应当给检验人员创造良好的检验环境和条件，尽量在专门的检验室内进行。感官检验室应与样品制备室、办公室分开，温度、湿度、灯光的强度和色调，自然光的强弱、通风等方面应符合有关规定。室内应整洁、空气新鲜、无异味、无污染，噪音不得超过有关规定。

②　例如一批生丝（150 小包）的色泽是否一致，其条份是否均匀，就要在符合某种条件的环境下，通过目光将全批 150 小包的色泽或样品的条份与标样或标准照片比较、判断。罐头食品的色、香、味，酒类的优劣、等级、牌号，音响产品的音质，纺织品的手感，皮毛制品的柔软程度等等，都要通过感官检验方法来检验鉴定。

检验方法可分为直接接触法和非直接接触法。对物理性能的检测包括商品力学性能的检测、商品电气安全性能的检测和商品的物理显微分析。

(三)化学检验方法

化学检验方法也叫作化学分析方法,它主要是通过化学反应的结果来分析试样是否含有某种成分及其含量,从而确定商品的等级、品位、优劣和真伪。从其内容来分,常规的化学分析方法可分为定性分析方法①和定量分析方法②两种。按其分析机理可分为物理方法③、物理化学方法④、化学方法⑤三种分析方法。当然,对某一种物质的某一组分的分析,往往需要物理方法、物理化学方法、化学方法三种方法互相结合才能达到分析的目的。⑥

(四)仪器分析方法

凡是使用仪器设备对某一试样进行定性分析、定量分析、结构分析等,都属于仪器分析方法的范围。仪器分析方法主要包括物理分析法⑦和物理化学分析法⑧两大类,具体方法包括光学分析法(如分光光度法、原子吸收法等)、电化学分析法(如电位法等)、色谱分析法(如气相色谱法、液相色谱法等)和其

---

① 定性分析方法的任务是鉴定商品样品中所含物质的成分。对于由无机物组成的物质,鉴定的成分通常是元素或离子。对于由有机物组成的物质,鉴定的成分通常是元素、官能团或化合物。

② 定量分析方法的任务是准确测定试样中各组分的含量。定量分析中有化学项目,也有物理项目。常进行的化学项目有纯度、酸碱度、碘值、羟值、皂化值、灰分,各种杂质含量等。常进行的物理项目有比重、密度、熔点、燃点、沸点、凝点、露点、黏度、折光率、比旋度、色度、熔融指数等。

③ 物理方法是利用物质的某种物理性质建立起来的分析方法,包括对熔点、沸点、凝点、燃点、溶解度、密度、比重等物理量的测定等。

④ 物理化学方法是利用物质参与化学反应所产生的物理现象而建立起来的分析方法,例如比色分析法、库仑分析法、比浊分析法、电解分析法(电重量分析法)等。

⑤ 化学方法是根据物质的化学性质建立起来的分析方法。例如重量分析法、滴定分析法、气体分析法等。

⑥ 例如物理分析法、物理化学分析法,往往需要溶解——分离——提纯等化学分析手段作为前提。

⑦ 物理分析法是根据组成被测商品的成分及其物理特性为基础进行测试和鉴定的方法。

⑧ 物理化学分析法是以被测商品的物理化学性质为基础的分析方法。

他分析法(如质谱法等)。商检工作中使用的分析仪器主要有电感耦合等离子体发射光谱分析仪①、原子吸收分光光度计②、气相色谱仪③、高压液相色谱仪④、气相色谱——质谱联用仪⑤。

仪器分析主要应用于痕量和超痕量成分的检测,它速度快、效率和灵敏度都很高,是目前较先进的分析检验方法。例如对金属中存在的微量杂质、食品中的农药残留以及放射性污染等,如果使用常规的化学分析方法对其进行检验,速度慢,不灵敏,往往是得到"微量"甚至是"未检出"的结果,不能满足国际经济贸易的需要。一些工业发达的国家规定,进口食品所含的有毒有害物质不能超过若干 10^{-6}(百万分之几)或 10^{-9}(十亿分之几)的比例。出口前商检机构要检定是否有这种极其微量的物质并在检验证书上出具具体的检测数据。如果检验证书只写上"微量"或"未检出",这些食品是不能进口到这些国家的。要做到这一点,只能使用精密仪器进行分析。

但是,仪器分析方法也有一些不可避免的缺点。例如,灵敏度高的分析仪

———————————

①　电感耦合等离子体发射光谱分析仪的原理是将样品通过进样系统,与 Ar_2 在雾化装置中形成气溶胶之后进入高频电感耦合磁场中,形成等离子炬,高温的等离子炬使分析元素电离激发而产生发射光谱,根据光谱的特征和强度进行元素的定性、定量分析。等离子体是指电子和离子浓度处于热力学平衡状态的电离气体。

②　原子吸收分光光度计的原理是以一束特定的入射光强 I_0 投射至待测元素的基态原子蒸气,此待测元素的基态原子蒸气对入射的特征光产生吸收,未被吸收的部分将透射过去。待测的元素浓度 C 越大,光的吸收量越多,其透射光强 I 越弱。在 I_0,C,I 三者之间存在一定的关系。根据这个关系,并将已知的待测元素浓度的标准溶液对光的吸收与试样对光的吸收进行比较,就可以求出试样中待测元素的含量。

③　气相色谱仪的原理是根据不同物质在固定相和流动相中具有不同的分配系数或溶解度,当两相做相对运动时,这些物质在两相间进行反复多次的分配,使得那些分配系数只有微小差异的物质在流动速度上产生很大差别,从而使各组分达到分离。当流动相为气体时称之为气相色谱,流动相为液体时称之为液相色谱。

④　高压液相色谱仪的原理是液体移动相通过高压泵的作用连续地按一定的速度流过色谱柱,在柱的顶端注入样品。样品的各个组分流经柱子时,会逐渐分离,以不同的时间从柱子下端的出口流出,通过检测器部件检测,转变为电信号,经过数据处理系统和记录仪记录下来,进行定性或定量分析。

⑤　气相色谱——质谱联用仪的原理是气相色谱仪作为质谱仪的进样装置,利用色谱对混合物较强的分离能力,使混合物进入离子源之前,先经色谱柱的分离,各组分按时间顺序进入离子源,所产生的离子碎片经质谱仪不断进行扫描测量,得到各化合物的总离子色谱图和对应的特征度谱图,据此可进行定性和定量分析。

器,易受客观条件,包括试验条件(如电压、电流、气体温湿度等)和试样中共存的其他极微量元素的干扰。同时,仪器的保养、使用的条件要求较高,测试过程以及仪器的维修比较复杂。为了使仪器设备保持良好的使用状态,必须严格执行仪器专人使用、保养、定期检定和维修制度。在所订购的仪器到货之后必须设立仪器设备档案,安装、调试、使用、维修都要有专门的记录,以备日后查用。仪器分析方法与化学分析方法是相辅相成的,不能互相取代,例如在进行仪器分析时,往往要用化学分析方法来处理样品。

(五)生物检验方法

生物检验方法主要是针对卫生条件的检验,包含微生物学检验方法和生理学检验方法。

1. 微生物学检验方法

微生物学检验方法,主要是测定商品内所存在的微生物类别,以及测定有关致病微生物是否存在。常用的微生物学检验方法有显微观察法、培养法①、纯种分析法②和形态观察法③。在食品卫生检验中,微生物学检验十分重要,其检验项目和指标主要有菌落总数检验、大肠杆菌群、沙门氏菌、志贺氏菌、葡萄球菌、链球菌、肉毒梭菌、韦氏杆菌、出血性败血病杆菌等。

2. 生理学检验方法

生理学检验方法主要有组织学分析法和生理试验法两种。组织学分析法主要采用解剖方法,可以观察或测定细胞的形态和结构,细胞彼此连结的特点,细胞膜的特点,细胞中的淀粉粒以及其他成分;也包括采用显微分析方法测定商品内有无寄生虫和微生物存在。生理试验法主要检验细菌等微生物的生长温度及致死温度、生长 pH 值范围、对氧的要求、运动性、对糖类的发酵性、对石蕊牛奶的作用、对明胶的液化作用、对硝酸盐的还原性以及吲哚、硫化氢的生成与否。

---

① 培养法是通过人为地创造适宜于微生物生长和繁殖的条件,以观察由一个单独的细胞繁殖成为一个群体的菌落特征,用于测定生成菌数和观察该菌的菌落形态。

② 纯种分析法是把混杂的微生物分离开来,得到只由一种微生物的一个单细胞繁殖起来的菌落,并观察其特征,再鉴定其属于哪一种微生物。

③ 形态观察法主要是观察微生物的生长与繁殖,营养细胞和生殖细胞的形态、颜色和大小,有无芽孢及芽孢颜色,菌苔大小、颜色和组型等。

十、商品检验前的抽样与制样

(一)抽样

抽样前应当做好准备工作,熟悉商品特性和检验要求,确定抽样方案,准备好抽样工具和盛样器。抽样人员到了商品堆存现场后,在抽样之前要查核商品的外观和批号、标志,对有运输包装的商品,要认真检查包装上的运输包装标记①,包括识别标记②、指示标记③和警告标记④。

在抽样时必须坚持随机抽样的原则,同时要注意抽样部位和抽样点,使它们均匀分布。例如在船上抽取样品,不仅要顾及各个舱,还要注意在每个舱的上、中、下三层分别抽取。即使是对每一层,抽样点也要均匀分布,例如呈梅花点、方格点分布等。

(二)制样

一般来说,像轻工、纺织、五金工具、家电等商品,在抽样后只需对样品进行简单的加工(例如缠绕、裁减等)或者无须处理就可以用来检测。对于化工、矿产、金属材料、食品这一类的商品,在现场所抽取的样品还不能直接用来检测。对于散装物料,抽样人员在现场抽取了大量的样品,不可能也没有必要全部带回检测,往往从一条船上抽出来的样品有几十公斤,可是实际

---

① 运输包装标记是在进出口商品运输包装上用文字、数字或图形制作的特定记号和说明事项。按照国际公约规定,标记最小不小于 2 平方英寸,刷于或印于包装的明显处,要求清晰、不脱落。

② 识别标记是运输标记的基本部分,也是区别一批商品的根据,它又包括主要标记(即通常所说的唛头 Mark)、副标记、目的地标记、原产地标记、件号标记、体积和重量标记等。

③ 指示标记又称为安全标记、保护性标记或注意标记。它是针对商品的特性提出的在运输和保管过程中应注意的事项,一般都是以简单、醒目的图形或文字在包装上标出。例如"此端向上"(THIS END UP)、"小心搬运"(HANDLE WITH CARE)、"请勿用钩"(USE NO HOOKS)等。

④ 警告标记是标明商品危险性的标记。危险商品的运输包装上应清楚地标明所规定的用于各类危险商品的标记以示警告,使有关人员在商品的运输、保管和装卸过程中,根据货物的性质采取相应的防护措施,以保护商品和人员的安全。

上检测时所用到的样品是很少的,这就需要对直接抽取出来的样品进行制作,从中得到我们实际检测所需要的样品。这种加工制作的过程,我们称之为制样。

制样应遵循以下原则:

1. 原始样品的各部分应有相同的概率进入最终样品。

2. 在制样的过程中,制样技术和制样设备不破坏样品的代表性,不改变样品的组成,不使样品受到污染和损失。

3. 在检测所允许的前提下,为了不加大抽样误差,应在缩减样品量的同时缩减样品的粒度。

4. 根据待检测商品的质量特征、原始样品量及粒度,以及待抽样商品的性质确定制样步骤和技术。

5. 应根据具体情况,对制样过程中的各个程序进行一次或多次重复操作,直至获得最终样品。制样可以用手工操作(辅以适合的工具)或机械加工处理。

经过制样所得的最终样品的量应该满足检测和备查的需要。一般是将最终样品等量分成两份,一份供检测用,另一份保存备查,每份样品量至少应为检测需要量的三倍。有一些商品的检测环境和条件要求较严,经过制样得到的试样还必须经过适当的处理[①]后才能正式用来检测。

十一、商品检验后的工作

(一)检验数据的处理

在对一个样品进行检测时,由于检测设备仪器、检测人员、检测的环境条件等方面的影响,不可避免地会产生检测误差。可以说,对任何一个质量特性,所检测的结果都只能是一个近似值。因此,在检测完毕后,有必要对检测所得到的数据进行整理,从中得出最接近真值的代表性数据作为检验结果。误差理论、概率论和数理统计方法是对检测数据进行处理的依据。

(二)备查样品的保留

凡经检验合格的出口商品,应保留一定数量有代表性的样品,它关系到检

---

① 例如纸及其制品、生丝、化纤等商品的样品需要经过恒温恒湿处理。

验工作的质量和对外的索赔。保留期限一般为该批商品的贸易合同规定的有效期满为止。涉及出口商品理赔案件的样品,应保存到该案结案为止。合同未规定索赔期的,一般应保留半年以上,以备查核或复验。不易长期保存的易腐易变质商品,适当掌握样品的保留时间。

凡经检验不合格的进口商品,需要对外索赔或以商检机构的检验结果为结汇依据的,应保留一定数量的样品,或者由收、用货单位全部保存到货。备查样品一般应保存到索赔案处理完毕为止,没有订明索赔期限的,样品一般保存期限为一年,有科研价值的,可适当延长保存时间。由生产、经营单位和商检机构共同检验或者由认可单位抽样检验的商品,也应由商检机构保存样品,以备查核。运往口岸查验换证的出口商品,其检验样品由发运地商检机构保留。口岸查验时如发现其情况与原发证书有较大差异,属于发错货物、变质或调包者,抽样检验后应保留一份样品。

样品的保存应根据其不同性质,采取密封、干燥、低温、冷冻、冷藏、防潮、防光、防热、防虫害、防污染、防腐、防毒、防锈等不同措施,防止受损变质。样品在保留期限内不得任意处理,需调用的,必须经过一定的审批手续。

十二、商检证书

商检证书是商检机构在完成商检工作后为进出口商品出具的各种证明文书。商检证书主要有以下几种:

1. 品质检验证书,是出口商品交货结汇和进口商品结算索赔的有效凭证,其中法定检验商品的品质检验证书还是进出口商品报关、输出输入的合法凭证。商检机构签发的放行单和在报关单上加盖的放行章与品质检验证书有同等通关效力;签发的检验情况通知单视同为品质检验证书性质。

2. 重量或数量检验证书,是出口商品交货结汇、签发提单和进口商品结算索赔的有效凭证,也是国外报关征税和计算运费、装卸费用的证件。

3. 兽医检验证书,是证明出口动物产品或食品经过检疫合格的证件。适用于冻畜肉、冻禽、禽畜罐头、冻兔、皮张、毛类、绒类、猪鬃、肠衣等出口商品,是它们对外交货、银行结汇和进口国通关输入的重要证件。

4. 卫生(健康)证书,是证明可供人类食用的出口动物产品、食品等经过卫生检验或检疫合格的证件。适用于肠衣、罐头、冻鱼、冻虾、食品、蛋品、乳制品、蜂蜜等,是它们对外交货、银行结汇和通关验放的有效证件。

5. 消毒检验证书,是证明出口动物产品经过消毒处理,保证安全卫生的

证件。适用于猪鬃、马尾、皮张、山羊毛、羽毛、人发等商品,是它们对外交货、银行结汇和国外通关验放的有效凭证。

6. 熏蒸证书,是用于证明出口粮谷、油籽、豆类、皮张等商品以及包装用木材与植物性填充物等,已经过熏蒸灭虫的证书。

7. 残损检验证书,是证明进口商品残损情况的证件。适用于进口商品发生残、短、渍、毁等情况,可作为受货人向发货人或承运人或保险人等有关责任方索赔的有效证件。

8. 积载鉴定证书,是证明船方和集装箱装货部门正确配载积载货物,作为证明履行运输契约义务的证件,可供货物交接或发生货损时处理争议之用。

9. 财产价值鉴定证书,是作为对外贸易关系人和司法、仲裁、验资等有关部门索赔、理赔、评估或裁判的重要依据。

10. 船舱检验证书,证明承运出口商品的船舱清洁、密固、冷藏效能及其他技术条件是否符合保护承载商品的质量和数量完整与安全的要求。可作为承运人履行租船契约适载义务,对外贸易关系方进行货物交接和处理货损事故的依据。

11. 生丝品级及公量检验证书,是出口生丝的专用证书。其作用相当于品质检验证书和重量/数量检验证书。

12. 产地证明书,是出口商品在进口国通关输入和享受减免关税优惠待遇和证明商品产地的凭证。

13. 舱口检视证书、监视装(卸)载证书、舱口封识证书、油温空距证书、集装箱监装(拆)证书,作为证明承运人履行契约义务,明确责任界限,便于处理货损货差责任事故的证明。

14. 价值证明书,作为进口国管理外汇和征收关税的凭证。在发票上签盖商检机构的价值证明章与价值证明书具有同等效力。

15. 货载衡量检验证书,是证明进出口商品的重量、体积吨位的证件。可作为计算运费和制订配载计划的依据。

16. 集装箱租箱交货检验证书、租船交船剩水(油)重量鉴定证书,可作为契约双方明确履约责任和处理费用清算的凭证。

商检证书一般具有以下作用:(1)是报关验放的必要凭证;(2)是买卖双方结算货款的依据;(3)是计算运输、仓储等费用的依据;(4)是办理索赔的依据;(5)是计算关税的依据;(6)是证明情况、明确责任的有效凭证;(7)是仲裁、诉讼的重要证据。

第二节 进口商品检验

我国进口商品存在的问题主要有四个方面:(1)进口商品中质量问题屡见不鲜,包括内在质量缺陷、卫生安全隐患、以次充好、外观质量不合格;(2)进口商品中假冒问题不断出现,包括以仿制假、以旧冒新、以组装代原装;(3)进口商品倾销已对我国产业造成损害;(4)进口商品中逃避国家监管的行为时有发生。① 进口商品检验对进口商品具有把关作用,因此解决这些问题的重要对策之一就是运用及时报检、科学高效的检验手段,加强进口检验环节的监督管理,切实发挥进口检验的把关作用。

一、进口商品检验地点的选择

由于进口商品的种类、贸易合同、运输方式以及有关情况的不同,商检机构可根据有关的规定和检验的条件,采取卸货口岸检验、收用货地检验、装运前检验等三种方式。法定检验的进口商品应当在收货人报检时申报的目的地检验。大宗散装商品、易腐烂变质商品、可用作原料的固体废物以及已发生残损、短缺的商品,应当在卸货口岸检验。对前述规定的进口商品,国家质检总局可以根据便利对外贸易和进出口商品检验工作的需要,指定在其他地点检验。

(一)卸货口岸检验

卸货口岸检验是进口商品的主要检验方式。按照国际惯例,检验的地点除合同另有规定以外,一般都是在目的港或货物到达地点。有些商品如果不在口岸检验而易地检验,若产生残损或引起品质的变化,这时的检验难以正确地反映到货的状态。尤其是当进口商品及其包装遭到破坏或在运输中产生水湿、霉烂等各种残损时,要在到货口岸进行检验鉴定,查清残损情况和致损原因。

不同类型的商品,其卸货口岸检验的项目也不同。

1. 包装商品

---

① 万棣成:《进口商品存在的问题与对策》,载《对外经贸实务》2004 年第 10 期。

对于包装商品,主要检查以下三方面内容:

(1)检查商品的唛头(标记)

进口商品的运输包装上刷有唛头(标记)、批号、合同号等。这些唛头(标记)是由一些字母、数字、简单的文字以及简单的图案组成。它有两种作用:一是在各种交接过程中,用来辨认该批货物是否属于某个合同或运输单位的货物;二是提醒运输、装卸、储存保管人员在作业过程中要按照规定采取正确的搬运和防护措施。检查的时候,要看包装上是否具有必需的正确的唛头(标记)、批号、合同号等。同时还要检查商品在运输、装卸、储存、堆叠过程中是否按照这些标记规定或指示所提醒的要求作业。

(2)检查商品的包装

包装的一个主要的作用就是保护商品、使之适于远洋运输和正常的装卸、储存的需要。与商品相比,包装更直接地接触装卸、运输工具和各种环境、条件。经过长途运输和多次装卸,包装有可能被损坏、起变化乃至影响里面盛装的商品的品质、安全、卫生和数量、重量。因此,在现场检查时要认真检查包装的外表有无油污、水浸、破损、修补及其程度、发生的部位、周围的环境。对于包装已有破损的商品,不要急于拆除包装检查内装的货物,而先要认真查清情况(包括包装材料、方式、衬垫、封口、捆扎、防潮、防锈等情况以及包装破损的程度、部位、周围环境、原因等),作好详细记录或拍下全局或局部照片。包装物料或已破损的包装需保留供责任方确认的,应提请有关部门妥善保管。没有充分的证据不能随便作出"包装不良"、"包装不适于远洋运输"的结论。

(3)检查商品

对能在到货现场检查的商品,商检人员在检查包装后,应打开包装进行检查并依检查的顺序作好详细记录。打开包装后应首先检查里面的内包装情况(例如衬垫、防震、防霉、防锈、加固措施和密封情况等)。其次检查商品的数量并检查其是否已发生了残损,如果发现有残损,就要仔细检查残损商品的部位、位置与运输包装的破损情况是否吻合,确定残损的程度和数量。最后,对需要抽样进行检验的商品,应在包装完好、无发生各种残损或异常的商品中按规定的标准抽取代表性样本,供检验室检验,同时要做好抽样情况记录。

2. 散装商品

对于海运进口的散装商品,到货后,商检机构应及时派人登轮察看,尤其是申请人已经说明船上所装货物可能或已发生残损的情况下,商检机构的登轮检验鉴定人员更要仔细检查货物的残损情况,船体相应部位的完好情况,船只在运输途中的装卸、积载情况,查阅航海日志。否则,货物一经开卸,难以见到现场,不易判断货物的致损原因。

在口岸到货第一现场的鉴定中,除了自始至终作好详细记录外,必要时还应作好现场和货物、包装现状的拍照、录像,以备作为商检的举证材料。在检查完到货的残损、外观后,应根据需要抽取完好货物或残损货物的代表性样本进行检验。

3. 机械设备

进口的机械设备大多需要在安装调试或试产的过程中进行检验,除在卸货时发现残损外,一般应在其使用、安装的地点开箱检验。

运输件的包装破损严重,不换包装就不能运往使用、安装地点的,应在口岸卸货现场(必须有良好的防护措施)或码头仓库开箱检验。开箱和检验的情况应做好记录,必要时要拍照。检验和清点要详细、具体、实事求是。

对必须在安装调试中进行检验的机械设备,商检人员应制订好检验计划,哪些是需要单机试车检验的,哪些是需要联动试车检验的,事先要做好安排。如果进口时附有国外的检验资料或国内已有出国检验资料的,则要仔细研究、进行比较。商检机构受理检验出证的时间不能超过索赔期,如索赔期过于紧迫,要提醒买方争取延长。无论如何,商检机构检验出证的时间不能超过质量保证期。一般的质量保证期为一年,在质量保证期内,如果发现设备和材料有缺陷,未达到合同、技术协议上的规定,经商检机构检验后签发品质检验证书。

在对进口的机械设备进行检验时,要特别注意那些在合同和技术协议书、说明书上规定的不能拆开检验的地方以及卖方封样的技术专利、高压、高真空、高精密的特殊密封的设备、部件、容器。对于那些在特殊条件下(例如高温、高压、恒温)装配或过盘配合的部件,拆开后不能恢复原来的状态、原有的精密度,一经拆开就造成破坏的部件或设备,一般也不要拆开检查。如确需拆开,要取得使用单位和卖方的同意,制订周密的拆开检查方案。因此,对于这一类的设备、部件,一般通过试用、试产去检查它的功效,成套设备一般采用驻厂检验的方式。

(二)收用货地检验

收用货地检验是指进口商品由到货口岸转运到收用货地后再由收用货地商检机构进行检验的方式。进口商品属于法定检验范围的,收货人向口岸商检机构办理登记手续后,再向收用货地商检机构办理正式报验,检验出证。法定检验范围以外的进口商品,凭收货人或对外贸易关系人的申请办理。

口岸商检机构发现具有下列情况的进口商品,应及时通报收用货地商检机构,进行收用货地检验:

1. 根据合同或国际贸易惯例应在收用货地验收、检验的商品。

2. 必须在用货地安装调试或试产中才能进行全面检查的机械设备。

3. 必须在生产线上联动使用才能检验其性能的机械设备。

4. 在口岸拆开包装检查后很难恢复原状或难以重新包装的商品。

5. 收用货单位在内地并且在国内转运途中又不易变质、变量,包装又完好无损的商品。

(三)装运前检验

对关系国计民生、价值较高、技术复杂的重要进口商品和大型成套设备,收货人应当在对外贸易合同中约定在出口国装运前进行预检验、监造或者监装,以及保留到货后最终检验和索赔权的条款,并按照合同约定进行装运前预检验、监造或者监装。商检机构根据需要可以派出检验人员参加或者组织实施。装运前检验是国际贸易中的通常做法,它不代替买方对商品进口后的最终检验和验收。

出国检验前,商检人员应要求有关方面提供合同、有关标准、检测技术指标、数据和检测方法等有关文件、资料,按拟定的"装运前检验方案"实施检验。在检验中发现确有需要磋商的技术问题时,可建议召开有关各方的技术联络会议。商检机构派出的出国检验人员在国外一般不签署检验结论等文件。商检机构的出国检验人员必须遵守外事纪律、出国守则等规定,要遵守所在国的法律和尊重当地的风俗习惯,要服从出国团组的安排,由团组长统一对外。商检机构派出的出国检验、监造、监装人员在回国后,原则上必须参加进口到货后的检验工作。

二、进口商品检验的一般程序

法定检验的进口商品的收货人应当持合同、发票、装箱单、提单等必要的凭证和相关批准文件,向海关报关地的出入境检验检疫机构报检;海关放行后20日内,收货人应当向出入境检验检疫机构申请检验。法定检验的进口商品未经检验的,不准销售,不准使用。

进口实行验证管理的商品,收货人应当向海关报关地的出入境检验检疫机构申请验证。出入境检验检疫机构按照国家质检总局的规定实施验证。

法定检验的进口商品、实行验证管理的进口商品,海关凭出入境检验检疫机构签发的货物通关单办理海关通关手续。

除法律、行政法规另有规定外,法定检验的进口商品经检验,涉及人身财产安全、健康、环境保护项目不合格的,由出入境检验检疫机构责令当事人销毁,或者出具退货处理通知单并书面告知海关,海关凭退货处理通知单办理退运手续;其他项目不合格的,可以在出入境检验检疫机构的监督下进行技术处理,经重新检验合格的,方可销售或者使用。当事人申请出入境检验检疫机构出证的,出入境检验检疫机构应当及时出证。出入境检验检疫机构对检验不合格的进口成套设备及其材料,签发不准安装使用通知书。经技术处理,并经出入境检验检疫机构重新检验合格的,方可安装使用。

法定检验以外的进口商品,经出入境检验检疫机构抽查检验不合格的,依照法定检验的规定处理。实行验证管理的进口商品,经出入境检验检疫机构验证不合格的,参照法定检验的规定处理或者移交有关部门处理。法定检验以外的进口商品的收货人,发现进口商品质量不合格或者残损、短缺,申请出证的,出入境检验检疫机构或者其他检验机构应当在检验后及时出证。

对属于法定检验范围内的关系国计民生、价值较高、技术复杂的以及其他重要的进口商品和大型成套设备,应当按照对外贸易合同约定监造、装运前检验或者监装。收货人保留到货后最终检验和索赔的权利。出入境检验检疫机构可以根据需要派出检验人员参加或者组织实施监造、装运前检验或者监装。

国家对进口可用作原料的固体废物的国外供货商、国内收货人实行注册登记制度,国外供货商、国内收货人在签订对外贸易合同前,应当取得国家质检总局或者出入境检验检疫机构的注册登记。国家对进口可用作原料的固体废物实行装运前检验制度,进口时,收货人应当提供出入境检验检疫机构或者经国家质检总局指定的检验机构出具的装运前检验证书。

国家允许进口的旧机电产品的收货人在签订对外贸易合同前,应当向国家质检总局或者出入境检验检疫机构办理备案手续。对价值较高,涉及人身财产安全、健康、环境保护项目的高风险进口旧机电产品,应当依照国家有关规定实施装运前检验,进口时,收货人应当提供出入境检验检疫机构或者经国家质检总局指定的检验机构出具的装运前检验证书。

进口可用作原料的固体废物、国家允许进口的旧机电产品到货后,由出入境检验检疫机构依法实施检验。

进口机动车辆到货后,收货人凭出入境检验检疫机构签发的进口机动车辆检验证单以及有关部门签发的其他单证向车辆管理机关申领行车牌证。在

使用过程中发现有涉及人身财产安全的质量缺陷的,出入境检验检疫机构应当及时作出相应处理。

第三节　出口商品检验

出口商品检验工作主要是在国内装运前进行,一般以不耽误出口装运和结汇为前提。出口检验是指商检机构接到申请人的报验[①]后,依据商品的有关检验技术依据和贸易合同、信用证的规定,对准备装运出口的商品进行的检验。

一、出口商品检验的一般要求

出口商品检验一般是在商品已经生产、加工完毕,已签订出口销售合同(凭信用证支付货款的商品已经收到信用证),明确了检验依据和装运条件之后,在向海关报关和装运之前,由出口经营商向商检机构报验后进行的。出口商品检验的前提条件包括:

1. 商品已全部生产、加工完毕。出口检验的商品必须是由出口经营单位提交给商检机构进行检验的一个完整的批次,而不是其中的一部分。

2. 全批商品应按出口要求包装好并刷上唛头(标记)和批号。中性包装商品,也应按规定分清批次;危险品必须按照联合国海事组织 IMO 发布的《国际海上危险货物运输规则》的规定在包装上铸印有关标记。裸装商品,尽可能系上标记。

3. 出口危险品以及法律、行政法规规定必须经商检机构检验的出口商品,其运输包装必须经商检机构性能检验合格,并持有包装性能检验合格证单。

4. 全部产品已经厂检合格后提供给出口经营单位并由其验收合格。

5. 该商品已签订了出口销售合同,若属凭信用证支付货款的,出口经营单位应已收到信用证,明确了检验依据和装运条件。

6. 商品堆放整齐,批次清楚,具备抽样检查的条件。

---

① 报验又称报检,均指申报检验。

出口商品检验中应当采用风险分析方法[①]正确估价商品安全质量可能存在的危险,以便采取科学、可靠的检验检疫技术手段,确定适用、合理的检验检疫方式,提高检验检疫工作质量。出口商品的风险分析,通常包括风险评估、风险管理和风险通报与交流三个部分。[②] 出口商品检验尤其要注意进口国对该商品的规定和要求。出口商品的检验(包括检验后的制发证书和放行工作)不能耽误商品出口的装运期和结汇期。尤其是登轮鉴定(例如水尺计重、容量计重、货额衡量、船舱检验、监视装载、积载鉴定)以及集装箱的检验,有关部门或出口经营单位要凭这些鉴定证书配载、装货、计费、交接和结汇,因此,在接受申请人的报验后,检验鉴定人员应当从速登轮鉴定,检验合格后,检验部门须当即签发商检证书。

二、出口商品的特殊检验方式

1. 出口预检

在出口商品检验工作中经常遇到这样的情况,商品已经生产、加工完毕,对外签订了出口销售合同,但尚未收到信用证,还不能确定商品的装运条件和进行包装、刷印唛头(Mark);或者有的商品已有了出口意向,但还未正式签订出口销售合同。为了配合出口经营单位作好备货和出口装运的准备,确保在出口装运期满之前完成检验发证工作,商检机构可采取"出口预检"的方式。

预检一般应在厂检合格和出口经营单位验收合格的基础上进行。商检机构受理出口预检申请后,如果合同已订明品质、规格条款的,按合同规定进行检验;如果合同没有订明的,则按照申请人提出的规格标准进行检验;涉及强制性检验内容的,按有关标准进行检验。

预检结束后,商检机构签发预检证单,有出口商品检验换证凭单和预检结果单两种。出口商品检验换证凭单供出口经营单位在商品出口时向出口装运口岸的商检机构换发检验证书之用。预检结果单供出口商向原商检机构换证用,如果需转运至其他口岸出口时,可再申领换发出口商品检验换证凭单。

经预检的商品,出口经营单位在收到国外开来的信用证后,持出口商品检

---

① 风险分析方法是针对可能发生的危害(险)事项或事故的特征进行分析和评估,并采取相应的风险管理措施,以控制、避免或降低风险的一种方法。

② 杨雪瑛:《风险分析在出口商品检验中的应用》,载《世界标准化与质量管理》2003年第4期。

验换证凭单到商检机构正式办理出口报验手续,商检机构应查核信用证规定的品质、规格、数量、安全、卫生、包装条款与商品的实际情况是否相符(其中包括生产批号、标记、号码情况)。如在有效期内的商品,在外观上未发现残破、霉变等异样情况,可根据合同、信用证要求的项目,按照检验换证凭单换发出口证书或放行出口。超过预检合格有效期者应重新报验检验。对于那些在预检时未曾检验过而后来在合同、信用证要求检验的项目,在出口换证时必须按照有关规定申请补验。

2. 驻厂检验

商检机构在进行出口检验时,对某些出口商品,例如出口批量大、批数多,或生产、加工工艺过程比较复杂、环节多、要求严、影响品质因素较多的商品,除了采取前面的检验方式以外,还可采取派出检验技术人员驻在生产、加工单位进行检验的方式。

驻厂检验既能配合生产单位边生产边检验,又能全面地了解和掌握商品生产的全过程,可以从原材料、半成品、成品到包装以及环境卫生、仓储条件等进行比较全面的检验和监督管理。它有利于及时发现和清除造成不合格的因素,尽可能地将不合格因素消灭在生产过程的萌芽状态中,避免最后的成品因不合格而造成浪费或影响出口。

3. 产地检验

产地检验是指商检机构派人到产地进行检验的方法。这种方法主要适用于实施出口质量许可证和食品卫生注册的商品以及对安全、卫生要求严的商品,批量大、生产加工季节性很强的商品,生产加工点分散、资源复杂的商品,包装完毕后难以拆开检验或拆开后难以重新包装、恢复原状的商品。上述商品如果运到口岸或出口装运点后进行抽样检验,不仅难度大,而且有的还不符合规定。

产地检验有两类:一类是商品按出口要求生产、加工、包装完毕,产地检验合格后就可出口,其检验签证程序与出口检验的程序相同;另一类是在产地进行检验,检验合格后运往口岸或出口装运点等待出口,在收到信用证、具备出口装运条件后,再申请查验换证或放行出口,这类产地检验实质上是出口预检,其检验签证程序与出口预检的程序相同。

4. 口岸查验

口岸查验是对预检商品经过长途运输到达口岸或出口装运点时进行的核查和检验。由于仓储运输方面的原因以及气候环境条件的影响,即使在产地经过检验合格的商品,运至口岸也可能受到污染、品质发生变化、批次混乱或残损。因此,口岸查验是防止不合格品出口的最后一道关。

准备出口的商品经过产地商检机构检验合格之后发运到口岸、出口装运点,口岸商检机构一般不抽样检验,凭产地商检机构发给的"检验换证凭单"进行查验,核对检验项目是否符合出口合同、信用证的规定及包装有无破损,如无问题,则换发证书或放行出口。产地商检机构已检验合格并发了"检验换证凭单"但又未能随货同行的商品,如果有证据证明是急需装运出口的,口岸商检机构可根据产地商检机构函电确认的结果,受理口岸查验的申请。

口岸查验的一般内容包括:(1)查验商品的运输包装是否适于长途、远洋运输,是否经得起正常的装卸,包装的外表有无破损、污染、水渍、压扁;(2)查核货物名称、批号、标记、件数与"检验换证凭单"是否相符;(3)查核原检验结果是否符合合同、信用证、标准的规定,是否有漏验的项目;(4)对于运输包装破损致使商品有变异者,产地商检机构预先通知口岸商检机构要求查验品质者,易腐易变质、品质不稳定、易受环境条件影响者以及国家商检部门规定查验品质者,必须依照有关规定和要求逐批查验品质。

三、出口商品检验监管模式

为实现科学、有效监管,提高检验工作质量及效率的目的,应当根据商品的不同属性与特性采取相应的检验监管模式。[①]

1. 以贸易方式为主要依据确定检验监管模式。对于正常贸易及需要出具检验证书的产品一般适用于采取批批检验模式。来料加工企业的出口产品,相对风险偏低,可采取过程检验＋型式试验的模式,批次管理可以用海关备案之合同批[②]方式。对于其中的相对较高风险的产品,则可采取以生产批[③]为单位的批次管理,采用过程检验＋型式试验的模式。

2. 根据商品本身的特性确定检验模式。对于不同的商品应采取不同的检验模式,换句话说,即检验模式应因商品而异。一般对一种商品的检验监管应结合实际由几种适应的检验监管方式同时并存,并有机结合。如小家电产品的出口检验。国家质检总局统一规定以型式试验＋抽批检验＋企业质量体

[①] 詹少彤、郭毓强:《谈加工贸易出口商品检验监管模式》,载《检验检疫科学》2002年第6期。

[②] 合同批是指以出口加工贸易企业海关备案的合同为单位依据而确定的产品批。

[③] 生产批是指以企业同一产品的单位生产周期为依据而确定的批次。

系审核＋发证后跟踪监督的方式。通过建立相应的企业档案,详细掌握企业及产品情况、产品型式试验、企业获取国内外认证、下厂抽批检验质量等情况,实施检验监管,有效地减轻了工作压力。灯具产品也可以借鉴小家电产品的做法,采用上述的检验模式。又如机械设备产品,由于该产品成型后,有时检验比较困难,适宜采取过程检验的检验模式,在产品的产前、产中、产后对产品的原辅材料、技术管理、生产工序中的主要部件、关键工序、关键部件进行监督检验,产品成型后再进一步进行安全、性能检验。有条件的应进行整机检验,这样对产品的质量更有保障。

3. 根据企业的诚信度及企业的质量管理情况确定检验模式。检验模式应实行动态管理,在对企业全方位考核之后进行分类管理并随时调整。对企业分类管理的核心是企业的产品,因此对已分类企业的不同时期不同规格或型号的产品,应该在具体分析的基础上,参考其产品特性及不同贸易性质再进行细分。如果发现企业产品质量不稳定、企业质量管理发生变化、违反检验有关规定或遭受国外的重大索赔和退货的出口产品,要及时调整检验模式。

四、出口商品检验的一般程序

法定检验的出口商品的发货人应当在国家质检总局统一规定的地点和期限内,持合同等必要的凭证和相关批准文件向出入境检验检疫机构报检。法定检验的出口商品未经检验或者经检验不合格的,不准出口。出口商品应当在商品的生产地检验。国家质检总局可以根据便利对外贸易和进出口商品检验工作的需要,指定在其他地点检验。出口实行验证管理的商品,发货人应当向出入境检验检疫机构申请验证。出入境检验检疫机构按照国家质检总局的规定实施验证。

在商品生产地检验的出口商品需要在口岸换证出口的,由商品生产地的出入境检验检疫机构按照规定签发检验换证凭单。发货人应当在规定的期限内持检验换证凭单和必要的凭证,向口岸出入境检验检疫机构申请查验。经查验合格的,由口岸出入境检验检疫机构签发货物通关单。

法定检验的出口商品、实行验证管理的出口商品,海关凭出入境检验检疫机构签发的货物通关单办理海关通关手续。

法定检验的出口商品经出入境检验检疫机构检验或者经口岸出入境检验检疫机构查验不合格的,可以在出入境检验检疫机构的监督下进行技术处理,经重新检验合格的,方准出口;不能进行技术处理或者技术处理后重新检验仍不合格的,不准出口。

法定检验以外的出口商品,经出入境检验检疫机构抽查检验不合格的,依照法定检验的规定处理。实行验证管理的出口商品,经出入境检验检疫机构验证不合格的,参照法定检验的规定处理或者移交有关部门处理。

出口危险货物包装容器的生产企业,应当向出入境检验检疫机构申请包装容器的性能鉴定。包装容器经出入境检验检疫机构鉴定合格并取得性能鉴定证书的,方可用于包装危险货物。出口危险货物的生产企业,应当向出入境检验检疫机构申请危险货物包装容器的使用鉴定。使用未经鉴定或者经鉴定不合格的包装容器的危险货物,不准出口。

对装运出口的易腐烂变质食品、冷冻品的集装箱、船舱、飞机、车辆等运载工具,承运人、装箱单位或者其代理人应当在装运前向出入境检验检疫机构申请清洁、卫生、冷藏、密固等适载检验。未经检验或者经检验不合格的,不准装运。

五、出口工业产品企业的分类管理

《出口工业产品企业分类管理办法》(2009 年 6 月 14 日国家质量监督检验检疫总局公布)规定,根据企业信用、质量保证能力和产品质量状况,对出口工业产品生产企业进行分类,并结合产品的风险分级对不同类别的生产企业采取不同检验监管方式的检验监督管理。该办法不适用于出口食品、动植物产品生产企业的分类管理。

(一)企业分类

出口工业产品生产企业分类评定标准应当包括以下要素:

1. 企业信用情况;

2. 企业生产条件;

3. 企业检测能力;

4. 企业人员素质;

5. 原材料供应方管理能力;

6. 企业出口产品被预警、索赔、退货及投诉情况;

7. 企业产品追溯能力;

8. 企业质量管理体系建立情况;

9. 其他影响企业质量保证能力的情况。

根据综合评定结果将出口工业产品生产企业分为以下四种类别:综合评

检验检疫法教程

定结果优秀的为一类企业,综合评定结果良好的为二类企业,综合评定结果一般的为三类企业,综合评定结果差的为四类企业。检验检疫机构对首次出口生产企业按照三类企业管理。

(二)产品风险分级

出口工业产品风险等级评价标准应当包括产品特性、质量数据、敏感因子(如进口国或者地区的标准和法规,产品的社会关注度,贸易方式等)等要素。检验检疫机构根据产品风险分析的结果,将出口工业产品分为高风险、较高风险和一般风险三级。

(三)分类监管

检验检疫机构按照不同的企业类别和产品风险等级分别采用特别监管、严密监管、一般监管、验证监管、信用监管等五种不同检验监管方式。特别监管方式是指检验检疫机构在监督企业整改的基础上,对企业出口工业产品实施全数检验;严密监管方式是指检验检疫机构对企业实施严格的监督检查,对其出口的工业产品实施逐批检验;一般监管方式是指检验检疫机构对企业实施监督检查,对其出口的工业产品实施抽批检验;验证监管方式是指检验检疫机构对企业实施监督检查,对相关证明文件与出口工业产品实施符合性审查,必要时实施抽批检验;信用监管方式是指检验检疫机构对企业实施常规的监督检查。

一类企业出口工业产品时,检验检疫机构按照以下方式进行检验监管:产品为高风险的,按照验证监管方式或者信用监管方式;产品为较高风险或者一般风险的,按照信用监管方式。

二类企业出口工业产品时,检验检疫机构按照以下方式进行检验监管:产品为高风险的,按照一般监管方式;产品为较高风险的,按照一般监管方式或者验证监管方式;产品为一般风险的,按照验证监管方式。

三类企业出口工业产品时,检验检疫机构按照以下方式进行检验监管:产品为高风险的,按照严密监管方式;产品为较高风险的,按照严密监管方式或者一般监管方式;产品为一般风险的,按照一般监管方式。

四类企业出口工业产品时,检验检疫机构按照特别监管方式进行检验监管。

企业分类管理期限一般为3年,检验检疫机构可以根据企业具体情况进行动态调整。

检验检疫机构对出口工业产品及生产企业实行动态分类管理。产品风险属性及企业分类属性发生变化时,检验检疫机构应当及时对产品风险等级和企业类别进行重新评估、调整。

第四节　进出口商品的鉴定

一、进出口商品鉴定的概念

商检机构和国家商检部门、商检机构指定的检验机构以及经国家商检部门批准的其他检验机构,可以接受对外贸易关系人的申请、外国检验机构的委托、仲裁司法机构的指定,办理规定范围内的进出口商品鉴定业务,签发鉴定证书。其他检验机构未经批准不得办理进出口商品鉴定业务。对外贸易关系人委托商检机构办理鉴定业务,应当提供合同、信用证以及有关的其他证单。

进出口商品鉴定通过检验、鉴定事实状态,出具居间证明和各种鉴定证书,供有关方面作为办理进出口商品交接、结算、计费、通关、计税、索赔、仲裁等的有效凭证,处理有关贸易、运输、保险方面的各种问题,便利对外贸易的顺利进行,维护对外贸易有关各方的合法权益和国家信誉,促进生产和对外贸易的发展。

二、进出口商品鉴定的业务范围

进出口商品鉴定业务原来称对外贸易公证鉴定业务,它的范围和内容十分广泛,凡是以第三者的地位、公正科学的态度,运用各种技术手段和工作经验,检验、鉴定各种进出口商品的品质、规格、包装、数量、重量、残损等实际情况与使用价值,以及运载工具、装运技术、装运条件等事实状态,是否符合合同(契约)标准和国际条约的规定、国际惯例的要求,通过独立的检验、鉴定和分析判断,作出正确的、公证的检验、鉴定结果和结论,或提供有关的数据,签发检验、鉴定证书或其他有关的证明,都属于进出口商品鉴定业务范围。

具体来说,进出口商品鉴定业务包括:(1)进出口商品的质量、数量、重量、包装鉴定和货载衡量;(2)进出口商品的监视装载和监视卸载;(3)进出口商品的积载鉴定、残损鉴定、载损鉴定和海损鉴定;(4)装载出口商品的船舶、车辆、飞机、集装箱等运载工具的适载鉴定;(5)装载进出口商品的船舶封舱、舱口检视、空距测量;(6)集装箱及集装箱货物鉴定;(7)与进出口商品有关的外商投资财产的价值、品种、质量、数量和损失鉴定;(8)抽取并签封各类样品;(9)签

59

发价值证书及其他鉴定证书;(10)其他进出口商品鉴定业务。此外,商检机构还可以接受对外贸易关系人的申请,依照有关法律、行政法规的规定签发普惠制原产地证、一般原产地证。

第五节　进出口商品检验的监督管理

一、监督管理机构及人员

国家商检部门、商检机构对进出口商品的收货人、发货人及生产、经营、储运单位以及国家商检部门、商检机构指定或者认可的检验机构和认可的检验人员的检验工作实施监督管理。国家商检部门和商检机构根据检验工作需要,可以认可符合条件的国内外检验机构承担委托的进出口商品检验或者指定的质量许可和认证商品的检测以及企业的评审工作,并且可以认可有关单位的检验人员承担指定的检验、评审任务。国家商检部门和商检机构对其指定或者认可的检验机构的进出口商品检验工作进行监督,可以对其检验的商品抽查检验。被认可的检验机构,经检查不符合规定要求的,国家商检部门或者商检机构可以取消对其认可的资格。

外国在中国境内设立进出口商品检验鉴定机构,须经国家商检部门审核同意,依照有关法律、行政法规的规定履行批准和登记手续,方可在指定的范围内接受委托办理进出口商品检验、鉴定业务,并应当接受国家商检部门和商检机构的监督管理。

二、监督管理制度

国家商检部门根据需要同外国有关机构签订进出口商品质量认证协议。商检机构根据协议或者接受外国有关机构的委托进行进出口商品的质量认证工作。对经认证合格的进出口商品及其生产企业颁发认证证书,准许使用进出口商品质量认证标志。

国家根据需要,对涉及安全、卫生等重要的进出口商品及其生产企业实施进口安全质量许可制度和出口质量许可制度。实施进口安全质量许可制度的进口商品,必须取得国家商检部门的进口安全质量许可,方可进口。实施出口质量许可制度的出口商品,必须取得国家商检部门或者国家商检部门会同国务院有关主管部门的出口质量许可,方可出口。商检机构根据出口商品生产企业的申请或者国外的要求,也可以对出口商品生产企业的质量体系进行评审。

获准使用认证标志或者取得进口安全质量许可、出口质量许可或者经卫生注册登记的进出口商品的生产企业,经检查不符合规定要求的,由商检机构责令其限期改进;逾期仍不符合规定要求的,报经国家商检部门取消其使用认证标志的资格或者撤销其进口安全质量许可、出口质量许可、卫生注册登记。

三、监督管理方法

商检机构根据检验工作的需要,可以向法定检验的出口商品生产企业派出检验人员,参与监督出口商品出厂前的质量检验工作;对生产企业的生产、检测条件、质量保证工作实施监督检查;对出口商品使用的原材料、零部件和成品、包装、标志等进行抽查检验。商检机构根据需要,对检验合格的进出口商品加施商检标志;对检验合格的以及其他需要加施封识的进出口商品加施封识。商检标志和封识的制发由国家商检部门规定。

商检机构或者国家商检部门、商检机构指定或者认可的检验机构,按照有关规定对检验的进出口商品抽取样品。验余的样品,有关单位应当在规定的期限内领回;逾期不领回的,由商检机构处理。商检机构的检验人员到生产企业、建设现场、港口、机场、车站、仓库等地点或者运输工具上依法实施检验、鉴定和监督管理时,有关单位应当提供必要的工作条件及辅助人力、用具等。

出入境检验检疫机构根据便利对外贸易的需要,对进出口企业实施分类管理,并按照根据国际通行的合格评定程序确定的检验监管方式,对进出口商品实施检验。出入境检验检疫机构对进出口商品实施检验的内容,包括是否符合安全、卫生、健康、环境保护、防止欺诈等要求以及相关的品质、数量、重量等项目。出入境检验检疫机构依照《商检法》的规定,对实施许可制度和国家规定必须经过认证的进出口商品实行验证管理,查验单证,核对证货是否相符。实行验证管理的进出口商品目录,由国家质检总局商有关部门后制定、调整并公布。

国家质检总局建立进出口商品风险预警机制,通过收集进出口商品检验方面的信息,进行风险评估,确定风险的类型,采取相应的风险预警措施及快速反应措施。国家质检总局和出入境检验检疫机构应当及时向有关方面提供

进出口商品检验方面的信息。

出入境检验检疫机构工作人员依法执行职务,有关单位和个人应当予以配合,任何单位和个人不得非法干预和阻挠。

出入境检验检疫机构根据便利对外贸易的需要,可以对列入目录的出口商品进行出厂前的质量监督管理和检验,对其中涉及人身财产安全、健康的重要出口商品实施出口商品注册登记管理。实施出口商品注册登记管理的出口商品,必须获得注册登记,方可出口。出入境检验检疫机构进行出厂前的质量监督管理和检验的内容,包括对生产企业的质量保证工作进行监督检查,对出口商品进行出厂前的检验。

四、进出口商品复验

《进出口商品复验办法》(2005 年 6 月 1 日国家质量监督检验检疫总局公布)根据《中华人民共和国进出口商品检验法》及其实施条例的规定而制定。进出口商品的报检人(以下简称报检人)对出入境检验检疫机构(以下简称检验检疫机构)作出的检验结果有异议的,应当按照法律法规的规定申请复验。复验工作应当遵循公正、公开、公平的原则。复验申请人对复验结论不服的,可以依法申请行政复议或者依法提起行政诉讼。

(一)申请与受理

报检人对检验检疫机构作出的检验结果有异议的,可以向作出检验结果的检验检疫机构或者其上级检验检疫机构申请复验,也可以向国家质检总局申请复验。受理复验的检验检疫机构或者国家质检总局负责组织实施复验。检验检疫机构或者国家质检总局对同一检验结果只进行一次复验。

报检人申请复验,应当自收到检验检疫机构的检验结果之日起 15 日内提出。因不可抗力或者其他正当理由不能申请复验的,申请期限中止。从中止的原因消除之日起,申请期限继续计算。

报检人申请复验,应当保证(持)原报检商品的质量、重量、数量符合原检验时的状态,并保留其包装、封识、标志。

报检人申请复验,应当按照规定如实填写复验申请表(见附件),并提供原报检所提供的证单、资料及原检验检疫机构出具的检验证书。报检人应当对所提供的证单及资料的真实性和有效性负责。

检验检疫机构或者国家质检总局自收到复验申请之日起 15 日内,对复验申请进行审查并作出如下处理：

1. 复验申请符合本办法规定的，予以受理，并向申请人出具《复验申请受理通知书》。

2. 复验申请内容不全或者随附证单资料不全的，向申请人出具《复验申请材料补正告知书》，限期补正。逾期不补正的，视为撤销申请。

3. 复验申请不符合本办法规定的，不予受理，并出具《复验申请不予受理通知书》，书面通知申请人并告之理由。

复验申请人应当按照规定交纳复验费用。受理复验的检验检疫机构或者国家质检总局的复验结论认定属原检验的检验检疫机构责任的，复验费用由原检验检疫机构负担。

(二)组织实施

检验检疫机构或者国家质检总局受理复验后，应当在 5 日内组成复验工作组，并将工作组名单告知申请人。复验工作组人数应当为 3 人或者 5 人。

复验申请人认为复验工作组成员与复验工作有利害关系或者有其他因素可能影响复验公正性的，应当在收到复验工作组成员名单之日起 3 日内，向受理复验的检验检疫机构或者国家质检总局申请该成员回避并提供相应证据材料。受理复验的检验检疫机构或者国家质检总局应当在收到回避申请之日起 3 日内作出回避或者不予回避的决定。

作出原检验结果的检验检疫机构应当向复验工作组提供原检验记录和其他有关资料。复验申请人有义务配合复验工作组的复验工作。

复验工作组应当制订复验方案并组织实施：

1. 审查复验申请人的复验申请表、有关证单及资料。经审查，若不具备复验实施条件的，可书面通知申请人暂时中止复验并说明理由。经申请人完善重新具备复验实施条件后，应当从具备条件之日起继续复验工作。

2. 审查原检验依据的标准、方法等是否正确，并应当符合相关规定。

3. 核对商品的批次、标记、编号、质量、重量、数量、包装、外观状况，按照复验方案规定取制样品。

4. 按照操作规程进行检验。

5. 审核、提出复验结果，并对原检验结果作出评定。

受理复验的检验检疫机构或者国家质检总局应当自受理复验申请之日起 60 日内作出复验结论。技术复杂，不能在规定期限内作出复验结论的，经本机构负责人批准，可以适当延长，但是延长期限最多不超过 30 日。

第六节 进出口食品、化妆品安全监督

进出口食品、化妆品在进出口前,其经营者或者代理人应当接受出入境检验检疫机构对进出口食品、化妆品标签内容是否符合法律、行政法规规定要求以及与质量有关内容的真实性、准确性进行的检验,并取得国家质检总局或者其授权的出入境检验检疫机构签发的进出口食品、化妆品标签检验证明文件。

一、进出口食品安全检验

中国的进出口食品安全检验,是中华人民共和国成立之后才建立和发展起来的。其中出口食品安全检验,一直由商品检验机构负责。

新中国成立初期出口食品安全检验主要进行微生物和有害重金属污染的检验。70 年代初随着国外对食品安全的要求和管理越来越严,逐步开展了黄曲霉毒素、放射性污染、农药残留、兽药残留、食品添加剂和其他污染物等高新技术的检验,并实施了对肉类和食品加工厂的加工卫生条件的注册登记和监督管理。1982 年 11 月,全国人大常委会颁布了《中华人民共和国食品卫生法(试行)》,1995 年 10 月又正式修订为《中华人民共和国食品卫生法》,明确规定"出口食品卫生由商品检验机构监督检验"。国家商检局与卫生部于 1984年 7 月联合发布《出口食品卫生管理办法》,使出口食品安全监督检验有了更为具体的操作办法。

进口食品安全检验开始于 60 年代我国从国外进口粮油食品之时,初期进口食品卫生也由商品检验部门监督检验。1974 年国务院通过 84 号文件将进口食品卫生划归各口岸卫生检疫所办理,并由卫生部报国务院批准承担进口食品卫生检验的防疫站可挂"进口食品卫生监督检验所"的牌子。《中华人民共和国食品卫生法》颁布后,进口食品卫生监督机构全面开展进口食品、食品添加剂、食品容器、包装材料和食品工具、设备、洗涤剂、消毒剂的检验,并负责办理进口食品经营部门和口岸餐饮业的注册登记工作。

2009 年《中华人民共和国食品安全法》颁布,取代了《中华人民共和国食品卫生法》。进出口食品的卫生监督也升格为安全监督。进出口的食品安全检验管理按照《中华人民共和国食品安全法》、《中华人民共和国进出口商品检验法》的规定进行操作。总的来说,食品的安全要求包括食品产品的安全要求,食品生产经营过程的安全要求,食品添加剂的安全要求,食品容器、包装材料和食品用工具、设备的安全要求等。

2011 年 9 月 13 日国家质量监督检验检疫总局颁布的《进出口食品安全管理办法》,具体规定了进出口食品的检验检疫及监督管理。

（一）进口食品安全检验检疫

1. 进口食品安全检验检疫要求

国家质检总局依据中国法律法规规定、食品安全国家标准要求、国内外疫情疫病和有毒有害物质风险分析结果,结合前述对出口国食品安全的评估和审查结果,确定相应的检验检疫要求。进口食品应当符合中国食品安全国家标准和相关检验检疫要求。首次进口尚无食品安全国家标准的食品,进口商应当向检验检疫机构提交国务院卫生行政部门出具的许可证明文件,检验检疫机构应当按照国务院卫生行政部门的要求进行检验。

2. 进口食品注册备案制度

国家质检总局对向中国境内出口食品的境外食品生产企业实行注册制度,注册工作按照国家质检总局相关规定执行。向中国境内出口食品的出口商或者代理商应当向国家质检总局备案。申请备案的出口商或者代理商应当按照备案要求提供企业备案信息,并对信息的真实性负责。

检验检疫机构对进口食品的进口商实施备案管理。进口商应当事先向所在地检验检疫机构申请备案,并提供相应材料。检验检疫机构核实企业提供的信息后,准予备案。进口食品的进口商应当建立食品进口和销售记录制度,记录应当真实,保存期限不得少于 2 年。检验检疫机构应当对本辖区内进口商的进口和销售记录进行检查。

3. 进口食品检疫审批制度

进口食品需要办理进境动植物检疫审批手续的,应当取得"中华人民共和国进境动植物检疫许可证"后方可进口。

4. 高风险食品指定口岸入境制度

对进口可能存在动植物疫情疫病或者有毒有害物质的高风险食品实行指定口岸入境。

5. 进口食品的报检制度

进口食品的进口商或者其代理人应当按照规定,持进口食品相关材料向海关报关地的检验检疫机构报检。

6. 进口食品外在安全检验制度

进口食品除了要检验食品的内在安全,也要检验食品的包装、运输工具、中文标签、中文说明书等外在安全。

7. 进口食品检验后的处理制度

进口食品经检验检疫合格的,由检验检疫机构出具合格证明,准予销售、使用。进口食品经检验检疫不合格的,由检验检疫机构出具不合格证明;涉及安全、健康、环境保护项目不合格的,由检验检疫机构责令当事人销毁,或者出具退货处理通知单,由进口商办理退运手续;其他项目不合格的,可以在检验检疫机构的监督下进行技术处理,经重新检验合格后,方可销售、使用。

8. 进口食品安全风险监测制度

国家质检总局对进口食品安全实行风险监测制度,组织制定和实施年度进口食品安全风险监测计划。检验检疫机构应当根据进口食品安全风险监测结果,在风险分析的基础上调整对相关进口食品的检验检疫和监管措施。

(二)出口食品安全检验检疫

1. 出口食品安全检验检疫要求

出口食品生产经营者应当保证其出口食品符合进口国家(地区)的标准或者合同要求。进口国家(地区)无相关标准且合同未有要求的,应当保证出口食品符合中国食品安全国家标准。

2. 出口食品生产企业管理体系要求

出口食品生产企业应当建立完善的质量安全管理体系。出口食品生产企业应当建立原料、辅料、食品添加剂、包装材料容器等进货查验记录制度,应当建立生产档案记录制度、出厂检验记录制度。种植、养殖场应当建立原料的生产记录制度,应当依照进口国家(地区)食品安全标准和中国有关规定使用农业化学投入品,并建立疫情疫病监测制度。记录应当真实,保存期限不得少于2年。

3. 出口食品生产企业实施备案制度

国家质检总局对出口食品生产企业实施备案制度,对出口食品原料种植、养殖场实施备案管理。检验检疫机构负责对辖区内出口食品生产企业质量安全管理体系运行情况进行监督管理。

4. 出口食品安全实施风险监测制度

国家质检总局对出口食品安全实施风险监测制度,组织制定和实施年度出口食品安全风险监测计划。检验检疫机构根据国家质检总局出口食品安全风险监测计划,组织对本辖区内出口食品实施监测,上报结果。检验检疫机构应当根据出口食品安全风险监测结果,在风险分析基础上调整对相关出口食品的检验检疫和监管措施。

5. 出口食品报检制度

出口食品的出口商或者其代理人应当按照规定,持合同、发票、装箱单、出厂合格证明、出口食品加工原料供货证明文件等必要的凭证和相关批准文件向出口食品生产企业所在地检验检疫机构报检。报检时,应当将所出口的食品按照品名、规格、数(重)量、生产日期逐一申报。

6. 出口食品检验检疫后处理制度

出口食品符合出口要求的,由检验检疫机构按照规定出具通关证明,并根据需要出具证书。出口食品进口国家(地区)对证书形式和内容有新要求的,经国家质检总局批准后,检验检疫机构方可对证书进行变更。出口食品经检验检疫不合格的,由检验检疫机构出具不合格证明。依法可以进行技术处理的,应当在检验检疫机构的监督下进行技术处理,合格后方准出口;依法不能进行技术处理或者经技术处理后仍不合格的,不准出口。

7. 出口食品外在安全检验检疫

除了对食品内在安全遵照上述规定进行检验检疫外,还要对出口食品的包装和运输方式、运载工具的适载性能、运输包装等外在安全进行检验检疫。出口食品经产地检验检疫机构检验检疫符合出口要求运往口岸的,产地检验检疫机构可以采取监视装载、加施封识或者其他方式实施监督管理。

(三)风险预警及相关措施

国家质检总局对进出口食品实施风险预警制度。进出口食品中发现严重食品安全问题或者疫情的,以及境内外发生食品安全事件或者疫情可能影响到进出口食品安全的,国家质检总局和检验检疫机构应当及时采取风险预警及控制措施。

1. 检验检疫部门的风险预警职责

国家质检总局和检验检疫机构应当建立进出口食品安全信息收集网络,收集和整理食品安全信息。检验检疫机构对经核准、整理的食品安全信息,按照规定的要求和程序向国家质检总局报告并向地方政府、有关部门通报。

国家质检总局和直属检验检疫局按照相关规定对收集到的食品安全信息进行风险分析,确定风险信息级别,并根据级别发布风险预警通报。国家质检总局视情况可以发布风险预警通告,并决定采取有条件地限制进出口、禁止进出口、启动进出口食品安全应急处置预案等控制措施。进出口食品安全风险

已不存在或者已降低到可接受的程度时,应当及时解除风险预警通报和风险预警通告及控制措施。

2. 进口食品进口商的风险预警职责

进出口食品存在安全问题,已经或者可能对人体健康和生命安全造成损害的,出口食品生产经营者应当采取措施,避免和减少损害的发生,并立即向所在地检验检疫机构报告;进口食品进口商应当主动召回并向所在地检验检疫机构报告。

二、进出口化妆品检验检疫监督管理

化妆品是指以涂、擦、散布于人体表面任何部位(表皮、毛发、指趾甲、口唇等)或者口腔黏膜、牙齿,以达到清洁、消除不良气味、护肤、美容和修饰目的的产品。进出口化妆品是指进出口环节上的化妆品。《进出口化妆品检验检疫监督管理办法》(2011 年 8 月 10 日国家质量监督检验检疫总局公布)根据《中华人民共和国进出口商品检验法》及其实施条例、《化妆品卫生监督条例》和《国务院关于加强食品等产品安全监督管理的特别规定》等法律、行政法规的规定而制定,适用于列入《出入境检验检疫机构实施检验检疫的商品目录》及有关国际条约、相关法律、行政法规规定由检验检疫机构检验检疫的化妆品(包括成品[①]和半成品[②])的检验检疫及监督管理。进出口化妆品生产经营者应当依照法律、行政法规和相关标准从事生产经营活动,保证化妆品安全,对社会和公众负责,接受社会监督,承担社会责任。

(一)进口化妆品检验检疫

1. 检验检疫的依据

检验检疫机构根据我国国家技术规范的强制性要求以及我国与出口国家(地区)签订的协议、议定书规定的检验检疫要求对进口化妆品实施检验检疫。我国尚未制定国家技术规范强制性要求的,可以参照国家质检总局指定的国外有关标准进行检验。

进口化妆品由口岸检验检疫机构实施检验检疫。国家质检总局根据便利

---

① 化妆品成品包括销售包装化妆品成品和非销售包装化妆品成品。

② 化妆品半成品是指除最后一道"灌装"或者"分装"工序外,已完成其他全部生产加工工序的化妆品。

贸易和进口检验工作的需要,可以指定在其他地点检验。

2. 备案管理

检验检疫机构对进口化妆品的收货人实施备案管理。进口化妆品的收货人应当如实记录进口化妆品流向,记录保存期限不得少于2年。

3. 报检

进口化妆品的收货人或者其代理人应当按照国家质检总局相关规定报检,同时提供收货人备案号。其中首次进口的化妆品应当提供以下文件:

(1)符合国家相关规定要求,正常使用不会对人体健康产生危害的声明;

(2)产品配方;

(3)国家实施卫生许可或者备案的化妆品,应当提交国家相关主管部门批准的进口化妆品卫生许可批件或者备案凭证;

(4)国家没有实施卫生许可或者备案的化妆品,应当提供具有相关资质的机构出具的可能存在安全性风险物质的有关安全性评估资料和在生产国家(地区)允许生产、销售的证明文件或者原产地证明;

(5)销售包装化妆品成品①除前四项外,还应当提交中文标签样张和外文标签及翻译件;

(6)非销售包装的化妆品成品②还应当提供包括产品的名称、数/重量、规格、产地、生产批号和限期使用日期(生产日期和保质期)、加工包装的目的地名称、加工包装的工厂名称、地址、联系方式;

(7)国家质检总局要求的其他文件。

进口化妆品在取得检验检疫合格证明之前,应当存放在检验检疫机构指定或者认可的场所,未经检验检疫机构许可,任何单位和个人不得擅自调离、销售、使用。

4. 检验检疫

检验检疫机构受理报检后,对进口化妆品进行检验检疫,包括现场查验、抽样留样、实验室检验、出证等。

现场查验内容包括货证相符情况、产品包装、标签版面格式、产品感官性状、运输工具、集装箱或者存放场所的卫生状况。进口化妆品成品的标签标注

---

① 销售包装化妆品成品是指以销售为主要目的,已有销售包装,与内装物一起到达消费者手中的化妆品成品。

② 非销售包装化妆品成品是指最后一道接触内容物的工序已经完成,但尚无销售包装的化妆品成品。

应当符合我国相关的法律、行政法规及国家技术规范的强制性要求。检验检疫机构对化妆品标签内容是否符合法律、行政法规规定要求进行审核,对与质量有关的内容的真实性和准确性进行检验。

进口化妆品的抽样应当按照国家有关规定执行,样品数量应当满足检验、复验、备查等使用需要。以下情况,应当加严抽样:(1)首次进口的,(2)曾经出现质量安全问题的,(3)进口数量较大的。抽样时,检验检疫机构应当出具印有序列号、加盖检验检疫业务印章的《抽/采样凭证》,抽样人与收货人或者其代理人应当双方签字。样品应当按照国家相关规定进行管理,合格样品保存至抽样后4个月,特殊用途化妆品合格样品保存至证书签发后1年,不合格样品应当保存至保质期结束。涉及案件调查的样品,应当保存至案件结束。

需要进行实验室检验的,检验检疫机构应当确定检验项目和检验要求,并将样品送至具有相关资质的检验机构。检验机构应当按照要求实施检验,并在规定时间内出具检验报告。

进口化妆品经检验检疫合格的,检验检疫机构出具"入境货物检验检疫证明",并列明货物的名称、品牌、原产国家(地区)、规格、数/重量、生产批号/生产日期等。进口化妆品取得"入境货物检验检疫证明"后,方可销售、使用。进口化妆品经检验检疫不合格,涉及安全、健康、环境保护项目的,由检验检疫机构责令当事人销毁,或者出具退货处理通知单,由当事人办理退运手续。其他项目不合格的,可以在检验检疫机构的监督下进行技术处理,经重新检验检疫合格后,方可销售、使用。

(二)出口化妆品检验检疫

国家质检总局对出口化妆品生产企业实施备案管理。出口化妆品生产企业应当保证其出口化妆品符合进口国家(地区)标准或者合同要求。进口国家(地区)无相关标准且合同未有要求的,可以由国家质检总局指定相关标准。出口化妆品生产企业应当建立质量管理体系并持续有效运行。检验检疫机构对出口化妆品生产企业质量管理体系及运行情况进行日常监督检查。出口化妆品生产企业应当建立原料采购、验收、使用管理制度,要求供应商提供原料的合格证明。出口化妆品生产企业应当建立生产记录档案,如实记录化妆品生产过程的安全管理情况。出口化妆品生产企业应当建立检验记录制度,依照相关规定要求对其出口化妆品进行检验,确保产品合格。上述记录应当真实,保存期不得少于2年。

出口化妆品由产地检验检疫机构实施检验检疫,口岸检验检疫机构实施口岸查验。口岸检验检疫机构应当将查验不合格信息通报产地检验检疫机构,并按规定将不合格信息上报上级检验检疫机构。

出口化妆品的发货人或者其代理人应当按照国家质检总局相关规定报检。其中首次出口的化妆品应当提供以下文件:

1. 出口化妆品企业营业执照、卫生许可证、生产许可证、生产企业备案材料及法律、行政法规要求的其他证明;

2. 自我声明,声明化妆品符合进口国家(地区)相关法规和标准的要求,正常使用不会对人体健康产生危害等内容;

3. 产品配方;

4. 销售包装化妆品成品应当提交外文标签样张和中文翻译件;

5. 特殊用途销售包装化妆品成品应当提供相应的卫生许可批件或者具有相关资质的机构出具的是否存在安全性风险物质的有关安全性评估资料。

检验检疫机构受理报检后,对出口化妆品进行检验检疫,包括现场查验、抽样留样、实验室检验、出证等。

现场查验内容包括货证相符情况、产品感官性状、产品包装、标签版面格式、运输工具、集装箱或者存放场所的卫生状况。

出口化妆品的抽样应当按照国家有关规定执行,样品数量应当满足检验、复验、备查等使用需要。抽样时,检验检疫机构应当出具印有序列号、加盖检验检疫业务印章的“抽/采样凭证”,抽样人与发货人或者其代理人应当双方签字。样品应当按照国家相关规定进行管理,合格样品保存至抽样后 4 个月,特殊用途化妆品合格样品保存至证书签发后 1 年,不合格样品应当保存至保质期结束。涉及案件调查的样品,应当保存至案件结束。

需要进行实验室检验的,检验检疫机构应当确定检验项目和检验要求,并将样品送至具有相关资质的检验机构。检验机构应当按照要求实施检验,并在规定时间内出具检验报告。

出口化妆品经检验检疫合格的,由检验检疫机构按照规定出具通关证明。进口国家(地区)对检验检疫证书有要求的,应当按照要求同时出具有关检验检疫证书。出口化妆品经检验检疫不合格的,可以在检验检疫机构的监督下进行技术处理,经重新检验检疫合格的,方准出口。不能进行技术处理或者技术处理后重新检验仍不合格的,不准出口。

(三)非贸易性化妆品检验检疫

化妆品卫生许可或者备案用样品、企业研发和宣传用的非试用样品,进口

报检时应当由收货人或者其代理人提供样品的使用和处置情况说明及非销售使用承诺书,入境口岸检验检疫机构进行审核备案,数量在合理使用范围的,可免于检验。收货人应当如实记录化妆品流向,记录保存期限不得少于2年。

进口非试用或者非销售用的展品,报检时应当提供展会主办(主管)单位出具的参展证明,可以免予检验。展览结束后,在检验检疫机构监督下作退回或者销毁处理。

携带、邮寄进境的个人自用化妆品(包括礼品),需要在入境口岸实施检疫的,应当实施检疫。

外国及国际组织驻华官方机构进口自用化妆品,进境口岸所在地检验检疫机构实施查验。符合外国及国际组织驻华官方机构自用物品进境检验检疫相关规定的,免于检验。

第七节　原产地规则管理

一、原产地规则的概念

(一)原产地的概念

原产地本来是指货物最初生产出来的地方,根据地方的大小是一国(地区)的全部范围还是一国(地区)内部的某一区域,可以分为原产国家(地区)、原产地方。原产地规则中的原产地是针对国际贸易中的货物而言的,它是指货物最初生产出来时所在的国家或地区,即货物的国籍。原产地可以分为地理无关性原产地和地理相关性原产地。地理无关性原产地是指该货物的生产地不局限于该国,该货物的生产与该国的地理环境无关。地理相关性原产地是指该货物的生产地只能是该国甚至只能是该国的某个地区,该货物的生产与该国或该国某地区的地理环境密切相关,在不具备这种地理环境的其他国家或地区是生产不出来的。另外,按照国际贸易中进出口双方对货物原产地的不同认定标准,可以分为出口货物原产地与进口货物原产地。

(二)原产地规则的概念

原产地规则(rules of origin)是指一个国家、地区或者国际组织为确定货物原产地而规定的法律、法规、规章以及具有普遍性法律效力的行政决定。原产地规则是应国际贸易对国别贸易统计的需要而产生的,但是随着国际贸易中关税与非关税壁垒的不断增多,原产地规则的应用范围也不断扩大。根据原产地规则,对同一种产品,可以区分产品的不同国家来源而给予不同的国际贸易待遇,如不同的关税税率,不同的国别配额,不同的数量限制,不同的反倾销、反补贴等非关税措施。

国务院 2004 年 9 月 3 日颁布,2005 年 1 月 1 日起施行的《中华人民共和国进出口货物原产地条例》,根据入世后的要求对我国原有进出口货物原产地规则作了修正,取代了 1992 年 3 月 8 日国务院发布的《中华人民共和国出口货物原产地规则》和 1986 年 12 月 6 日海关总署发布的《中华人民共和国海关关于进口货物原产地的暂行规定》。

(三)原产地证的概念

原产地证是指出口国(地区)根据原产地规则和有关要求签发的,明确指出该证中所列货物原产于某一特定国家(地区)的书面文件。中华人民共和国出口货物原产地证明书(简称"原产地证")是证明有关出口货物原产地为中华人民共和国的证明文件,是出口产品进入国际贸易领域的"经济国籍"和"护照"。我国目前所签发的原产地证已成为国际贸易中的一个重要环节,货物进口国据此对进口货物给予不同的关税待遇和决定限制与否。商检出具中国原产地证是依据我国原产地规则的规定而出具的。普惠制产地证是一种特殊的原产地证。普惠制是发达国家给予发展中国家出口制成品和半制成品普遍的、非歧视的、非互惠的一种关税优惠制度。普惠制产地证是依据给惠国要求而出具的能证明出口货物原产自受惠国的证明文件,并能使货物在给惠国享受普遍优惠关税待遇。

(四)原产地规则与地理标志产品保护的关系

原产地规则与地理标志产品保护都涉及产品的原产地,都对来自原产地的产品给予特殊的待遇。但是,两者还是存在非常明显的区别,主要表现在以下几个方面:

1. 两者的主管机关不同。原产地规则的负责机关是海关和出入境检验检疫局,地理标志产品保护的负责机关是质量技术监督局和出入境检验检疫局。虽然,目前国家出入境检验检疫局和国家质量技术监督局已经合并为国家质量监督检验检疫总局,但是省级以下的出入境检验检疫局和质量技术监

督局还是分别存在,各司其职的。

2. 两者与产品生产的地理环境的相关性不同。原产地规则中的原产地与产品生产的地理环境可以是相关的,也可以是不相关的,而地理标志产品保护中的原产地与产品生产的地理环境必定是相关的。

3. 两者对原产地的判断标准不同。原产地规则中的原产地判断标准有两种:一是完全原产地标准,是指在一个国家或地区生长、开采、收获或完全利用该国或地区出产的原材料在该国或地区生产制造的产品,该国或地区就是其原产地;二是实质性改变标准,是指使用进口的原料在出口国内制造加工的货物,并由于在该出口国内的制造和加工程序,改变了它们原有的特征并达到了实质性的改变,该出口国就是其原产地。而地理标志产品保护中的原产地判断标准只有一个,即以产品生产的地理、人文特征为基准。

4. 作用不同。原产地规则主要是在国际贸易中用以确定相同产品不同原产地的不同贸易待遇的规则。地理标志产品保护主要是为了保证特殊的地理相关性产品的质量信誉,增强其市场竞争力,它虽然也可以在国际贸易中起到促进作用,但更重要的是规范国内市场,保护国内生产者、消费者的权益。

二、进出口货物原产地规则

进出口货物原产地规则可以用来正确确定进出口货物的原产地,从而有效实施各项贸易措施,促进对外贸易发展。进出口货物原产地规则适用于实施最惠国待遇、反倾销和反补贴、保障措施、原产地标记管理、国别数量限制、关税配额等非优惠性贸易措施,以及进行政府采购、贸易统计等活动对进出口货物原产地的确定。实施优惠性贸易措施对进出口货物原产地的确定,不适用进出口货物原产地规则,其具体办法依照中华人民共和国缔结或者参加的国际条约、协定的有关规定另行制定。

(一)进出口货物原产地的判定标准

1. 完全原产地标准

完全在一个国家(地区)获得①的货物,以该国(地区)为原产地。完全在一个国家(地区)获得的货物,是指:

(1)在该国(地区)出生并饲养的活的动物;

---

① 获得是指捕捉、捕捞、搜集、收获、采掘、加工或者生产等。

(2)在该国(地区)野外捕捉、捕捞、搜集的动物；

(3)从该国(地区)的活的动物获得的未经加工的物品；

(4)在该国(地区)收获的植物和植物产品；

(5)在该国(地区)采掘的矿物；

(6)在该国(地区)获得的除上述第(1)项至第(5)项范围之外的其他天然生成的物品；

(7)在该国(地区)生产过程中产生的只能弃置或者回收用作材料的废碎料；

(8)在该国(地区)收集的不能修复或者修理的物品,或者从该物品中回收的零件或者材料；

(9)由合法悬挂该国旗帜的船舶从其领海以外海域获得的海洋捕捞物和其他物品；

(10)在合法悬挂该国旗帜的加工船上加工上述第(9)项所列物品获得的产品；

(11)从该国领海以外享有专有开采权的海床或者海床底土获得的物品；

(12)在该国(地区)完全从上述第(1)项至第(11)项所列物品中生产的产品。

在确定货物是否在一个国家(地区)完全获得时,不考虑下列微小加工或者处理：

(1)为运输、贮存期间保存货物而作的加工或者处理；

(2)为货物便于装卸而作的加工或者处理；

(3)为货物销售而作的包装等加工或者处理。

2. 实质性改变标准

两个以上国家(地区)参与生产的货物,以最后完成实质性改变的国家(地区)为原产地。实质性改变的确定标准,以税则归类改变为基本标准;税则归类改变不能反映实质性改变的,以从价百分比、制造或者加工工序等为补充标准。

(1)税则归类改变标准,是指在某一国家(地区)对非该国(地区)原产材料进行制造、加工后,所得货物在《中华人民共和国进出口税则》中的四位数级税目归类发生了变化。

(2)制造、加工工序标准,是指在某一国家(地区)进行的赋予制造、加工后所得货物基本特征的主要工序。

(3)从价百分比标准,是指在某一国家(地区)对非该国(地区)原产材料进行制造、加工后的增值部分超过了所得货物价值的30%。用公式表示如下：

［(工厂交货价－非该国/地区原产材料价值)/工厂交货价］×100％≥30％

工厂交货价是指支付给制造厂生产的成品的价格。非该国(地区)原产材料价值是指直接用于制造或装配最终产品而进口原料、零部件的价值(含原产地不明的原料、零配件)，以其进口成本、保险费加运费价格(CIF)计算。上述从价百分比的计算应当符合公认的会计原则及《中华人民共和国进出口关税条例》。

（二)进出口货物原产地的特别规定

1. 不影响货物原产地的因素

货物生产过程中使用的能源、厂房、设备、机器和工具的原产地，以及未构成货物物质成分或者组成部件的材料的原产地，不影响该货物原产地的确定。

对货物所进行的任何加工或者处理，是为了规避中华人民共和国关于反倾销、反补贴和保障措施等有关规定的，海关在确定该货物的原产地时可以不考虑这类加工和处理。

2. 进出口货物的包装、包装材料和容器的原产地

随所装货物进出口的包装、包装材料和容器，在《中华人民共和国进出口税则》中与该货物一并归类的，该包装、包装材料和容器的原产地不影响所装货物原产地的确定；对该包装、包装材料和容器的原产地不再单独确定，所装货物的原产地即为该包装、包装材料和容器的原产地。

随所装货物进出口的包装、包装材料和容器，在《中华人民共和国进出口税则》中与该货物不一并归类的，依照规定单独确定该包装、包装材料和容器的原产地。

3. 按正常配备的种类和数量随货物进出口的附件、备件、工具和介绍说明性资料，在《中华人民共和国进出口税则》中与该货物一并归类的，该附件、备件、工具和介绍说明性资料的原产地不影响该货物原产地的确定；对该附件、备件、工具和介绍说明性资料的原产地不再单独确定，该货物的原产地即为该附件、备件、工具和介绍说明性资料的原产地。

随货物进出口的附件、备件、工具和介绍说明性资料在《中华人民共和国进出口税则》中虽与该货物一并归类，但超出正常配备的种类和数量的，以及在《中华人民共和国进出口税则》中与该货物不一并归类的，依照规定单独确定该附件、备件、工具和介绍说明性资料的原产地。

（三）进口货物原产地的确定程序

1. 申报

进口货物的收货人按照《中华人民共和国海关法》及有关规定办理进口货物的海关申报手续时,应当依照原产地确定标准如实申报进口货物的原产地;同一批货物的原产地不同的,应当分别申报原产地。

2. 原产地预确定

进口货物进口前,进口货物的收货人或者与进口货物直接相关的其他当事人,在有正当理由的情况下,可以书面申请海关对将要进口的货物的原产地作出预确定决定;申请人应当按照规定向海关提供作出原产地预确定决定所需的资料。

海关应当在收到原产地预确定书面申请及全部必要资料之日起150日内,依照规定对该进口货物作出原产地预确定决定,并对外公布。

3. 审核确定进口货物的原产地

海关接受申报后,应当按照规定审核确定进口货物的原产地。已作出原产地预确定决定的货物,自预确定决定作出之日起3年内实际进口时,经海关审核其实际进口的货物与预确定决定所述货物相符,且原产地确定标准未发生变化的,海关不再重新确定该进口货物的原产地;经海关审核其实际进口的货物与预确定决定所述货物不相符的,海关应当按照规定重新审核确定该进口货物的原产地。进口相同的货物,应当适用相同的行政裁定。

海关在审核确定进口货物原产地时,可以要求进口货物的收货人提交该进口货物的原产地证书,并予以审验;必要时,可以请求该货物出口国（地区）的有关机构对该货物的原产地进行核查。

国家对原产地标记①实施管理。货物或者其包装上标有原产地标记的,其原产地标记所标明的原产地应当与依照规定所确定的原产地相一致。

（四）出口货物原产地的确定程序

1. 申请

出口货物发货人可以向国家质量监督检验检疫总局所属的各地出入境检验检疫机构、中国国际贸易促进委员会及其地方分会（以下简称签证机构）,申请领取出口货物原产地证书。

---

① 原产地标记是指在货物或者包装上用来表明该货物原产地的文字和图形。

出口货物发货人申请领取出口货物原产地证书,应当在签证机构办理注册登记手续,按照规定如实申报出口货物的原产地,并向签证机构提供签发出口货物原产地证书所需的资料。

2. 审查

签证机构接受出口货物发货人的申请后,应当按照规定审查确定出口货物的原产地,签发出口货物原产地证书;对不属于原产于中华人民共和国境内的出口货物,应当拒绝签发出口货物原产地证书。

3. 核查

应出口货物进口国(地区)有关机构的请求,海关、签证机构可以对出口货物的原产地情况进行核查,并及时将核查情况反馈给进口国(地区)有关机构。

三、原产地标记管理

原产地标记包括原产国标记和地理标志。

(一)原产国标记的管理

原产地标记管理的法规有:《原产地标记管理规定》、《原产地标记管理规定实施办法》等。由于地理标志的管理已经统一由国家质检总局规章——《地理标志产品保护规定》规制,因此《原产地标记管理规定》和《原产地标记管理规定实施办法》中有关地理标志方面的规定,与《地理标志产品保护规定》不一致的,以《地理标志产品保护规定》为准。原产国标记的管理,仍然遵照《原产地标记管理规定》、《原产地标记管理规定实施办法》执行。原产国标记是指用于指示一项产品或服务来源于某个国家或地区的标识、标签、标示、文字、图案以及与产地有关的各种证书等。下列原产国标记不受保护:(1)不符合规定的原产国标记;(2)未经注册,自行施加或自我声明"中国制造"的标记。

使用原产国标记的产品包括:(1)在生产国获得的完全原产品;(2)含有进口成分,并获得原产地资格的产品;(3)标有原产国标记的涉及安全、卫生及环境保护的进口产品;(4)国外生产商申请原产地标记保护的商品;(5)涉及反倾销、反补贴的产品;(6)服务贸易和政府采购中的原产地标记的产品。

原产地标记的注册坚持自愿申请原则,但涉及安全、卫生、环境保护及反欺诈行为的入境产品,以及我国法律、法规、双边协议等规定须使用原产地标记的进出境产品或者服务,按有关规定办理。原产地标记的申请人包括国内外的组织、团体、生产经营企业或者自然人。申请出境货物原产地标记注册,申请人应向所在地检验检疫机构提出申请,并提交相关的资料。申请入境货物原产地标记注册的,申请人应向国家质检总局提出申请,并提交相关的资料。使用"中国制造"或"中国生产"原产地标记的出口货物须符合下列标准:(1)在中国获得的完全原产品;(2)含有进口成分的,须符合《中华人民共和国出口货物原产地规则》要求,并取得中国原产地资格。

(二)地理标志产品保护

地理标志产品,又称原产地域产品,是指产自特定地域,所具有的质量、声誉或其他特性本质上取决于该产地的自然因素和人文因素等地理特征,经审核批准以地理名称进行命名的产品。地理标志产品包括:(1)来自本地区的种植、养殖产品;(2)原材料全部来自本地区或部分来自其他地区,并在本地区按照特定工艺生产和加工的产品。地理标志是一个地域民族民间传统文化的载体和表征。国家质量监督检验检疫总局(以下简称国家质检总局)统一管理全国的地理标志产品保护工作。各地出入境检验检疫局和质量技术监督局(以下简称各地质检机构)依照职能开展地理标志产品保护工作。

1. 地理标志产品的保护原则

地理标志产品保护遵循申请自愿,受理及批准公开的原则。申请地理标志产品保护,应依照规定经审核批准。使用地理标志产品专用标志,必须依照规定经注册登记,并接受监督管理。申请地理标志保护的产品应当符合安全、卫生、环保的要求,对环境、生态、资源可能产生危害的产品,不予受理和保护。

2. 地理标志产品保护的申请批准程序

地理标志产品保护申请,由当地县级以上人民政府指定的地理标志产品保护申请机构或人民政府认定的协会和企业(以下简称申请人)提出,并征求相关部门意见。申请保护的产品在县域范围内的,由县级人民政府提出产地范围的建议;跨县域范围的,由地市级人民政府提出产地范围的建议;跨地市范围的,由省级人民政府提出产地范围的建议。

出口企业的地理标志产品的保护申请向本辖区内出入境检验检疫部门提出;按地域提出的地理标志产品的保护申请和其他地理标志产品的保护申请向当地(县级或县级以上)质量技术监督部门提出。

申请人应提交以下资料:

(1)有关地方政府关于划定地理标志产品产地范围的建议。

(2)有关地方政府成立申请机构或认定协会、企业作为申请人的文件。

(3)地理标志产品的证明材料,具体包括:

①地理标志产品保护申请书;

②产品名称、类别、产地范围及地理特征的说明;

③产品的理化、感官等质量特色及其与产地的自然因素和人文因素之间关系的说明;

④产品生产技术规范(包括产品加工工艺、安全卫生要求、加工设备的技术要求等);

⑤产品的知名度,产品生产、销售情况及历史渊源的说明。

(4)拟申请的地理标志产品的技术标准。

省级质量技术监督局和直属出入境检验检疫局,按照分工,分别负责对拟申报的地理标志产品的保护申请提出初审意见,并将相关文件、资料上报国家质检总局。

国家质检总局对收到的申请进行形式审查。审查合格的,由国家质检总局在国家质检总局公报、政府网站等媒体上向社会发布受理公告;审查不合格的,应书面告知申请人。有关单位和个人对申请有异议的,可在公告后的 2 个月内向国家质检总局提出。

国家质检总局按照地理标志产品的特点设立相应的专家审查委员会,负责地理标志产品保护申请的技术审查工作。国家质检总局组织专家审查委员会对没有异议或者有异议但被驳回的申请进行技术审查,审查合格的,由国家质检总局发布批准该产品获得地理标志产品保护的公告。

3. 地理标志产品的标准制订及专用标志使用

拟保护的地理标志产品,应根据产品的类别、范围、知名度、产品的生产销售等方面的因素,分别制订相应的国家标准、地方标准或管理规范。国家标准化行政主管部门组织草拟并发布地理标志保护产品的国家标准;省级地方人民政府标准化行政主管部门组织草拟并发布地理标志保护产品的地方标准。

地理标志保护产品的质量检验由省级质量技术监督部门、直属出入境检验检疫部门指定的检验机构承担。必要时,国家质检总局将组织予以复检。

地理标志产品产地范围内的生产者使用地理标志产品专用标志,应向当地质量技术监督局或出入境检验检疫局提出申请,并提交以下资料:

(1)地理标志产品专用标志使用申请书。

(2)由当地政府主管部门出具的产品产自特定地域的证明。

(3)有关产品质量检验机构出具的检验报告。

上述申请经省级质量技术监督局或直属出入境检验检疫局审核,并经国家质检总局审查合格注册登记后,发布公告,生产者即可在其产品上使用地理标志产品专用标志,获得地理标志产品保护。

4. 地理标志产品的保护和监督

(1)查处侵权行为

各地质检机构依法对地理标志保护产品实施保护。对于擅自使用或伪造地理标志名称及专用标志的;不符合地理标志产品标准和管理规范要求而使用该地理标志产品的名称的;或者使用与专用标志相近、易产生误解的名称或标识及可能误导消费者的文字或图案标志,使消费者将该产品误认为地理标志保护产品的行为,由质量技术监督行政部门和出入境检验检疫部门依据《中华人民共和国产品质量法》、《中华人民共和国标准化法》、《中华人民共和国进出口商品检验法》等有关法律进行查处。社会团体、企业和个人可监督、举报。

(2)日常监督管理

各地质检机构对地理标志产品的产地范围,产品名称,原材料,生产技术工艺,质量特色,质量等级,数量,包装,标识,产品专用标志的印刷、发放、数量、使用情况,产品生产环境、生产设备,产品的标准符合性等方面进行日常监督管理。

获准使用地理标志产品专用标志资格的生产者,未按相应标准和管理规范组织生产的,或者在2年内未在受保护的地理标志产品上使用专用标志的,国家质检总局应当注销其地理标志产品专用标志使用注册登记,停止其使用地理标志产品专用标志并对外公告。

四、普遍优惠制原产地证明书签证管理

(一)普惠制概述

1. 普惠制的概念

普惠制是普遍优惠制的简称,即给惠国在进口贸易中的关税以及非关税壁垒上普遍地给予一定数量受惠国的产品以优惠的差别待遇的一种制度。给惠国一般是发达国家,受惠国一般是发展中国家。

2. 普惠制的目标

普惠制的目标主要是以下三点:(1)扩大发展中国家向发达国家的出口,增加发展中国家的外汇收入;(2)通过增加发展中国家的出口,推动发展中国家民族工业的发展,促进发展中国家的工业化进程;(3)发展中国家通过扩大出口,增加收入,发展工业,加速国民经济增长率。总体上说,普惠制促进了发

展中国家的发展,从而缓和了发展中国家与发达国家之间的矛盾,推动国际贸易与世界经济的良性发展。

3. 普惠制的原则

普惠制的原则是在实行普惠制时必须遵循的最基本的准则。实行普惠制有三项基本原则,即普遍原则、非歧视原则、非互惠原则。

普遍原则是指所有的发达国家应对所有的发展中国家和地区出口的产品都给予优惠待遇。非歧视原则是指所有的发达国家在给予任何一个发展中国家或地区以普惠制待遇时不得歧视该国而给予不公平待遇。非互惠原则是指发达国家应当单方面给予发展中国家的出口产品以特别的优惠待遇,而不要求发展中国家对发达国家给予同等待遇的回报。

确定三项原则的前提是确定哪些是发展中国家和地区,但迄今为止国际上还没有一个统一的标准。实际上是各个给惠国依据自己的标准,自行认定和宣布发展中国家和地区的名单,并给予其相应的优惠待遇。

4. 普遍优惠制原产地证明书

普遍优惠制原产地证明书,简称为普惠制原产地证明书或普惠制产地证书,是具有法律效力的官方证明文件,它证明出口产品的原产地是普惠制的受惠国。我国普惠制产地证书的签证工作由国家质量监督检验检疫总局(简称国家质检总局)负责统一管理,由国家质检总局设在各地的出入境检验检疫局及其分支机构(统称商检机构)负责签发。对需要在香港签署"未再加工证明"的普惠制产地证书,经给惠国确认,国家质检总局委托香港中国检验有限公司负责签署。经香港转运至给惠国的产品,在获得商检机构签发的普惠制产地证书后,凡给惠国要求签署"未再加工证明"的,申请人需持上述证书及有关单证,向香港中国检验有限公司申请办理。

申请单位向商检机构申请签发普惠制产地证书,应严格按照各给惠国普惠制实施方案及我国普遍优惠制原产地证明书签证管理办法及其实施细则的规定,切实做到申请和填报的内容真实、准确。普惠制产地证书的签发,限于给惠国已公布法令并正式通知对我国实行普惠制待遇的国家所给予关税优惠的商品。这些商品必须符合给惠国原产地规则及直运规则。

(二)申请注册

1. 申请条件

可以向商检机构申请办理普惠制产地证书的单位有:(1)有进出口经营权的国内企业;(2)中外合资、中外合作和外商独资企业;(3)国外企业、商社常驻中国代表机构；(4)对外承接来料加工、来图来样加工、来件装配和补偿贸易业务的企业；(5)经营旅游商品的销售部门；(6)参加国际经济、文化交流及拍卖等活动需出售展品、样品等的有关单位。凡申请办理普惠制原产地证明书的单位,必须预先在当地商检机构办理注册登记手续,上述第(6)项所列单位可酌情处理。对使用外国商标的商品,凡符合原产地规则的,申请单位可以向商检机构申请签发普惠制原产地证明书。但是,该商品及其包装上不得出现"香港"、"澳门"、"台湾"及"中国"以外的产地制造的字样。

2. 注册登记

注册登记的程序如下：(1)申请单位向当地商检机构领取"申请签发普惠制原产地证明书(FORMA)注册登记表"并按要求填写。(2)申请单位将填制的"申请签发普惠制原产地证明书(FORMA)注册登记表",呈交商检机构,并按规定提交审批机关的批件和营业执照。"三来一补"企业还应提交协议副本。申请单位使用的中英文对照的签证印章和手签人员姓名及手签笔迹都必须在注册时进行登记备案。(3)商检机构对申请单位提交的表格和资料进行严格审查,并派员深入调查。经审查合格的,准予注册,发给"普惠制原产地证明书注册登记证"。对注册登记实行每两年复查一次。

为确保普惠制原产地证明书的真实性和准确性,各地商检机构在受理注册登记过程中,应着重调查和考核下列内容：(1)生产加工单位的性质、经营管理和设备等状况；(2)生产出口商品的能力和加工工序情况；(3)所用原料、零部件以及包装物料的来源及所占比例；(4)完成检验和最后包装的情况；(5)出口产品的包装、商标及唛头情况。经过认真调查,应对申请单位的生产条件、管理情况、出口商品的受惠资格、申请单位是否能注册等情况做出结论。

已经注册的企业、工厂必须建立完整的进料记录、生产记录和出货记录。其中,出货记录必须记载出口产品的品名、规格、数量、重量、包装、标记唛头、出厂价格、出运日期和进口国别等内容。上述记录和资料应保存两年以上,供商检机构及给惠国海关复查。

(三)申请签证

1. 证书手签人员

申请单位的证书手签人员应是该单位的法人代表或由法人代表指定的其他人员。原则上,每个单位可以有三名以内手签人员。手签人员必须经过商检机构培训并经考核合格,方能在证书上签字。手签人员应保持相对稳定,如有变动,申请单位应提前一个月向商检机构申报。

2. 提交文件资料

申请办理普惠制原产地证明书的单位必须向商检机构提交下列文件资料：(1)"普惠制原产地证明书申请书"一份；(2)"普惠制原产地证明书(FOR-MA)"一套；(3)正式的出口商业发票副本一份，申请单位使用的发票需盖章或手签，发票不得手写，并应注明包装、数量、毛重或另附装箱单或重量单。含有进口成分的商品，必须提交"含进口成分受惠商品成本明细单"。对以来料加工、进料加工方式生产的出口商品，还应提交有关的进料凭证。必要时，申请单位还应提交信用证、合同、提单及报关单等。

3. 申请签证

申请单位应于货物出运前 5 日向商检机构申请签证。货物出运前未能及时申请的，亦可事后申请签证。办理"后发证书"，申请单位必须向商检机构提交货物确已出运的证明文件(如报关单或提单或运单)，由商检机构在证书第4栏加盖"后发"印章(ISSUED RETROSPECTIVELY)。

4. 异地签证

申请单位原则上应向产品所在地商检机构申请办理普惠制原产地证明书。属于下列情况之一者，亦可向异地商检机构申请签证：(1)货物由当地运到异地口岸出口，(2)在异地组织货源并直接出口。

申请单位办理异地签证时，应向异地商检机构出示"普惠制原产地证明书注册登记证"，提交与本地签证相同的文件资料。申请异地签证的商品，凡含有进口成分的，还应提交产地商检机构出具的"GSP 原产地标准调查结果单"。

5. 证书重发或更改

如果已签发证书的正本被盗、遗失或损毁，申请单位请求重新签发证书时，必须做到以下两点：(1)提交由法人签字的书面检查，(2)在市级以上的报纸上声明原发证书作废。经商检机构审查、同意重发证书时，应由商检机构在证书的第 4 栏加盖"复本"印章(DUPLICATE)，并加上文字批注："此证为××××年××月××日所发第××××××号证书的复本，原证书作废"(THIS CERTIFICATE IS IN REPLACEMENT OF CERTIFICATE OF ORIGIN NO. …DATED… IS CANCELLED)。

如果申请单位要求更改已签发证书的内容时，必须申诉合理的原因和提供真实可靠的依据，同时应退回原证书。商检机构经核实并收回原发证书后，可签发新证书。原证无法追回的，将按上述有关遗失证书的规定处理，同时由商检机构在新证书的第 4 栏注明："××××年××月××日所发第××××××号证书作废"(THE CERTIFICATE OF ORIGIN NO. … DATED … IS CAN-CELLED)。

申请重发证书或更改证书内容,申请单位均需重新履行申请手续,并提交"重发或更改 FORMA 证书申请单",重新缴纳签证费。

（四）制证

普惠制原产地证明书(FORMA 证书)是国际上通用的普惠制原产地证明书格式,由申请单位填制。申请单位所需证书原则上由我国统一印制,但也可以使用其他国家按联合国贸发会规定格式印制的证书。FORMA 证书一般使用英文填制,应进口商要求,也可使用法文。特殊情况下,第 2 栏可以使用给惠国的文种。唛头标记不受文种限制,可据实填制。

申请单位的手签人员应熟悉各给惠国普惠制实施方案,给惠商品名称和编码,熟悉所经营的出口商品,尤其是含有进口成分的商品的原材料构成情况及加工工序情况,自觉执行有关规定,切实保证所填制的证书真实、准确。证书各栏目内容均用打字机填制,证面必须保持清洁,不得涂改和污损。证书一般使用英文填制,如给惠国有要求,也可以使用法文。

（五）商检机构签证

1. 对商检机构签证人员的要求

签发普惠制原产地证明书是一项政策性和专业性很强的工作。商检机构的签证人员应符合下列要求：(1)必须经过严格培训,考试合格,并向给惠国主管当局注册备案；(2)熟悉各给惠国的普惠制实施方案,普惠制原产地证明书的格式内容及其填制方法；(3)了解国际贸易惯例和我国对外贸易的方针政策；(4)熟悉本地区出口商品,尤其是含有进口成分的商品的原料构成和加工工序情况；(5)正确执行《普遍优惠制原产地证明书签证管理办法》及其实施细则的规定；(6)具有一定的外语水平,能胜任签证工作。

2. 签证步骤

签发 FORMA 证书的步骤如下：

(1)接受申请。应查看单证资料是否齐全,填写是否完整,文字是否清晰,印章、签字有无错漏。如发现不符合规定的,不予接受。

(2)审核。必须审查证书与申请书、发票是否一致,各栏内容是否真实,商品归类和文字缮打是否准确。对含有进口成分的商品,核查成本明细单等资料,必要时,对产品进行实地调查。商检机构在审核异地商品签证的过程中,

发现问题或者产生疑问时,应及时与产地商检机构联系。

(3)签发。符合要求的证书,由授权的官员在证书正本的第11栏签名并加盖商检机构的签证章。

商检机构正式接受申请后,一般用两个工作日完成证书的签发工作。特殊情况,可以签发急件。需要到申请单位或工厂进行调查的,不受两个工作日时间的限制。

每套证书只签发一份正本,商检机构不在副本上签字、盖章。留底的证书副本、申请书、发票副本和其他有关资料应及时整理归档。档案资料应存放在专柜内,应有专人负责管理,保存期不少于两年。

3. 境外签证

为防止伪造、假冒证书,避免盲目签证,确保证书的真实性和准确性,维护商检机构的签证信誉,在国际经济、文化交流及拍卖等活动中需要办理普惠制产地证明书的,商检机构可派官员随团(组)到境外签证。

(六)调查

在审核签证过程中,商检机构调查的重点是含进口成分的商品。除审阅资料外,必要时应实地调查证书项下商品的原材料情况,进口成分的比例及加工工序情况,据此判断该商品是否符合有关给惠国的原产地标准。

为确保普惠制原产地证书的真实性和准确性,商检机构应进行下列调查:

1. 申请注册时的调查。在申请单位申请注册登记时,商检机构应审核有关书面材料并对其产品的原料及加工情况进行核查。

2. 签证过程中的调查。商检机构在接受办理普惠制产地证书的申请后,审核"含有进口成分受惠商品成本明细单"并对含进口成分的商品进行实地调查。

3. 签证后的调查。商检机构对所签发的证书项下的商品,应进行不定期抽查。

4. 给惠国查询的调查。在收到给惠国主管当局的退证查询时,商检机构应会同有关部门对产品的原料、零部件来源、成本构成情况及加工工序等进行核查,并在规定时限内将核查结果答复给给惠国主管当局。

对生产出口商品的工厂,尤其是生产含进口成分的商品的工厂,商检机构应加强监督管理。对生产"完全原产"产品的工厂,每年抽查数不少于5%;生产含进口成分产品的工厂,每年抽查数不少于10%。检查结果应填写"(FORMA)证书签证后的抽查或查询调查记录",并妥善保存,以备核查。

被调查的有关单位应及时提供有关资料、证件,为调查工作提供所必需的交通工具和食宿条件。

(七)处理退证查询

　　商检机构收到给惠国主管普惠制的有关当局的退证查询后,应及时地、认真地进行核实调查:(1)先将退证与存档的有关资料逐一核对;(2)再会同有关人员到出口单位和生产厂调查核实产品的原料、零部件来源、成本明细情况及加工工序,进行专题查询;(3)还要进行有针对性的调查。

　　根据调查结果,通过分析对方意图,找出问题的关键所在,制订解决问题的方案,有的放矢地拟出复函用语。处理退证查询,应本着实事求是、统一对外的原则,既要符合给惠国普惠制方案的规定,又要有利于扩大我国出口,维护我国的政治和经济利益,维护我国商检机构的信誉。

　　答复处理查询函,实行分级管理、各负其责,具体分工如下:(1)凡给惠国主管当局对我国提出的退证查询(包括国家质检总局转给各地商检机构的)由各商检机构(不包括下属处级机构)负责对外答复。对例行查询的答复函件,一般由主管处领导负责核签;对专题查询的答复函件,应由局领导核签。各商检机构应将国外对方来函、退证复印本、答复函件及附件抄报国家质检总局及有关单位备案。如有重大问题,还要抄报我国驻有关给惠国大使馆商务处。(2)给惠国主管当局同时向几个签证的商检机构对同一种商品进行查询,或经调查认为本商检机构没有把握答复的函件,各有关商检机构应在两个月内将调查结果、对方来函及有关附件的复印本、答复函稿等报国家质检总局审核,然后决定由谁对外答复。如由指定签证的商检机构答复的,其处理办法同前所述,如由国家质检总局答复的,国家质检总局将答复函抄给有关商检机构备案。(3)如被查询的产品非属签证机构所在地区生产的,该商检机构可将查询函复印给生产地区商检机构。后者应根据来函提出的问题协助调查核实,在两个月内将调查结果函告有关签证商检机构。由该签证商检机构对外答复,并将答复函抄送协助调查的商检机构备案。

　　处理退证查询的时限,从收到查询函之日起,一般不得超过两个月,特殊情况,最多不得超过三个月。如在给惠国来函规定的期限内无法作出答复的,应向对方说明原因,取得谅解,不得无故拖延或置之不理。对给惠国主管当局的退证查询,应按国家质检总局规定的统一格式,作好登记和统计工作,并按要求及时上报国家质检总局。

　　在上述调查工作中,被调查和监督检查的单位应积极配合商检机构开展工作,提供必需的资料和证件,提供必要的工作条件。

思考题

1. 进出口商品检验法与产品质量法的区别有哪些？
2. 进出口商品检验的标准如何确定？
3. 进口商品检验与出口商品检验有何异同？
4. 进出口商品鉴定与进出口商品检验之间有何关系？
5. 进出口食品安全检验与一般进出口商品检验相比有何特殊性？
6. 原产地规则的意义有哪些？

第三章　进出境动植物检疫法

第一节　概述

一、进出境动植物检疫法的概念

进出境动植物检疫是指为了防止检疫性有害生物、疫病的传入、传出、扩散，确保对其进行官方控制的一切活动，包括法制管理、行政管理和技术管理。

进出境动植物检疫属于动植物防疫的有机组成部分。国内的植物检疫、动物防疫与进出境动植物检疫合起来构成一国完整的动植物防疫体系。就目前中国来讲，只有国内的动物称之为"防疫"，国内的植物与进出境动植物都称之为"检疫"。《动物防疫法》所称动物防疫，是指动物疫病的预防、控制、扑灭和动物、动物产品的检疫。《动物防疫法》还专章规定了动物诊疗。可见，防疫包括疫病预防、检疫、疫病控制（含动物诊疗）与扑灭，而进出境动植物检疫与国内的植物检疫中的"检疫"除了检疫本身之外，包括检疫之后的后处理（也起到了疫病控制作用）。因此，防疫与检疫的关键区别在于两者是否包含了疫病的预防。

检疫并不是进出境动植物检疫的专称，国内的植物检疫也称为检疫，国内的动物防疫中也包括了检疫。《植物检疫条例》通篇冠名检疫，《动物防疫法》第 5 章共 9 条，专章规定"动物和动物产品的检疫"。此外，《畜牧法》中也出现了检疫字样，如第 29 条第 1 款规定："销售种畜禽时，应当附具种畜禽场出具的种畜禽合格证明、动物防疫监督机构出具的检疫合格证明"；第 49 条规定："养蜂生产者在国内转地放蜂，凭国务院畜牧兽医行政主管部门统一格式印制的检疫合格证明运输蜂群，在检疫合格证明有效期内不得重复检疫"。《中

华人民共和国农产品质量安全法》(2006 年 4 月 29 日颁布)第 31 条规定："依法需要实施检疫的动植物及其产品,应当附具检疫合格标志、检疫合格证明。"

《中华人民共和国动物防疫法》(1997 年 7 月 3 日颁布,2007 年 8 月 30 日修订颁布。以下简称《动物防疫法》)适用于在中华人民共和国领域内的动物防疫及其监督管理活动。进出境动物、动物产品的检疫,适用《中华人民共和国进出境动植物检疫法》。

狭义的进出境动植物检疫法仅指 1991 年 10 月 30 日发布,1992 年 4 月 1 日起施行的《中华人民共和国进出境动植物检疫法》(以下简称《动植物检疫法》)。广义的进出境动植物检疫法是指调整进出境动植物检疫社会关系的法律规范的总和。广义的进出境动植物检疫法除了包括进出境动植物检疫法律、法规、规章之外,还包括散见于其他相关法律法规中的进出境动植物检疫条款。例如,《中华人民共和国濒危野生动植物进出口管理条例》(2006 年 4 月 29 日国务院颁布)第 21 条第 4 款规定:"进口或者出口濒危野生动植物及其产品的,应当凭允许进出口证明书向出入境检验检疫机构报检,并接受检验检疫。"

进出境动植物检疫法的立法宗旨是为了防止动物传染病、寄生虫病和植物危险性病、虫、杂草以及其他有害生物(以下简称病虫害)传入、传出国境,保护农、林、牧、渔业生产和人体健康,促进对外经济贸易的发展。其中,其他有害生物是指动物传染病、寄生虫病和植物危险性病、虫、杂草以外的各种危害动植物的生物有机体、病原微生物,以及软体类、啮齿类、螨类、多足虫类动物和危险性病虫的中间寄主、媒介生物等。《动植物检疫法》所指向的动植物疫病包括动物传染病、寄生虫病和植物危险性病、虫、杂草以及其他有害生物。《动物防疫法》所称动物疫病,是指动物传染病、寄生虫病。《动物防疫法》所称动物疫病不包括《动植物检疫法》中所包括的各种危害动植物的生物有机体、病原微生物,以及软体类、啮齿类、螨类、多足虫类动物和危险性病虫的中间寄主、媒介生物等其他有害生物。

进出境动植物检疫法在世界经济贸易活动中一直占据重要的地位,尤其对农产品国际贸易影响重大,这一方面体现在它能最大限度地阻止和延缓疫情的传播蔓延,保护农产品的生产安全,从而促进农产品贸易的正常进行;另一方面体现在它可以在 SPS 协定基础上合理使用非关税技术措施,在一定程度上保护本国农产品市场。①

　　我国进出境动植物检疫法律体系主要包括：(1)进出境动植物检疫法律，主要是《中华人民共和国进出境动植物检疫法》，也包括《畜牧法》等法律中的有关条款；(2)进出境动植物检疫行政法规，指国务院颁布的与进出境动植物检疫有关的行政法规，如《中华人民共和国进出境动植物检疫法实施条例》；(3)进出境动植物检疫部门规章，指国家质检总局颁布的与进出境动植物检疫有关的部门规章，如《进境动植物检疫审批管理办法》、《进境植物和植物产品风险分析管理规定》、《进出口肉类产品检验检疫监督管理办法》、《进境动物隔离检疫场使用监督管理办法》、《进境水生动物检验检疫管理办法》、《进出口水产品检验检疫管理办法》、《进境动物遗传物质检疫管理办法》、《进境货物木质包装检疫监督管理办法》、《进境水果检验检疫监督管理办法》、《出境水果检验检疫监督管理办法》、《出境竹木草制品检疫管理办法》等。

二、进出境动植物检疫的对象

　　进出境动植物检疫的对象范围是对进出境的动植物、动植物产品和其他检疫物，装载动植物、动植物产品和其他检疫物的装载容器、包装物，以及来自动植物疫区的运输工具等实施的检疫。即便是享有外交、领事特权与豁免权的外国机构和人员公用或者自用的动植物、动植物产品和其他检疫物进境，也应当依照《动植物检疫法》的规定实施检疫。

　　具体来说，进出境动植物检疫的对象分为以下几大类：

　　1. 动物，是指饲养、野生的活动物，如畜、禽、兽、蛇、龟、鱼、虾、蟹、贝、蚕、蜂等。②

　　2. 动物产品，是指来源于动物未经加工或者虽经加工但仍有可能传播疫病的产品，如生皮张、毛类、肉类、脏器、油脂、动物水产品、奶制品、蛋类、血液、精液、胚胎、骨、蹄、角等。③

---

　　① 丁三寅、党海燕、李惠萍等：《进出境动植物检疫与国际农产品贸易》，载《植物检疫》2004 年第 5 期。

　　② 与其不同的是，《动物防疫法》所称动物，是指家畜家禽和人工饲养、合法捕获的其他动物。

　　③ 与其不同的是，《动物防疫法》所称动物产品，是指动物的肉、生皮、原毛、绒、脏器、脂、血液、精液、卵、胚胎、骨、蹄、头、角、筋以及可能传播动物疫病的奶、蛋等。

3. 植物,是指栽培植物、野生植物及其种子、种苗及其他繁殖材料等。

4. 植物产品,是指来源于植物未经加工或者虽经加工但仍有可能传播病虫害的产品,如粮食、豆、棉花、油、麻、烟草、籽仁、干果、鲜果、蔬菜、生药材、木材、饲料等。

5. 其他检疫物,是指动物疫苗、血清、诊断液、动植物性废弃物等。

6. 装载动植物、动植物产品和其他检疫物的装载容器、包装物。

7. 来自动植物疫区的运输工具,不包括非疫区来的运输工具。

三、进出境动植物检疫的有害生物

检疫就是要检出检疫物中的有害生物,予以去除、无害化处理或阻止进出境。《动植物检疫法》第 5 条规定,国家禁止下列各物进境:(1)动植物病原体(包括菌种、毒种等)、害虫及其他有害生物;(2)动植物疫情流行的国家和地区的有关动植物、动植物产品和其他检疫物;(3)动物尸体;(4)土壤。口岸动植物检疫机关发现有前述规定的禁止进境物的,作退回或者销毁处理。因科学研究等特殊需要引进前述规定的禁止进境物的,必须事先提出申请,经国家动植物检疫机关批准。

国家应当将动植物等检疫物中的检疫性有害生物进行梳理后制订统一的名录,并适时修订。由国家质检总局、农业部共同制订的"中华人民共和国进境植物检疫性有害生物名录"(以下简称"植物检疫性有害生物名录")于 2007 年 5 月 28 日发布并实施,替代了 1992 年 7 月 25 日农业部发布的"中华人民共和国进境植物检疫危险性病、虫、杂草名录",我国进境植物检疫性有害生物由原来的 84 种增至 435 种。科学制订检疫性有害生物名录,有利于检验检疫机构实施针对性查验,有效防止重要的外来有害生物传入。此次修订间距 15 年之久,无法适应检疫风险的频繁变化。今后应当加强有害生物风险分析,及时对进境植物检疫性有害生物名录实施动态调整、适时增减。我国"进境植物检疫性有害生物名录"列入了昆虫 146 种,软体动物 6 种,真菌 125 种,原核生物 58 种,线虫 20 种,病毒及类病毒 39 种,杂草 41 种,共 435 种有害生物。具体如表 3-1 所示。

表 3-1　中华人民共和国进境植物检疫性有害生物名录

大类	种类数	进境植物检疫性有害生物具体名称
昆虫	146	白带长角天牛、菜豆象、黑头长翅卷蛾、窄吉丁（非中国种）、螺旋粉虱、按实蝇属、墨西哥棉铃象、苹果花象、香蕉肾盾蚧、咖啡黑盔蚧、梨矮蚜、辐射松幽天牛、果实蝇属、西瓜船象、白条天牛（非中国种）、椰心叶甲、埃及豌豆象、苜蓿籽蜂、豆象（属）（非中国种）、荷兰石竹卷蛾、瘤背豆象（四纹豆象和非中国种）、欧非枣实蝇、枣实蝇、松唐盾蚧、阔鼻谷象、小条实蝇属、无花果蜡蚧、松针盾蚧、云杉色卷蛾、鳄梨象属、高粱瘿蚊、乳白蚁（非中国种）、葡萄象、异胫长小蠹（非中国种）、苹果异形小卷蛾、杨干象、麻头砂白蚁、斜纹卷蛾、欧洲栗象、山楂小卷蛾、樱小卷蛾、苹果蠹蛾、杏小卷蛾、梨小卷蛾、寡鬃实蝇（非中国种）、苹果瘿蚊、大小蠹（红脂大小蠹和非中国种）、石榴小灰蝶、根萤叶甲属、黄瓜绢野螟、蔗根象、小蔗螟、混点毛小蠹、香蕉灰粉蚧、新菠萝灰粉蚧、石榴螟、桃白圆盾蚧、苹果绵蚜、枣大球蚧、扁桃仁蜂、李仁蜂、桉象、谷实夜蛾、合毒蛾、松突圆蚧、双钩异翅长蠹、李叶蜂、苹叶蜂、刺角沟额天牛、苍白树皮象、家天牛、美洲榆小蠹、长林小蠹、美国白蛾、咖啡果小蠹、小楹白蚁、齿小蠹（非中国种）、黑丝盾蚧、芒果蛎蚧、东京蛎蚧、榆蛎蚧、马铃薯甲虫、咖啡潜叶蛾、三叶斑潜蝇、稻水象甲、阿根廷茎象甲、葡萄花翅小卷蛾、黑森瘿蚊、霍氏长盾蚧、桔实锤腹实蝇、墨天牛（非中国种）、甜瓜迷实蝇、白缘象甲、黑腹尼虎天牛、蔗扁蛾、玫瑰短喙象、灰白片盾蚧、谷拟叩甲、美柏肤小蠹、桉天牛、木蠹象属、南洋臀纹粉蚧、大洋臀纹粉蚧、长小蠹（属）（非中国种）、日本金龟子、桔花巢蛾、椰子缢胸叶甲、大谷蠹、澳洲蛛甲、刺桐姬小蜂、欧洲散白蚁、褐纹甘蔗象、几内亚甘蔗象、绕实蝇（非中国种）、苹虎象、欧洲苹虎象、李虎象、日本苹虎象、红棕象甲、棕榈象甲、紫棕象甲、亚棕象甲、可可盲蝽象、楔天牛（非中国种）、欧洲榆小蠹、欧洲大榆小蠹、剑麻象甲、刺盾蚧、双棘长蠹（非中国种）、云杉树蜂、红火蚁、海灰翅夜蛾、猕猴桃举肢蛾、芒果象属、梨蓟马、断眼天牛（非中国种）、松异带蛾、番木瓜长尾实蝇、褐拟谷盗、斑皮蠹（非中国种）、暗天牛属、七角星蜡蚧、葡萄根瘤蚜、材小蠹（非中国种）、青杨脊虎天牛、巴西豆象
软体动物	6	非洲大蜗牛、硫球球壳蜗牛、花园葱蜗牛、散大蜗牛、盖罩大蜗牛、比萨茶蜗牛

续表

大类	种类数	进境植物检疫性有害生物具体名称
真菌	125	向日葵白锈病菌、小麦叶疫病菌、榛子东部枯萎病菌、李黑节病菌、松生枝干溃疡病菌、嗜松枝干溃疡病菌、落叶松枯梢病菌、苹果壳色单隔孢溃疡病菌、麦类条斑病菌、玉米晚枯病菌、甘蔗凋萎病菌、栎枯萎病菌、云杉帚锈病菌、山茶花腐病菌、黄瓜黑星病菌、咖啡浆果炭疽病菌、可可丛枝病菌、油松疱锈病菌、北美松疱锈病菌、松球果锈病菌、松纺锤瘤锈病菌、松疱锈病菌、桉树溃疡病菌、花生黑腐病菌、向日葵茎溃疡病菌、苹果果腐病菌、大豆北方茎溃疡病菌、大豆南方茎溃疡病菌、蓝莓果腐病菌、菊花花枯病菌、番茄亚隔孢壳茎腐病菌、松瘤锈病菌、葡萄藤猝倒病菌、松树脂溃疡病菌、芹菜枯萎病菌、芦笋枯萎病菌、香蕉枯萎病菌(4号小种和非中国小种)、油棕枯萎病菌、草莓枯萎病菌、南美大豆猝死综合征菌、北美大豆猝死综合征病菌、燕麦全蚀病菌、葡萄苦腐病菌、冷杉枯梢病菌、榅桲锈病菌、欧洲梨锈病菌、美洲山楂锈病菌、美洲苹果锈病菌、马铃薯银屑病菌、杨树炭团溃疡病菌、松干基褐腐病菌、胡萝卜褐腐病菌、十字花科蔬菜黑胫病菌、苹果溃疡病菌、铁杉叶锈病菌、杨树叶锈病菌、橡胶南美叶疫病菌、美澳型核果褐腐病菌、可可链疫孢荚腐病菌、甜瓜黑点根腐病菌、咖啡美洲叶斑病菌、香菜腐烂病菌、松针褐斑病菌、香蕉黑条叶斑病菌、松针褐枯病菌、亚麻褐斑病菌、香蕉黄条叶斑病菌、松针红斑病菌、可可花瘿病菌、新榆枯萎病菌、榆枯萎病菌、针叶松黑根病菌、杜鹃花枯萎病菌、高粱根腐病菌、玉米霜霉病菌(非中国种)、甜菜霜霉病菌、烟草霜霉病菌、苹果树炭疽病菌、柑橘斑点病菌、木层孔褐根腐病菌、大豆茎褐腐病菌、苹果边腐病菌、马铃薯坏疽病菌、葡萄茎枯病菌、豌豆脚腐病菌、柠檬干枯病菌、黄瓜黑色根腐病菌、棉根腐病菌、栗疫霉黑水病菌、马铃薯疫霉绯腐病菌、草莓疫霉红心病菌、树莓疫霉根腐病菌、柑橘冬生疫霉褐腐病菌、雪松疫霉根腐病菌、苜蓿疫霉根腐病菌、菜豆疫霉病菌、栎树猝死病菌、大豆疫霉病菌、丁香疫霉病菌、马铃薯皮斑病菌、香菜茎瘿病菌、小麦基腐病菌、葡萄角斑叶焦病菌、天竺葵锈病菌、杜鹃芽枯病菌、洋葱粉色根腐病菌、油棕猝倒病菌、甜菜叶斑病菌、草莓花枯病菌、橡胶白根病菌、玉米褐条霜霉病菌、欧芹壳针孢叶斑病菌、苹果球壳孢腐烂病菌、柑橘枝瘤病菌、麦类壳多胞斑点病菌、甘蔗壳多胞叶枯病菌、马铃薯癌肿病菌、马铃薯黑粉病菌、小麦矮腥黑穗病菌、小麦印度腥黑穗病菌、葱类黑粉病菌、唐菖蒲横点锈病菌、苹果黑星病菌、苜蓿黄萎病菌、棉花黄萎病菌

续表

大类	种类数	进境植物检疫性有害生物具体名称
原核生物	58	兰花褐斑病菌、瓜类果斑病菌、魔芋细菌性叶斑病菌、桤树黄化植原体、苹果丛生植原体、杏褪绿卷叶植原体、白蜡树黄化植原体、蓝莓矮化植原体、香石竹细菌性萎蔫病菌、洋葱腐烂病菌、水稻细菌性谷枯病菌、非洲柑桔黄龙病菌、亚洲柑桔黄龙病菌、澳大利亚植原体候选种、苜蓿细菌性萎蔫病菌、番茄溃疡病菌、玉米内州萎蔫病菌、马铃薯环腐病菌、椰子致死黄化植原体、菜豆细菌性萎蔫病菌、郁金香黄色疱斑病菌、榆韧皮部坏死植原体、杨树枯萎病菌、梨火疫病菌、菊基腐病菌、亚洲梨火疫病菌、葡萄金黄化植原体、来檬丛枝植原体、玉米细菌性枯萎病菌、桃X病植原体、梨衰退植原体、马铃薯丛枝植原体、菜豆晕疫病菌、核果树溃疡病菌、桃树溃疡病菌、豌豆细菌性疫病菌、十字花科黑斑病菌、番茄细菌性叶斑病菌、香蕉细菌性枯萎病菌(2号小种)、鸭茅蜜穗病菌、柑橘顽固病螺原体、草莓簇生植原体、甘蔗白色条纹病菌、香蕉坏死条纹病菌、胡椒叶斑病菌、柑橘溃疡病菌、木薯细菌性萎蔫病菌、甘蔗流胶病菌、芒果黑斑病菌、香蕉细菌性萎蔫病菌、木薯细菌性叶斑病菌、草莓角斑病菌、风信子黄腐病菌、水稻白叶枯病菌、水稻细菌性条斑病菌、杨树细菌性溃疡病菌、木质部难养细菌、葡萄细菌性疫病菌
线虫	20	剪股颖粒线虫、草莓滑刃线虫、菊花滑刃线虫、椰子红环腐线虫、松材线虫、水稻茎线虫、腐烂茎线虫、鳞球茎茎线虫、马铃薯白线虫、马铃薯金线虫、甜菜胞囊线虫、长针线虫属(传毒种类)、根结线虫属(非中国种)、异常珍珠线虫、最大拟长针线虫、拟毛刺线虫属(传毒种类)、短体线虫(非中国种)、香蕉穿孔线虫、毛刺线虫属(传毒种类)、剑线虫属(传毒种类)
病毒及类病毒	39	非洲木薯花叶病毒(类)、苹果茎沟病毒、南芥菜花叶病毒、香蕉苞片花叶病毒、菜豆荚斑驳病毒、蚕豆染色病毒、可可肿枝病毒、香石竹环斑病毒、棉花皱叶病毒、棉花曲叶病毒、豇豆重花叶病毒、黄瓜绿斑驳花叶病毒、玉米褪绿矮缩病毒、玉米褪绿斑驳病毒、燕麦花叶病毒、桃丛簇花叶病毒、花生矮化病毒、李痘病毒、马铃薯帚顶病毒、马铃薯A病毒、马铃薯V病毒、马铃薯黄矮病毒、李属坏死环斑病毒、南方菜豆花叶病毒、藜草花叶病毒、草莓潜隐环斑病毒、甘蔗线条病毒、烟草环斑病毒、番茄黑环病毒、番茄环斑病毒、番茄斑萎病毒、小麦线条花叶病毒、苹果皱果类病毒、鳄梨日斑类病毒、椰子死亡类病毒、椰子败生类病毒、啤酒花潜隐类病毒、梨疱症溃疡类病毒、马铃薯纺锤块茎类病毒
杂草	41	具节山羊草、节节麦、豚草(属)、大阿米芹、细茎野燕麦、法国野燕麦、不实野燕麦、硬雀麦、疣果匙荠、宽叶高加利、蒺藜草(属)(非中国种)、铺散矢车菊、匍匐矢车菊、美丽猪屎豆、菟丝子(属)、南方三棘果、刺亦模、紫茎泽兰、飞机草、齿裂大戟、黄顶菊、提琴叶牵牛花、小花假苍耳、假苍耳、欧洲山萝卜、野莴苣、毒莴苣、毒麦、薇甘菊、列当(属)、宽叶酢浆草、臭千里光、北美刺龙葵、银毛龙葵、刺萼龙葵、刺茄、黑高粱、假高粱(及其杂交种)、独脚金(属)(非中国种)、翅蒴藜、苍耳(属)(非中国种)

1997 年 7 月 29 日农业部公布的"中华人民共和国进境植物检疫禁止进
境物名录",列入了玉米种子,大豆种子,马铃薯块茎及其繁殖材料,榆属苗、插
条,松属苗、接惠穗,橡胶属芽、苗、籽,烟属繁殖材料烟叶,小麦(商品),水果及
茄子辣椒、番茄果实,植物病原体(包括菌种、毒种),害虫生物体及其他转基因
生物材料,土壤等 11 类禁止进境物及其禁止进境的原因(防止传入的危险性
病虫害)和禁止的国家或地区,具体如表 3-2 所示。

表 3-2　中华人民共和国进境植物检疫禁止进境物名录

禁止进境物名称	禁止进境的原因（防止传入的危险性病虫害）	禁止的国家或地区
玉米种子	玉米细菌性枯萎病菌	亚洲:越南、泰国 欧洲:独联体、波兰、瑞士、意大利、罗马尼亚、南斯拉夫 美洲:加拿大、美国、墨西哥
大豆种子	大豆疫病菌	亚洲:日本 欧洲:英国、法国、独联体、德国 美洲:加拿大、美国 大洋洲:澳大利亚、新西兰
马铃薯块茎及其繁殖材料	马铃薯黄矮病毒 马铃薯帚顶病毒 马铃薯金线虫 马铃薯白线虫 马铃薯癌肿病菌	亚洲:日本、印度、巴勒斯坦、黎巴嫩、尼泊尔、以色列、缅甸 欧洲:丹麦、挪威、瑞典、独联体、波兰、捷克、斯洛伐克、匈牙利、保加利亚、芬兰、冰岛、德国、奥地利、瑞士、荷兰、比利时、英国、爱尔兰、法国、西班牙、葡萄牙、意大利 非洲:突尼斯、阿尔及利亚、南非、肯尼亚、坦桑尼亚、津巴布韦 美洲:加拿大、美国、墨西哥、巴拿马、委内瑞拉、秘鲁、阿根廷、巴西、厄瓜多尔、玻利维亚、智利 大洋洲:澳大利亚、新西兰
榆属苗、插条	榆枯萎病菌	亚洲:印度、伊朗、土耳其 欧洲:各国 美洲:加拿大、美国

续表

禁止进境物名称	禁止进境的原因（防止传入的危险性病虫害）	禁止的国家或地区
松属苗、接惠穗	松材线虫松突圆蚧	亚洲:朝鲜、日本、中国香港、中国澳门 欧洲:法国 美洲:加拿大、美国
橡胶属芽、苗、籽	橡胶南美叶疫病菌	美洲:墨西哥、中美洲及南美洲各国
烟属繁殖材料烟叶	烟霜霉病菌	亚洲:缅甸、伊朗、也门、伊拉克、叙利亚、黎巴嫩、约旦、以色列、土耳其 欧洲:各国 美洲:加拿大、美国、墨西哥、危地马拉、萨尔瓦多、古巴、多米尼加、巴西、智利、阿根廷、乌拉圭 大洋洲:各国
小麦(商品)	小麦矮腥黑穗病菌小麦鳊腥黑穗病菌	亚洲:印度、巴基斯坦、阿富汗、尼泊尔、伊朗、伊拉克、土耳其、沙特阿拉伯 欧洲:独联体、捷克、斯洛伐克、保加利亚、匈牙利、波兰(海乌姆、卢步林、普热梅布尔、热舒夫、塔尔诺布热格、扎莫希奇)、罗马尼亚、阿尔巴尼亚、南斯拉夫、德国、奥地利、比利时、瑞士、瑞典、意大利、法国(罗讷—阿尔卑斯) 非洲:利比亚、阿尔及利亚 美洲:乌拉圭、阿根廷(布宜诺斯艾利斯、圣非)、巴西、墨西哥、加拿大(安大略)、美国(华盛顿、怀俄明、蒙大拿、科罗拉多、爱达荷、俄勒冈、犹他及其他有小麦印度腥黑穗病发生的地区)

续表

禁止进境物名称	禁止进境的原因（防止传入的危险性病虫害）	禁止的国家或地区
水果及茄子辣椒、番茄果实	地中海实蝇	亚洲：印度、伊朗、沙特阿拉伯、叙利亚、黎巴嫩、约旦、巴勒斯坦、以色列、塞浦路斯、土耳其 欧洲：匈牙利、德国、奥地利、比利时、法国、西班牙、葡萄牙、意大利、马耳他、南斯拉夫、阿尔巴尼亚、希腊 非洲：埃及、利比亚、突尼斯、阿尔及利亚、摩洛哥、塞内加尔、布基纳法索、马里、几内亚、塞拉利昂、利比里亚、加纳、多哥、贝宁、尼日尔、尼日利亚、喀麦隆、苏丹、埃塞俄比亚、肯尼亚、乌干达、坦桑尼亚、卢旺达、布隆迪、扎伊尔、安哥拉、赞比亚、马拉维、莫桑比克、马达加斯加、毛里求斯、留尼汪、津巴布韦、博茨瓦纳、南非 美洲：美国（包括夏威夷）、墨西哥、危地马拉、萨尔瓦多、洪都拉斯、尼加拉瓜、厄瓜多尔、哥斯达黎加、巴拿马、牙买加、委内瑞拉、秘鲁、巴西、玻利维亚、智利、阿根廷、乌拉圭、哥伦比亚 大洋洲：澳大利亚、新西兰（北岛）
植物病原体（包括菌种、毒种）、害虫生物体及其他转基因生物材料	根据《中华人民共和国进出境动植物检疫法》第5条规定	所有国家或地区
土壤	同上	所有国家或地区

　　根据动物疫病对养殖业生产和人体健康的危害程度，《动物防疫法》规定管理的动物疫病分为下列三类：

　　（1）一类疫病，是指对人与动物危害严重，需要采取紧急、严厉的强制预防、控制、扑灭等措施的；

　　（2）二类疫病，是指可能造成重大经济损失，需要采取严格控制、扑灭等措施，防止扩散的；

（3）三类疫病，是指常见多发、可能造成重大经济损失，需要控制和净化的。

农业部 1992 年 6 月 8 日公布"中华人民共和国进境动物一、二类传染病、寄生虫病名录"（如表 3-3 所示）。2012 年 1 月 13 日农业部和国家质量监督检验检疫总局修订公布《中华人民共和国禁止携带、邮寄的动植物及其产品名录》（如表 3-4 所示）。

表 3-3　中华人民共和国进境动物一、二类传染病、寄生虫病名录

大类	细分类	具体名称
一类传染病、寄生虫病		口蹄疫、非洲猪瘟、猪水疱病、猪瘟、牛瘟、小反刍兽疫、蓝舌病、痒病、牛海绵状脑病、非洲马瘟、鸡瘟、新城疫、鸭瘟、牛肺疫、牛结节疹
二类传染病、寄生虫病	共患病	炭疽、伪狂犬病、心水病、狂犬病、Q 热、裂谷热、副结核病、巴氏杆菌病、布氏杆菌病、结核病、鹿流行性出血热、细小病毒病、梨型虫病
	牛病	锥虫病、边虫病、牛地方流行性白血病、牛传染性鼻气管炎、牛病毒性腹泻—黏膜病、牛生殖道弯曲杆菌病、赤羽病、中山病、水泡性口炎、牛流行热、茨城病
	绵羊和山羊病	绵羊痘和山羊痘、衣原体病、梅迪—维斯纳病、边界病、绵羊肺腺瘤病、山羊关节炎山羊脑炎
	猪病	猪传染性脑脊髓炎、猪传染性胃肠炎、猪流行性腹泻、猪密螺旋体痢疾（猪血痢）、猪传染性胸膜肺炎、猪生殖和呼吸系统综合征（蓝耳病）
	马病	马传染性贫血、马脑脊髓炎、委内瑞拉马脑脊髓炎、马鼻疽、马流行性淋巴管炎、马沙门氏杆菌病（马流产沙门氏杆菌）、类鼻疽、马传染性动脉炎、马鼻肺炎
	禽病	鸡传染性喉气管炎、鸡传染性支气管炎、鸡传染性囊病（甘保罗病）、鸭病毒性肝炎、鸡伤寒、禽痘、鹅螺旋体病、马立克氏病、住白细胞原虫病、鸡白痢、家禽支原体病、鹦鹉病（鸟疫）、鸡病毒性关节炎、禽白血病
	啮齿动物病	兔病毒性出血症（兔瘟）、兔黏液瘤病、野兔热
	水生动物病	鲑鱼传染性胰脏坏死、鱼传染性造血器官坏死、鲤春病毒病、鲑鳟鱼病毒性出血性败血症、鱼鳔炎症、鱼眩转病、鱼鳃霉病、鱼疖疮病、异尖线虫病、对虾杆状病毒病、斑节对虾杆状病毒病
	蜂病	美洲蜂幼虫腐臭病、欧洲蜂幼虫腐臭病、蜂螨病、瓦螨病、蜂孢子虫病
	其他动物疾病	蚕微粒子病、水貂阿留申病、犬瘟热、利什曼病

表 3-4　中华人民共和国禁止携带、邮寄的动植物及其产品名录①

类别	具体名称
动物及动物产品类	活动物(犬、猫除外②),包括所有的哺乳动物、鸟类、鱼类、两栖类、爬行类、昆虫类和其他无脊椎动物,动物遗传物质
	(生或熟)肉类(含脏器类)及其制品;水生动物产品
	动物源性奶及奶制品,包括生奶、鲜奶、酸奶,动物源性的奶油、黄油、奶酪等奶类产品
	蛋及其制品,包括鲜蛋、皮蛋、咸蛋、蛋液、蛋壳、蛋黄酱等蛋源产品
	燕窝(罐头装燕窝除外)
	油脂类、皮张、毛类、蹄、骨、角类及其制品
	动物源性饲料(含肉粉、骨粉、鱼粉、乳清粉、血粉等单一饲料)、动物源性中药材、动物源性肥料。
植物及植物产品类	新鲜水果、蔬菜
	烟叶(不含烟丝)
	种子(苗)、苗木及其他具有繁殖能力的植物材料
	有机栽培介质
其他类	菌种、毒种等动植物病原体,害虫及其他有害生物,细胞、器官组织、血液及其制品等生物材料
	动物尸体、动物标本、动物源性废弃物
	土壤
	转基因生物材料
	国家禁止进境的其他动植物、动植物产品和其他检疫物

当国(境)外发生重大动植物疫情并可能传入我国时,根据《中华人民共和国进出境动植物检疫法》及其实施条例的规定,动植物检疫主管部门可宣布禁止从动植物疫情流行的国家或者地区进口有关动植物、动植物产品和其他检疫物。当重大动植物疫情得到控制或者扑灭并经国家质检总局确认后,国家质检总局可按规定工作程序解除相关国家或者地区动植物、动植物产品和其

① 通过携带或邮寄方式进境的动植物及其产品和其他检疫物,经国家有关行政主管部门审批许可,并具有输出国家或地区官方机构出具的检疫证书,不受此名录的限制。
② 具有输出国家或地区官方机构出具的动物检疫证书和疫苗接种证书的犬、猫等宠物,每人仅限一只。

100

他检疫物的禁令。

进境动植物检疫解禁工作程序包括以下步骤：(1)申请解禁；(2)受理评估，进行有害生物风险性分析程序；(3)征求国内有关部门和公众的意见；(4)解除禁令；(5)检疫监督，如解禁的进境物不符合检疫要求，采取相应的检疫限制或者禁止措施。

四、动植物检疫机关

国务院设立动植物检疫机关(以下简称国家动植物检疫机关)，统一管理全国进出境动植物检疫工作。目前，我国的国家动植物检疫机关是国家质量监督检验检疫总局。国家动植物检疫机关在对外开放的口岸和进出动植物检疫业务集中的地点设立的口岸动植物检疫机关，依照进出境动植物检疫法的规定实施进出境动植物检疫。国家动植物检疫机关和口岸动植物检疫机关对进出境动植物、动植物产品的生产、加工、存放过程，实行检疫监督制度。口岸动植物检疫机关在港口、机场、车站、邮局执行检疫任务时，海关、交通、民航、铁路、邮电等有关部门应当配合。海关依法配合口岸动植物检疫机关，对进出境动植物、动植物产品和其他检疫物实行监管。

动植物检疫机关对下列各物依照进出境动植物检疫法的规定实施检疫：(1)进境、出境、过境的动植物、动植物产品和其他检疫物；(2)装载动植物、动植物产品和其他检疫物的装载容器①、包装物、铺垫材料；(3)来自动植物疫区的运输工具；(4)进境拆解的废旧船舶；(5)有关法律、行政法规、国际条约规定或者贸易合同约定应当实施进出境动植物检疫的其他货物、物品。

口岸动植物检疫机关在实施检疫时可以行使下列职权：(1)依照规定登船、登车、登机实施检疫；(2)进入港口、机场、车站、邮局以及检疫物的存放、加工、养殖、种植场所实施检疫，并依照规定采样；(3)根据检疫需要，进入有关生产、仓库等场所，进行疫情监测、调查和检疫监督管理；(4)查阅、复制、摘录与检疫物有关的运行日志、货运单、合同、发票以及其他单证。

口岸动植物检疫机关依法实施检疫，需要采取样品时，应当出具采样凭单；验余的样品，货主、物主或者其代理人应当在规定的期限内领回；逾期不领回的，由口岸动植物检疫机关按照规定处理。

---

①　装载容器是指可以多次使用、易受病虫害污染并用于装载进出境货物的容器，如笼、箱、桶、筐等。

国(境)外发生重大动植物疫情并可能传入中国时,根据情况采取下列紧急预防措施:(1)国务院可以对相关边境区域采取控制措施,必要时下令禁止来自动植物疫区的运输工具进境或者封锁有关口岸;(2)国家动植物检疫机关可以公布禁止从动植物疫情流行的国家和地区进境的动植物、动植物产品和其他检疫物的名录;(3)有关口岸动植物检疫机关可以对可能受病虫害污染的禁止进境各物采取紧急检疫处理措施;(4)受动植物疫情威胁地区的地方人民政府可以立即组织有关部门制订并实施应急方案,同时向上级人民政府和国家动植物检疫机关报告。邮电、运输部门对重大动植物疫情报告和送检材料应当优先传送。

五、动植物检疫审批

(一)动植物检疫审批的意义

动植物进境应当办理检疫审批手续,检疫审批手续应当在贸易合同或者协议签订前办妥。检疫审批是防止国外动植物疫情传入的第一道防线,是进境动植物及其产品检验检疫的第一个环节。

(二)动植物检疫审批的依据

检疫审批的依据是看进境动植物是否符合法律法规的规定,包括《中华人民共和国进出境动植物检疫法》及其实施条例,中国与输出国签订的双边检疫协定(含协定、备忘录、检疫议定书)或共同参加的多边检疫协定,进出境动植物检疫主管部门公布的检疫部门规章。《进境动植物检疫审批管理办法》(2002年8月2日国家质量监督检验检疫总局公布)是检疫审批的直接依据,它根据《中华人民共和国进出境动植物检疫法》(以下简称《进出境动植物检疫法》)及其实施条例和《农业转基因生物安全管理条例》的有关规定制定,适用于对《进出境动植物检疫法》及其实施条例以及国家有关规定需要审批的进境动物(含过境动物)、动植物产品和需要特许审批的禁止进境物,以及《农业转基因生物安全管理条例》规定的过境转基因产品的检疫审批。

(三)动植物检疫审批的负责机关

国家质检总局根据法律法规的有关规定以及国务院有关部门发布的禁止进境物名录,制定、调整并发布需要检疫审批的动植物及其产品名录。国家质检总局统一管理本办法所规定的进境动植物检疫审批工作。国家质检总局或者国家质检总局授权的其他审批机构(以下简称审批机构)负责签发"中华人民共和国进境动植物检疫许可证"(以下简称"检疫许可证")和"中华人民共和国进境动植物检疫许可证申请未获批准通知单"(以下简称"检疫许可证申请未获批准通知单")。各直属出入境检验检疫机构(以下简称初审机构)负责所辖地区进境动植物检疫审批申请的初审工作。

输入动物、动物产品和《进出境动植物检疫法》所列禁止进境物的检疫审批,由国家动植物检疫机关或者其授权的口岸动植物检疫机关负责。

输入植物种子、种苗及其他繁殖材料的检疫审批,由植物检疫条例规定的机关(农业主管部门、林业主管部门所属的植物检疫机构)负责。

(四)动植物检疫审批的条件

符合下列条件的,方可办理进境检疫审批手续:(1)输出国家或者地区无重大动植物疫情;(2)符合中国有关动植物检疫法律、法规、规章的规定;(3)符合中国与输出国家或者地区签订的有关双边检疫协定(含检疫协议、备忘录等)。办理进境检疫审批手续后,有下列情况之一的,货主、物主或者其代理人应当重新申请办理检疫审批手续:(1)变更进境物的品种或者数量的,(2)变更输出国家或者地区的,(3)变更进境口岸的,(4)超过检疫审批有效期的。

(五)动植物检疫审批的申请

申请办理检疫审批手续的单位(以下简称申请单位)应当是具有独立法人资格并直接对外签订贸易合同或者协议的单位。过境动物和过境转基因产品的申请单位应当是具有独立法人资格并直接对外签订贸易合同或者协议的单位或者其代理人。

申请单位应当在签订贸易合同或者协议前,向审批机构提出申请并取得"检疫许可证"。过境动物或者过境转基因产品在过境前,申请单位应当向国家质检总局提出申请并取得"检疫许可证"。

申请单位应当按照规定如实填写并提交"中华人民共和国进境动植物检疫许可证申请表"(以下简称"检疫许可证申请表"),需要初审的,由进境口岸初审机构进行初审;加工、使用地不在进境口岸初审机构所辖地区内的货物,必要时还需由使用地初审机构初审。

申请单位应当向初审机构提供下列材料:

1. 申请单位的法人资格证明文件(复印件);

2. 输入动物需要在临时隔离场检疫的,应当填写"进境动物临时隔离检疫场许可证申请表";

3. 输入动物肉类、脏器、肠衣、原毛(含羽毛)、原皮、生的骨、角、蹄、蚕茧和水产品等由国家质检总局公布的定点企业生产、加工、存放的,申请单位需提供与定点企业签订的生产、加工、存放的合同;

4. 按照规定可以核销的进境动植物产品,同一申请单位第二次申请时,应当按照有关规定附上一次"检疫许可证"(含核销表);

5. 办理动物过境的,应当说明过境路线,并提供输出国家或者地区官方检疫部门出具的动物卫生证书(复印件)和输入国家或者地区官方检疫部门出具的准许动物进境的证明文件;

6. 因科学研究等特殊需要,引进《进出境动植物检疫法》所列禁止进境物的,必须提交书面申请,说明其数量、用途、引进方式、进境后的防疫措施、科学研究的立项报告及相关主管部门的批准立项证明文件;

7. 需要提供的其他材料。

(六)动植物检疫审批的审核批准

初审机构对申请单位检疫审批申请进行初审的内容包括:

1. 申请单位提交的材料是否齐全,是否符合规定的要求;

2. 输出和途经国家或者地区有无相关的动植物疫情;

3. 是否符合中国有关动植物检疫法律、法规和部门规章的规定;

4. 是否符合中国与输出国家或者地区签订的双边检疫协定(包括检疫协议、议定书、备忘录等);

5. 进境后需要对生产、加工过程实施检疫监督的动植物及其产品,审查其运输、生产、加工、存放及处理等环节是否符合检疫、防疫及监管条件,根据生产、加工企业的加工能力核定其进境数量;

6. 可以核销的进境动植物产品,应当按照有关规定审核其上一次审批的"检疫许可证"的使用、核销情况。

初审合格的,由初审机构签署初审意见。同时对考核合格的动物临时隔离检疫场出具"进境动物临时隔离检疫场许可证"。对需要实施检疫监管的进境动植物产品,必要时出具对其生产加工存放单位的考核报告。由初审机构将所有材料上报国家质检总局审核。初审不合格的,将申请材料退回申请单位。

同一申请单位对同一品种,同一输出国家或者地区,同一加工、使用单位一次只能办理1份"检疫许可证"。

国家质检总局或者初审机构认为必要时,可以组织有关专家对申请进境的产品进行风险分析,申请单位有义务提供有关资料和样品进行检测。

国家质检总局根据审核情况,自收到初审机构提交的初审材料之日起30个工作日内签发"检疫许可证"或者"检疫许可证申请未获批准通知单"。属于农业转基因生物在中华人民共和国过境的,国家质检总局应当在规定期限内作出批准或者不批准的决定,并通知申请单位。

(七)动植物检疫审批许可单证的管理和使用

"检疫许可证申请表"、"检疫许可证"和"检疫许可证申请未获批准通知单"由国家质检总局统一印制和发放。"检疫许可证"由国家质检总局统一编号。

"检疫许可证"的有效期分别为3个月或者一次有效。除对活动物签发的"检疫许可证"外,不得跨年度使用。

按照规定可以核销的进境动植物产品,在许可数量范围内分批进口、多次报检使用"检疫许可证"的,进境口岸检验检疫机构应当在"检疫许可证"所附检疫物进境核销表中进行核销登记。

有下列情况之一的,申请单位应当重新申请办理"检疫许可证":

1. 变更进境检疫物的品种或者超过许可数量5%以上的;

2. 变更输出国家或者地区的;

3. 变更进境口岸、指运地或者运输路线的。

有下列情况之一的,"检疫许可证"失效、废止或者终止使用:

1. 超过有效期的自行失效;

2. 在许可范围内,分批进口、多次报检使用的,许可数量全部核销完毕的自行失效;

3. 国家依法发布禁止有关检疫物进境的公告或者禁令后,已签发的有关"检疫许可证"自动废止;

4. 申请单位违反检疫审批的有关规定,国家质检总局可以终止已签发的"检疫许可证"的使用。

申请单位取得许可证后,不得买卖或者转让。口岸检验检疫机构在受理报检时,必须审核许可证的申请单位与检验检疫证书上的收货人、贸易合同的签约方是否一致,不一致的不得受理报检。

(八)植物繁殖材料的检疫审批

植物繁殖材料包括植物种子、种苗及其他繁殖材料,是指栽培、野生的可

供繁殖的植物全株或者部分,如植株、苗木(含试管苗)、果实、种子、砧木、接穗、插条、叶片、芽体、块根、块茎、鳞茎、球茎、花粉、细胞培养材料等。

根据《植物检疫条例》(国务院 1983 年 1 月 3 日发布,1992 年 5 月 13 日修订发布)第 12 条第 1 款的规定,从国外引进种子、苗木,引进单位应当向所在地的省、自治区、直辖市植物检疫机构提出申请,办理检疫审批手续。但是,国务院有关部门所属的在京单位从国外引进种子、苗木,应当向国务院农业主管部门、林业主管部门所属的植物检疫机构提出申请,办理检疫审批手续。携带、邮寄植物种子、种苗及其他繁殖材料进境的,必须事先提出申请,办理检疫审批手续;因特殊情况无法事先办理的,携带人或者邮寄人应当在口岸补办检疫审批手续,经审批机关同意并经检疫合格后方准进境。

(九)畜禽遗传资源的检疫审批

《中华人民共和国畜牧法》(2005 年 12 月 29 日颁布,以下简称《畜牧法》)第 15 条规定:"从境外引进畜禽遗传资源的,应当向省级人民政府畜牧兽医行政主管部门提出申请;受理申请的畜牧兽医行政主管部门经审核,报国务院畜牧兽医行政主管部门经评估论证后批准。经批准的,依照《中华人民共和国进出境动植物检疫法》的规定办理相关手续并实施检疫。从境外引进的畜禽遗传资源被发现对境内畜禽遗传资源、生态环境有危害或者可能产生危害的,国务院畜牧兽医行政主管部门应当商有关主管部门,采取相应的安全控制措施。"

《畜牧法》第 16 条规定:"向境外输出或者在境内与境外机构、个人合作研究利用列入保护名录的畜禽遗传资源的,应当向省级人民政府畜牧兽医行政主管部门提出申请,同时提出国家共享惠益的方案;受理申请的畜牧兽医行政主管部门经审核,报国务院畜牧兽医行政主管部门批准。向境外输出畜禽遗传资源的,还应当依照《中华人民共和国进出境动植物检疫法》的规定办理相关手续并实施检疫。新发现的畜禽遗传资源在国家畜禽遗传资源委员会鉴定前,不得向境外输出,不得与境外机构、个人合作研究利用。"

六、进境植物和植物产品风险分析管理

(一)基本要求

《进境植物和植物产品风险分析管理规定》(2002 年 12 月 31 日由国家质量监督检验检疫总局公布)根据《中华人民共和国进出境动植物检疫法》及其

实施条例,参照世界贸易组织(WTO)关于《实施卫生与植物卫生措施协定》(SPS协定)和国际植物保护公约(IPPC)的有关规定而制定,适用于对进境植物、植物产品和其他检疫物传带检疫性有害生物的风险分析。对进境植物种子、苗木等繁殖材料传带限定的非检疫性有害生物①的风险分析,参照该规定执行。国家质检总局统一管理进境植物、植物产品和其他检疫物的风险分析工作。

开展风险分析应当遵守我国法律、法规的规定,并遵循下列原则:

1. 以科学为依据;

2. 遵照国际植物保护公约组织制定的国际植物检疫措施标准、准则和建议;

3. 透明、公开和非歧视性原则;

4. 对贸易的不利影响降低到最低程度。

当有关国际标准确定的措施不能达到我国农、林业生产安全或者生态环境的必要保护水平时,国家质检总局根据科学的风险分析结果可采取高于国际标准、准则和建议的科学措施。

有害生物风险分析包括风险分析启动、风险评估和风险管理。风险分析完成后应当提交风险分析报告,重要的风险分析报告应当交由中国进出境动植物检疫风险分析委员会审议。

(二)风险分析启动

出现下列情况之一时,国家质检总局可以启动风险分析:

1. 某一国家或者地区官方植物检疫部门首次向我国提出输出某种植物、植物产品和其他检疫物申请的;

2. 某一国家或者地区官方植物检疫部门向我国提出解除禁止进境物②申请的;

3. 因科学研究等特殊需要,国内有关单位或者个人需要引进禁止进境物的;

4. 我国检验检疫机构从进境植物、植物产品和其他检疫物上截获某种可

---

①　限定的非检疫性有害生物是指存在于供种植的植物中且危及其预期用途,并将产生无法接受的经济影响,因而受到管制的非检疫性有害生物。

②　禁止进境物是指《中华人民共和国进境植物检疫禁止进境物名录》中列明的和我国公告予以禁止进境的植物、植物产品或者其他检疫物。下同。

能对我国农、林业生产安全或者生态环境构成威胁的有害生物；

5. 国外发生某种植物有害生物并可能对我国农、林业生产安全或者生态环境构成潜在威胁；

6. 修订《中华人民共和国进境植物检疫危险性病、虫、杂草名录》、《中华人民共和国进境植物检疫禁止进境物名录》或者对有关植物检疫措施作重大调整；

7. 其他需要开展风险分析的情况。

其中上述第1项、第2项、第3项是依申请而启动风险分析的情形，第4项、第5项、第6项是国家质检总局自行启动风险分析的情形。

首次向我国输出某种植物、植物产品和其他检疫物或者向我国提出解除禁止进境物申请的国家或者地区，应当由其官方植物检疫部门向国家质检总局提出书面申请，并提供开展风险分析的必要技术资料。国家质检总局根据有关输出国家或者地区提交申请的时间、提供技术资料的完整性、国外植物疫情的变化以及检验检疫管理等情况确定开展风险分析的先后顺序。

国内有关单位或者个人因科学研究等特殊需要引进禁止进境物的，应当提出申请并提供必要的技术资料。

在启动风险分析时，应当核查该产品是否已进行过类似的风险分析。如果已进行过风险分析，应当根据新的情况核实其有效性；经核实原风险分析仍然有效的，不再进行新的风险分析。

（三）风险评估

风险评估是确定有害生物是否为检疫性有害生物，并评价其传入和扩散的可能性以及有关潜在经济影响的过程。国家质检总局采用定性、定量或者两者结合的方法开展风险评估。

确定检疫性有害生物时应当考虑以下因素：

1. 有害生物的分类地位及在国内外的发生、分布、危害和控制情况；

2. 具有定殖和扩散的可能性；

3. 具有不可接受的经济影响（包括环境影响）的可能性。

评价有害生物传入和扩散应当考虑以下因素：

1. 传入可能性评价应当考虑传播途径、运输或者储存期间存活可能性、现有管理措施下存活可能性、向适宜寄主转移可能性，以及是否存在适宜寄主、传播媒介、环境适生性、栽培技术和控制措施等因素；

2. 扩散可能性评价应当考虑自然扩散、自然屏障、通过商品或者运输工具转移可能性、商品用途、传播媒介以及天敌等因素。

评价潜在经济影响应当考虑以下因素：

1. 有害生物的直接影响：对寄主植物损害的种类、数量和频率、产量损失、影响损失的生物因素和非生物因素、传播和繁殖速度、控制措施、效果及成本、生产方式的影响以及对环境的影响等；

2. 有害生物的间接影响：对国内和出口市场的影响、费用和投入需求的变化、质量变化、防治措施对环境的影响、根除或者封锁的可能性及成本、研究所需资源以及对社会等影响。

风险评估过程中，国家质检总局根据风险分析工作需要，可以向输出国家或者地区官方检疫部门提出补充、确认或者澄清有关技术信息的要求，派出技术人员到输出国家或者地区进行检疫考察。必要时，双方检疫专家可以共同开展技术交流或者合作研究。

（四）风险管理

风险管理是指评价和选择降低检疫性有害生物传入和扩散风险的决策过程。国家质检总局根据风险评估的结果，确定与我国适当保护水平相一致的风险管理措施。风险管理措施应当合理、有效、可行。风险管理措施包括提出禁止进境的有害生物名单，规定在种植、收获、加工、储存、运输过程中应当达到的检疫要求，适当的除害处理，限制进境口岸与进境后使用地点，采取隔离检疫或者禁止进境等。

当境外发生重大疫情并可能传入我国时，或者在进境检疫截获重要有害生物时，根据初步的风险分析，国家质检总局可以直接采取紧急临时风险管理措施，并在随后收集有关信息和资料，开展进一步的风险分析。国家质检总局拟定风险管理措施应当征求有关部门、行业、企业、专家及WTO成员意见，对合理意见应当予以采纳。国家质检总局应当在完成必要的法律程序后对风险管理措施予以发布，并通报WTO；必要时，通知相关输出国家或者地区官方植物检疫部门。

七、进境动物隔离检疫场使用的监督管理

《进境动物隔离检疫场使用监督管理办法》（2009年10月22日由国家质量监督检验检疫总局公布）根据《中华人民共和国进出境动植物检疫法》及其实施条例等法律、法规的规定而制定。进境动物隔离检疫场（以下简称隔离

场)是指专用于进境动物隔离检疫的场所。包括两类:一是国家质量监督检验检疫总局(简称国家质检总局)设立的动物隔离检疫场所(以下简称国家隔离场),二是由各直属检验检疫局指定的动物隔离场所(以下简称指定隔离场)。

（一）基本要求

隔离场的选址、布局和建设,应当符合国家相关标准和要求。使用国家隔离场,应当经国家质检总局批准。使用指定隔离场,应当经所在地直属检验检疫局批准。进境种用大中动物应当在国家隔离场隔离检疫,当国家隔离场不能满足需求,需要在指定隔离场隔离检疫时,应当报经国家质检总局批准。进境种用大中动物之外的其他动物应当在国家隔离场或者指定隔离场隔离检疫。

进境种用大中动物隔离检疫期为45天,其他动物隔离检疫期为30天。需要延长或者缩短隔离检疫期的,应当报国家质检总局批准。

（二）使用申请

申请使用国家隔离场的,使用人应当向国家质检总局提交如下材料:

1. 填制真实准确的"中华人民共和国进境动物隔离检疫场使用申请表";
2. 使用人(法人或者自然人)身份证明材料复印件;
3. 对外贸易经营权证明材料复印件;
4. 进境动物从入境口岸进入隔离场的运输安排计划和运输路线;
5. 国家质检总局要求的其他材料。

申请使用指定隔离场的,使用人应当在办理"中华人民共和国进境动植物检疫许可证"前,向所在地直属检验检疫局提交如下材料:

1. 填制真实准确的"中华人民共和国进境动物隔离检疫场使用申请表";
2. 使用人(法人或者自然人)身份证明材料复印件;
3. 对外贸易经营权证明材料复印件;
4. 隔离场整体平面图及显示隔离场主要设施和环境的照片;
5. 隔离场动物防疫、饲养管理等制度;
6. 由县级或者县级以上兽医行政主管部门出具的隔离场所在地未发生"中华人民共和国进境动物一、二类传染病、寄生虫病名录"、"中华人民共和国一、二、三类动物疫病病种名录"中规定的与隔离检疫动物相关的一类动物传染病证明;
7. 进境动物从入境口岸进入隔离场的运输安排计划和运输路线;
8. 当隔离场的使用人与所有人不一致时,使用人还须提供与所有人签订的隔离场使用协议；

9. 检验检疫机构要求的其他材料。

国家质检总局、直属检验检疫局应当按照规定对隔离场使用申请进行审核。隔离场使用人申请材料不齐全或者不符合法定形式的,应当当场或者在5个工作日内一次告知使用人需要补正的全部内容,逾期不告知的,自收到申请材料之日起即为受理。

受理申请后,国家质检总局、直属检验检疫局应当对使用人提供的有关材料进行审核,并对申请使用的隔离场组织实地考核。

申请使用指定隔离场用于隔离种用大中动物的,由直属检验检疫局审核提出审核意见报国家质检总局批准;用于种用大中动物之外的其他动物隔离检疫的,由直属检验检疫局审核、批准。

国家质检总局、直属检验检疫局应当自受理申请之日起20个工作日内作出书面审批意见(现场考核评审时间不计入20个工作日内)。经审核合格的,直属检验检疫局受理的,由直属检验检疫局签发"隔离场使用证"。国家质检总局受理的,由国家质检总局在签发的"中华人民共和国进境动植物检疫许可证"中列明批准内容。20个工作日内不能作出决定的,经本机构负责人批准,可以延长10个工作日,并应当将延长期限的理由告知使用人。其他法律、法规另有规定的,依照其规定执行。不予批准的,应当书面说明理由,告知申请人享有依法申请行政复议或者提起行政诉讼的权利。

"隔离场使用证"有效期为6个月。隔离场使用人凭有效"隔离场使用证"向隔离场所在地直属检验检疫局申请办理"中华人民共和国进境动植物检疫许可证"。"隔离场使用证"的使用一次有效。同一隔离场再次申请使用的,应当重新办理审批手续。两次使用的间隔期间不得少于30天。

已经获得"隔离场使用证",发生下列情形之一时,隔离场使用人应当重新申请办理：

1. "隔离场使用证"超过有效期的；

2. "隔离场使用证"内容发生变更的；

3. 隔离场设施和环境卫生条件发生改变的。

已经获得"隔离场使用证",发生下列情况之一时,由发证机关撤回：

1. 隔离场原有设施和环境卫生条件发生改变,不符合隔离动物检疫条件和要求的；

2. 隔离场所在地发生一类动物传染病、寄生虫病或者其他突发事件的。

使用人以欺骗、贿赂等不正当手段取得"隔离场使用证"的,检验检疫机构

应当依法将其"隔离场使用证"撤销。

(三)检疫准备

隔离场经批准使用后,使用人应当作好隔离场的维护,保持隔离场批准时的设施完整和环境卫生条件,保证相关设施的正常运行。

动物进场前,检验检疫机构应当派员实地核查隔离场设施和环境卫生条件的维护情况。

使用人应当确保隔离场使用前符合下列要求:

1. 动物进入隔离场前 10 天,所有场地、设施、工具必须保持清洁,并采用检验检疫机构认可的有效方法进行不少于 3 次的消毒处理,每次消毒之间应当间隔 3 天。

2. 应当准备供动物隔离期间使用的充足的饲草、饲料和垫料。饲草、垫料不得来自严重动物传染病或者寄生虫病疫区,饲料应当符合法律、法规的规定,并建立进场检查验收登记制度;饲草、饲料和垫料应当在检验检疫机构的监督下,由检验检疫机构认可的单位进行熏蒸消毒处理;水生动物不得饲喂鲜活饵料,遇特殊需要时,应当事先征得检验检疫机构的同意。

3. 应当按照检验检疫机构的要求,适当储备必要的防疫消毒器材、药剂、疫苗等,并建立进场检查验收和使用登记制度。

4. 饲养人员和隔离场管理人员,在进入隔离场前,应当到具有相应资质的医疗机构进行健康检查并取得健康证明。未取得健康证明的,不准进入隔离场。健康检查项目应当包括活动性肺结核、布氏杆菌病、病毒性肝炎等人畜共患病。

5. 饲养人员和管理人员在进入隔离场前应当接受检验检疫机构的动物防疫、饲养管理等基础知识培训,经考核合格后方可上岗。

6. 人员、饲草、饲料、垫料、用品、用具等应当在隔离场作最后一次消毒前进入隔离检疫区。

7. 用于运输隔离检疫动物的运输工具及辅助设施,在使用前应当按照检验检疫机构的要求进行消毒,人员、车辆的出入通道应当设置消毒池或者放置消毒垫。

(四)隔离检疫

经入境口岸检验检疫机构现场检验检疫合格的进境动物方可运往隔离场进行隔离检疫。

检验检疫机构对隔离场实行监督管理,监督和检查隔离场动物饲养、防疫等措施的落实。对进境种用大中动物,隔离检疫期间实行 24 小时检验检疫机构工作人员驻场监管。

检验检疫机构工作人员、隔离场使用人应当按照要求落实各项管理措施,认真填写"进出境动物隔离检疫场检验检疫监管手册"。

检验检疫机构负责隔离检疫期间样品的采集、送检和保存工作。隔离动物样品采集工作应当在动物进入隔离场后 7 天内完成。样品保存时间至少为 6 个月。

检验检疫机构按照国家质检总局的有关规定,对动物进行临床观察和实验室项目的检测,根据检验检疫结果出具相关的单证,实验室检疫不合格的,应当尽快将有关情况通知隔离场使用人并对阳性动物依法及时进行处理。

检验检疫机构按照国家质检总局相关的规定对进口动物进行必要的免疫和预防性治疗。隔离场使用人在征得检验检疫机构同意后可以对患病动物进行治疗。

动物隔离检疫期间,隔离场使用人应当做到:

1. 门卫室实行 24 小时值班制,对人员、车辆、用具、用品实行严格的出入登记制度。发现有异常情况及时向检验检疫机构报告。

2. 保持隔离场完好和场内环境清洁卫生,做好防火、防盗和灭鼠、防蚊蝇等工作。

3. 人员、车辆、物品出入隔离场的应当征得检验检疫机构的同意,并采取有效的消毒防疫措施后,方可进出隔离区;人员在进入隔离场前 15 天内未从事与隔离动物相关的实验室工作,也未参观过其他农场、屠宰厂或者动物交易市场等。

4. 不得将与隔离动物同类或者相关的动物及其产品带入隔离场内。

5. 不得饲养除隔离动物以外的其他动物。特殊情况需使用看门犬的,应当征得检验检疫机构同意。犬类动物隔离场,不得使用看门犬。

6. 饲养人员按照规定作息时间做好动物饲喂、饲养场地的清洁卫生,定期对饲养舍、场地进行清洗、消毒,保持动物、饲养舍、场区和所有用具的清洁卫生,并作好相关记录。

7. 隔离检疫期间所使用的饲料、饲料添加剂与农业投入品应当符合法律、行政法规的规定和国家强制性标准的规定。

8. 严禁转移隔离检疫动物和私自采集、保存、运送检疫动物血液、组织、精液、分泌物等样品或者病料。未经检验检疫机构同意,不得将生物制品带入隔

113

离场内,不得对隔离动物进行药物治疗、疫苗注射、人工授精和胚胎移植等处理。

9. 隔离检疫期间,严禁将隔离动物产下的幼畜、蛋及乳等移出隔离场。

10. 隔离检疫期间,应当及时对动物栏舍进行清扫,粪便、垫料及污物、污水应当集中放置或者及时进行无害化处理。严禁将粪便、垫料及污物移出隔离场。

11. 发现疑似患病或者死亡的动物,应当立即报告所在地检验检疫机构,并立即采取下列措施:(1)将疑似患病动物移入患病动物隔离舍(室、池),由专人负责饲养管理;(2)对疑似患病和死亡动物停留过的场所和接触过的用具、物品进行消毒处理;(3)禁止自行处置(包括解剖、转移、急宰等)患病、死亡动物;(4)死亡动物应当按照规定作无害化处理。

隔离检疫期间,隔离场内发生重大动物疫情的,应当按照《进出境重大动物疫情应急处置预案》处理。

(五)后续监管

隔离场使用完毕后,应当在检验检疫机构的监督下,作如下处理:

1. 动物的粪便、垫料及污物、污水进行无害化处理确保符合防疫要求后,方可运出隔离场;

2. 剩余的饲料、饲草、垫料和用具等应当作无害化处理或者消毒后方可运出场外;

3. 对隔离场场地、设施、器具进行消毒处理。

隔离场使用人及隔离场所在地检验检疫机构应当按照规定记录动物流向和"隔离场检验检疫监管手册",档案保存期至少 5 年。

种用大中动物隔离检疫结束后,承担隔离检疫任务的直属检验检疫局应当在 2 周内将检疫情况书面上报国家质检总局并通报目的地检验检疫机构。检疫情况包括:隔离检疫管理、检疫结果、动物健康状况、检疫处理情况及动物流向。

第二节　动植物进境检疫

一、独立运输动植物进境检疫

输入动物、动物产品、植物种子、种苗等其他繁殖材料的,必须事先提出申请,办理检疫审批手续。国家对向中国输出动植物产品的国外生产、加工、存放单位,实行注册登记制度。国家动植物检疫机关根据检疫需要,并征得输出动植物、动植物产品国家或者地区政府有关机关同意,可以派检疫人员进行预检、监装或者产地疫情调查。海关、边防等部门截获的非法进境的动植物、动植物产品和其他检疫物,应当就近交由口岸动植物检疫机关检疫。

通过贸易、科技合作、交换、赠送、援助等方式输入动植物、动植物产品和其他检疫物的,应当在合同或者协议中订明中国法定的检疫要求,并订明必须附有输出国家或者地区政府动植物检疫机关出具的检疫证书。中国法定的检疫要求,是指中国的法律、行政法规和国家动植物检疫机关规定的动植物检疫要求。

进境检疫主要包括下列步骤:

(一)报检

输入动植物、动植物产品和其他检疫物的,货主或者其代理人应当在进境前或者进境时向进境口岸动植物检疫机关报检。属于调离海关监管区检疫的,运达指定地点时,货主或者其代理人应当通知有关口岸动植物检疫机关。属于转关货物的,货主或者其代理人应当在进境时向进境口岸动植物检疫机关申报;到达指运地时,应当向指运地口岸动植物检疫机关报检。其中,输入种畜禽及其精液、胚胎的,应当在进境前 30 日报检;输入其他动物的,应当在进境前 15 日报检;输入植物种子、种苗及其他繁殖材料的,应当在进境前 7 日报检。动植物性包装物、铺垫材料进境时,货主或者其代理人应当及时向口岸动植物检疫机关申报;动植物检疫机关可以根据具体情况对申报物实施检疫。动植物性包装物、铺垫材料,是指直接用作包装物、铺垫材料的动物产品和植物、植物产品。

向口岸动植物检疫机关报检时,应当填写报检单,并提交输出国家或者地区政府动植物检疫机关出具的检疫证书、产地证书和贸易合同、信用证、发票等单证;依法应当办理检疫审批手续的,还应当提交检疫审批单。无输出国家或者地区政府动植物检疫机关出具的有效检疫证书,或者未依法办理检疫审批手续的,口岸动植物检疫机关可以根据具体情况,作退回或者销毁处理。

(二)检疫

检疫以现场检疫为主,必要时将检疫物运往指定地点检疫。输入的动植物、动植物产品和其他检疫物运达口岸时,检疫人员可以到运输工具上和货物

现场实施检疫,核对货、证是否相符,并可以按照规定采取样品。承运人、货主或者其代理人应当向检疫人员提供装载清单和有关资料。装载动物的运输工具抵达口岸时,上下运输工具或者接近动物的人员,应当接受口岸动植物检疫机关实施的防疫消毒,并执行其采取的其他现场预防措施。因口岸条件限制等原因,可以由国家动植物检疫机关决定将动植物、动植物产品和其他检疫物运往指定地点检疫。在运输、装卸过程中,货主或者其代理人应当采取防疫措施。指定的存放、加工和隔离饲养或者隔离种植的场所,应当符合动植物检疫和防疫的规定。

对输入的动植物、动植物产品和其他检疫物,按照中国的国家标准、行业标准以及国家动植物检疫机关的有关规定实施检疫。此外,检疫人员应当按照下列规定实施现场检疫:(1)动物:检查有无疫病的临床症状。发现疑似感染传染病或者已死亡的动物时,在货主或者押运人的配合下查明情况,立即处理。动物的铺垫材料、剩余饲料和排泄物等,由货主或者其代理人在检疫人员的监督下,作除害处理。(2)动物产品:检查有无腐败变质现象,容器、包装是否完好。符合要求的,允许卸离运输工具。发现散包、容器破裂的,由货主或者其代理人负责整理完好,方可卸离运输工具。根据情况,对运输工具的有关部位及装载动物产品的容器、外表包装、铺垫材料、被污染场地等进行消毒处理。需要实施实验室检疫的,按照规定采取样品。对易滋生植物害虫或者混藏杂草种子的动物产品,同时实施植物检疫。(3)植物、植物产品:检查货物和包装物有无病虫害,并按照规定采取样品。发现病虫害并有扩散可能时,及时对该批货物、运输工具和装卸现场采取必要的防疫措施。对来自动物传染病疫区或者易带动物传染病和寄生虫病病原体并用作动物饲料的植物产品,同时实施动物检疫。(4)动植物性包装物、铺垫材料:检查是否携带病虫害、混藏杂草种子、沾带土壤,并按照规定采取样品。(5)其他检疫物:检查包装是否完好及是否被病虫害污染。发现破损或者被病虫害污染时,作除害处理。

对船舶、火车装运的大宗动植物产品,应当就地分层检查;限于港口、车站的存放条件,不能就地检查的,经口岸动植物检疫机关同意,也可以边卸载边疏运,将动植物产品运往指定的地点存放。在卸货过程中经检疫发现疫情时,应当立即停止卸货,由货主或者其代理人按照口岸动植物检疫机关的要求,对已卸和未卸货物作除害处理,并采取防止疫情扩散的措施;对被病虫害污染的装卸工具和场地,也应当作除害处理。

输入种用大中家畜的,应当在国家动植物检疫机关设立的动物隔离检疫场所隔离检疫 45 日;输入其他动物的,应当在口岸动植物检疫机关指定的动物隔离检疫场所隔离检疫 30 日。动物隔离检疫场所的管理办法,由国家动植物检疫机关制定。

进境的同一批动植物产品分港卸货时,口岸动植物检疫机关只对本港卸下的货物进行检疫,先期卸货港的口岸动植物检疫机关应当将检疫及处理情况及时通知其他分卸港的口岸动植物检疫机关;需要对外出证的,由卸毕港的口岸动植物检疫机关汇总后统一出具检疫证书。在分卸港实施检疫中发现疫情并必须进行船上熏蒸、消毒时,由该分卸港的口岸动植物检疫机关统一出具检疫证书,并及时通知其他分卸港的口岸动植物检疫机关。

(三)出具检疫证书

检疫证书是指动植物检疫机关出具的关于动植物、动植物产品和其他检疫物健康或者卫生状况的具有法律效力的文件,如"动物检疫证书"、"植物检疫证书"、"动物健康证书"、"兽医卫生证书"、"熏蒸(消毒)证书"等。输入动植物、动植物产品和其他检疫物,经检疫合格的,由口岸动植物检疫机关在报关单上加盖印章或者签发"检疫放行通知单";需要调离进境口岸海关监管区检疫的,由进境口岸动植物检疫机关签发"检疫调离通知单"。货主或者其代理人凭口岸动植物检疫机关在报关单上加盖的印章或者签发的"检疫放行通知单"、"检疫调离通知单"办理报关、运递手续。海关对输入的动植物、动植物产品和其他检疫物,凭口岸动植物检疫机关在报关单上加盖的印章或者签发的"检疫放行通知单"、"检疫调离通知单"验放。运输、邮电部门凭单运递,运递期间国内其他检疫机关不再检疫。

输入动植物、动植物产品和其他检疫物,经检疫不合格的,由口岸动植物检疫机关签发"检疫处理通知单",通知货主或者其代理人在口岸动植物检疫机关的监督和技术指导下,作除害处理;需要对外索赔的,由口岸动植物检疫机关出具检疫证书。

(四)检疫处理

检疫处理是指检疫机关根据检验检测的结果以及相关规定,采用一定的方式对检疫物实施处理的法定程序。① 检疫处理主要是对检疫不合格的处

---

① 李志红、杨汉春、沈佐锐主编:《动植物检疫概论》,中国农业大学出版社 2004 年版,第 80 页。

理,检疫合格的一般不需要处理,只要予以放行即可。

输入动物,经检疫不合格的,由口岸动植物检疫机关签发"检疫处理通知单",通知货主或者其代理人作如下处理:(1)检出一类传染病、寄生虫病的动物,连同其同群动物全群退回或者全群扑杀并销毁尸体;(2)检出二类传染病、寄生虫病的动物,退回或者扑杀,同群其他动物在隔离场或者其他指定地点隔离观察。

输入动物产品和其他检疫物经检疫不合格的,由口岸动植物检疫机关签发"检疫处理通知单",通知货主或者其代理人作除害、退回或者销毁处理。经除害处理合格的,准予进境。

输入植物、植物产品和其他检疫物,经检疫发现有植物危险性病、虫、杂草的,由口岸动植物检疫机关签发"检疫处理通知单",通知货主或者其代理人作除害、退回或者销毁处理。经除害处理合格的,准予进境。

一类、二类动物传染病、寄生虫病的名录和植物危险性病、虫、杂草的名录,由国家动植物检疫机关制定并公布。输入动植物、动植物产品和其他检疫物,经检疫发现有上述名录之外,对农、林、牧、渔业有严重危险的其他病虫害的,由口岸动植物检疫机关依照国家动植物检疫机关的规定,通知货主或者其代理人作除害、退回或者销毁处理。经除害处理合格的,准予进境。

二、携带、邮寄动植物的检疫

携带动植物、动植物产品和其他检疫物进境的,进境时必须向海关申报并接受口岸动植物检疫机关检疫。海关应当将申报或者查获的动植物、动植物产品和其他检疫物及时交由口岸动植物检疫机关检疫。禁止携带、邮寄《进出境动植物检疫法》规定的名录所列动植物、动植物产品和其他检疫物进境。也不得携带其他未经检疫的物品进境。携带、邮寄植物种子、种苗及其他繁殖材料进境,未依法办理检疫审批手续的,由口岸动植物检疫机关作退回或者销毁处理。邮件作退回处理的,由口岸动植物检疫机关在邮件及发递单上批注退回原因;邮件作销毁处理的,由口岸动植物检疫机关签发通知单,通知寄件人。

携带动物进境的,必须持有输出动物的国家或者地区政府动植物检疫机关出具的检疫证书,经检疫合格后放行;携带犬、猫等宠物进境的,还必须持有疫苗接种证书。没有检疫证书、疫苗接种证书的,由口岸动植物检疫机关作限期退回或者没收销毁处理。作限期退回处理的,携带人必须在规定的时间内持口岸动植物检疫机关签发的截留凭证,领取并携带出境;逾期不领取的,作自动放弃处理。

口岸动植物检疫机关可以在港口、机场、车站的旅客通道、行李提取处等现场进行检查,对可能携带动植物、动植物产品和其他检疫物而未申报的,可以进行查询并抽检其物品,必要时可以开包(箱)检查。旅客进出境检查现场应当设立动植物检疫台位和标志。携带植物、动植物产品和其他检疫物进境,经现场检疫合格的,当场放行;需要作实验室检疫或者隔离检疫的,由口岸动植物检疫机关签发截留凭证。截留检疫合格的,携带人持截留凭证向口岸动植物检疫机关领回;逾期不领回的,作自动放弃处理。

邮寄进境的动植物、动植物产品和其他检疫物,由口岸动植物检疫机关在国际邮件互换局(含国际邮件快递公司及其他经营国际邮件的单位,以下简称邮局)实施检疫。邮局应当提供必要的工作条件。经现场检疫合格的,由口岸动植物检疫机关加盖检疫放行章,交邮局运递。需要作实验室检疫或者隔离检疫的,口岸动植物检疫机关应当向邮局办理交接手续;检疫合格的,加盖检疫放行章,交邮局运递。携带、邮寄进境的动植物、动植物产品和其他检疫物,经检疫不合格又无有效方法作除害处理的,作退回或者销毁处理,并签发"检疫处理通知单"交携带人、寄件人。

第三节　动植物出境、过境及其运输工具检疫

一、动植物出境检疫

货主或者其代理人在动植物、动植物产品和其他检疫物出境前,应当向口岸动植物检疫机关报检。报检时,应当提供贸易合同或者协议。对输入国要求中国对向其输出的动植物、动植物产品和其他检疫物的生产、加工、存放单位注册登记的,口岸动植物检疫机关可以实行注册登记,并报国家动植物检疫机关备案。

输出动物,出境前需经隔离检疫的,在口岸动植物检疫机关指定的隔离场所检疫。输出植物、动植物产品和其他检疫物的,在仓库或者货场实施检疫;根据需要,也可以在生产、加工过程中实施检疫。待检出境植物、动植物产品和其他检疫物,应当数量齐全、包装完好、堆放整齐、唛头标记明显。输

出动植物、动植物产品和其他检疫物的检疫依据包括：(1)输入国家或者地区和中国有关动植物检疫规定，(2)双边检疫协定，(3)贸易合同中订明的检疫要求。

输出动植物、动植物产品和其他检疫物，由口岸动植物检疫机关实施检疫，经检疫合格或者经除害处理合格的，准予出境；海关凭口岸动植物检疫机关签发的检疫证书或者在报关单上加盖的印章验放。检疫不合格又无有效方法作除害处理的，不准出境。

经启运地口岸动植物检疫机关检疫合格的动植物、动植物产品和其他检疫物，运达出境口岸时，按照下列规定办理：(1)动物应当经出境口岸动植物检疫机关临床检疫或者复检。(2)植物、动植物产品和其他检疫物从启运地随原运输工具出境的，由出境口岸动植物检疫机关验证放行；改换运输工具出境的，换证放行。(3)植物、动植物产品和其他检疫物到达出境口岸后拼装的，因变更输入国家或者地区而有不同检疫要求的，或者超过规定的检疫有效期的，应当重新报检。

输出动植物、动植物产品和其他检疫物，经启运地口岸动植物检疫机关检疫合格的，运达出境口岸时，运输、邮电部门凭启运地口岸动植物检疫机关签发的检疫单证运递，国内其他检疫机关不再检疫。

二、动植物过境检疫

要求运输动物过境的，必须事先征得中国国家动植物检疫机关同意，并按照指定的口岸和路线过境。装载过境植物、动植物产品和其他检疫物的运输工具和包装物、装载容器必须完好。经口岸动植物检疫机关检查，发现运输工具或者包装物、装载容器有可能造成途中散漏的，承运人或者押运人应当按照口岸动植物检疫机关的要求，采取密封措施；无法采取密封措施的，不准过境。动植物、动植物产品和其他检疫物过境期间，未经动植物检疫机关批准，不得开拆包装或者卸离运输工具。

运输动植物、动植物产品和其他检疫物过境(含转运，下同)的，承运人或者押运人应当持货运单和输出国家或者地区政府动植物检疫机关出具的证书，向进境口岸动植物检疫机关报检；运输动物过境的，还应当同时提交国家动植物检疫机关签发的"动物过境许可证"。

过境动物运达进境口岸时，由进境口岸动植物检疫机关对运输工具、容器的外表进行消毒并对动物进行临床检疫，经检疫合格的，准予过境。进境口岸动植物检疫机关可以派检疫人员监运至出境口岸,出境口岸动植物检疫机关不再检疫。发现有法定名录所列的动物传染病、寄生虫病的,全群动物不准过境。过境动物的饲料受病虫害污染的,作除害、不准过境或者销毁处理。过境的动物的尸体、排泄物、铺垫材料及其他废弃物,必须按照动植物检疫机关的规定处理,不得擅自抛弃。

三、动植物运输工具检疫

口岸动植物检疫机关对来自动植物疫区的船舶、飞机、火车,可以登船、登机、登车实施现场检疫。有关运输工具负责人应当接受检疫人员的询问并在询问记录上签字,提供运行日志和装载货物的情况,开启舱室接受检疫。口岸动植物检疫机关应当对前述运输工具可能隐藏病虫害的餐车、配餐间、厨房、储藏室、食品舱等动植物产品存放、使用场所和泔水、动植物性废弃物的存放场所以及集装箱箱体等区域或者部位,实施检疫;必要时,作防疫消毒处理。

来自动植物疫区的船舶、飞机、火车,经检疫发现有《进出境动植物检疫法》规定的名录所列病虫害的,必须作熏蒸、消毒或者其他除害处理。发现有禁止进境的动植物、动植物产品和其他检疫物的,必须作封存或者销毁处理;作封存处理的,在中国境内停留或者运行期间,未经口岸动植物检疫机关许可,不得启封动用。对运输工具上的泔水、动植物性废弃物及其存放场所、容器,应当在口岸动植物检疫机关的监督下作除害处理。

来自动植物疫区的进境车辆,由口岸动植物检疫机关作防疫消毒处理。装载进境动植物、动植物产品和其他检疫物的车辆,经检疫发现病虫害的,连同货物一并作除害处理。装运供应香港、澳门地区的动物的回空车辆,实施整车防疫消毒。

进境拆解的废旧船舶,由口岸动植物检疫机关实施检疫。发现病虫害的,在口岸动植物检疫机关监督下作除害处理。发现有禁止进境的动植物、动植物产品和其他检疫物的,在口岸动植物检疫机关的监督下作销毁处理。

来自动植物疫区的进境运输工具经检疫或者经消毒处理合格后,运输工具负责人或者其代理人要求出证的,由口岸动植物检疫机关签发"运输工具检疫证书"或者"运输工具消毒证书"。

进境、过境运输工具在中国境内停留期间,交通员工和其他人员不得将所装载的动植物、动植物产品和其他检疫物带离运输工具;需要带离时,应当向

口岸动植物检疫机关报检。

装载动物出境的运输工具,装载前应当在口岸动植物检疫机关监督下进行消毒处理。装载植物、动植物产品和其他检疫物出境的运输工具,应当符合国家有关动植物防疫和检疫的规定。发现危险性病虫害或者超过规定标准的一般性病虫害的,作除害处理后方可装运。

第四节　进出境动植物的检疫监督

一、进出境动植物检疫监督的一般规定

国家动植物检疫机关和口岸动植物检疫机关对进出境动植物、动植物产品的生产、加工、存放过程,实行检疫监督制度。进出境动物和植物种子、种苗及其他繁殖材料,需要隔离饲养、隔离种植的,在隔离期间,应当接受口岸动植物检疫机关的检疫监督。从事进出境动植物检疫熏蒸、消毒处理业务的单位和人员,必须经口岸动植物检疫机关考核合格。口岸动植物检疫机关对熏蒸、消毒工作进行监督、指导,并负责出具熏蒸、消毒证书。

口岸动植物检疫机关可以根据需要,在机场、港口、车站、仓库、加工厂、农场等生产、加工、存放进出境动植物、动植物产品和其他检疫物的场所实施动植物疫情监测,有关单位应当配合。未经口岸动植物检疫机关许可,不得移动或者损坏动植物疫情监测器具。口岸动植物检疫机关根据需要,还可以对运载进出境动植物、动植物产品和其他检疫物的运输工具、装载容器加施动植物检疫封识或者标志;未经口岸动植物检疫机关许可,不得开拆或者损毁检疫封识、标志。动植物检疫封识和标志由国家动植物检疫机关统一制发。

进境动植物、动植物产品和其他检疫物,装载动植物、动植物产品和其他检疫物的装载容器、包装物,运往保税区(含保税工厂、保税仓库等)的,在进境口岸依法实施检疫;口岸动植物检疫机关可以根据具体情况实施检疫监督;经加工复运出境的,依照进出境动植物检疫法有关出境检疫的规定办理。

二、重大动物疫情应急处理

重大动物疫情,是指高致病性禽流感等发病率或者死亡率高的动物疫病

突然发生,迅速传播,给养殖业生产安全造成严重威胁、危害,以及可能对公众身体健康与生命安全造成危害的情形。重大动物疫情应急工作应当坚持加强领导、密切配合,依靠科学、依法防治,群防群控、果断处置的方针,及时发现,快速反应,严格处理,减少损失。根据 2005 年 11 月 18 日国务院颁布的《重大动物疫情应急条例》第 5 条规定:出入境检验检疫机关应当及时收集境外重大动物疫情信息,加强进出境动物及其产品的检验检疫工作,防止动物疫病传入和传出。兽医主管部门要及时向出入境检验检疫机关通报国内重大动物疫情。重大动物疫情应急处理工作包括应急准备,监测、报告和公布,应急处理三项内容。

（一）应急准备

1. 制订重大动物疫情应急预案

国务院兽医主管部门应当制订全国重大动物疫情应急预案,报国务院批准,并按照不同动物疫病病种及其流行特点和危害程度,分别制订实施方案,报国务院备案。县级以上地方人民政府根据本地区的实际情况,制订本行政区域的重大动物疫情应急预案,报上一级人民政府兽医主管部门备案。县级以上地方人民政府兽医主管部门,应当按照不同动物疫病病种及其流行特点和危害程度,分别制订实施方案。重大动物疫情应急预案及其实施方案应当根据疫情的发展变化和实施情况,及时修改、完善。

重大动物疫情应急预案主要包括下列内容:

(1)应急指挥部的职责、组成以及成员单位的分工;

(2)重大动物疫情的监测、信息收集、报告和通报;

(3)动物疫病的确认、重大动物疫情的分级和相应的应急处理工作方案;

(4)重大动物疫情疫源的追踪和流行病学调查分析;

(5)预防、控制、扑灭重大动物疫情所需资金的来源、物资和技术的储备与调度;

(6)重大动物疫情应急处理设施和专业队伍建设。

2. 应急物资储备

国务院有关部门和县级以上地方人民政府及其有关部门,应当根据重大动物疫情应急预案的要求,确保应急处理所需的疫苗、药品、设施设备和防护用品等物资的储备。

3. 建立防控体系

县级以上人民政府应当建立和完善重大动物疫情监测网络和预防控制体

系,加强动物防疫基础设施和乡镇动物防疫组织建设,并保证其正常运行,提高对重大动物疫情的应急处理能力。

4. 成立应急预备队

县级以上地方人民政府根据重大动物疫情应急需要,可以成立应急预备队,在重大动物疫情应急指挥部的指挥下,具体承担疫情的控制和扑灭任务。应急预备队由当地兽医行政管理人员、动物防疫工作人员、有关专家、执业兽医等组成;必要时,可以组织动员社会上有一定专业知识的人员参加。公安机关、中国人民武装警察部队应当依法协助其执行任务。应急预备队应当定期进行技术培训和应急演练。

5. 增强重大动物疫情防范意识

县级以上人民政府及其兽医主管部门应当加强对重大动物疫情应急知识和重大动物疫病科普知识的宣传,增强全社会的重大动物疫情防范意识。

(二)监测、报告和公布

1. 监测

动物防疫监督机构负责重大动物疫情的监测,饲养、经营动物和生产、经营动物产品的单位和个人应当配合,不得拒绝和阻碍。发生重大动物疫情可能感染人群时,卫生主管部门应当对疫区内易受感染的人群进行监测,并采取相应的预防、控制措施。卫生主管部门和兽医主管部门应当及时相互通报情况。重大动物疫病应当由动物防疫监督机构采集病料,未经国务院兽医主管部门或者省、自治区、直辖市人民政府兽医主管部门批准,其他单位和个人不得擅自采集病料。从事重大动物疫病病原分离的,应当遵守国家有关生物安全管理规定,防止病原扩散。

2. 报告

从事动物隔离、疫情监测、疫病研究与诊疗、检验检疫以及动物饲养、屠宰加工、运输、经营等活动的有关单位和个人,发现动物出现群体发病或者死亡的,应当立即向所在地的县(市)动物防疫监督机构报告。

县(市)动物防疫监督机构接到报告后,应当立即赶赴现场调查核实。初步认为属于重大动物疫情的,应当在 2 小时内将情况逐级报省、自治区、直辖市动物防疫监督机构,并同时报所在地人民政府兽医主管部门;兽医主管部门应当及时通报同级卫生主管部门。

省、自治区、直辖市动物防疫监督机构应当在接到报告后 1 小时内,向省、自治区、直辖市人民政府兽医主管部门和国务院兽医主管部门所属的动物防疫监督机构报告。省、自治区、直辖市人民政府兽医主管部门应当在接到报告后 1 小时内报本级人民政府和国务院兽医主管部门。重大动物疫情发生后，省、自治区、直辖市人民政府和国务院兽医主管部门应当在 4 小时内向国务院报告。

重大动物疫情报告包括下列内容：

（1）疫情发生的时间、地点；

（2）染疫、疑似染疫动物种类和数量、同群动物数量、免疫情况、死亡数量、临床症状、病理变化、诊断情况；

（3）流行病学和疫源追踪情况；

（4）已采取的控制措施；

（5）疫情报告的单位、负责人、报告人及联系方式。

有关单位和个人对重大动物疫情不得瞒报、谎报、迟报，不得授意他人瞒报、谎报、迟报，不得阻碍他人报告。

在重大动物疫情报告期间，有关动物防疫监督机构应当立即采取临时隔离控制措施；必要时，当地县级以上地方人民政府可以作出封锁决定并采取扑杀、销毁等措施。有关单位和个人应当执行。

3. 公布

重大动物疫情由省、自治区、直辖市人民政府兽医主管部门认定；必要时，由国务院兽医主管部门认定。重大动物疫情由国务院兽医主管部门按照国家规定的程序，及时准确公布；其他任何单位和个人不得公布重大动物疫情。

国务院兽医主管部门应当及时向国务院有关部门和军队有关部门以及各省、自治区、直辖市人民政府兽医主管部门通报重大动物疫情的发生和处理情况。

（三）应急处理

1. 应急处理的主责部门

重大动物疫情发生后，国务院和有关地方人民政府设立的重大动物疫情应急指挥部统一领导、指挥重大动物疫情应急工作；县级以上地方人民政府兽医主管部门应当立即划定疫点、疫区和受威胁区，调查疫源，向本级人民政府提出启动重大动物疫情应急指挥系统、应急预案和对疫区实行封锁的建议，有关人民政府应当立即作出决定；县级以上人民政府兽医主管部门应当及时提出疫点、疫区、受威胁区的处理方案，加强疫情监测、流行病学调查、疫源追踪工作，对染疫和疑似染疫动物及其同群动物和其他易感染动物的扑

杀、销毁进行技术指导,并组织实施检验检疫、消毒、无害化处理和紧急免疫接种。

2. 应急控制措施的种类

国家对重大动物疫情应急处理实行分级管理,按照应急预案确定的疫情等级,由有关人民政府采取相应的应急控制措施。

对疫点应当采取下列措施:

(1)扑杀并销毁染疫动物和易感染的动物及其产品;

(2)对病死的动物、动物排泄物、被污染饲料、垫料、污水进行无害化处理;

(3)对被污染的物品、用具、动物圈舍、场地进行严格消毒。

对疫区应当采取下列措施:

(1)在疫区周围设置警示标志,在出入疫区的交通路口设置临时动物检疫消毒站,对出入的人员和车辆进行消毒;

(2)扑杀并销毁染疫和疑似染疫动物及其同群动物,销毁染疫和疑似染疫的动物产品,对其他易感染的动物实行圈养或者在指定地点放养,役用动物限制在疫区内使役;

(3)对易感染的动物进行监测,并按照国务院兽医主管部门的规定实施紧急免疫接种,必要时对易感染的动物进行扑杀;

(4)关闭动物及动物产品交易市场,禁止动物进出疫区和动物产品运出疫区;

(5)对动物圈舍、动物排泄物、垫料、污水和其他可能受污染的物品、场地,进行消毒或者无害化处理。

对受威胁区应当采取下列措施:

(1)对易感染的动物进行监测;

(2)对易感染的动物根据需要实施紧急免疫接种。

3. 应急控制措施的实施

应急控制措施的实施需要多方面的协调配合:

一是政府与民众的配合。重大动物疫情应急处理中设置临时动物检疫消毒站以及采取隔离、扑杀、销毁、消毒、紧急免疫接种等控制、扑灭措施的,由有关重大动物疫情应急指挥部决定,有关单位和个人必须服从;拒不服从的,由公安机关协助执行。国家对疫区、受威胁区内易感染的动物免费实施紧急免疫接种;对因采取扑杀、销毁等措施给当事人造成的已经证实的损失,给予合理补偿。重大动物疫情应急指挥部根据应急处理需要,有权紧急调集人员、物资、运输工具以及相关设施、设备。单位和个人的物资、运输工具以及相关设施、设备被征集使用的,有关人民政府应当及时归还并给予合理补偿。县级以上人民政府应当将重大动物疫情确认、疫区封锁、扑杀及其补偿、消毒、无害化处理、疫源追踪、疫情监测以及应急物资储备等应急经费列入本级财政预算。

二是中央和地方的配合。地方向中央报告,并服从中央;中央依靠地方,指挥地方。重大动物疫情应急处理需要中央与地方的通力协作。紧急免疫接种和补偿所需费用,由中央财政和地方财政分担。

三是各部门之间的配合。应急处理的主要责任部门是兽医主管部门,但绝不仅仅是一个部门的责任。重大动物疫情应急处理中,县级以上人民政府有关部门应当在各自的职责范围内,做好重大动物疫情应急所需的物资紧急调度和运输、应急经费安排、疫区群众救济、人的疫病防治、肉食品供应、动物及其产品市场监管、出入境检验检疫和社会治安维护等工作。中国人民解放军、中国人民武装警察部队应当支持配合驻地人民政府做好重大动物疫情的应急工作。

四是基层组织对于政府主管部门的配合。应急处理需要基层组织的大力配合。重大动物疫情应急处理中,乡镇人民政府、村民委员会、居民委员会应当组织力量,向村民、居民宣传动物疫病防治的相关知识,协助做好疫情信息的收集、报告和各项应急处理措施的落实工作。

五是各地政府之间的配合。重大动物疫情发生地的人民政府和毗邻地区的人民政府应当通力合作,相互配合,做好重大动物疫情的控制、扑灭工作。

有关人民政府及其有关部门对参加重大动物疫情应急处理的人员,应当采取必要的卫生防护和技术指导等措施。

4. 应急处理的结束

自疫区内最后一头(只)发病动物及其同群动物处理完毕起,经过一个潜伏期以上的监测,未出现新的病例的,彻底消毒后,经上一级动物防疫监督机构验收合格,由原发布封锁令的人民政府宣布解除封锁,撤销疫区;由原批准机关撤销在该疫区设立的临时动物检疫消毒站。

三、重大植物疫情阻截带建设

《植物检疫条例》第 12 条第 1 款规定:"从国外引进、可能潜伏有危险性病、虫的种子、苗木和其他繁殖材料,必须隔离试种,植物检疫机构应进行调

查、观察和检疫,证明确实不带危险性病、虫的,方可分散种植。"

2007 年 8 月 13 日农业部发布《重大植物疫情阻截带建设方案》,规定在沿海、沿边地区建设重大植物疫情阻截带,从而达到阻截疫情传入、遏制疫情扩散的战略目标。阻截措施包括疫情监测、疫情封锁、疫情铲除、联防联控、宣传发动、国际合作等。

由于国外植物疫情传入呈显著上升之势,国内局部发生植物疫情呈扩散蔓延之势,边境地区是植物疫情传入的高风险区,沿边沿海的防疫能力严重落后,因此当前重大植物疫情防控的形势严峻。阻截重大植物疫情是维护国家利益的必然选择,是保障农业生产安全的战略选择,是维护国家经济利益的重要手段,是建设现代农业的内在要求。

沿海沿边地区是外来生物传入的高风险地区,应当根据地理特点、有害生物传入的规律,重点建设沿海地区和沿边地区阻截带。应当根据沿海沿边地区阻截带优势作物布局、周边国家或地区疫情以及农产品出口国疫情情况,分别确定各阻截带的主要阻截对象:一类是口岸经常截获的进境植物检疫性有害生物以及其他通过风险分析具有较高传入风险的潜在检疫性有害生物;另一类是沿海、沿边地区现已局部发生的重大植物疫情。

第五节　进出口肉类产品检验检疫监督管理

一、基本要求

《进出口肉类产品检验检疫监督管理办法》(国家质量监督检验检疫总局于 2011 年 1 月 4 日公布)根据《中华人民共和国进出口商品检验法》及其实施条例、《中华人民共和国进出境动植物检疫法》及其实施条例、《中华人民共和国国境卫生检疫法》及其实施细则、《中华人民共和国食品安全法》及其实施条例、《国务院关于加强食品等产品安全监督管理的特别规定》等法律、法规的规定而制定,适用于进出口肉类产品的检验检疫及监督管理。此处所称肉类产品是指动物屠体的任何可供人类食用部分,包括胴体、脏器、副产品以及以上述产品为原料的制品,不包括罐头产品。

检验检疫机构依法对进出口肉类产品进行检验检疫及监督抽查,对进出口肉类产品生产加工企业(以下简称生产企业)、收货人、发货人根据监管需要实施信用管理及分类管理制度。进出口肉类产品生产企业应当依照法律、行政法规和有关标准从事生产经营活动,对社会和公众负责,保证肉类产品质量安全,接受社会监督,承担社会责任。

二、进口肉类产品检验检疫

(一)进口肉类产品检验检疫的基本要求

1. 进口肉类产品的质量要求

进口肉类产品应当符合中国法律、行政法规规定、食品安全国家标准的要求,以及中国与输出国家或者地区签订的相关协议、议定书、备忘录等规定的检验检疫要求以及贸易合同注明的检疫要求。进口尚无食品安全国家标准的肉类产品,收货人应当向检验检疫机构提交国务院卫生行政部门出具的许可证明文件。

国家质检总局根据中国法律、行政法规规定、食品安全国家标准要求、国内外肉类产品疫情疫病和有毒有害物质风险分析结果,结合对拟向中国出口肉类产品国家或者地区的质量安全管理体系的有效性评估情况,制定并公布中国进口肉类产品的检验检疫要求;或者与拟向中国出口肉类产品国家或者地区签订检验检疫协定,确定检验检疫要求和相关证书。

2. 进口肉类产品的备案管理

国家质检总局对向中国境内出口肉类产品的出口商或者代理商实施备案管理,并定期公布已经备案的出口商、代理商名单。进口肉类产品境外生产企业的注册管理按照国家质检总局相关规定执行。

检验检疫机构对进口肉类产品收货人实施备案管理。已经实施备案管理的收货人,方可办理肉类产品进口手续。进口肉类产品收货人应当建立肉类产品进口和销售记录制度。记录应当真实,保存期限不得少于 2 年。

3. 进口肉类产品的检疫审批

国家质检总局对进口肉类产品实行检疫审批制度。进口肉类产品的收货人应当在签订贸易合同前办理检疫审批手续,取得进境动植物检疫许可证。

4. 进口肉类产品的预检

国家质检总局根据需要,按照有关规定,可以派员到输出国家或者地区进行进口肉类产品预检。目的地为内地的进口肉类产品,在香港或者澳门卸离原运输船只并经港澳陆路运输到内地的、在香港或者澳门码头卸载后到其他

港区装船运往内地的,发货人应当向国家质检总局指定的检验机构申请中转预检。未经预检或者预检不合格的,不得转运内地。指定的检验机构应当按照国家质检总局的要求开展预检工作,合格后另外加施新的封识并出具证书,入境口岸检验检疫机构受理报检时应当同时查验该证书。

5. 进口肉类产品的口岸要求

进口肉类产品应当从国家质检总局指定的口岸进口。进口口岸的检验检疫机构应当具备进口肉类产品现场查验和实验室检验检疫的设备设施和相应的专业技术人员。进口肉类产品应当存储在检验检疫机构认可并报国家质检总局备案的存储冷库或者其他场所。肉类产品进口口岸应当具备与进口肉类产品数量相适应的存储冷库。存储冷库应当符合进口肉类产品存储冷库检验检疫要求。

6. 进口鲜冻肉类产品的包装要求

进口鲜冻肉类产品包装应当符合下列要求:

(1)内外包装使用无毒、无害的材料,完好无破损;

(2)内外包装上应当标明产地国、品名、生产企业注册号、生产批号;

(3)外包装上应当以中文标明规格、产地(具体到州/省/市)、目的地、生产日期、保质期、储存温度等内容,目的地应当标明为中华人民共和国,加施输出国家或者地区官方检验检疫标识。

(二)进口肉类产品检验检疫的程序

1. 报检

肉类产品进口前或者进口时,收货人或者其代理人应当持进口动植物检疫许可证、输出国家或者地区官方出具的相关证书正本原件、贸易合同、提单、装箱单、发票等单证向进口口岸检验检疫机构报检。进口肉类产品随附的输出国家或者地区官方检验检疫证书,应当符合国家质检总局对该证书的要求。

检验检疫机构对收货人或者其代理人提交的相关单证进行审核,符合要求的,受理报检,并对检疫审批数量进行核销,出具入境货物通关证明。

2. 运输工具和集装箱的防疫消毒

装运进口肉类产品的运输工具和集装箱,应当在进口口岸检验检疫机构的监督下实施防疫消毒处理。未经检验检疫机构许可,进口肉类产品不得卸离运输工具和集装箱。

3. 进口肉类产品的现场检验检疫

进口口岸检验检疫机构依照规定对进口肉类产品实施现场检验检疫,现场检验检疫包括以下内容：

（1）检查运输工具是否清洁卫生、有无异味，控温设备设施运作是否正常，温度记录是否符合要求；

（2）核对货证是否相符，包括集装箱号码和铅封号、货物的品名、数（重）量、输出国家或者地区、生产企业名称或者注册号、生产日期、包装、唛头、输出国家或者地区官方证书编号、标志或者封识等信息；

（3）查验包装是否符合食品安全国家标准要求；

（4）预包装肉类产品的标签是否符合要求；

（5）对鲜冻肉类产品还应当检查新鲜程度、中心温度是否符合要求、是否有病变以及肉眼可见的寄生虫包囊、生活害虫、异物及其他异常情况，必要时进行蒸煮试验。

进口鲜冻肉类产品经现场检验检疫合格后，运往检验检疫机构指定地点存放。

检验检疫机构依照规定对进口肉类产品采样，按照有关标准、监控计划和警示通报等要求进行检验或者监测。

4. 处理

口岸检验检疫机构根据进口肉类产品检验检疫结果作出如下处理：

（1）经检验检疫合格的，签发"入境货物检验检疫证明"，准予生产、加工、销售、使用。"入境货物检验检疫证明"应当注明进口肉类产品的集装箱号、生产批次号、生产厂家名称和注册号、唛头等追溯信息。

（2）经检验检疫不合格的，签发检验检疫处理通知书。有下列情形之一的，作退回或者销毁处理：①无有效进口动植物检疫许可证的；②无输出国家或者地区官方机构出具的相关证书的；③未获得注册的生产企业生产的进口肉类产品的；④涉及人身安全、健康和环境保护项目不合格的。

（3）经检验检疫，涉及人身安全、健康和环境保护以外项目不合格的，可以在检验检疫机构的监督下进行技术处理，合格后，方可销售或者使用。

（4）需要对外索赔的，签发相关证书。

三、出口肉类产品检验检疫

（一）出口肉类产品检验检疫的要求

出口肉类产品由检验检疫机构进行监督、抽检，海关凭检验检疫机构签发

的通关证明放行。

1. 出口肉类产品检验检疫的质量要求

检验检疫机构按照下列要求对出口肉类产品实施检验检疫：

(1)输入国家或者地区检验检疫要求；

(2)中国政府与输入国家或者地区签订的检验检疫协议、议定书、备忘录等规定的检验检疫要求；

(3)中国法律、行政法规和国家质检总局规定的检验检疫要求；

(4)输入国家或者地区官方关于品质、数量、重量、包装等要求；

(5)贸易合同注明的检验检疫要求。

2. 出口肉类产品的备案管理

检验检疫机构按照出口食品生产企业备案管理规定，对出口肉类产品的生产企业实施备案管理。输入国家或者地区对中国出口肉类产品生产企业有注册要求，需要对外推荐注册企业的，按照国家质检总局相关规定执行。提供动物用于加工出口肉类产品的饲养场应当经检验检疫机构备案。检验检疫机构在风险分析的基础上对备案饲养场进行动物疫病、农兽药残留、环境污染物及其他有毒有害物质的监测。

3. 出口肉类产品生产企业的要求

出口肉类产品加工用动物应当来自经检验检疫机构备案的饲养场。出口肉类产品加工用动物备案饲养场或者屠宰场应当为其生产的每一批出口肉类产品原料出具供货证明。未经所在地农业行政部门出具检疫合格证明的或者疫病、农兽药残留及其他有毒有害物质监测不合格的动物不得用于屠宰、加工出口肉类产品。

出口肉类产品生产企业应当按照输入国家或者地区的要求，对出口肉类产品的原辅料、生产、加工、仓储、运输、出口等全过程建立有效运行的可追溯的质量安全自控体系。出口肉类产品生产企业应当配备专职或者兼职的兽医卫生和食品安全管理人员。

出口肉类产品生产企业应当建立原料进货查验记录制度，核查原料随附的供货证明。进货查验记录应当真实，保存期限不得少于 2 年。出口肉类产品生产企业应当建立出厂检验记录制度，查验出厂肉类产品的检验合格证和安全状况，如实记录其肉类产品的名称、规格、数量、生产日期、生产批号、检验合格证号、购货者名称及联系方式、销售日期等内容。肉类产品出厂检验记录应当真实，保存期限不得少于 2 年。

出口肉类产品生产企业应当对出口肉类产品加工用原辅料及成品进行自

检,没有自检能力的应当委托有资质的检验机构检验,并出具有效检验报告。

用于出口肉类产品包装的材料应当符合食品安全标准,包装上应当按照输入国家或者地区的要求进行标注,运输包装上应当注明目的地国家或者地区。

4. 检验检疫机构对出口肉类生产企业的监管要求

检验检疫机构应当对出口肉类产品中致病性微生物、农兽药残留和环境污染物等有毒有害物质在风险分析的基础上进行抽样检验,并对出口肉类生产加工全过程的质量安全控制体系进行验证和监督。

检验检疫机构根据需要可以向出口肉类产品生产企业派出官方兽医或者检验检疫人员,对出口肉类产品生产企业进行监督管理。

(二)出口肉类产品检验检疫的程序

1. 报检

发货人或者其代理人应当在出口肉类产品启运前,按照国家质检总局的报检规定向出口肉类产品生产企业所在地检验检疫机构报检。

出口肉类产品的运输工具应当有良好的密封性能和制冷设备,装载方式能有效避免肉类产品受到污染,保证运输过程中所需要的温度条件,按照规定进行清洗消毒,并做好记录。发货人应当确保装运货物与报检货物相符,作好装运记录。

2. 合格评定

检验检疫机构对报检的出口肉类产品的检验报告、装运记录等进行审核,结合日常监管、监测和抽查检验等情况进行合格评定。符合规定要求的,签发有关检验检疫证单;不符合规定要求的,签发不合格通知单。

3. 加施检验检疫标志或者封识

检验检疫机构根据需要,可以按照有关规定对检验检疫合格的出口肉类产品、包装物、运输工具等加施检验检疫标志或者封识。

4. 出口肉类产品的中转监管

存放出口肉类产品的中转冷库应当经所在地检验检疫机构备案并接受监督管理。出口肉类产品运抵中转冷库时应当向其所在地检验检疫机构申报。中转冷库所在地检验检疫机构凭生产企业所在地检验检疫机构签发的检验检疫证单监督出口肉类产品入库。

5. 出口肉类产品的出口时限

出口冷冻肉类产品应当在生产加工后 6 个月内出口,冰鲜肉类产品应当

在生产加工后72小时内出口。输入国家或者地区另有要求的,按照其要求办理。

(三)过境检验检疫

运输肉类产品过境的,应当事先获得国家质检总局批准,按照指定的口岸和路线过境。承运人或者押运人应当持货运单和输出国家或者地区出具的证书,在进口时向检验检疫机构报检,由进口口岸检验检疫机构查验单证。进口口岸检验检疫机构应当通知出口口岸检验检疫机构,出口口岸检验检疫机构监督过境肉类产品出口。进口口岸检验检疫机构可以派官方兽医或者其他检验检疫人员监运至出口口岸。

过境肉类产品运抵进口口岸时,由进口口岸检验检疫机构对运输工具、装载容器的外表进行消毒。装载过境肉类产品的运输工具和包装物、装载容器应当完好。经检验检疫机构检查,发现运输工具或者包装物、装载容器有可能造成途中散漏的,承运人或者押运人应当按照检验检疫机构的要求,采取密封措施;无法采取密封措施的,不准过境。

过境肉类产品运抵出口口岸时,出口口岸检验检疫机构应当确认货物原集装箱、原铅封未被改变。过境肉类产品过境期间,未经检验检疫机构批准,不得开拆包装或者卸离运输工具。

过境肉类产品在境内改换包装,按照进口肉类产品检验检疫规定办理。

(四)监督管理

1. 安全监控

国家质检总局对进出口肉类产品实行安全监控制度,依据风险分析和检验检疫实际情况制定重点监控计划,确定重点监控国家或者地区的进出口肉类产品种类和检验项目。检验检疫机构应当根据国家质检总局年度进出口食品安全风险监控计划,制订并实施所辖区域内进口肉类产品风险管理的实施方案。

国家质检总局和检验检疫机构对进出口肉类实施风险管理。国家质检总局和检验检疫机构应当及时向相关部门、机构和企业通报进出口肉类产品安全风险信息。发现进出口肉类产品安全事故,或者接到有关进出口肉类产品安全事故的举报,应当立即向卫生、农业行政部门通报并按照有关规定上报。

2. 对企业的监管

进出口肉类产品的生产企业、收货人、发货人应当合法生产和经营。检验检疫机构应当建立进出口肉类产品的收货人、发货人和出口肉类产品生产企业不良记录制度,对有违法行为并受到行政处罚的,可以将其列入违法企业名单并对外公布。

进口肉类产品存在安全问题,可能或者已经对人体健康和生命安全造成损害的,收货人应当主动召回并立即向所在地检验检疫机构报告。收货人不主动召回的,检验检疫机构应当按照有关规定责令召回。出口肉类产品存在安全问题,可能或者已经对人体健康和生命安全造成损害的,出口肉类产品生产企业应当采取措施避免和减少损害的发生,并立即向所在地检验检疫机构报告。有前述两种情形的,检验检疫机构应当及时向国家质检总局报告。

3. 对备案饲养场的监管

检验检疫机构应当加强对备案饲养场的监管。出口肉类产品加工用动物备案饲养场有下列行为之一的,取消备案:

(1)存放或者使用中国、拟输出国家或者地区禁止使用的药物和其他有毒有害物质,使用的药物未标明有效成分或者使用含有禁用药物和药物添加剂,未按照规定在休药期停药的;

(2)提供虚假供货证明、转让或者变相转让备案号的;

(3)隐瞒重大动物疫病或者未及时向检验检疫机构报告的;

(4)拒不接受检验检疫机构监督管理的;

(5)备案饲养场的名称、法定代表人发生变化后 30 日内未申请变更的;

(6)养殖规模扩大、使用新药或者新饲料或者质量安全体系发生重大变化后 30 日内未向检验检疫机构报告的;

(7)一年内没有出口供货的。

第六节　动植物检疫的其他具体制度

一、进境水生动物的检验检疫管理

《进境水生动物检验检疫管理办法》(2003 年 4 月 16 日由国家质量监督检验检疫总局公布)根据《中华人民共和国进出境动植物检疫法》及其实施条例、《中华人民共和国国境卫生检疫法》及其实施细则、《中华人民共和国进出口商品检验法》及其实施条例、《中华人民共和国食品卫生法》等法律法规的规

定,参照世界动物卫生组织《国际水生动物卫生法典》的有关规定制定。其所称水生动物是指来自人工养殖的活的鱼类(包括其精液、卵)、软体类、甲壳类等水生动物。进境两栖类、爬行类水生动物、野生水生动物的检验检疫参照该办法执行。

（一）进境风险分析与检疫审批

国家质检总局按照《进境动物和动物产品风险分析管理规定》的规定,根据水生动物输出国家或者地区官方机构提供的水产养殖、检验检疫、疫病控制等有关信息资料,开展进境水生动物风险分析工作。

输入水生动物的货主或者其代理人应当按照《进境动植物检疫审批管理办法》的规定办理检疫审批手续,取得"中华人民共和国进境动植物检疫许可证"(以下简称"检疫许可证")。

（二）装运前检疫卫生要求

向我国输出水生动物的国家或者地区,应当在过去 12 个月内未发生国际动物卫生组织规定的必须申报的水生动物疾病和我国有关主管部门规定的必须申报的水生动物疾病。

输往我国的水生动物必须来自输出国家或者地区官方注册的养殖场。输出水生动物的养殖场,其周围 1 公里范围内应当无水产品加工厂,并具有防止其他水域水生动物侵入的设施,水质不低于我国规定的渔业养殖水质标准。水生动物输往我国之前,必须在输出国家或者地区官方机构认可的场地进行不少于 14 天的隔离养殖。输出水生动物卵和精液的,必须来自健康的亲代种群。输出国家或者地区官方检验检疫部门对输往我国的水生动物进行检疫后,按照规定评语出具的动物健康证书,应当符合"检疫许可证"要求。输往我国的水生动物在包装运输前,不得有任何动物传染病和寄生虫病的临床症状。

（三）包装和运输材料要求

输往中国的水生动物的包装必须是全新的或者经过消毒,符合中国卫生防疫要求,并能够防止渗漏的。包装用水或冰必须达到中国渔业水质标准,不得含有危害动物和人体健康的病原微生物、其他有毒有害物质以及可能破坏水体生态环境的水生植物。铺垫材料应当经过消毒除害处理,不得带有土壤和危害动植物和人体健康的有害生物,并对生态环境无害。

（四）进境口岸的检验检疫

水生动物运抵进境口岸时，货主或者其代理人应当按照有关规定向检验检疫机构报检。检验检疫机构查验"检疫许可证"、输出国家或者地区官方签署的动物健康证书等单证。无输出国家或者地区官方机构出具的有效动物健康证书，或者未依法办理检疫审批手续的，检验检疫机构根据具体情况，对进境水生动物作退回或销毁处理。

检验检疫人员对进境水生动物实施以下现场检验检疫：

1. 核对货、证是否相符；

2. 了解水生动物的运载情况；

3. 检查包装状况是否有破损；

4. 进行临床检查，需要时可以打开内包装检查。

进境口岸检验检疫机构根据现场检验检疫情况，对进境水生动物分别作如下处理：

1. 发现水生动物死亡率不超过 50％（含 50％）的，对外包装消毒处理后，签发"入境货物通关单"等单证，随货物运达指定地检验检疫。

2. 发现死亡率超过 50％的，作退回或销毁处理；进口数量较少的种用亲代水生动物，视具体情况决定处理方式。

3. 对来自霍乱疫区的水生动物，应当实施卫生处理或者销毁。

4. 发现内包装容器损坏并有装载水洒漏的，要求货主或其代理人对包装容器进行清理、更换包装或者对破损包装内的水生动物作销毁处理，并对现场及包装容器等进行消毒。

5. 现场需要开拆包装加水或者换水的，所用水必须达到中国规定的渔业水质标准，并经消毒处理。对废弃的原包装、包装用水或冰及铺垫材料，实施消毒处理。

（五）进境水生动物运抵指定地的检验检疫

进境水生动物运抵指定地后，货主或其代理人应当向当地检验检疫机构申报；检验检疫机构应当核对货证，对已经死亡的水生动物必须作无害化处理，并对活的水生动物进一步实施检验检疫。

（六）进境水生动物的风险预警

检验检疫机构发现进境水生动物不符合中国检验检疫要求的，应当将检

验检疫结果上报国家质检总局,并按《出入境动植物检验检疫风险预警及快速反应管理规定实施细则》的规定启动进境风险预警系统,加强对来自同一国家或者地区进境水生动物的检验检疫。

二、进出口水产品的检验检疫管理

2011年1月4日国家质量监督检验检疫总局颁布的《进出口水产品检验检疫管理办法》,适用于进出口水产品的检验检疫及监督管理。此处水产品是指供人类食用的水生动物产品及其制品,包括水母类、软体类、甲壳类、棘皮类、头索类、鱼类、两栖类、爬行类、水生哺乳类动物等其他水生动物产品以及藻类等海洋植物产品及其制品,不包括活水生动物及水生动植物繁殖材料。

(一)进口检验检疫

1. 进口水产品检验检疫要求

进口水产品应当符合中国法律、行政法规、食品安全国家标准要求以及中国与输出国家或者地区签订的相关协议、议定书、备忘录等规定的检验检疫要求和贸易合同注明的检验检疫要求。

2. 进口水产品的注册备案管理制度

国家质检总局对进口水产品的境外生产企业实行注册管理,对向中国境内出口水产品的出口商或者代理商实施备案管理,并定期公布已获准入资质的境外生产企业和已经备案的出口商、代理商名单。检验检疫机构对进口水产品收货人实施备案管理。

3. 进口高风险水产品的检疫审批制度

国家质检总局对安全卫生风险较高的进口两栖类、爬行类、水生哺乳类动物以及其他养殖水产品等实行检疫审批制度。

4. 进口水产品报检制度

水产品进口前或者进口时,收货人或者其代理人应当持输出国家或者地区官方签发的检验检疫证书正本原件、原产地证书、贸易合同、提单、装箱单、发票等单证向进口口岸检验检疫机构报检。进口水产品应当存储在检验检疫机构指定的存储冷库或者其他场所。

5. 进口水产品的现场检验检疫

进口水产品的现场检验检疫包括以下内容:核对单证并查验货物;查验包装是否符合进口水产品包装的基本要求;对易滋生植物性害虫的进口盐渍或

者干制水产品实施植物检疫,必要时进行除害处理;查验货物是否腐败变质,是否含有异物,是否有干枯,是否存在血冰、冰霜过多。

6. 进口水产品采样检验检疫

检验检疫机构依照规定对进口水产品采样,按照有关标准、监控计划和警示通报等要求对下列项目进行检验或者监测:致病性微生物、重金属、农兽药残留等有毒有害物质,疫病、寄生虫,其他要求的项目。

7. 进口水产品外在安全检验检疫

为保障安全,进口水产品的运输工具和集装箱、中文标签等也要进行检验。

8. 进口水产品检验检疫后处理

进口水产品经检验检疫合格的,由进口口岸检验检疫机构签发"入境货物检验检疫证明",准予生产、加工、销售、使用;进口水产品经检验检疫不合格的,由检验检疫机构出具"检验检疫处理通知书";涉及人身安全、健康和环境保护以外项目不合格的,可以在检验检疫机构的监督下进行技术处理,经重新检验检疫合格的,方可销售或者使用。

(二)出口水产品检验检疫

1. 出口水产品的检验检疫要求

检验检疫机构主要按照输入国家或者地区检验检疫要求和贸易合同注明的检疫要求对出口水产品及其包装实施检验检疫,同时也要符合中国法律、行政法规和国家质检总局规定的检验检疫要求。

2. 出口水产品的备案管理

检验检疫机构对出口水产品养殖场实施备案管理。备案的出口水产品养殖场应当具备保障水产品安全的相应条件。出口水产品备案养殖场应当依照输入国家或者地区的要求,或者中国食品安全国家标准和有关规定使用饲料、兽药等农业投入品,为其生产的每一批出口水产品原料出具供货证明。

检验检疫机构按照出口食品生产企业备案管理规定对出口水产品生产企业实施备案管理。出口水产品生产企业应当建立完善可追溯的质量安全控制体系,对加工用原辅料及成品的有毒有害物质进行自检或委托有资质的检验机构检验。出口水产品生产企业生产加工水产品应当以养殖场为单位实施生产批次管理,应当建立原料进货查验记录制度、出厂检验记录制度。

4. 出口水产品的检验

检验检疫机构应当对出口水产品中致病性微生物、农兽药残留和环境污染物等有毒有害物质在风险分析的基础上进行抽样检验,并对出口水产品生

产加工全过程的质量安全控制体系进行验证和监督。

5. 出口水产品检验的后处理

没有经过抽样检验的出口水产品,检验检疫机构应当根据输入国家或者地区的要求对出口水产品的检验报告、装运记录等进行审核,结合日常监管、监测和抽查检验等情况进行综合评定。符合规定要求的,签发有关检验检疫证单;不符合规定要求的,签发不合格通知单。

出口水产品检验检疫有效期为:(1)冷却(保鲜)水产品为 7 天,(2)干冻、单冻水产品为 4 个月,(3)其他水产品为 6 个月。出口水产品超过检验检疫有效期的,应当重新报检。

(三)监督管理

国家质检总局对进出口水产品实行安全监控制度,依据风险分析和检验检疫实际情况制订重点监控计划。国家质检总局和检验检疫机构对进出口水产品实施风险管理。

进出口水产品存在安全问题,可能或者已经对人体健康和生命安全造成损害的,收货人应当主动召回并立即向所在地检验检疫机构报告;出口水产品生产经营企业应当采取措施避免和减少损害的发生,并立即向所在地检验检疫机构报告。

国家质检总局和检验检疫机构应当按照食品安全风险信息管理的有关规定及时向有关部门、机构和企业通报进出口水产品安全风险信息,并按照有关规定上报。

三、进境动物遗传物质的检疫管理

《进境动物遗传物质检疫管理办法》(2003 年 5 月 14 由国家质量监督检验检疫总局公布)根据《中华人民共和国进出境动植物检疫法》及其实施条例等法律法规的规定制定。此处所称动物遗传物质是指哺乳动物精液、胚胎和卵细胞。国家质检总局对进境动物遗传物质实行风险分析管理。根据风险分析结果,国家质检总局与拟向中国输出动物遗传物质的国家或地区政府有关主管机构签订双边检疫协定(包括协定、协议、议定书、备忘录等)。

(一)检疫审批

输入动物遗传物质的,必须事先办理检疫审批手续,取得"中华人民共和国进境动植物检疫许可证"(以下简称"检疫许可证"),并在贸易合同或有关协议中订明我国的检疫要求。

申请办理动物遗传物质检疫审批的,应当向所在地直属检验检疫局提交下列资料:

1."中华人民共和国进境动植物检疫许可证申请表";

2.代理进口的,提供与货主签订的代理进口合同或协议复印件。

直属检验检疫局应当在国家质检总局规定的时间内完成初审。初审合格的,报国家质检总局审核,国家质检总局应当在规定的时间内完成审核。审核合格的,签发"检疫许可证";审核不合格的,签发"中华人民共和国进境动植物检疫许可证申请未获批准通知单"。

(二)进境检疫

输入动物遗传物质前,国家质检总局根据检疫工作的需要,可以派检疫人员赴输出国家或地区进行动物遗传物质产地预检。

国家质检总局对输出动物遗传物质的国外生产单位实行检疫注册登记,并对注册的国外生产单位定期或不定期派出检疫人员进行考核。

输入的动物遗传物质,应当按照"检疫许可证"指定的口岸进境。

输入动物遗传物质的货主或其代理人,应当持"检疫许可证"、贸易合同或协议、信用证、发票等有效单证,在动物遗传物质进境前向进境口岸检验检疫机构报检。动物遗传物质进境时,应当向进境口岸检验检疫机构提交输出国家或地区官方检疫机构出具的检疫证书正本。

进境动物遗传物质无输出国家或地区官方检疫机构出具的有效检疫证书,或者未办理检疫审批手续的,进境口岸检验检疫机构可以根据具体情况,作退回或销毁处理。

输入的动物遗传物质运抵口岸时,检疫人员实施现场检疫。现场检疫合格的,进境口岸检验检疫机构予以签发"入境货物通关单",调往"检疫许可证"指定的地点实施检疫。

检验检疫机构按照"检疫许可证"的要求实施检疫。检疫合格的动物遗传物质,由检验检疫机构依法实施检疫监督管理;检疫不合格的,在检验检疫机构的监督下,作退回或者销毁处理。

(三)检疫监督

检验检疫机构对进境动物遗传物质的加工、存放、使用(以下统称使用)实

施检疫监督管理;对动物遗传物质的第一代后裔实施备案。进境动物遗传物质的使用单位应当到所在地直属检验检疫局备案。直属检验检疫局将已备案的使用单位,报告国家质检总局。

使用单位应当填写"进境动物遗传物质检疫监管档案",接受检验检疫机构监管;每批进境动物遗传物质使用结束,应当将"进境动物遗传物质检疫监管档案"报检验检疫机构备案。检验检疫机构根据需要,对进境动物遗传物质后裔的健康状况进行监测,有关单位应当予以配合。

四、进境货物木质包装的检疫监督管理

《进境货物木质包装检疫监督管理办法》(2005 年 12 月 31 日由国家质量监督检验检疫总局公布)根据《中华人民共和国进出境动植物检疫法》及其实施条例制定。此处所称木质包装是指用于承载、包装、铺垫、支撑、加固货物的木质材料,如木板箱、木条箱、木托盘、木框、木桶(盛装酒类的橡木桶除外)、木轴、木楔、垫木、枕木、衬木等。此处所称木质包装不包括经人工合成或者经加热、加压等深度加工的包装用木质材料(如胶合板、刨花板、纤维板等)以及薄板旋切芯、锯屑、木丝、刨花等以及厚度等于或者小于 6mm 的木质材料。

进境货物使用木质包装的,应当在输出国家或者地区政府检疫主管部门监督下按照国际植物保护公约(以下简称 IPPC)的要求进行除害处理,并加施 IPPC 专用标识。除害处理方法和专用标识应当符合国家质检总局公布的检疫除害处理方法和标识要求。

进境货物使用木质包装的,货主或者其代理人应当向检验检疫机构报检。检验检疫机构按照以下情况处理:

1. 对已加施 IPPC 专用标识的木质包装,按规定抽查检疫,未发现活的有害生物的,立即予以放行;发现活的有害生物的,监督货主或者其代理人对木质包装进行除害处理。

2. 对未加施 IPPC 专用标识的木质包装,在检验检疫机构监督下对木质包装进行除害处理或者销毁处理。

3. 对报检时不能确定木质包装是否加施 IPPC 专用标识的,检验检疫机构按规定抽查检疫。经抽查确认木质包装加施了 IPPC 专用标识,且未发现活的有害生物的,予以放行;发现活的有害生物的,监督货主或者其代理人对木质包装进行除害处理;经抽查发现木质包装未加施 IPPC 专用标识的,对木质包装进行除害处理或者销毁处理。

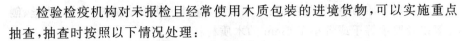

检验检疫机构对未报检且经常使用木质包装的进境货物,可以实施重点抽查,抽查时按照以下情况处理:

1. 经抽查确认未使用木质包装的,立即放行。

2. 经抽查发现使用木质包装的,按照本办法第5条规定处理,并依照有关规定予以行政处罚。

检验检疫机构对木质包装违规情况严重的,在报经国家质检总局批准同意后,监督货主或者其代理人连同货物一起作退运处理。

对木质包装进行现场检疫时应当重点检查是否携带天牛、白蚁、蠹虫、树蜂、吉丁虫、象虫等钻蛀性害虫及其危害迹象,对有昆虫危害迹象的木质包装应当剖开检查;对带有疑似松材线虫等病害症状的,应当取样送实验室检验。

需要将货物运往指定地点实施检疫或者除害处理的,货主或者其代理人应当按照检验检疫机构的要求,采取必要的防止疫情扩散的措施。集装箱装运的货物,应当在检验检疫人员的监督下开启箱门,以防有害生物传播扩散。需要实施木质包装检疫的货物,除特殊情况外,未经检验检疫机构许可,不得擅自卸离运输工具和运递及拆除、遗弃木质包装。

检验检疫机构应当根据检疫情况作好进出口商和输出国家或者地区木质包装标识企业的诚信记录,对其诚信作出评价,实施分类管理。对诚信好的企业,可以采取减少抽查比例和先行通关后在工厂或其他指定地点实施检疫等便利措施。对诚信不良的企业,可以采取加大抽查比例等措施。对多次出现问题的,国家质检总局可以向输出国家或者地区发出通报,暂停相关标识加施企业的木质包装入境。

旅客携带物、邮寄物使用的木质包装未加施 IPPC 标识的,经检疫未发现活的有害生物的,准予入境;发现活的有害生物的,对木质包装进行除害处理。

五、出境货物木质包装的检疫处理管理

《出境货物木质包装检疫处理管理办法》(2005 年 1 月 10 日由国家质量监督检验检疫总局公布)依据《中华人民共和国进出境动植物检疫法》及其实施条例,参照国际植物检疫措施标准第 15 号《国际贸易中木质包装材料管理准则》(简称第 15 号国际标准)的规定制定。此处所称木质包装是指用于承载、包装、铺垫、支撑、加固货物的木质材料,如木板箱、木条箱、木托盘、木框、木桶、木轴、木楔、垫木、枕木、衬木等。经人工合成或者经加热、加压等深度加

工的包装用木质材料(如胶合板、纤维板等)除外。薄板旋切芯、锯屑、木丝、刨花等以及厚度等于或者小于 6mm 的木质材料除外。

出境货物木质包装应当经过热处理、溴甲烷熏蒸处理等检疫除害处理方法实施处理,并按照要求加施专用标识。木质包装实施除害处理并加施标识的企业(以下简称标识加施企业),应当向所在地检验检疫机构提出除害处理标识加施资格申请。直属检验检疫机构对标识加施企业的热处理或者熏蒸处理设施、人员及相关质量管理体系等进行考核,符合要求的,颁发除害处理标识加施资格证书,并公布标识加施企业名单,同时报国家质检总局备案,标识加施资格有效期为三年;不符合要求的,不予颁发资格证书,并连同不予颁发的理由一并书面告知申请企业。

标识加施企业应当将木质包装除害处理计划在除害处理前向所在地检验检疫机构申报,检验检疫机构对除害处理过程和加施标识情况实施监督管理。

除害处理结束后,标识加施企业应当出具处理结果报告单。经检验检疫机构认定除害处理合格的,标识加施企业按照规定加施标识。标识加施企业对加施标识的木质包装应当单独存放,采取必要的防疫措施防止有害生物再次侵染,建立木质包装销售、使用记录,并按照检验检疫机构的要求核销。

检验检疫机构对标识加施企业实施日常监督检查,根据违法情况,可以分别责令整改,整改期间暂停标识加施资格,暂停直至取消其标识加施资格。

六、进境水果的检验检疫监督管理

《进境水果检验检疫监督管理办法》(2005 年 1 月 5 日由国家质量监督检验检疫总局公布)根据《中华人民共和国进出境动植物检疫法》及其实施条例、《中华人民共和国进出口商品检验法》及其实施条例和《中华人民共和国食品卫生法》及其他有关法律法规的规定而制定,适用于我国进境新鲜水果(以下简称水果)的检验检疫和监督管理。原则上禁止携带、邮寄水果进境。

(一)进境水果检疫审批

在签订进境水果贸易合同或协议前,应当按照有关规定向国家质检总局申请办理进境水果检疫审批手续,并取得"中华人民共和国进境动植物检疫许可证"(以下简称"检疫许可证")。"检疫许可证"(正本)、输出国或地区官方检验检疫部门出具的"植物检疫证书"(以下简称"植物检疫证书")(正本),应当在报检时由货主或其代理人向检验检疫机构提供。

植物检疫证书应当符合以下要求：

1. 植物检疫证书的内容与格式应当符合国际植物检疫措施标准 ISPM 第 12 号《植物检疫证书准则》的要求；

2. 用集装箱运输进境的,植物检疫证书上应注明集装箱号码；

3. 已与我国签订协定(含协议、议定书、备忘录等,下同)的,还应符合相关协定中有关植物检疫证书的要求。

因科研、赠送、展览等特殊用途需要进口国家禁止进境水果的,货主或其代理人须事先向国家质检总局或国家质检总局授权的检验检疫机构申请办理特许检疫审批手续;进境时,应向入境口岸检验检疫机构报检,并接受检疫。对于展览用水果,在展览期间,应当接受检验检疫机构的监督管理,未经检验检疫机构许可,不得擅自调离、销售、使用;展览结束后,应当在检验检疫机构的监督下作退回或销毁处理。

（二）进境水果检验检疫的依据

检验检疫机构根据以下规定对进境水果实施检验检疫：

1. 中国有关检验检疫的法律法规、标准及相关规定；

2. 中国政府与输出国或地区政府签订的双边协定；

3. 国家质检总局与输出国或地区检验检疫部门签订的议定书；

4. "检疫许可证"列明的有关要求。

进境水果应当符合以下检验检疫要求：

1. 不得混装或夹带植物检疫证书上未列明的其他水果；

2. 包装箱上须用中文或英文注明水果名称、产地、包装厂名称或代码；

3. 不带有中国禁止进境的检疫性有害生物、土壤及枝、叶等植物残体；

4. 有毒有害物质检出量不得超过中国相关安全卫生标准的规定；

5. 输出国或地区与中国签订有协定或议定书的,还须符合协定或议定书的有关要求。

（三）现场检验检疫

检验检疫机构依照相关工作程序和标准对进境水果实施现场检验检疫：

1. 核查货证是否相符。

2. 按要求核对植物检疫证书和包装箱上的相关信息及官方检疫标志。

3. 检查水果是否带虫体、病征、枝叶、土壤和病虫为害状;现场检疫发现可疑疫情的,应送实验室检疫鉴定。

4. 根据有关规定和标准抽取样品送实验室检测。

（四）实验室检验检疫

检验检疫机构应当按照相关工作程序和标准实施实验室检验检疫。对在现场或实验室检疫中发现的虫体、病菌、杂草等有害生物进行鉴定,对现场抽取的样品进行有毒有害物质检测,并出具检验检疫结果单。

（五）检验检疫处理

根据检验检疫结果,检验检疫机构对进境水果分别作以下处理:

1. 经检验检疫合格的,签发入境货物检验检疫证明,准予放行。

2. 发现检疫性有害生物或其他有检疫意义的有害生物,须实施除害处理,签发检验检疫处理通知书;经除害处理合格的,准予放行。

3. 不符合检验检疫要求之一的、货证不符的或经检验检疫不合格又无有效除害处理方法的,签发检验检疫处理通知书,在检验检疫机构的监督下作退运或销毁处理。需对外索赔的,签发相关检验检疫证书。

进境水果有下列情形之一的,国家质检总局将视情况暂停该种水果进口或暂停从相关水果产区、果园、包装厂进口:

1. 进境水果果园、加工厂地区或周边地区爆发严重植物疫情的;

2. 经检验检疫发现中方关注的进境检疫性有害生物的;

3. 经检验检疫发现有毒有害物质含量超过中国相关安全卫生标准规定的;

4. 不符合中国有关检验检疫法律法规、双边协定或相关国际标准的。

（六）进境水果产地预检

国家质检总局根据工作需要,并商输出国家或地区政府检验检疫机构同意,可以派检验检疫人员到产地进行预检、监装或调查产地疫情和化学品使用情况。

（七）进境水果存放场所的监管

未完成检验检疫的进境水果,应当存放在检验检疫机构指定的场所,不得擅自移动、销售、使用。

进境水果存放场所由所在地检验检疫机构依法实施监督管理,并应符合以下条件:

1. 有足够的独立存放空间；
2. 具备保质、保鲜的必要设施；
3. 符合检疫、防疫要求；
4. 具备除害处理条件。

七、出境水果的检验检疫监督管理

《出境水果检验检疫监督管理办法》(2006 年 12 月 25 日由国家质量监督检验检疫总局公布)根据《中华人民共和国进出境动植物检疫法》及其实施条例、《中华人民共和国进出口商品检验法》及其实施条例和《中华人民共和国食品卫生法》等有关法律法规规定制定,适用于我国出境新鲜水果(含冷冻水果①,以下简称水果)的检验检疫与监督管理工作。出境水果检验检疫监督管理实行注册登记制度,根据情况有强制注册登记与自愿注册登记两种。我国与输入国家或地区签订的双边协议、议定书等有明确规定,或者输入国家或地区法律法规要求对输入该国家的水果果园②和包装厂③实施注册登记的,检验检疫机构应当按照规定对输往该国家或地区的出境水果果园和包装厂实行注册登记。我国与输入国家或地区签订的双边协议、议定书未有明确规定,且输入国家或地区法律法规未明确要求的,出境水果果园、包装厂可以向检验检疫机构申请注册登记。

(一)注册登记

1. 申请条件
申请注册登记的出境水果果园应当具备以下条件:
(1)连片种植,面积在 100 亩以上。
(2)周围无影响水果生产的污染源。
(3)有专职或者兼职植保员,负责果园有害生物监测防治等工作。
(4)建立完善的质量管理体系。质量管理体系文件包括组织机构、人员培

---

① "冷冻水果",是指加工后,在 -18℃ 以下储存、运输的水果。

② "果园",是指没有被障碍物(如道路、沟渠和高速公路)隔离开的单一水果的连续种植地。

③ "包装厂",是指水果采收后,进行挑选、分级、加工、包装、储藏等一系列操作的固定场所,一般包括初选区、加工包装区、储藏库等。

训、有害生物监测与控制、农用化学品使用管理、良好农业操作规范等有关资料。

(5)近两年未发生重大植物疫情。

(6)双边协议、议定书或输入国家或地区法律法规对注册登记有特别规定的,还须符合其规定。

申请注册登记的出境水果包装厂应当具备以下条件:

(1)厂区整洁卫生,有满足水果贮存要求的原料场、成品库。

(2)水果存放、加工、处理、储藏等功能区相对独立、布局合理,且与生活区采取隔离措施并有适当的距离。

(3)具有符合检疫要求的清洗、加工、防虫防病及除害处理设施。

(4)加工水果所使用的水源及使用的农用化学品均须符合有关食品卫生要求及输入国家或地区的要求。

(5)有完善的卫生质量管理体系,包括对水果供货、加工、包装、储运等环节的管理;对水果溯源信息、防疫监控措施、有害生物及有毒有害物质检测等信息有详细记录。

(6)配备专职或者兼职植保员,负责原料水果验收、加工、包装、存放等环节防疫措施的落实、有毒有害物质的控制、弃果处理和成品水果自检等工作。

(7)有与其加工能力相适应的提供水果货源的果园,或与供货果园建有固定的供货关系。

(8)双边协议、议定书或输入国家或地区法律法规对注册登记有特别规定的,还须符合其规定。

2.申请程序

申请注册登记的果园,应当向所在地检验检疫机构提出书面申请。检验检疫机构按照规定对申请材料进行审核,确定材料是否齐全、是否符合有关规定要求,作出受理或者不受理的决定,并出具书面凭证。受理申请后,检验检疫机构应当对申请注册登记的出境水果果园和包装厂提交的申请资料进行审核,并组织专家组进行现场考核。检验检疫机构应当自受理申请之日起20个工作日内,作出准予注册登记或者不予注册登记的决定(现场考核时间不计算在内)。注册登记证书有效期为3年,注册登记证书有效期满前3个月,果园、包装厂应当向所在地检验检疫机构申请换证。

注册登记的果园、包装厂出现以下情况之一的,应当向检验检疫机构办理申请变更手续:

(1)果园种植面积扩大;

(2)果园承包者或者负责人、植保员发生变化；

(3)包装厂法人代表或者负责人发生变化；

(4)向包装厂提供水果货源的注册登记果园发生改变；

(5)包装厂加工水果种类改变；

(6)其他较大变更情况。

注册登记的果园、包装厂出现以下情况之一的,应当向检验检疫机构重新申请注册登记：

(1)果园位置及种植水果种类发生变化；

(2)包装厂改建、扩建、迁址；

(3)其他重大变更情况。

(二)监督管理

1.出境水果的要求

出境水果果园、包装厂应采取有效的有害生物监测、预防和综合管理措施,避免和控制输入国家或地区关注的检疫性有害生物疫情的发生。出境水果果园和包装厂应遵守相关法规标准,安全合理使用农用化学品,不得购买、存放和使用我国或输入国家或地区禁止在水果上使用的化学品。

出境水果包装材料应干净卫生、未使用过,并符合有关卫生质量标准。输入国家或地区有特殊要求的,水果包装箱应当按照要求,标明水果种类、产地以及果园、包装厂名称或者代码等相关信息。

出境水果果园、包装厂应建立稳定的供货与协作关系。包装厂应当要求果园加强疫情、有毒有害物质监测与防控工作,确保提供优质安全的水果货源。注册登记果园对运往所在地检验检疫机构辖区以外的包装厂的出境水果,应当向所在地检验检疫机构申请产地供货证明,注明水果名称、数量及果园名称或注册登记编号等信息。

2.出境水果监管内容

检验检疫机构对所辖地区出境水果果园、包装厂进行有害生物监测、有毒有害物质监控和监督管理。监测结果及监管情况作为出境水果检验检疫分类管理的重要依据。

检验检疫机构对出境水果果园实施监督管理的内容包括：

(1)果园周围环境、水果生长状况、管理人员情况；

(2)果园有害生物发生、监测、防治情况及有关记录；

(3)果园农用化学品存放状况,购买、领取及使用记录；

（4）果园水果有毒有害物质检测记录；

（5）双边协议、议定书或输入国家或地区法律法规相关规定的落实情况。

检验检疫机构对出境水果包装厂实施监督管理内容包括：

（1）包装厂区环境及卫生状况、生产设施及包装材料的使用情况，管理人员情况；

（2）化学品存放状况，购买、领取及使用记录；

（3）水果的来源、加工、自检、存储、出口等有关记录；

（4）水果有毒有害物质检测控制记录；

（5）冷藏设施使用及防疫卫生情况、温湿度控制记录；

（6）双边协议、议定书或输入国家或地区法律法规相关规定的落实情况。

3. 责令限期整改的情形

出境果园和包装厂出现下列情况之一的，检验检疫机构应责令其限期整改，并暂停受理报检，直至整改符合要求：

（1）不按规定使用农用化学品的；

（2）周围有环境污染源的；

（3）包装厂的水果来源不明的；

（4）包装厂内来源不同的水果混放，没有隔离防疫措施，难以区分的；

（5）未按规定在包装上标明有关信息或者加施标识的；

（6）包装厂检疫处理设施出现较大技术问题的；

（7）检验检疫机构检出国外关注的有害生物或有毒有害物质超标的；

（8）输入国家或者地区检出检疫性有害生物或有毒有害物质超标的。

检验检疫机构在每年水果采收季节前对注册登记的出境水果果园、包装厂进行年度审核，对年审考核不合格的果园、包装厂限期整改。

4. 取消其注册登记资格的情形

已注册登记的出境水果果园、包装厂出现以下情况之一的，取消其注册登记资格：

（1）限期整改不符合要求的；

（2）隐瞒或瞒报质量和安全问题的；

（3）拒不接受检验检疫机构监督管理的；

（4）未按规定重新申请注册登记的。

（三）出境检验检疫

出境水果应向包装厂所在地检验检疫机构报检，按报检规定提供有关单证。出境水果来自注册登记果园、包装厂的，报检时还应当提供注册登记证书复印件；来自本辖区以外其他注册果园的，由注册果园所在地检验检疫机构出具水果产地供货证明；来自非注册果园、包装厂的，应在报检单上注明来源果园、包装厂名称、地址等信息。出境水果来源不清楚的，不予受理报检。

根据输入国家或地区进境水果检验检疫规定和果园、包装厂的注册登记情况，结合日常监督管理，检验检疫机构实施相应的出境检验检疫措施。

检验检疫机构根据下列要求对出境水果实施检验检疫：

1. 我国与输入国家或者地区签订的双边检疫协议（含协定、议定书、备忘录等）；

2. 输入国家或者地区进境水果检验检疫规定或要求；

3. 国际植物检疫措施标准；

4. 我国出境水果检验检疫规定；

5. 贸易合同和信用证等订明的检验检疫要求。

检验检疫机构依照相关工作程序和技术标准实施现场检验检疫和实验室检测：

1. 核查货证是否相符；

2. 植物检疫证书和包装箱的相关信息是否符合输入国或者地区的要求；

3. 检查水果是否带虫体、病症、枝叶、土壤和病虫为害状，发现可疑疫情的，应及时按有关规定和要求将相关样品和病虫体送实验室检疫鉴定。

检验检疫机构对出境水果实施出境检验检疫及日常监督管理。出境水果经检验检疫合格的，按照有关规定签发检验检疫证书、出境货物通关单或者出境货物换证凭单等有关检验检疫证单，准予出境。未经检验检疫或者检验检疫不合格的，不准出境。出境水果经检验检疫不合格的，检验检疫机构应向出境水果果园、包装厂反馈有关信息，并协助调查原因，采取改进措施。出境水果果园、包装厂不在本辖区的，实施检验检疫的检验检疫机构应将有关情况及时通知出境水果果园、包装厂所在地检验检疫机构。

八、出境竹木草制品的检疫管理

《出境竹木草制品检疫管理办法》（2003 年 4 月 16 日由国家质量监督检验检疫总局公布）根据《中华人民共和国进出境动植物检疫法》及其实施条例等法律法规的规定制定，适用于出境竹木草制品（包括竹、木、藤、柳、草、芒等制品）的检疫及监督管理。国家质检总局对出境竹木草制品及其生产加工企

业(以下简称企业)实施分级分类监督管理。

（一）分级管理

根据生产加工工艺及防疫处理技术指标等,竹木草制品分为低、中、高 3 个风险等级:

1. 低风险竹木草制品:经脱脂、蒸煮、烘烤及其他防虫、防霉等防疫处理的;

2. 中风险竹木草制品:经熏蒸或者防虫、防霉药剂处理等防疫处理的;

3. 高风险竹木草制品:经晾晒等其他一般性防疫处理的。

（二）分类管理

检验检疫机构对出境竹木草制品的企业进行评估、考核,将企业分为一类、二类、三类 3 个企业类别。

一类企业应当具备以下条件:

1. 遵守检验检疫法律法规等有关规定;

2. 应当建立完善的质量管理体系,包括生产、加工、存放等环节的防疫措施及厂检员管理制度等;

3. 配备专职的厂检员,负责生产、加工、存放等环节防疫措施的监督、落实及产品厂检工作;

4. 在生产过程中采用防虫、防霉加工工艺,并配备与其生产能力相适应的防虫、防霉处理设施及相关的检测仪器;

5. 原料、生产加工、成品存放场所,应当专用或者相互隔离,并保持环境整洁、卫生;

6. 年出口批次不少于 100 批;

7. 检验检疫年批次合格率达 99％以上;

8. 检验检疫机构依法规定的其他条件。

二类企业应当具备以下条件:

1. 遵守检验检疫法律法规等有关规定;

2. 企业建立质量管理体系,包括生产、加工、存放等环节的防疫措施及厂检员管理制度等;

3. 配备专职或者兼职的厂检员,负责生产、加工、存放等环节防疫措施的监督、落实及产品厂检工作;

4. 在生产过程中采用防虫、防霉加工工艺,具有防虫、防霉处理设施;

5. 成品存放场所应当独立,生产加工环境应整洁、卫生;

6. 年出口批次不少于 30 批次;

7. 检验检疫年批次合格率达 98% 以上;

8. 检验检疫机构依法规定的其他条件。

不具备一类或者二类条件的企业以及未申请分类考核的企业定为三类企业。

企业本着自愿的原则,向所在地检验检疫机构提出实施分类管理的书面申请。检验检疫机构自接到申请资料之日起 10 个工作日内,完成对申请资料的初审。初审合格后,检验检疫机构在 10 个工作日内完成对申请企业的考核。根据考核结果,由直属检验检疫局确定企业类别,并及时公布。

(三)出境检疫

输出竹、木、草制品的检疫依据:

1. 我国与输入国家或者地区签订的双边检疫协定(含协议、备忘录等);

2. 输入国家或者地区的竹、木、草制品检疫规定;

3. 我国有关出境竹、木、草制品的检疫规定;

4. 贸易合同、信用证等订明的检疫要求。

企业或者其代理人办理出境竹、木、草制品报检手续时,应当按照检验检疫报检规定提供有关单证。一类、二类企业报检时应当同时提供"出境竹、木、草制品厂检记录单"(以下简称厂检记录单)。

根据企业的类别和竹、木、草制品的风险等级,出境竹、木、草制品的批次抽查比例为:

1. 一类企业的低风险产品,抽查比例为 5%~10%;

2. 一类企业的中风险产品、二类企业的低风险产品,抽查比例为 10~30%;

3. 一类企业的高风险产品、二类企业的中风险产品和三类企业的低风险产品,抽查比例为 30~70%;

4. 二类企业的高风险产品、三类企业的中风险和高风险产品,抽查比例为 70~100%。

检验检疫机构根据企业日常监督管理情况、出口季节和输往国家(地区)的差别以及是否出具"植物检疫证书"或者"熏蒸/消毒证书"等,在规定范围内,确定出境竹、木、草制品的批次抽查比例。

出境竹、木、草制品经检疫合格的,按照有关规定出具相关证单;经检疫不

合格的,经过除害、重新加工等处理合格后方可放行;无有效处理方法的,不准出境。

(四)监督管理

检验检疫机构对出境竹、木、草制品的生产、加工、存放实施全过程的监督管理。

检验检疫机构对企业实施日常监督管理,内容主要包括:

1. 检查企业质量管理体系有效运行和生产、加工、存放等环节的防疫措施执行情况;

2. 检查企业生产、加工、存放等条件是否符合防疫要求;

3. 检查厂检记录以及厂检员对各项防疫措施实施监督的情况和相应记录;

4. 企业对质量问题的整改情况;

5. 其他应当检查的内容。

检验检疫机构应当建立竹木草制品企业的检疫管理档案。检验检疫机构对企业的分类实行动态管理,对不符合条件的企业作类别降级处理。对作类别降级处理的企业限期整改,经整改合格的,可恢复原类别。

思考题

1. 进出境动植物检疫法与动物防疫法有何区别?

2. 进出境动物检疫审批与进出境植物检疫审批有哪些不同?

3. 进出境动植物检疫的有害生物有哪些?

4. 动植物过境检疫的特殊性是否源于其在较短时间内既要进行动植物入境检疫,又要进行动植物出境检疫?

5. 进出境动植物检疫中如何运用风险分析理论?

6. 进境水生动物的检验检疫与进出口水产品的检验检疫有哪些异同?

第四章　国境卫生检疫法

第一节　概　述

一、国境卫生检疫法的概念

世界卫生组织《国际卫生条例》(2005 年)第 1 条规定,检疫是"指限制无症状的受染疫嫌疑人的活动和(或)将无症状的受染疫嫌疑人及有受染疫嫌疑的行李、集装箱、交通工具或物品与其他人或物体分开,以防止感染或污染的可能传播"。该规定的检疫实际上是隔离的意思,是英文"Quarantine"的原意。国境卫生检疫法中的检疫不仅仅是隔离的意思,而是根据其中文含义诠释,即检出疫病,并扩展为包括检出疫病后的卫生处理与医学处理。国境是指进出一国的边境。卫生是指卫护(保卫)生命的健康生机。国境卫生检疫是指为防止疫病由国外传入和国内传出,对出入境的船舶、飞机、车辆、交通员工、旅客、行李、货物等实施医学检查、卫生检查和必要的卫生处理。①

国境卫生检疫法是指调整国境卫生检疫社会关系的法律规范的总称。狭义的国境卫生检疫法仅指 1986 年 12 月 2 日公布,1987 年 5 月 1 日起施行的《中华人民共和国国境卫生检疫法》。国境卫生检疫法的立法宗旨是为了防止传染病由国外传入或者由国内传出,实施国境卫生检疫,保护人体健康。入境、出境的人员、交通工具和集装箱,以及可能传播检疫传染病的行李、货物、邮包等,均应当按照国境卫生检疫法的规定接受检疫,经卫生检疫机关许可,方准入境或者出境。

国境卫生检疫是人类生存和社会发展的需要,是维护国际秩序的需要,也

---

① 辞海编辑委员会:《辞海》,上海辞书出版社 1989 年版,第 3425 页。

是一国国防的需要。国境卫生检疫,是防止有害生物入侵和非武装有害因子入侵的第一屏障;是检测这些入侵事件的第一程序;是对入侵事件进行应急处理的第一现场;也是对入侵事件的评估、预警及后续处置的第一环节。卫生检疫是对检疫监测传染病和国际关注的公共卫生突发事件(下称突发事件)实体信息输入的第一渠道,是防止生物、化学、核放射等有害因子输出的终端,是防止有害因子经口岸扩散、储存、输出的底线。为规范国境卫生检疫,充分发挥国境卫生检疫的作用,需要借助于完善的国境卫生检疫法。

我国现行的《国境卫生检疫法》不太完善,在 2005 年《国际卫生条例》修改公布后,我国虽对《国境卫生检疫法》进行了一次修订,但仅仅涉及个别条文的修正。事实上,我国《国境卫生检疫法》尚存在卫生检疫行政主体、卫生检疫相对人、其他行政主体、特殊工作人员("检疫医师"和"国境口岸卫生监督员")等法律主体的权利义务不明确、卫生检疫工作的保障措施不明确等问题,[1]需要对不适应《国际卫生条例》(2005 年)的相关规定进行修改。《国境卫生检疫法》的修订必须将国境卫生检疫工作纳入整个卫生体系的框架之中,应体现"源头管理"的疾病控制理念,"风险管理"的疾病控制观念,还必须与建立和谐社会的大环境相适应,尊重人权、以人为本。[2]

二、国境卫生检疫机关

国家质量监督检验检疫总局主管全国国境卫生检疫工作。卫生检疫单、证的种类、式样和签发办法,由国家质量监督检验检疫总局规定。在中华人民共和国国际通航的港口、机场、车站、陆地边境和国界江河的口岸(以下简称国境口岸),设立国境卫生检疫机关(简称卫生检疫机关),依照《国境卫生检疫法》规定实施传染病检疫、监测和卫生监督。传染病是指由病原体引起的,能在人与人、动物与动物或人与动物之间相互传染的疾病。[3]《国境卫生检疫法》规定的传染病包括检疫传染病和监测传染病。检疫传染病,是指鼠疫、霍乱、黄热病以及国务院确定和公布的其他传染病。监测传染病,由国家质量监

---

① 冯翔宇:《浅论〈国境卫生检疫法〉修订应关注的几个问题》,载《口岸卫生控制》2010 年第 5 期。

② 匡维华:《〈中华人民共和国国境卫生检疫法〉修订工作中值得关注的几个问题》,载《中国国境卫生检疫杂志》2008 年第 2 期。

③ 辞海编辑委员会:《辞海》,上海辞书出版社 1989 年版,第 561 页。

督检验检疫总局确定和公布。

卫生检疫机关根据工作需要，可以设立派出机构。卫生检疫机关的设立、合并或者撤销，由国家质量监督检验检疫总局决定。卫生检疫机关具有以下职责：(1)执行《国境卫生检疫法》及其实施细则和国家有关卫生法规。(2)收集、整理、报告国际和国境口岸传染病的发生、流行和终息情况。(3)对国境口岸的卫生状况实施卫生监督；对入境、出境的交通工具(指船舶、航空器、列车和其他车辆)、人员、集装箱、尸体、骸骨以及可能传播检疫传染病的行李、货物、邮包等实施检疫查验、传染病监测、卫生监督和卫生处理。(4)对入境、出境的微生物、生物制品、人体组织、血液及其制品等特殊物品以及能传播人类传染病的动物，实施卫生检疫。(5)对入境、出境人员进行预防接种、健康检查、医疗服务、国际旅行健康咨询和卫生宣传。(6)签发卫生检疫证件。(7)进行流行病学调查研究，开展科学实验。(8)执行国家质量监督检验检疫总局指定的其他工作。

国境口岸卫生监督员应当履行下列职责：(1)对国境口岸和停留在国境口岸的入境、出境交通工具进行卫生监督和卫生宣传；(2)在消毒、除鼠、除虫等卫生处理方面进行技术指导；(3)对造成传染病传播、啮齿动物和病媒昆虫扩散、食物中毒、食物污染等事故进行调查，并提出控制措施。

卫生检疫机关工作人员、国境口岸卫生监督员在执行任务时，应当穿着检疫制服，佩戴检疫标志；卫生检疫机关的交通工具在执行任务期间，应当悬挂检疫旗帜。检疫制服、标志、旗帜的式样和使用办法由国家质量监督检验检疫总局会同有关部门制定，报国务院审批。

卫生检疫监管的工作思路是围绕一个中心、确保两个率、加强三个环节、做好四个方面的工作。[①]

(1)围绕一个中心，就是紧密围绕严把国门，保护人民身体健康，保护国家经济安全这一中心。

(2)确保两个率，即确保对出入境人员、货物、交通工具、集装箱卫生检疫监管的查验率和有效率。查验率反映我们的工作数量，反映我们是否切实履行检验检疫职能，防止逃漏检现象的发生；卫生检疫监管的有效率则体现我们的工作质量，把关的实效，其具体体现就是传染病及有害病毒的阳性检出率。

(3)加强三个环节，指卫生检疫监管的工作要在加强管理工作、加强队伍建设、加强实验室建设三个环节上下工夫。

---

① 张原生：《国境卫生检疫工作刍议》，载《中国检验检疫》2004年第4期。

（4）做好四个方面的工作：一是努力做好传染病监测工作；二是建立并发挥口岸卫生检疫风险预警快速反应机制的作用，对疫情以及具有重大公共卫生意义的事件做到"四快"，即快速发现、快速控制、快速报告、快速反馈；三是积极稳妥地搞好保健中心改革；四是夯实基础工作，重点是在每年质量检查的基础上，规范卫生检疫管理的各项工作，规范工作程序，建立工作质量风险预警和控制监督措施，探索应用 ISO9000 体系管理模式来提高管理水平。

三、国境卫生检疫的标准

国境卫生检疫的依据主要是卫生检疫技术法规、卫生检疫国家标准和卫生检疫行业标准。其中，卫生检疫行业标准较多，形成了卫生检疫行业标准体系。卫生检疫行业标准体系的构成可以分成以下 3 个层次：①

第 1 层标准：国家出入境检验检疫行业通用标准（基础标准），如：国境卫生检疫标准编写基本规则；国境卫生检疫术语和定义标准；国境卫生检疫标准英文书写规范。

第 2 层标准：国境卫生检疫行业分类通用标准（门类标准），如：国境卫生检疫查验标准编写基本规则；国境卫生检疫卫生监督标准编写基本规则；国境口岸疾病监测标准编写基本规则；国境卫生检疫卫生处理标准编写基本规则；国际旅行卫生保健标准编写基本规则。又如：出入境人员健康检查通用规范；检疫传染病监测通用规范；国境口岸卫生监督通用规范；国境口岸出入境交通工具卫生检疫查验规程。

第 3 层标准：国境卫生检疫行业个性标准或系列标准的各部分，如：卫生检疫证书的签发规程；国境口岸食品、饮用水供应单位卫生监督规程；国境口岸艾滋病疫情监测管理规程；卫生处理效果评定方法；出入境人员预防接种规程。第 3 层标准可以归属于不同的门类，主要分为卫生检疫查验标准、卫生监督标准、疾病检测标准、卫生处理标准、国际旅行卫生保健标准五大类。第 3 层标准不少以技术规程的形式出现，包括国境卫生检疫检验规程和国境卫生检疫卫生管理规程。国境卫生检疫卫生管理规程包括集装箱卫生管理规程、废钢船管理规程、蒸熏除鼠规程、毒饵除鼠规程、除虫规程等。

---

① 毕玉国、关淳：《建立国境卫生检疫行业标准体系的探讨》，载《中国国境卫生检疫杂志》2003 年第 2 期。

四、国境卫生检疫方法

国境卫生检疫方法主要包括国境卫生检疫检验方法和国境卫生检疫卫生处理方法。

国境卫生检疫中需要用到的检验方法,根据检验项目不同而不同,包括以下几个类别:

1. 健康检查检验方法,具体包括 ABO 血型检验方法、谷丙转氨酶检验方法、乙肝表面抗原检验方法、食品饮用水从业人员带菌检查检验方法、腹泻病病原体检验方法、红细胞沉降率检验方法。

2. 禁止入境的传染病检验方法,具体包括梅毒血清抗体检验方法、淋病双球菌检验方法、结核杆菌检验方法、麻风杆菌检验方法、艾滋病血清抗体检验方法(HIV 检验方法)。

3. 检疫传染病检验方法,具体包括鼠疫耶尔森氏菌检验方法、霍乱弧菌检验方法、黄热病病毒检验方法。

4. 监测传染病检验方法,具体包括流感病毒检验方法、疟原虫检验方法、斑疹伤寒立克次体检验方法、回归热螺旋体检验方法、登革热病毒检验方法、流行性出血热病毒检验方法、脊髓灰质炎病毒检验方法、天花病毒检验方法、埃波拉马尔堡病毒检验方法、拉沙热病毒检验方法、军团菌检验方法。

5. 其他检验方法,如食品安全检验方法、餐茶具卫生检验方法、生活饮用水卫生检验方法、食品贮藏卫生检验方法、环境卫生检验方法等。

国境卫生检疫卫生处理方法包括集装箱卫生处理方法、废旧物品卫生处理方法、交通工具卫生处理方法、熏蒸除鼠方法、毒饵除鼠方法、压舱水卫生处理方法、尸体骸骨的卫生处理方法等。

五、国境卫生检疫的基本要求

国境卫生检疫的基本要求主要是以下几个方面:

1. 对人的检疫

(1)隔离染疫人和染疫嫌疑人

卫生检疫机关发现染疫人时,应当立即将其隔离,防止任何人遭受感染,并按照检疫传染病管理的规定处理。所谓染疫人是指正在患检疫传染病的人,或者经卫生检疫机关初步诊断,认为已经感染检疫传染病或者已经处于检

疫传染病潜伏期的人。而隔离是指将染疫人收留在指定的处所,限制其活动并进行治疗,直到消除传染病传播的危险。与之类似,卫生检疫机关发现染疫嫌疑人时,也应当按照检疫传染病管理的规定处理。染疫嫌疑人是指接触过检疫传染病的感染环境,并且可能传播检疫传染病的人。

(2)阻止染疫人、染疫嫌疑人出境

卫生检疫机关应当阻止染疫人、染疫嫌疑人出境,但是对来自国外并且在到达时受就地诊验的人,本人要求出境的,可以准许出境;如果乘交通工具出境,检疫医师应当将这种情况在出境检疫证上签注,同时通知交通工具负责人采取必要的预防措施。

(3)尸体查验

在国境口岸以及停留在该场所的入境、出境交通工具上,所有非因意外伤害而死亡并死因不明的尸体,必须经卫生检疫机关查验,并签发尸体移运许可证后,方准移运。查验是指国境卫生检疫机关实施的医学检查和卫生检查。

2. 对物的检疫

(1)常规检疫

入境、出境的集装箱、货物、废旧物等物品在到达口岸的时候,承运人、代理人或者货主,必须向卫生检疫机关申报并接受卫生检疫。对来自疫区的、被传染病污染的以及可能传播检疫传染病或者发现与人类健康有关的啮齿动物和病媒昆虫的集装箱、货物、废旧物等物品,应当实施消毒、除鼠、除虫或者其他必要的卫生处理。集装箱、货物、废旧物等物品的货主要求在其他地方实施卫生检疫、卫生处理的,卫生检疫机关可以给予方便,并按规定办理。海关凭卫生检疫机关签发的卫生处理证明放行。

(2)临时检疫

来自国内疫区的交通工具,或者在国内航行中发现检疫传染病、疑似检疫传染病,或者有人非因意外伤害而死亡并死因不明的,交通工具负责人应当向到达的国境口岸卫生检疫机关报告,接受临时检疫。

(3)疫情流行时的检疫控制

在国内或者国外检疫传染病大流行的时候,国家质量监督检验检疫总局应当立即报请国务院决定采取下列检疫措施的一部分或者全部:①下令封锁陆地边境、国界江河的有关区域;②指定某些物品必须经过消毒、除虫,方准由国外运进或者由国内运出;③禁止某些物品由国外运进或者由国内运出;④指定第一入境港口、降落机场。对来自国外疫区的船舶、航空器,除因遇险或者其他特殊原因外,没有经第一入境港口、机场检疫的,不准进入其他港口和机场。

(4)特殊物品的检疫

入境、出境的微生物、人体组织、生物制品、血液及其制品等特殊物品的携带人、托运人或者邮递人,必须向卫生检疫机关申报并接受卫生检疫,未经卫生检疫机关许可,不准入境、出境。海关凭卫生检疫机关签发的特殊物品审批单放行。

(5)携带物、邮寄物的检疫

入境、出境的旅客、员工个人携带或者托运可能传播传染病的行李和物品,应当接受卫生检查。卫生检疫机关对来自疫区或者被传染病污染的各种食品、饮料、水产品等应当实施卫生处理或者销毁,并签发卫生处理证明。海关凭卫生检疫机关签发的卫生处理证明放行。卫生检疫机关对应当实施卫生检疫的邮包进行卫生检查和必要的卫生处理时,邮政部门应予配合;未经卫生检疫机关许可,邮政部门不得运递。

六、卫生处理

卫生处理是指隔离、留验和就地诊验等医学措施,以及消毒、除鼠、除虫等卫生措施。卫生检疫机关的工作人员在实施卫生处理时,必须注意下列事项:(1)防止对任何人的健康造成危害;(2)防止对交通工具的结构和设备造成损害;(3)防止发生火灾;(4)防止对行李、货物造成损害。

入境、出境的集装箱、行李、货物、邮包等物品需要卫生处理的,由卫生检疫机关实施。入境、出境的交通工具有下列情形之一的,应当由卫生检疫机关实施消毒、除鼠、除虫或者其他卫生处理:(1)来自检疫传染病疫区的;(2)被检疫传染病污染的;(3)发现有与人类健康有关的啮齿动物或者病媒昆虫,超过国家卫生标准的。

由国外起运经过中华人民共和国境内的货物,如果不在境内换装,除发生在流行病学上有重要意义的事件,需要实施卫生处理外,在一般情况下不实施卫生处理。

卫生检疫机关对入境、出境的废旧物品和曾行驶于境外港口的废旧交通工具,根据污染程度,分别实施消毒、除鼠、除虫,对污染严重的实施销毁。

入境、出境的尸体、骸骨托运人或者代理人应当申请卫生检疫,并出示死亡证明或者其他有关证件,对不符合卫生要求的,必须接受卫生检疫机关实施的卫生处理。经卫生检疫机关签发尸体、骸骨入境、出境许可证后,方准运进

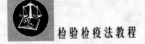

或者运出。对因患检疫传染病而死亡的病人尸体,必须就近火化,不准移运。

卫生检疫机关对已在到达本口岸前的其他口岸实施卫生处理的交通工具不再重复实施卫生处理。但有下列情形之一的,仍需实施卫生处理:(1)在原实施卫生处理的口岸或者该交通工具上,发生流行病学上有重要意义的事件,需要进一步实施卫生处理的;(2)在到达本口岸前的其他口岸实施的卫生处理没有实际效果的。

在国境口岸或者交通工具上发现啮齿动物有反常死亡或者死因不明的,国境口岸有关单位或者交通工具的负责人,必须立即向卫生检疫机关报告,迅速查明原因,实施卫生处理。

国际航行船舶的船长,必须每隔 6 个月向卫生检疫机关申请一次鼠患检查,卫生检疫机关根据检查结果实施除鼠或者免予除鼠,并且分别发给除鼠证书或者免予除鼠证书。该证书自签发之日起 6 个月内有效。

卫生检疫机关只有在下列之一情况下,经检查确认船舶无鼠害的,方可签发免予除鼠证书:(1)空舱;(2)舱内虽然装有压舱物品或者其他物品,但是这些物品不引诱鼠类,放置情况又不妨碍实施鼠患检查。对油轮在实舱时进行检查,可以签发免予除鼠证书。

对船舶的鼠患检查或者除鼠,应当尽量在船舶空舱的时候进行。如果船舶因故不宜按期进行鼠患检查或者熏蒸除鼠,并且该船又开往便于实施鼠患检查或者熏蒸除鼠的港口,可以准许该船原有的除鼠证书或者免予除鼠证书的有效期延长 1 个月,并签发延长证明。

对国际航行的船舶,按照国家规定的标准,应当用熏蒸的方法除鼠时,如果该船的除鼠证书或者免予除鼠证书尚未失效,除该船染有鼠疫或者具有鼠疫嫌疑外,卫生检疫机关应当将除鼠理由通知船长。船长应当按照要求执行。

船舶在港口停靠期间,船长应当负责采取下列的措施:(1)缆绳上必须使用有效的防鼠板,或者其他防鼠装置;(2)夜间放置扶梯、桥板时,应当用强光照射;(3)在船上发现死鼠或者捕获到鼠类时,应当向卫生检疫机关报告。

在国境口岸停留的国内航行的船舶如果存在鼠患,船方应当进行除鼠。根据船方申请,也可由卫生检疫机关实施除鼠。

国家质量监督检验检疫总局认为必要时,可以要求来自国外或者国外某些地区的人员在入境时,向卫生检疫机关出示有效的某种预防接种证书或者健康证明。

预防接种的有效期如下:(1)黄热病疫苗自接种后第 10 日起,10 年内有效。如果前次接种不满 10 年又经复种,自复种的当日起,10 年内有效;(2)其他预防接种的有效期,按照有关规定执行。

七、疫情通报

在国内或者国外某一地区发生检疫传染病流行时,国家质量监督检验检疫总局可以宣布该地区为疫区。在国境口岸以及停留在国境口岸的交通工具上,发现检疫传染病、疑似检疫传染病,或者有人非因意外伤害而死亡并死因不明时,国境口岸有关单位以及交通工具的负责人,应当立即向卫生检疫机关报告。

卫生检疫机关发现检疫传染病、监测传染病、疑似检疫传染病时,应当向当地卫生行政部门和卫生防疫机构通报;发现检疫传染病时,还应当用最快的办法向国家质量监督检验检疫总局报告。当地卫生防疫机构发现检疫传染病、监测传染病时,应当向卫生检疫机关通报。

第二节　国境卫生检疫的环节

一、海港检疫

船舶的入境检疫,必须在港口的检疫锚地或者经卫生检疫机关同意的指定地点实施。检疫锚地由港务监督机关和卫生检疫机关会商确定,报国务院交通和卫生行政部门备案。

船舶代理应当在受入境检疫的船舶到达以前,尽早向卫生检疫机关通知下列事项:(1)船名、国籍、预定到达检疫锚地的日期和时间;(2)发航港、最后寄港;(3)船员和旅客人数;(4)货物种类。港务监督机关应当将船舶确定到达检疫锚地的日期和时间尽早通知卫生检疫机关。

受入境检疫的船舶,在航行中,发现检疫传染病、疑似检疫传染病,或者有人非因意外伤害而死亡并死因不明的,船长必须立即向实施检疫港口的卫生检疫机关报告下列事项:(1)船名、国籍、预定到达检疫锚地的日期和时间;(2)发航港、最后寄港;(3)船员和旅客人数;(4)货物种类;(5)病名或者主要症状、患病人数、死亡人数;(6)船上有无船医。

受入境检疫的船舶,必须按照下列规定悬挂检疫信号等候查验,在卫生检

疫机关发给入境检疫证前,不得降下检疫信号。昼间在明显处所悬挂国际通语信号旗:(1)"Q"字旗表示:本船没有染疫,请发给入境检疫证;(2)"QQ"字旗表示:本船有染疫或者染疫嫌疑,请即刻实施检疫。夜间在明显处所垂直悬挂灯号:(1)红灯三盏表示:本船没有染疫,请发给入境检疫证;(2)红、红、白、红灯四盏表示:本船有染疫或者染疫嫌疑,请即刻实施检疫。

悬挂检疫信号的船舶,除引航员和经卫生检疫机关许可的人员外,其他人员不准上船,不准装卸行李、货物、邮包等物品,其他船舶不准靠近;船上的人员,除因船舶遇险外,未经卫生检疫机关许可,不准离船;引航员不得将船引离检疫锚地。

申请电讯检疫的船舶,首先向卫生检疫机关申请卫生检查,合格者发给卫生证书。该证书自签发之日起 12 个月内可以申请电讯检疫。

持有效卫生证书的船舶在入境前 24 小时,应当向卫生检疫机关报告下列事项:(1)船名、国籍、预定到达检疫锚地的日期和时间;(2)发航港、最后寄港;(3)船员和旅客人数及健康状况;(4)货物种类;(5)船舶卫生证书的签发日期和编号、除鼠证书或者免予除鼠证书的签发日期和签发港,以及其他卫生证件。经卫生检疫机关对上述报告答复同意后,即可进港。

对船舶的入境检疫,在日出后到日落前的时间内实施;凡具备船舶夜航条件,夜间可靠离码头和装卸作业的港口口岸,应实行 24 小时检疫。对来自疫区的船舶,不实行夜间检疫。

受入境检疫船舶的船长,在检疫医师到达船上时,必须提交由船长签字或者有船医附签的航海健康申报书、船员名单、旅客名单、载货申报单,并出示除鼠证书或者免予除鼠证书。在查验中,检疫医师有权查阅航海日志和其他有关证件;需要进一步了解船舶航行中卫生情况时,检疫医师可以向船长、船医提出询问,船长、船医必须如实回答。用书面回答时,须经船长签字和船医附签。

船舶实施入境查验完毕以后,对没有染疫的船舶,检疫医师应当立即签发入境检疫证;如果该船有受卫生处理或者限制的事项,应当在入境检疫证上签注,并按照签注事项办理。对染疫船舶、染疫嫌疑船舶,除通知港务监督机关外,对该船舶还应当发给卫生处理通知书,该船舶上的引航员和经卫生检疫机关许可上船的人员应当视同员工接受有关卫生处理,在卫生处理完毕以后,再发给入境检疫证。船舶领到卫生检疫机关签发的入境检疫证后,可以降下检疫信号。

船舶代理应当在受出境检疫的船舶起航以前,尽早向卫生检疫机关通知下列事项：(1)船名、国籍、预定开航的日期和时间；(2)目的港、最初寄港；(3)船员名单和旅客名单；(4)货物种类。港务监督机关应当将船舶确定开航的日期和时间尽早通知卫生检疫机关。船舶的入境、出境检疫在同一港口实施时，如果船员、旅客没有变动，可以免报船员名单和旅客名单；有变动的，报变动船员、旅客名单。

受出境检疫的船舶，船长应当向卫生检疫机关出示除鼠证书或者免予除鼠证书和其他有关检疫证件。检疫医师可以向船长、船医提出有关船员、旅客健康情况和船上卫生情况的询问，船长、船医对上述询问应当如实回答。

对船舶实施出境检疫完毕以后，检疫医师应当按照检疫结果立即签发出境检疫证，如果因卫生处理不能按原定时间起航，应当及时通知港务监督机关。对船舶实施出境检疫完毕以后，除引航员和经卫生检疫机关许可的人员外，其他人员不准上船，不准装卸行李、货物、邮包等物品。如果违反上述规定，该船舶必须重新实施出境检疫。

二、航空检疫

航空器在飞行中，不得向下投掷或者任其坠下能传播传染病的任何物品。

实施卫生检疫机场的航空站，应当在受入境检疫的航空器到达以前，尽早向卫生检疫机关通知下列事项：(1)航空器的国籍、机型、号码、识别标志、预定到达时间；(2)出发站、经停站；(3)机组和旅客人数。

受入境检疫的航空器，如果在飞行中发现检疫传染病、疑似检疫传染病，或者有人非因意外伤害而死亡并死因不明时，机长应当立即通知到达机场的航空站，向卫生检疫机关报告下列事项：(1)航空器的国籍、机型、号码、识别标志、预定到达时间；(2)出发站、经停站；(3)机组和旅客人数；(4)病名或者主要症状、患病人数、死亡人数。

受入境检疫的航空器到达机场以后，检疫医师首先登机。机长或者其授权的代理人，必须向卫生检疫机关提交总申报单、旅客名单、货物仓单和有效的灭蚊证书，以及其他有关检疫证件；对检疫医师提出的有关航空器上卫生状况的询问，机长或者其授权的代理人应当如实回答。在检疫没有结束之前，除经卫生检疫机关许可外，任何人不得上下航空器，不准装卸行李、货物、邮包等物品。

入境旅客必须在指定的地点，接受入境查验，同时用书面或者口头回答检疫医师提出的有关询问。在此期间，入境旅客不得离开查验场所。

对入境航空器查验完毕以后,根据查验结果,对没有染疫的航空器,检疫医师应当签发入境检疫证;如果该航空器有受卫生处理或者限制的事项,应当在入境检疫证上签注,由机长或者其授权的代理人负责执行;对染疫或者有染疫嫌疑的航空器,除通知航空站外,对该航空器应当发给卫生处理通知单,在规定的卫生处理完毕以后,再发给入境检疫证。

实施卫生检疫机场的航空站,应当在受出境检疫的航空器起飞以前,尽早向卫生检疫机关提交总申报单、货物仓单和其他有关检疫证件,并通知下列事项:(1)航空器的国籍、机型、号码、识别标志、预定起飞时间;(2)经停站、目的站;(3)机组和旅客人数。

对出境航空器查验完毕以后,如果没有染疫,检疫医师应当签发出境检疫证或者在必要的卫生处理完毕以后,再发给出境检疫证;如果该航空器因卫生处理不能按原定时间起飞,应当及时通知航空站。

三、陆地边境检疫

实施卫生检疫的车站,应当在受入境检疫的列车到达之前,尽早向卫生检疫机关通知下列事项:(1)列车的车次,预定到达的时间;(2)始发站;(3)列车编组情况。

受入境检疫的列车和其他车辆到达车站、关口后,检疫医师首先登车,列车长或者其他车辆负责人,应当口头或者书面向卫生检疫机关申报该列车或者其他车辆上人员的健康情况,对检疫医师提出有关卫生状况和人员健康的询问,应当如实回答。

受入境检疫的列车和其他车辆到达车站、关口,在实施入境检疫而未取得入境检疫证以前,未经卫生检疫机关许可,任何人不准上下列车或者其他车辆,不准装卸行李、货物、邮包等物品。

实施卫生检疫的车站,应当在受出境检疫列车发车以前,尽早向卫生检疫机关通知下列事项:(1)列车的车次,预定发车的时间;(2)终到站;(3)列车编组情况。

应当受入境、出境检疫的列车和其他车辆,如果在行程中发现检疫传染病、疑似检疫传染病,或者有人非因意外伤害而死亡并死因不明的,列车或者其他车辆到达车站、关口时,列车长或者其他车辆负责人应当向卫生检疫机关报告。

受入境、出境检疫的列车,在查验中发现检疫传染病或者疑似检疫传染病,或者因受卫生处理不能按原定时间发车,卫生检疫机关应当及时通知车站的站长。如果列车在原停车地点不宜实施卫生处理,站长可以选择站内其他地点实施卫生处理。在处理完毕之前,未经卫生检疫机关许可,任何人不准上下列车,不准装卸行李、货物、邮包等物品。为了保证入境直通列车的正常运输,卫生检疫机关可以派员随车实施检疫,列车长应当提供方便。

检疫证的签发,在对列车或者其他车辆实施入境、出境检疫完毕后,检疫医师应当根据检疫结果分别签发入境、出境检疫证;或者在必要的卫生处理完毕后,再分别签发入境、出境检疫证。

徒步入境、出境的人员,必须首先在指定的场所接受入境、出境查验,未经卫生检疫机关许可,不准离开指定的场所。

受入境、出境检疫的列车以及其他车辆,载有来自疫区、有染疫或者染疫嫌疑或者夹带能传播传染病的病媒昆虫和啮齿动物的货物,应当接受卫生检查和必要的卫生处理。

第三节 国境卫生检疫的传染病管理

国境卫生检疫传染病的管理,包括对检疫传染病的管理和对监测传染病的管理。检疫传染病是指鼠疫、霍乱、黄热病等严重疫病,这些疫病必须严格检出并进行卫生处理。监测传染病是指危害性相对较小的疫病,无须每次都严格检出及卫生处理,只需对其进行监测,仅当疫情超出一定程度时,才需要采取临时的严格检出及卫生处理。

一、各种检疫传染病的管理

(一)鼠疫

鼠疫的潜伏期为 6 日。船舶、航空器在到达时,有下列情形之一的,为染有鼠疫:(1)船舶、航空器上有鼠疫病例的;(2)船舶、航空器上发现有感染鼠疫的啮齿动物的;(3)船舶上曾经有人在上船 6 日以后患鼠疫。船舶在到达时,有下列情形之一的,为染有鼠疫嫌疑:(1)船舶上没有鼠疫病例,但曾经有人在上船后 6 日以内患鼠疫的;(2)船上啮齿动物有反常死亡,并且死因不明的。

对染有鼠疫的船舶、航空器应当实施下列卫生处理:(1)对染疫人实施隔离。(2)对染疫嫌疑人实施除虫,并且从到达时算起,实施不超过 6 日的就地诊验或者留验。在此期间,船上的船员除因工作需要并且经卫生检疫机关许可外,不准上岸。(3)对染疫人、染疫嫌疑人的行李、使用过的其他物品和卫生检疫机关认为有污染嫌疑的物品,实施除虫,必要时实施消毒。(4)对染疫人占用过的部位和卫生检疫机关认为有污染嫌疑的部位,实施除虫,必要时实施消毒。(5)船舶、航空器上有感染鼠疫的啮齿动物,卫生检疫机关必须实施除鼠。如果船舶上发现只有未感染鼠疫的啮齿动物,卫生检疫机关也可以实施除鼠。实施除鼠可以在隔离的情况下进行。对船舶的除鼠应当在卸货以前进行。(6)卸货应当在卫生检疫机关的监督下进行,并且防止卸货的工作人员遭受感染,必要时,对卸货的工作人员从卸货完毕时算起,实施不超过 6 日的就地诊验或者留验。对染有鼠疫嫌疑的船舶,应当实施前述第(2)项至第(6)项规定的卫生处理。对到达的时候载有鼠疫病例的列车和其他车辆,除了实施前述第(1)项、第(3)项、第(4)项、第(6)项规定的卫生处理之外,还应当对染疫嫌疑人实施除虫,并且从到达时算起,实施不超过 6 日的就地诊验或者留验;必要时,对列车和其他车辆实施除鼠。

对没有染疫的船舶、航空器,如果来自鼠疫疫区,卫生检疫机关认为必要时,可以实施下列卫生处理:(1)对离船、离航空器的染疫嫌疑人,从船舶、航空器离开疫区的时候算起,实施不超过 6 日的就地诊验或者留验;(2)在特殊情况下,对船舶、航空器实施除鼠。

(二)霍乱

霍乱潜伏期为 5 日。船舶在到达的时候载有霍乱病例,或者在到达前 5 日以内,船上曾经有霍乱病例发生,为染有霍乱。船舶在航行中曾经有霍乱病例发生,但是在到达前 5 日以内,没有发生新病例,为染有霍乱嫌疑。航空器在到达的时候载有霍乱病例,为染有霍乱。航空器在航行中曾经有霍乱病例发生,但在到达以前该病员已经离去,为染有霍乱嫌疑。

对染有霍乱的船舶、航空器,应当实施下列卫生处理:(1)对染疫人实施隔离。(2)对离船、离航空器的员工、旅客,从卫生处理完毕时算起,实施不超过 5 日的就地诊验或者留验;从船舶到达时算起 5 日内,船上的船员除因工作需要,并且经卫生检疫机关许可外,不准上岸。(3)对染疫人、染疫嫌疑人的行李,使用过的其他物品和有污染嫌疑的物品、食品实施消毒。(4)对染疫人占用的部位,污染嫌疑部位,实施消毒。(5)对污染或者有污染嫌疑的饮用水,应当实施消毒后排放,并在储水容器消毒后再换清洁饮用水。(6)人的排泄物、垃圾、废水、废物和装自霍乱疫区的压舱水,未经消毒,不准排放和移下。(7)卸货必须在卫生检疫机关的监督下进行,并且应防止工作人员遭受感染,必要时,对卸货工作人员从卸货完毕时算起,实施不超过 5 日的就地诊验或者留验。

对染有霍乱嫌疑的船舶、航空器除了实施前述第(2)项至第(7)项规定的卫生处理之外,还应当对离船、离航空器的员工、旅客从到达时算起,实施不超过 5 日的就地诊验或者留验。在此期间,船上的船员除因工作需要,并经卫生检疫机关许可外,不准离开口岸区域;或者对离船、离航空器的员工、旅客,从离开疫区时算起,实施不超过 5 日的就地诊验或者留验。

对没有染疫的船舶、航空器,如果来自霍乱疫区,卫生检疫机关认为必要时,可以实施下列卫生处理:(1)前述第(5)项、第(6)项规定的卫生处理;(2)对离船、离航空器的员工、旅客,从离开疫区时算起,实施不超过 5 日的就地诊验或者留验。

对到达时载有霍乱病例的列车和其他车辆应当:第一,实施前述第(1)项、第(3)项、第(4)项、第(5)项、第(7)项规定的卫生处理;第二,对染疫嫌疑人从到达时算起,实施不超过 5 日的就地诊验或者留验。

对来自霍乱疫区的或者染有霍乱嫌疑的交通工具,卫生检疫机关认为必要时,可以实施除虫、消毒;如果交通工具载有水产品、水果、蔬菜、饮料及其他食品,除装在密封容器内没有被污染外,未经卫生检疫机关许可,不准卸下,必要时可以实施卫生处理。

对来自霍乱疫区的水产品、水果、蔬菜、饮料以及装有这些制品的邮包,卫生检疫机关在查验时,为了判明是否被污染,可以抽样检验,必要时可以实施卫生处理。

(三)黄热病

黄热病的潜伏期为 6 日。来自黄热病疫区的人员,在入境时,必须向卫生检疫机关出示有效的黄热病预防接种证书。对无有效的黄热病预防接种证书的人员,卫生检疫机关可以从该人员离开感染环境的时候算起,实施 6 日的留验,或者实施预防接种并留验到黄热病预防接种证书生效时为止。

航空器到达时载有黄热病病例,为染有黄热病。来自黄热病疫区的航空器,应当出示在疫区起飞前的灭蚊证书;如果在到达时不出示灭蚊证书,或者卫生检疫机关认为出示的灭蚊证书不符合要求,并且在航空器上发现活蚊的,为染有黄热病嫌疑。

船舶在到达时载有黄热病病例,或者在航行中曾经有黄热病病例发生,为染有黄热病。船舶在到达时,如果离开黄热病疫区没有满6日,或者没有满30日并且在船上发现埃及伊蚊或者其他黄热病媒介,为染有黄热病嫌疑。

对染有黄热病的船舶、航空器,应当实施下列卫生处理:(1)对染疫人实施隔离;(2)对离船、离航空器又无有效的黄热病预防接种证书的员工、旅客,从该人员离开感染环境的时候算起,实施6日的留验,或者实施预防接种并留验到黄热病预防接种证书生效时为止;(3)彻底杀灭船舶、航空器上的埃及伊蚊及其虫卵、幼虫和其他黄热病媒介,并且在没有完成灭蚊以前限制该船与陆地和其他船舶的距离不少于400米;(4)卸货应当在灭蚊以后进行,如果在灭蚊以前卸货,应当在卫生检疫机关监督下进行,并且采取预防措施,使卸货的工作人员免受感染,必要时,对卸货的工作人员,从卸货完毕时算起,实施6日的就地诊验或者留验。对染有黄热病嫌疑的船舶、航空器,应当实施前述第(2)项至第(4)项规定的卫生处理。

对没有染疫的船舶、航空器,如果来自黄热病疫区,卫生检疫机关认为必要时,可以实施前述第(3)项规定的卫生处理。对到达的时候载有黄热病病例的列车和其他车辆,或者来自黄热病疫区的列车和其他车辆,应当实施前述第(1)项、第(4)项规定的卫生处理;对列车、车辆彻底杀灭成蚊及其虫卵、幼虫;对无有效黄热病预防接种证书的员工、旅客,应当从该人员离开感染环境的时候算起,实施6日的留验,或者实施预防接种并留验到黄热病预防接种证书生效时为止。

二、就地诊验、留验和隔离

就地诊验是指一个人在卫生检疫机关指定的期间,到就近的卫生检疫机关或者其他医疗卫生单位去接受诊察和检验;或者卫生检疫机关、其他医疗卫生单位到该人员的居留地,对其进行诊察和检验。卫生检疫机关对接受就地诊验的人员,应当发给就地诊验记录簿,必要的时候,可以在该人员出具履行就地诊验的保证书以后,再发给其就地诊验记录簿。接受就地诊验的人员应当携带就地诊验记录簿,按照卫生检疫机关指定的期间、地点,接受医学检查;如果就地诊验的结果为没有染疫,就地诊验期满的时候,受就地诊验的人员应当将就地诊验记录簿退还卫生检疫机关。

卫生检疫机关应当将接受就地诊验人员的情况,用最快的方法通知接受就地诊验人员旅行停留地的卫生检疫机关或者其他医疗卫生单位。卫生检疫机关、医疗卫生单位遇有接受就地诊验的人员请求医学检查时,应当视同急诊给予医学检查,并将检查结果在就地诊验记录簿上签注;如果发现其患检疫传染病或者监测传染病、疑似检疫传染病或者疑似监测传染病时,应当立即采取必要的卫生措施,将其就地诊验记录簿收回存查,并且报告当地卫生防疫机构和签发就地诊验记录簿的卫生检疫机关。

留验是指将染疫嫌疑人收留在指定的处所进行诊察和检验。受留验的人员必须在卫生检疫机关指定的场所接受留验;但是有下列情形之一的,经卫生检疫机关同意,可以在船上留验:(1)船长请求船员在船上留验的;(2)旅客请求在船上留验,经船长同意,并且船上有船医和医疗、消毒设备的。受留验的人员在留验期间如果出现检疫传染病的症状,卫生检疫机关应当立即对该人员实施隔离,对与其接触的其他受留验的人员,应当实施必要的卫生处理,并且从卫生处理完毕时算起,重新计算留验时间。

三、传染病监测

传染病监测是指对特定环境、人群进行流行病学、血清学、病原学、临床症状以及其他有关影响因素的调查研究,预测有关传染病的发生、发展和流行。入境、出境的交通工具、人员、食品、饮用水和其他物品以及病媒昆虫、动物,均为传染病监测的对象。传染病检测系统主要包括国家法定报告的传染病监测系统和以特殊人群[1]为基础的传染病监测系统。[2] 传染病监测点应当按照合理性原则、有效性原则和意愿配合原则进行设置。[3]

传染病监测的内容是:(1)首发病例的个案调查;(2)暴发流行的流行病学调查;(3)传染源调查;(4)国境口岸内监测传染病的回顾性调查;(5)病原体的分离、鉴定,人群、有关动物血清学调查以及流行病学调查;(6)有关动物、病媒昆虫、食品、饮用水和环境因素的调查;(7)消毒、除鼠、除虫的效果观察与评价;(8)国境口岸以及国内外监测传染病疫情的收集、整理、分析和传递;

---

[1]　选择特殊人群应当遵循两个原则:(1)选择有相对恒定性的人群;(2)选择有可能成为传入、传出检疫传染病、监测传染病或带菌(毒)的人群。

[2]　一般疾病监测系统除了这两个系统外,还包括了以实验室为基础的监测系统和以医院为基础的监测系统。

[3]　陆永昌、张家祝、张明江:《检验检疫传染病监测系统和监测点的设置原则》,载《中国国境卫生检疫杂志》2001年第4期。

(9)对监测对象开展健康检查和对监测传染病病人、疑似病人、密切接触人员的管理。

卫生检疫机关应当阻止患有严重精神病、传染性肺结核病或者有可能对公共卫生造成重大危害的其他传染病的外国人入境。卫生检疫机关在国境口岸内设立传染病监测点时,有关单位应当给予协助并提供方便。受入境、出境检疫的人员,必须根据检疫医师的要求,如实填报健康申明卡,出示某种有效的传染病预防接种证书、健康证明或者其他有关证件。

卫生检疫机关对国境口岸的涉外宾馆、饭店内居住的入境、出境人员及工作人员实施传染病监测,并区别情况采取必要的预防、控制措施。对来自检疫传染病和监测传染病疫区的人员,检疫医师可以根据流行病学和医学检查结果,发给就诊方便卡。卫生检疫机关、医疗卫生单位遇到持有就诊方便卡的人员请求医学检查时,应当视同急诊给予医学检查;如果发现其患检疫传染病或者监测传染病,疑似检疫传染病或者疑似监测传染病,应当立即实施必要的卫生措施,并且将情况报告当地卫生防疫机构和签发就诊方便卡的卫生检疫机关。

凡申请出境居住1年以上的中国籍人员,必须持有卫生检疫机关签发的健康证明。中国公民出境、入境管理机关凭卫生检疫机关签发的健康证明办理出境手续。凡在境外居住1年以上的中国籍人员,入境时必须向卫生检疫机关申报健康情况,并在入境后1个月内到就近的卫生检疫机关或者县级以上的医院进行健康检查。公安机关凭健康证明办理有关手续。健康证明的副本应当寄送到原入境口岸的卫生检疫机关备案。国际通行交通工具上的中国籍员工,应当持有卫生检疫机关或者县级以上医院出具的健康证明。健康证明的项目、格式由国家质量监督检验检疫总局统一规定,有效期为12个月。

四、口岸艾滋病的预防控制

根据《国务院关于修改〈中华人民共和国国境卫生检疫法实施细则〉的决定》(中华人民共和国国务院令第574号),国家质量监督检验检疫总局将《口岸艾滋病防治管理办法》修改为《口岸艾滋病预防控制管理办法》,并于2011年4月8日公布。《口岸艾滋病预防控制管理办法》依据《中华人民共和国国境卫生检疫法》及其实施细则和《艾滋病防治条例》等法律法规的规定制定,适用于口岸艾滋病的检疫、监测、疫情报告及控制、宣传教育等工作。

检验检疫机构应当配合当地政府做好艾滋病预防控制工作,与地方各级卫生行政主管部门、疾病预防控制机构、公安机关、边防检查机关等建立协作机制,将口岸监控艾滋病的措施与地方的预防控制行动计划接轨,共同做好口岸艾滋病预防控制及病毒感染者和艾滋病病人的监控工作。检验检疫机构应当在出入境口岸加强艾滋病防治的宣传教育工作,对入出境人员有针对性地提供艾滋病防治的咨询和指导,并设立咨询电话,向社会公布。

(一)口岸检疫

检验检疫机构应当加强对入出境人员以及入出境微生物、人体组织、生物制品、血液及其制品等物品(以下简称特殊物品)的检疫和监督管理工作。

患有艾滋病或者感染艾滋病病毒的入境人员,在入境时应当如实向检验检疫机构申报,检验检疫机构应当对其进行健康咨询,并及时通知其目的地的疾病预防控制部门。

申请出境1年以上的中国公民以及在国际通航的交通工具上工作的中国籍员工,应当持有检验检疫机构或者县级以上医院出具的含艾滋病检测结果的有效健康检查证明。

申请来华居留的境外人员,应当到检验检疫机构进行健康体检,凭检验检疫机构出具的含艾滋病检测结果的有效健康检查证明到公安机关办理居留手续。

(二)口岸监测

国家质检总局应当建立健全口岸艾滋病监测网络。检验检疫机构根据口岸艾滋病流行趋势,设立口岸艾滋病监测点,并报国家质检总局备案。检验检疫机构按照国务院卫生行政主管部门和国家质检总局制定的艾滋病监测工作规范,开展艾滋病的监测工作,根据疫情变化情况和流行趋势,加强入出境重点人群的艾滋病监测。

国家质检总局根据口岸艾滋病预防控制工作的需要,确定艾滋病筛查实验室和确证实验室。艾滋病筛查和确证实验室应当按照国家菌(毒)种和实验室生物安全管理的有关规定开展工作。检验检疫机构承担艾滋病检测工作的实验室应当符合国务院卫生主管部门的标准和规范并经验收合格,方可开展艾滋病病毒抗体及相关检测工作。

检验检疫机构为自愿接受艾滋病咨询和检测的人员提供咨询和筛查检测,发现艾滋病病毒抗体为阳性的,应当及时将样本送艾滋病确证实验室进行确证。

检验检疫机构应当按照国家有关规定,严格执行标准操作规程、生物安全管理制度及消毒管理制度,防止艾滋病医源性感染的发生。

(三)疫情报告及控制

检验检疫机构及其工作人员发现艾滋病病毒感染者和艾滋病病人时,应当按照出入境口岸卫生检疫信息报告的相关规定报告疫情,并按照有关法律法规的规定及时向当地卫生行政部门通报口岸艾滋病疫情信息。

检验检疫机构应当对有证据证明可能被艾滋病病毒污染的物品,进行封存、检验或者消毒。经检验,属于被艾滋病病毒污染的物品,应当进行卫生处理或者予以销毁。对检出的艾滋病病毒感染者、艾滋病病人,应当进行流行病学调查,提供艾滋病防治咨询服务。艾滋病病毒感染者、艾滋病病人应当配合检验检疫机构的调查工作并接受相应的医学指导。

检验检疫机构为掌握或者控制艾滋病疫情进行相关调查时,被调查单位和个人必须提供真实信息,不得隐瞒或者编造虚假信息。未经本人或者其监护人同意,检验检疫机构及其工作人员不得公开艾滋病病毒感染者、艾滋病病人的相关信息。

(四)保障措施

检验检疫机构负责所辖口岸艾滋病预防控制专业队伍建设,配备合格的专业人员,开展专业技能的培训。口岸艾滋病预防控制经费由国家质检总局纳入预算,设立检验检疫机构艾滋病防治专项经费项目,用于艾滋病实验室建设及口岸艾滋病的预防控制工作。艾滋病预防控制资金要保证专款专用,提高资金使用效益,严禁截留或者挪作他用。

第四节　国境卫生检疫监督管理的一般规定

一、卫生监督的概念

国境卫生检疫监督管理是卫生监督的重要环节,与国内的卫生监督一起构成了一国完整的卫生监督体系。卫生监督是指为保护人民健康、保证生产和生活条件合乎卫生要求,卫生机关对有关单位或个人执行和遵守国家或地方卫生法规和卫生标准的情况所进行的检查。[①] 或者说,卫生监督指执行卫生法规和卫生标准所进行的卫生检查、卫生鉴定、卫生评价和采样检验。

二、卫生监督的职责

国境卫生检疫机关根据国家规定的卫生标准,对国境口岸的卫生状况和停留在国境口岸的入境、出境的交通工具的卫生状况实施卫生监督:(1)监督和指导有关人员对啮齿动物、病媒昆虫的根除;(2)检查和检验食品、饮用水及其储存、供应、运输设施;(3)监督从事食品、饮用水供应的从业人员的健康状况,检查其健康证明书;(4)监督和检查垃圾、废物、污水、粪便、压舱水的处理。

国境卫生检疫机关设立国境口岸卫生监督员,执行国境卫生检疫机关交给的任务。国境口岸卫生监督员在执行任务时,有权对国境口岸和入境、出境的交通工具进行卫生监督和技术指导,对卫生状况不良和可能引起传染病传播的因素提出改进意见,协同有关部门采取必要的措施,进行卫生处理。

三、卫生监督的要求

对国境口岸的卫生要求是:(1)国境口岸和国境口岸内涉外的宾馆、生活服务单位以及候船、候车、候机厅(室)应当有健全的卫生制度和必要的卫生设施,并保持室内外环境整洁、通风良好。(2)国境口岸有关部门应当采取切实可行的措施,控制啮齿动物、病媒昆虫,使其数量降低到不足为害的程度。仓库、货场必须具有防鼠设施。(3)国境口岸的垃圾、废物、污水、粪便必须进行无害化处理,保持国境口岸环境整洁卫生。

对交通工具的卫生要求是:(1)交通工具上的宿舱、车厢必须保持清洁卫生,通风良好;(2)交通工具上必须备有足够的消毒、除鼠、除虫药物及器械,并备有防鼠装置;(3)交通工具上的货舱、行李舱、货车车厢在装货前或者卸货后应当进行彻底清扫,有毒物品和食品不得混装,防止污染;(4)对不符合卫生要求的入境、出境交通工具,必须接受卫生检疫机关的督导立即进行改进。

对饮用水、食品及从业人员的卫生要求是:(1)国境口岸和交通工具上的食品、饮用水必须符合有关的卫生标准;(2)国境口岸内的涉外宾馆,以及向入境、出境的交通工具提供饮食服务的部门,营业前必须向卫生检疫机关申请卫

---

① 辞海编辑委员会:《辞海》,上海辞书出版社 1989 年版,第 1074 页。

生许可证;(3)国境口岸内涉外的宾馆和入境、出境交通工具上的食品、饮用水从业人员应当持有卫生检疫机关签发的健康证书。该证书自签发之日起12个月内有效。

国境口岸有关单位和交通工具负责人应当遵守下列事项:(1)遵守《国境卫生检疫法》和其实施细则及有关卫生法规的规定;(2)接受卫生监督员的监督和检查,并为其工作提供方便;(3)按照卫生监督员的建议,对国境口岸和交通工具的卫生状况及时采取改进措施。

第五节 国境卫生检疫监督管理的特殊规定

一、检验检疫突发事件应急处理

《国境口岸突发公共卫生事件出入境检验检疫应急处理规定》(2003年11月7日由国家质量监督检验检疫总局公布)依据《中华人民共和国国境卫生检疫法》及其实施细则和《突发公共卫生事件应急条例》制定本规定,适用于在涉及国境口岸和出入境人员、交通工具、货物、集装箱、行李、邮包等范围内,对突发事件的应急处理。此处所称突发公共卫生事件(以下简称突发事件)是指突然发生,造成或可能造成出入境人员和国境口岸公众健康严重损害的重大传染病疫情、群体性不明原因疾病、重大食物中毒以及其他严重影响公众健康的事件,包括:

(1)发生鼠疫、霍乱、黄热病、肺炭疽、传染性非典型肺炎病例的;

(2)乙类、丙类传染病较大规模的暴发、流行或多人死亡的;

(3)发生罕见的或者国家已宣布消除的传染病等疫情的;

(4)传染病菌种、毒种丢失的;

(5)发生临床表现相似的但致病原因不明且有蔓延趋势或可能蔓延趋势的群体性疾病的;

(6)中毒人数在10人以上或者有人中毒死亡的;

(7)国内外发生突发事件,可能危及国境口岸的。

国境口岸突发事件出入境检验检疫应急处理,应当遵循预防为主、常备不懈的方针,贯彻统一领导、分级负责、反应及时、措施果断、依靠科学、加强合作的原则。各级检验检疫机构对参加国境口岸突发事件出入境检验检疫应急处理作出贡献的人员应给予表彰和奖励。

(一)组织管理

国家质量监督检验检疫总局(简称国家质检总局)及其设在各地的直属出入境检验检疫局(以下简称直属检验检疫局)和分支机构,组成国境口岸突发事件出入境检验检疫应急指挥体系。

1. 国家质检总局的职责

国家质检总局统一协调、管理国境口岸突发事件出入境检验检疫应急指挥体系,并履行下列职责:

(1)研究制订国境口岸突发事件出入境检验检疫应急处理方案。

(2)指挥和协调检验检疫机构做好国境口岸突发事件出入境检验检疫应急处理工作,组织调动本系统的技术力量和相关资源。

(3)检查督导检验检疫机构有关应急工作的落实情况,督察各项应急处理措施落实到位。

(4)协调与国家相关行政主管部门的关系,建立必要的应急协调联系机制。

(5)收集、整理、分析和上报有关情报信息和事态变化情况,为国家决策提供处置意见和建议;向各级检验检疫机构传达、部署上级机关有关各项命令。

(6)鼓励、支持和统一协调开展国境口岸突发事件出入境检验检疫监测、预警、反应处理等相关技术的国际交流与合作。

国家质检总局成立国境口岸突发事件出入境检验检疫应急处理专家咨询小组,为应急处理提供专业咨询、技术指导,为应急决策提供建议和意见。

2. 直属检验检疫局的职责

直属检验检疫局负责所辖区域内的国境口岸突发事件出入境检验检疫应急处理工作,并履行下列职责:

(1)在本辖区组织实施国境口岸突发事件出入境检验检疫应急处理预案;

(2)调动所辖检验检疫机构的力量和资源,开展应急处置工作;

(3)及时向国家质检总局报告应急工作情况、提出工作建议;

(4)协调与当地人民政府及其卫生行政部门以及口岸管理部门、海关、边检等相关部门的联系。

直属检验检疫局成立国境口岸突发事件出入境检验检疫应急处理专业技术机构,承担相应工作。

3. 分支机构的职责

分支机构应当履行下列职责：

（1）组建突发事件出入境检验检疫应急现场指挥部，根据具体情况及时组织现场处置工作；

（2）与直属检验检疫局突发事件出入境检验检疫应急处理专业技术机构共同开展现场应急处置工作，并随时上报信息；

（3）加强与当地人民政府及其相关部门的联系与协作。

（二）应急准备

国家质检总局按照《突发公共卫生事件应急条例》的要求，制订全国国境口岸突发事件出入境检验检疫应急预案。各级检验检疫机构根据全国国境口岸突发事件出入境检验检疫应急预案，结合本地口岸实际情况，制订本地国境口岸突发事件出入境检验检疫应急预案，并报上一级机构和当地政府备案。

各级检验检疫机构应当做好以下几方面工作：（1）定期开展突发事件出入境检验检疫应急处理相关技能的培训，组织突发事件出入境检验检疫应急演练，推广先进技术；（2）根据国境口岸突发事件出入境检验检疫应急预案的要求，保证应急处理人员、设施、设备、防治药品和器械等资源的配备、储备，提高应对突发事件的处理能力；（3）依照法律、行政法规、规章的规定，开展突发事件应急处理知识的宣传教育，增强对突发事件的防范意识和应对能力。

（三）报告与通报

国家质检总局建立国境口岸突发事件出入境检验检疫应急报告制度，建立重大、紧急疫情信息报告系统。国家质检总局和各级检验检疫机构应当指定专人负责信息传递工作，并将人员名单及时向所辖系统内通报。

国境口岸有关单位和个人发现有必须报告的规定情形之一的，应当及时、如实地向所在口岸的检验检疫机构报告，不得隐瞒、缓报、谎报或者授意他人隐瞒、缓报、谎报。分支机构获悉有必须报告的规定情形之一的，应当在1小时内向直属检验检疫局报告，并同时向当地政府报告。直属检验检疫局应当在接到报告1小时内向国家质检总局报告，并同时向当地政府报告。国家质检总局对可能造成重大社会影响的突发事件，应当及时向国务院报告。

接到报告的检验检疫机构应当依照本规定立即组织力量对报告事项调查核实、确证，采取必要的控制措施，并及时报告调查情况。国家质检总局应当将突发事件的进展情况，及时向国务院有关部门和直属检验检疫局通报。接到通报的直属检验检疫局，应当及时通知本局辖区内的有关分支机构。

178

国家质检总局建立突发事件出入境检验检疫风险预警快速反应信息网络系统。各级检验检疫机构负责将发现的突发事件通过网络系统及时向上级报告,国家质检总局通过网络系统及时通报。

(四)应急处理

突发事件发生后,发生地检验检疫机构经上一级机构批准,应当对突发事件现场采取下列紧急控制措施:

1. 对现场进行临时控制,限制人员出入;对疑为人畜共患的重要疾病疫情,禁止病人或者疑似病人与易感动物接触。

2. 对现场有关人员进行医学观察,临时隔离留验。

3. 对出入境交通工具、货物、集装箱、行李、邮包等采取限制措施,禁止移运。

4. 封存可能导致突发事件发生或者蔓延的设备、材料、物品。

5. 实施紧急卫生处理措施。

检验检疫机构应当组织专家对突发事件进行流行病学调查、现场监测、现场勘验,确定危害程度,初步判断突发事件的类型,提出启动国境口岸突发事件出入境检验检疫应急预案的建议。

国家质检总局国境口岸突发事件出入境检验检疫应急预案应当报国务院批准后实施;各级检验检疫机构的国境口岸突发事件出入境检验检疫应急预案的启动,应当报上一级机构批准后实施,同时报告当地政府。

国境口岸突发事件出入境检验检疫技术调查、确证、处置、控制和评价工作由直属检验检疫局应急处理专业技术机构实施。

根据突发事件应急处理的需要,国境口岸突发事件出入境检验检疫应急处理指挥体系有权调集出入境检验检疫人员、储备物资、交通工具以及相关设施、设备;必要时,国家质检总局可以依照《中华人民共和国国境卫生检疫法》第6条的规定,提请国务院下令封锁有关的国境或者采取其他紧急措施。

参加国境口岸突发事件出入境检验检疫应急处理的工作人员,应当按照预案的规定,采取卫生检疫防护措施,并在专业人员的指导下进行工作。

出入境交通工具上发现传染病病人、疑似传染病病人,其负责人应当以最快的方式向当地口岸检验检疫机构报告,检验检疫机构接到报告后,应当立即组织有关人员采取相应的卫生检疫处置措施。对出入境交通工具上的传染病病人密切接触者,应当依法予以留验和医学观察;或依照卫生检疫法律、行政法规的规定,采取控制措施。

检验检疫机构应当对临时留验、隔离人员进行必要的检查检验,并按规定作详细记录;对需要移送的病人,应当按照有关规定将病人及时移交给有关部门或机构进行处理。

在突发事件中被实施留验、就地诊验、隔离处置、卫生检疫观察的病人、疑似病人和传染病病人密切接触者,在检验检疫机构采取卫生检疫措施时,应当予以配合。

二、出入境口岸食品卫生监督管理

《出入境口岸食品卫生监督管理规定》(2006 年 3 月 1 日由国家质量监督检验检疫总局公布)根据《中华人民共和国国境卫生检疫法》及其实施细则、《中华人民共和国食品卫生法》等有关法律法规的规定制定,适用于对在出入境口岸从事食品生产经营单位以及为出入境交通工具提供食品、饮用水服务的口岸食品生产经营单位(以下简称食品生产经营单位)的卫生监督管理。

检验检疫机构对食品生产经营单位实行卫生许可管理;对在出入境口岸内以及出入境交通工具上的食品、饮用水从业人员(以下简称从业人员)实行健康许可管理。检验检疫机构对口岸食品卫生监督管理实行风险分析和分级管理。检验检疫机构按照国家有关食品卫生标准对出入境口岸食品进行卫生监督管理。尚未制定国家标准的,可以按照国家质检总局指定的相关标准进行卫生监督管理。

(一)食品生产经营单位的许可管理

食品生产经营单位在新建、扩建、改建时应当接受其所在地检验检疫机构的卫生监督。

1. "卫生许可证"的申请

食品生产经营单位从事口岸食品生产经营活动前,应当向其所在地检验检疫机构申请办理"中华人民共和国国境口岸食品生产经营单位卫生许可证"(以下简称"卫生许可证")。

申请"卫生许可证"的食品生产经营单位应当具备以下卫生条件:

(1)具备与食品生产经营活动相适应的经营场所、卫生环境、卫生设施及设备;

(2)餐饮业应当制定符合餐饮加工、经营过程卫生安全要求的操作规范以及保证所加工、经营餐饮质量的管理制度和责任制度;

(3)具有健全的卫生管理组织和制度;

(4)从业人员未患有有碍食品卫生安全的传染病;

(5)从业人员具备与所从事的食品生产经营工作相适应的食品卫生安全常识。

食品生产经营单位在申请办理"卫生许可证"时,需向检验检疫机构提交以下材料:

(1)"卫生许可证"申请书;

(2)"营业执照"复印件(取得后补交);

(3)内部卫生管理组织、制度和机构资料;

(4)从业人员"健康证明书"和卫生知识培训合格证明;

(5)生产经营场所平面图和生产工艺流程图;

(6)生产原料组成成分、生产设备资料、卫生设施和产品包装材料说明;

(7)食品生产单位提交生产用水卫生检验报告;

(8)产品卫生标准、产品标识,生产产品的卫生检验结果以及安全卫生控制措施;

(9)其他需要提交的有关资料。

2."卫生许可证"申请的审批

检验检疫机构按规定要求对申请材料进行审核,确定材料是否齐全、是否符合有关规定要求,作出受理或者不受理的决定,并出具书面凭证。对提交的材料不齐全或者不规范的,应当当场或者在受理后 5 日内一次告知申请人补正。逾期不告知的,自收到申请材料之日起即为受理。

检验检疫机构受理食品生产经营单位申请后,对申请材料进行审核,并按照国家质检总局的规定进行现场卫生许可考核及量化评分。检验检疫机构根据材料审核、现场考核及评分的结果,自受理之日起 20 日内,对食品生产经营单位作出准予许可或者不予许可的决定(现场考核时间除外,现场考核时间最长不超过 1 个月),并应当自作出决定之日起 10 日内向申请人颁发或者送达卫生许可证件。"卫生许可证"有效期为 1 年。食品生产经营单位需要延续"卫生许可证"有效期的,应当在"卫生许可证"期满前 30 日内向检验检疫机构提出申请。

3."卫生许可证"的变更

在"卫生许可证"有效期内,食品生产经营单位变更生产经营项目、变更法人、变更单位名称、迁移厂址、改建、扩建、新建项目时,应当向作出卫生许可决定的检验检疫机构申报。

4."卫生许可证"的注销

食品生产经营单位在停业时,应当到作出卫生许可决定的检验检疫机构办理注销手续,缴销"卫生许可证"。

5."卫生许可证"的异地备案

食品生产经营单位在向异地食品生产经营单位提供食品及食品用产品时,可凭有效的"卫生许可证"到该地的检验检疫机构备案。

(二)从业人员卫生管理

检验检疫机构对从业人员实行健康许可管理。从业人员每年必须到检验检疫机构认可的医疗卫生机构进行健康检查,新参加工作和临时参加工作的从业人员上岗前必须进行健康检查。

从业人员应当向检验检疫机构申请"健康证明书"。申请办理"健康证明书"时,应当提交以下材料:

1."健康证"申请书;

2.有效的身份证明;

3.检验检疫机构认可的医疗卫生机构出具的体检报告。

检验检疫机构按照国家质检总局的有关规定对上述材料进行审查,对经审查合格的从业人员,颁发"健康证明书"。"健康证明书"有效期为1年。取得"健康证明书"的人员,方可从事口岸食品生产经营工作。

检验检疫机构负责监督、指导和协助本口岸食品生产经营单位的人员培训和考核工作。从业人员应当具备食品卫生常识和食品法律、法规知识。检验检疫机构将健康检查合格和卫生知识培训合格的结果制作成胸卡。从业人员工作时应当佩戴胸卡以备检查。

(三)食品卫生监督管理

食品生产经营单位应当健全本单位的食品卫生管理制度,配备专职或者兼职的食品卫生管理人员,加强对所生产经营食品的检验工作。

食品生产经营单位应当建立进货检查验收制度。采购食品及原料时,应当按照国家有关规定索取检验合格证或者化验单,查阅卫生许可证。向出入境交通工具提供食品的单位应当建立进货检查验收制度,同时应当建立销售食品及原料单位的卫生档案。检验检疫机构定期对采购的食品及原料进行抽查,并对其卫生档案进行审核。卫生档案应当包括下列资料:

1.营业执照(复印件);

2. 生产许可证(复印件);

3. 卫生许可证(复印件);

4. 使用进口原材料者,需提供进口食品卫生证书(复印件);

5. 供货合同或者意向书;

6. 相关批次的检验合格证或者化验单;

7. 产品清单及其他需要的有关资料。

检验检疫机构根据法律、法规、规章以及卫生规范的要求对食品生产经营单位进行监督检查,监督检查主要包括:

1. 卫生许可证、从业人员健康证及卫生知识培训情况;

2. 卫生管理组织和管理制度情况;

3. 环境卫生、个人卫生、卫生设施、设备布局和工艺流程情况;

4. 食品生产、采集、收购、加工、贮存、运输、陈列、供应、销售等情况;

5. 食品原料、半成品、成品等的感官性状及食品添加剂使用情况以及索证情况;

6. 食品卫生检验情况;

7. 对食品的卫生质量、餐具、饮具及盛放直接入口食品的容器进行现场检查,进行必要的采样检验;

8. 供水的卫生情况;

9. 使用洗涤剂和消毒剂的卫生情况;

10. 医学媒介生物防治情况。

检验检疫机构对食品生产经营单位进行日常卫生监督,应当由 2 名以上口岸卫生监督员根据现场检查情况,规范填写评分表。评分表需经被监督单位负责人或者有关人员核实无误后,由口岸卫生监督员和被监督单位负责人或者有关人员共同签字,修改之处由被监督单位负责人或者有关人员签名或者印章覆盖。被监督单位负责人或者有关人员拒绝签字的,口岸卫生监督员应当在评分表上注明拒签事由。

检验检疫机构应当根据食品卫生检验的有关规定采集样品,并及时送检。采样时应当向被采样单位或者个人出具采样凭证。

向出入境交通工具供应食品、饮用水的食品生产经营单位,供应食品、饮用水前应当向检验检疫机构申报,经检验检疫机构对供货产品登记记录、相关批次的检疫合格证和检验报告以及其他必要的有关资料等审核无误后,方可供应食品和饮用水。

航空食品生产经营单位应当积极推行生产企业良好操作规范(GMP)、危

害分析与关键控制点(HACCP)等质量控制与保证体系,提高食品卫生安全水平。

(四)风险分析与分级管理

检验检疫机构依照有关法律、行政法规和标准的规定,结合现场监督情况,对出入境口岸食品实行风险分析和分级管理。

检验检疫机构应当组织技术力量,对口岸食源性疾病发生、流行以及分布进行监测,对口岸食源性疾病流行趋势进行预测,并提出预防控制对策,开展风险分析。

检验检疫机构根据对口岸食品生产经营单位进行卫生许可审查和日常卫生监督检查的结果,对不同类型的食品生产经营单位实施分级管理:

1. 卫生许可审查和日常卫生监督检查均为良好的单位,评为 A 级单位。检验检疫机构对 A 级单位每月监督 1 次;

2. 卫生许可审查和日常卫生监督检查有 1 个良好的,评为 B 级单位,检验检疫机构对 B 级单位每月监督 2 次;

3. 卫生许可审查和日常卫生监督检查均为一般的,评为 C 级单位,检验检疫机构对 C 级单位每月监督 4 次;

4. 卫生许可审查结论为差,或者卫生许可审查结论为良好,但是日常卫生监督较差的,评为 D 级单位,检验检疫机构对 D 级单位不予卫生许可,或者次年不予续延卫生许可。

检验检疫机构对不同级别的单位进行动态监督管理,根据风险分析和日常监督情况,每年进行 1 次必要的升级或者降级调整。

检验检疫机构应当根据国家质检总局发布的食品预警通报,及时采取有效措施,防止相关食品向出入境口岸及出入境交通工具供应。

出入境口岸发生食物中毒、食品污染、食源性疾患等事故时,检验检疫机构应当启动《出入境口岸食物中毒应急处理预案》,及时处置,并根据预案要求向相关部门通报。

三、出入境特殊物品卫生检疫管理

《出入境特殊物品卫生检疫管理规定》(2005 年 10 月 17 日由国家质量监督检验检疫总局公布)根据《中华人民共和国国境卫生检疫法》及其实施细则

的有关规定制定,适用于入境、出境的微生物①、人体组织②、生物制品③、血液及其制品④等特殊物品的卫生检疫监督管理。

出入境特殊物品的卫生检疫管理实行卫生检疫审批、现场查验和后续监督管理制度。取得"入/出境特殊物品卫生检疫审批单"(以下简称"卫生检疫审批单"),并经卫生检疫合格的出入境特殊物品,方准入境、出境。出入境特殊物品应从国家质检总局指定并公布的口岸入境、出境。

(一)卫生检疫审批

直属检验检疫局负责所辖区域内出入境特殊物品的卫生检疫审批。入境、出境特殊物品的货主或者其代理人应当在交运前向入出境口岸直属检验检疫局提交"入/出境特殊物品卫生检疫审批申请单"(下简称"审批申请单")。货主或者其代理人应当根据出入境特殊物品的分类填写"审批申请单",每一类别填写一份。

申请办理出入境微生物、人体组织、血液的卫生检疫审批手续的,应当提供以下材料:

1. 相关主管部门出具的准许出入境证明(原件和复印件);

2. 特殊物品所含病原微生物的学名(中文和拉丁文)和生物学特性(中英文对照件)的说明性文件;

3. 含有或者可能含有 3 级至 4 级病原微生物的入境特殊物品,及含有或者可能含有尚未分级病原微生物的入境特殊物品,使用单位应当具备 BSL-3 级(P3 级,即生物安全 3 级)实验室,并提供相应资质的证明;

4. 科研用特殊物品应当提供科研项目批准文件原件或者科研项目申请人与国内外合作机构协议(原件和复印件,中、英文对照件);

5. 供移植用器官应当提供有资质医院出具的供体健康证明和相关检验

---

① 微生物是指:病毒、细菌、真菌、放线菌、立克次氏体、螺旋体、衣原体、支原体等医学微生物。

② 人体组织是指:人体胚胎、器官、组织、细胞、人体分泌物、排泄物。

③ 生物制品是指:细菌类疫苗、病毒类疫苗、抗毒素、各种诊断用试剂、干扰素、激素、酶及其制剂以及其他活性制剂(毒素、抗原、变态反应原、单克隆抗体、重组 DNA 产品、抗原—抗体复合物、免疫调节剂、微生态制剂、核酸制剂等),以及其他生物材料制备的有关制品。

④ 血液及其制品是指:全血、血浆、血清、血细胞以及由血液分离、提纯或者应用生物技术制成的血浆蛋白组分或者血细胞组分制品。

报告。

申请办理生物制品、血液制品的卫生检疫审批手续的，货主或者其代理人应当提供以下材料：

1. 用于治疗、预防、诊断的入境生物制品、血液制品，应当提供国家药品监督管理部门出具的进口注册证明；

2. 用于治疗、预防、诊断的出境生物制品、血液制品，应当提供药品监督管理部门出具的"药品销售证明"；

3. 用于其他领域的出入境生物制品、血液制品，应当提供相关主管部门出具的进口批件。

直属检验检疫局对申请材料齐全，符合法定形式的申请，应当予以受理。受理申请的直属检验检疫局对申请材料进行实质性审查，并在 20 个工作日内作出准予许可或者不准予许可的决定，20 个工作日内不能作出决定的，经负责人批准可以延长 10 个工作日，并应当将延长期限的理由告知申请人。准予许可的，应当签发"卫生检疫审批单"，不准予许可的，应当书面说明理由。对于尚未认知其传染性的特殊物品，直属检验检疫局应当报请国家质检总局开展技术分析。技术分析所需时间不计入审批期限，但应当书面告知货主或者其代理人。出入境的特殊物品卫生检疫审批单只能使用 1 次，有效期限为 90 天。

供移植用器官因特殊原因未办理卫生检疫审批手续的，入境、出境时检验检疫机构可以先予放行，货主或者其代理人应当在放行后 10 日内申请补办卫生检疫审批手续。

(二)卫生检疫

入境、出境特殊物品到达口岸后或者离开口岸前，货主或者其代理人应当依法向口岸检验检疫机构报检。有下列情形之一的，检验检疫机构不予受理报检：

1. 不能提供"卫生检疫审批单"的；

2. "卫生检疫审批单"超过有效期的；

3. 伪造、涂改有关文件或单证的；

4. 其他不符合检验检疫要求的。

受理报检的口岸检验检疫机构按照下列要求对出入境特殊物品实施现场查验，并填写"入/出境特殊物品卫生检疫现场查验记录"：

1. 检查出入境特殊物品名称、批号、规格、数量、输出/输入国和生产厂家

等项目是否与审批单列明的内容相符;

2. 检查出入境特殊物品包装是否安全无破损,不渗、不漏;

3. 对出境的特殊物品应核查出厂检验合格报告,检查生产记录、原材料来源,以及生产流程是否符合卫生要求。

对需抽样检验的入境特殊物品,经口岸检验检疫机构许可,货主或者其代理人可先运至有储存条件的场所,待检验合格后方可移运或使用。口岸检验检疫机构不具有检验能力的,应当委托国家质检总局指定的实验室进行检验。

邮寄、携带的出入境特殊物品,因特殊情况未办理卫生检疫审批手续的,检验检疫机构应当予以截留,要求按照规定办理卫生检疫审批手续,并进行查验,经检疫合格后方可放行。

口岸检验检疫机构对经卫生检疫符合要求的出入境特殊物品予以放行。发现有下列情况之一的,签发"检验检疫处理通知书",并予以封存、退回或者销毁:

1. 名称、批号、规格、数量等与审批内容不相符的;

2. 包装或者保存条件不符合要求的;

3. 超过有效使用期限的;

4. 经检验不符合卫生检疫要求的;

5. 被截留物品自截留之日起 60 日内未获准许可的。

口岸检验检疫机构对处理结果应当做好记录、归档,并上报国家质检总局。

(三)后续监管

检验检疫机构对辖区内含有或可能含有病原微生物的入境特殊物品实施后续监管。需要后续监管的入境特殊物品,未经检验检疫机构的同意,不得擅自使用。

对需要实施异地后续监管的入境特殊物品,口岸检验检疫机构应当出具"入境货物调离单",并及时电子转单给目的地检验检疫机构。使用单位应当在特殊物品入境后 30 日内,持"入境货物调离单"到目的地检验检疫机构申报,并接受后续监管。

检验检疫机构对入境特殊物品实施后续监管的内容包括:

1. 含有或者可能含有病原微生物入境特殊物品的使用单位是否具有相应等级的生物安全实验室,P3 级以上实验室必须获得国家认可机构的认可;

2. 使用单位实验室操作人员是否具备相应的资质;

3. 入境特殊物品使用情况记录,是否按照审批用途使用。

使用单位应当及时向检验检疫机构提供使用情况说明。

检验检疫机构在后续监管过程中发现有不符合要求的,应当责令限期整改,并对已入境的特殊物品进行封存,直至整改符合要求。如经整改仍不符合要求的,责令其退运或者销毁。

检验检疫机构对后续监管过程中发现的问题,应当立即报告国家质检总局,并通报原审批的直属检验检疫局。

四、船舶出入境检验检疫管理

《国际航行船舶出入境检验检疫管理办法》(2002 年 12 月 31 日由国家质量监督检验检疫总局公布)根据《中华人民共和国国境卫生检疫法》及其实施细则、《中华人民共和国进出境动植物检疫法》及其实施条例、《中华人民共和国进出口商品检验法》及其实施条例以及《国际航行船舶进出中华人民共和国口岸检查办法》的规定制定。此处所称国际航行船舶(以下简称船舶)是指进出中华人民共和国国境口岸的外国籍船舶和航行国际航线的中华人民共和国国籍船舶。

(一)入境检验检疫

入境的船舶必须在最先抵达口岸的指定地点接受检疫,办理入境检验检疫手续。

船方或者其代理人应当在船舶预计抵达口岸 24 小时前(航程不足 24 小时的,在驶离上一口岸时)向检验检疫机构申报,填报入境检疫申报书。如船舶动态或者申报内容有变化,船方或者其代理人应当及时向检验检疫机构提出更正。

受入境检疫的船舶,在航行中发现检疫传染病、疑似检疫传染病,或者有人非因意外伤害而死亡并死因不明的,船方必须立即向入境口岸检验检疫机构报告。

检验检疫机构对申报内容进行审核,确定以下检疫方式,并及时通知船方或者其代理人。

1. 锚地检疫;

2. 电讯检疫;

3. 靠泊检疫;

4. 随船检疫。

检验检疫机构对存在下列情况之一的船舶应当实施锚地检疫：

1. 来自检疫传染病疫区的；

2. 来自动植物疫区，国家有明确要求的；

3. 有检疫传染病病人、疑似检疫传染病病人，或者有人非因意外伤害而死亡并死因不明的；

4. 装载的货物为活动物的；

5. 发现有啮齿动物异常死亡的；

6. 废旧船舶；

7. 未持有有效的"除鼠/免予除鼠证书"的；

8. 船方申请锚地检疫的；

9. 检验检疫机构工作需要的。

持有我国检验检疫机构签发的有效"交通工具卫生证书"，并且没有第9条所列情况的船舶，经船方或者其代理人申请，检验检疫机构应当实施电讯检疫。船舶在收到检验检疫机构同意电讯检疫的批复后，即视为已实施电讯检疫。船方或者其代理人必须在船舶抵达口岸24小时内办理入境检验检疫手续。

对未持有有效"交通工具卫生证书"，且没有第9条所列情况或者因天气、潮水等原因无法实施锚地检疫的船舶，经船方或者其代理人申请，检验检疫机构可以实施靠泊检疫。

检验检疫机构对旅游船、军事船、要人访问所乘船舶等特殊船舶以及遇有特殊情况的船舶，如船上有病人需要救治、特殊物资急需装卸、船舶急需抢修等，经船方或者其代理人申请，可以实施随船检疫。

接受入境检疫的船舶，必须按照规定悬挂检疫信号，在检验检疫机构签发入境检疫证书或者通知检疫完毕以前，不得解除检疫信号。除引航员和经检验检疫机构许可的人员外，其他人员不准上船；不准装卸货物、行李、邮包等物品；其他船舶不准靠近；船上人员，除因船舶遇险外，未经检验检疫机构许可，不得离船；检疫完毕之前，未经检验检疫机构许可，引航员不得擅自将船舶引离检疫锚地。

办理入境检验检疫手续时，船方或者其代理人应当向检验检疫机构提交《航海健康申报书》、《总申报单》、《货物申报单》、《船员名单》、《旅客名单》、《船用物品申报单》、《压舱水报告单》及载货清单，并应检验检疫人员的要求提交《除鼠/免予除鼠证书》、《交通工具卫生证书》、《预防接种证书》、《健康证书》以及《航海日志》等有关资料。

检验检疫机构实施登轮检疫时,应当在船方人员的陪同下,根据检验检疫工作规程实施检疫查验。

检验检疫机构对经检疫判定没有染疫的入境船舶,签发"船舶入境卫生检疫证";对经检疫判定染疫、染疫嫌疑或者来自传染病疫区应当实施卫生除害处理的或者有其他限制事项的入境船舶,在实施相应的卫生除害处理或者注明应当接受的卫生除害处理事项后,签发"船舶入境检疫证";对来自动植物疫区经检疫判定合格的船舶,应船舶负责人或者其代理人要求签发"运输工具检疫证书";对需实施卫生除害处理的,应当向船方出具"检验检疫处理通知书",并在处理合格后,应船方要求签发"运输工具检疫处理证书"。

(二)出境检验检疫

出境的船舶在离境口岸接受检验检疫,办理出境检验检疫手续。

出境的船舶,船方或者其代理人应当在船舶离境前4小时内向检验检疫机构申报,办理出境检验检疫手续。已办理手续但出现人员、货物的变化或者因其他特殊情况24小时内不能离境的,须重新办理手续。船舶在口岸停留时间不足24小时的,经检验检疫机构同意,船方或者其代理人在办理入境手续时,可以同时办理出境手续。

对装运出口易腐烂变质食品、冷冻品的船舱,必须在装货前申请适载检验,取得检验证书。未经检验合格的,不准装运。装载植物、动植物产品和其他检疫物出境的船舶,应当符合国家有关动植物防疫和检疫的规定,取得"运输工具检疫证书"。对需实施除害处理的,作除害处理并取得"运输工具检疫处理证书"后,方可装运。

办理出境检验检疫手续时,船方或者其代理人应当向检验检疫机构提交"航海健康申报书"、"总申报单"、"货物申报单"、"船员名单"、"旅客名单"及载货清单等有关资料(入境时已提交且无变动的可免于提供)。有第19条所列情况的,应当提交相关检验检疫证书。

经审核船方提交的出境检验检疫资料或者经登轮检验检疫,符合有关规定的,检验检疫机构签发"交通工具出境卫生检疫证书",并在船舶出口岸手续联系单上签注。

(三)检疫处理

对有下列情况之一的船舶,应当实施卫生除害处理:

1. 来自检疫传染病疫区;

2.被检疫传染病或者监测传染病污染的;

3.发现有与人类健康有关的医学媒介生物,超过国家卫生标准的;

4.发现有动物一类、二类传染病、寄生虫病或者植物危险性病、虫、杂草的,或者一般性病虫害超过规定标准的;

5.装载散装废旧物品或者腐败变质有碍公共卫生物品的;

6.装载活动物入境和拟装运活动物出境的;

7.携带尸体、棺柩、骸骨入境的;

8.废旧船舶;

9.国家质检总局要求实施卫生除害处理的其他船舶。

对船上的检疫传染病染疫人应当实施隔离,对染疫嫌疑人实施不超过该检疫传染病潜伏期的留验或者就地诊验。

对船上的染疫动物实施退回或者扑杀、销毁,对可能被传染的动物实施隔离。发现禁止进境的动植物、动植物产品和其他检疫物的,必须作封存或者销毁处理。

对来自疫区且国家明确规定应当实施卫生除害处理的压舱水需要排放的,应当在排放前实施相应的卫生除害处理。对船上的生活垃圾、泔水、动植物性废弃物,应当放置于密封有盖的容器中,在移下前应当实施必要的卫生除害处理。

对船上的伴侣动物,船方应当在指定区域隔离。确实需要带离船舶的伴侣动物、船用动植物及其产品,按照有关检疫规定办理。

(四)监督管理

检验检疫机构对航行或者停留于口岸的船舶实施监督管理,对卫生状况不良和可能导致传染病传播或者病虫害传播扩散的因素提出改进意见,并监督指导采取必要的检疫处理措施。

检验检疫机构接受船方或者其代理人的申请,办理"除鼠/免予除鼠证书"(或者延期证书)、"交通工具卫生证书"等有关证书。

船舶在口岸停留期间,未经检验检疫机构许可,不得擅自排放压舱水、移下垃圾和污物等,任何单位和个人不得擅自将船上自用的动植物、动植物产品及其他检疫物带离船舶。船舶在国内停留及航行期间,未经许可不得擅自启封动用检验检疫机构在船上封存的物品。

检验检疫机构对船舶上的动植物性铺垫材料进行监督管理,未经检验检疫机构许可不得装卸。

船舶应当具备并按照规定使用消毒、除虫、除鼠药械及装置。

来自国内疫区的船舶,或者在国内航行中发现检疫传染病、疑似检疫传染病,或者有人非因意外伤害而死亡并死因不明的,船舶负责人应当向到达口岸检验检疫机构报告,接受临时检疫。

检验检疫机构对从事船舶食品、饮用水供应的单位以及从事船舶卫生除害处理、船舶生活垃圾、泔水、动植物废弃物等收集处理的单位实行卫生注册登记管理;对从事船舶代理、船舶物料服务的单位实行登记备案管理。其从业人员应当按照检验检疫机构的要求接受培训和考核。

思考题

1. 国境卫生检疫的环节与动植物检疫的环节有何区别?

2. 卫生处理具体包括哪些措施?

3. 检疫传染病与监测传染病的区别是什么?

4. 就地诊验与留验有何区别?

5. 检验检疫机构的国境卫生监督职责有哪些?

6. 国境卫生检疫与食品安全监管的关系是什么?

第五章　检验检疫法律责任

检验检疫法律责任是指违反检验检疫法,应当承担的法律后果。由于检验检疫法律关系中有检验检疫相对人和检验检疫行政部门两方面,两者都有遵守检验检疫法的责任,都有可能发生违反检验检疫法的规定而需承担法律后果的情况,因此检验检疫法律责任分为检验检疫相对人的法律责任和检验检疫行政部门的法律责任。检验检疫相对人法律责任是指应当接受检验检疫的相对人违反检验检疫法律规定,符合检验检疫违法行为构成要件,从而应当承担的法律后果。行政主体的检验检疫法律责任是指检验检疫机关的检验检疫法律责任。检验检疫机关最直接的检验检疫法律责任表现为必须依法进行检验检疫行政执法。行政主体的检验检疫行政执法即是对相对人检验检疫行政执法责任的追究。检验检疫机关如果不依法进行检验检疫行政执法,就要承担检验检疫行政执法责任。检验检疫机关如果不主动承担检验检疫行政执法责任,就有可能被相对人寻求行政救济。因此,本章主要阐述检验检疫相对人的法律责任、检验检疫行政执法、检验检疫行政执法责任、检验检疫行政救济等内容。

第一节　检验检疫相对人的法律责任

一、检验检疫相对人法律责任的种类

相对人的检验检疫法律责任包括行政责任、民事责任、刑事责任。

相对人的检验检疫民事责任是相对人因为检验检疫违法,侵犯他人权利,给国内外其他民事主体造成损失应当承担的赔偿责任,与一般的违约责任没有本质区别,一般没有必要单列,因此在检验检疫法中没有规定相对人的民事责任。只有在相关的《传染病防治法》第 77 条中规定:"单位和个人违反本法

规定,导致传染病传播、流行,给他人人身、财产造成损害的,应当依法承担民事责任"。一般说来,检验检疫相对人的民事责任可能涉及三种情形:一是不报检或检后不合格仍出入境,给相关方带来损失,需要赔偿;二是检验检疫不合格后因不能及时出入境,给相关方带来损失,需要赔偿;三是对进出境动植物、动植物产品和其他检疫物因实施检疫或者按照规定作熏蒸、消毒、退回、销毁等处理所需费用或者招致的损失,由货主、物主或者其代理人承担。

刑事责任遵循一般惯例,在检验检疫法中仅援引刑法条文或者仅指出依法追究其刑事责任。三检的刑事责任规定不完全一致,在后文分别予以介绍。

检验检疫法中所规定的相对人的检验检疫法律责任主要是行政责任。承担行政责任的前提是逃避检验检疫或者检验检疫不合格。行政责任的形式主要有两种:一是接受行政处罚,二是接受强制处理,如退回、扑杀、无害化处理、离境、卫生处理等。这些行政责任虽然是行政责任的形式,但是不是一般的行政责任,而是采取行政责任形式所表达的不经济责任。无论接受行政处罚,还是接受强制处理,对于相对人来说,都是不经济的法律后果,唯有让相对人承担不经济责任,才有可能促使相对人尽力遵守检验检疫法的规定。

二、进出口商品检验相对人的行政责任

进出口商品检验相对人的行政责任主要表现为以下几个方面。

(一)逃避法定检验的行政责任

逃避法定检验的行政责任是指逃避法定检验尚未构成犯罪时应当承担的法律责任。《商检法》第 33 条规定了逃避法定检验的行政责任,《商检法实施条例》第 45 条、第 46 条对其作了细化规定。《商检法实施条例》第 45 条规定了进口逃避法定检验的行政责任:"擅自销售、使用未报检或者未经检验的属于法定检验的进口商品,或者擅自销售、使用应当申请进口验证而未申请的进口商品的,由出入境检验检疫机构没收违法所得,并处商品货值金额 5% 以上20% 以下罚款;构成犯罪的,依法追究刑事责任。"《商检法实施条例》第 46 条规定了出口逃避法定检验的行政责任:"擅自出口未报检或者未经检验的属于法定检验的出口商品,或者擅自出口应当申请出口验证而未申请的出口商品的,由出入境检验检疫机构没收违法所得,并处商品货值金额 5% 以上20% 以下罚款;构成犯罪的,依法追究刑事责任。"

（二）进出口假冒伪劣商品的行政责任

进口或者出口属于掺杂掺假、以假充真、以次充好的商品或者以不合格进出口商品冒充合格进出口商品的，由商检机构责令停止进口或者出口，没收违法所得，并处货值金额50%以上3倍以下的罚款。

（三）进出口经检验不合格的商品的行政责任

销售、使用经法定检验、抽查检验或者验证不合格的进口商品，或者出口经法定检验、抽查检验或者验证不合格的商品的，由出入境检验检疫机构责令停止销售、使用或者出口，没收违法所得和违法销售、使用或者出口的商品，并处违法销售、使用或者出口的商品货值金额等值以上3倍以下罚款。

（四）擅自从事商检业务的行政责任

《商检法》第34条规定了擅自从事商检业务的行政责任："未经国家商检部门许可，擅自从事进出口商品检验鉴定业务的，由商检机构责令停止非法经营，没收违法所得，并处违法所得1倍以上3倍以下的罚款。"《商检法实施条例》第57条作了补充规定："从事进出口商品检验鉴定业务的检验机构超出其业务范围，或者违反国家有关规定，扰乱检验鉴定秩序的，由出入境检验检疫机构责令改正，没收违法所得，可以并处10万元以下罚款，国家质检总局或者出入境检验检疫机构可以暂停其6个月以内检验鉴定业务；情节严重的，由国家质检总局吊销其检验鉴定资格证书。"

（五）报检违法的行政责任

报检违法的行政责任主要包括以下几个方面：

1. 报检责任人的行政责任。进出口商品的收货人、发货人、代理报检企业或者出入境快件运营企业、报检人员不如实提供进出口商品的真实情况，取得出入境检验检疫机构的有关证单，或者对法定检验的进出口商品不予报检，逃避进出口商品检验的，由出入境检验检疫机构没收违法所得，并处商品货值金额5%以上20%以下罚款；情节严重的，并处撤销其报检注册登记、报检从业注册。

2. 委托报检人的行政责任。进出口商品的收货人或者发货人委托代理报检企业、出入境快件运营企业办理报检手续，未按照规定向代理报检企业、出入境快件运营企业提供所委托报检事项的真实情况，取得出入境检验检疫

机构的有关证单的,对委托人依照前述规定予以处罚。

3. 代理报检人的行政责任。代理报检企业、出入境快件运营企业、报检人员对委托人所提供情况的真实性未进行合理审查或者因工作疏忽,导致骗取出入境检验检疫机构有关证单的结果的,由出入境检验检疫机构对代理报检企业、出入境快件运营企业处 2 万元以上 20 万元以下罚款;情节严重的,并处撤销其报检注册登记、报检从业注册。

4. 未注册而报检的行政责任。未经注册登记擅自从事报检业务的,由出入境检验检疫机构责令停止非法经营活动,没收违法所得,并处违法所得 1 倍以上 3 倍以下罚款。

5. 报检企业扰乱报检秩序的行政责任。代理报检企业、出入境快件运营企业违反国家有关规定,扰乱报检秩序的,由出入境检验检疫机构责令改正,没收违法所得,可以并处 10 万元以下罚款,国家质检总局或者出入境检验检疫机构可以暂停其 6 个月以内代理报检业务;情节严重的,撤销其报检注册登记。

6. 报检人员扰乱报检秩序的行政责任。报检人员违反国家有关规定,扰乱报检秩序的,国家质检总局或者出入境检验检疫机构可以暂停其 6 个月以内执业;情节严重的,撤销其报检从业注册。

(六)商检印证违法的行政责任

伪造、变造、买卖或者盗窃检验证单、印章、标志、封识、货物通关单或者使用伪造、变造的检验证单、印章、标志、封识、货物通关单,尚不够刑事处罚的,由出入境检验检疫机构责令改正,没收违法所得,并处商品货值金额等值以下罚款。擅自调换、损毁出入境检验检疫机构加施的商检标志、封识的,由出入境检验检疫机构处 5 万元以下罚款。

(七)调换商检样品或商品的行政责任

擅自调换出入境检验检疫机构抽取的样品或者出入境检验检疫机构检验合格的进出口商品的,由出入境检验检疫机构责令改正,给予警告;情节严重的,并处商品货值金额 10% 以上 50% 以下罚款。

(八)注册登记管理的行政责任

注册登记管理的行政责任主要包括以下几个方面:

1. 出口商品违反注册登记管理的行政责任。出口属于国家实行出口商品注册登记管理而未获得注册登记的商品的,由出入境检验检疫机构责令停止出口,没收违法所得,并处商品货值金额10％以上50％以下罚款。

2. 进口食品、化妆品违反注册登记管理的行政责任。进口或者出口国家实行卫生注册登记管理而未获得卫生注册登记的生产企业生产的食品、化妆品的,由出入境检验检疫机构责令停止进口或者出口,没收违法所得,并处商品货值金额10％以上50％以下罚款。已获得卫生注册登记的进出口食品、化妆品生产企业,经检查不符合规定要求的,由国家质检总局或者出入境检验检疫机构责令限期整改;整改仍未达到规定要求或者有其他违法行为,情节严重的,吊销其卫生注册登记证书。

3. 进口固体废物违反注册登记管理的行政责任。进口可用作原料的固体废物,国外供货商、国内收货人未取得注册登记,或者未进行装运前检验的,按照国家有关规定责令退货;情节严重的,由出入境检验检疫机构并处10万元以上100万元以下罚款。已获得注册登记的可用作原料的固体废物的国外供货商、国内收货人违反国家有关规定,情节严重的,由出入境检验检疫机构撤销其注册登记。

4. 进口旧机电产品违反注册登记管理的行政责任。进口国家允许进口的旧机电产品未办理备案或者未按照规定进行装运前检验的,按照国家有关规定予以退货;情节严重的,由出入境检验检疫机构并处100万元以下罚款。

（九）进出口商品包装容器、运载工具的行政责任

提供或者使用未经出入境检验检疫机构鉴定的出口危险货物包装容器的,由出入境检验检疫机构处10万元以下罚款。提供或者使用经出入境检验检疫机构鉴定不合格的包装容器装运出口危险货物的,由出入境检验检疫机构处20万元以下罚款。

提供或者使用未经出入境检验检疫机构适载检验的集装箱、船舱、飞机、车辆等运载工具装运易腐烂变质食品、冷冻品出口的,由出入境检验检疫机构处10万元以下罚款。提供或者使用经出入境检验检疫机构检验不合格的集装箱、船舱、飞机、车辆等运载工具装运易腐烂变质食品、冷冻品出口的,由出入境检验检疫机构处20万元以下罚款。

三、进出境动植物检疫相对人的行政责任

进出境动植物检疫相对人的行政责任主要体现在以下几个方面。

（一）低额罚款的行政责任

有下列违法行为之一的,由口岸动植物检疫机关处5000元以下的罚款:

1. 未报检或者未依法办理检疫审批手续或者未按检疫审批的规定执行的;

2. 报检的动植物、动植物产品和其他检疫物与实际不符的。

有前述第2项所列行为,已取得检疫单证的,予以吊销。

（二）较高额罚款的行政责任

有下列违法行为之一的,由口岸动植物检疫机关处3000元以上3万元以下的罚款:

1. 未经口岸动植物检疫机关许可擅自将进境、过境动植物、动植物产品和其他检疫物卸离运输工具或者运递的;

2. 擅自调离或者处理在口岸动植物检疫机关指定的隔离场所中隔离检疫的动植物的;

3. 擅自开拆过境动植物、动植物产品和其他检疫物的包装,或者擅自开拆、损毁动植物检疫封识或者标志的;

4. 擅自抛弃过境动物的尸体、排泄物、铺垫材料或者其他废弃物,或者未按规定处理运输工具上的泔水、动植物性废弃物的。

（三）高额罚款的行政责任

有下列违法行为之一,尚不构成犯罪或者犯罪情节显著轻微,依法不需要判处刑罚的,由口岸动植物检疫机关处2万元以上5万元以下的罚款:(1)引起重大动植物疫情的;(2)伪造、变造动植物检疫单证、印章、标志、封识的。

（四）注册登记单位检疫不合格的行政责任

依照规定注册登记的生产、加工、存放动植物、动植物产品和其他检疫物的单位,进出境的上述物品经检疫不合格的,除依照本条例有关规定作退回、销毁或者除害处理外,情节严重的,由口岸动植物检疫机关注销注册登记。

（五）熏蒸、消毒处理不合规的行政责任

从事进出境动植物检疫熏蒸、消毒处理业务的单位和人员,不按照规定进行熏蒸和消毒处理的,口岸动植物检疫机关可以视情节取消其熏蒸、消毒资格。

（六）携带物检疫的行政责任

《出入境人员携带物检疫管理办法》第 26 条至第 31 条规定了携带物检疫的行政责任，主要包括以下几个方面：

1. 拒不填写入境检疫申明卡的，由检验检疫机构处以警告或者 1000 元以下罚款。

2. 有下列违法行为之一的，由检验检疫机构处以 5000 元以下罚款：

（1）携带本办法规定的动植物、动植物产品和其他检疫物入境，未向检验检疫机构申报、未依法办理检疫审批手续或者未按检疫审批的规定执行的；

（2）申报携带的动植物、动植物产品和其他检疫物与实际不符的。

有前述第（2）项所列行为，已取得检疫单证的，予以吊销。

3. 有下列违法行为之一的，由检验检疫机构处以警告或者 100 元以上 5000 元以下罚款：

（1）伪造或者涂改卫生检疫单证的；

（2）瞒报携带禁止进口的特殊物品的；

（3）瞒报携带可能引起传染病传播的物品的；

（4）未经检验检疫机构许可，擅自装卸行李和物品的。

4. 未经检验检疫机构许可，擅自移运出入境的骸骨、尸体的，由检验检疫机构处以 1000 元以上 1 万元以下罚款。

5. 携带废旧物品，未向检验检疫机构申报，未经检验检疫机构实施卫生处理并签发有关单证而擅自入境、出境的，由检验检疫机构处以 5000 元以上 3 万元以下罚款。

6. 未经检验检疫机构许可，擅自调离或者处理在检验检疫机构指定的隔离场所中截留隔离的携带物的，由检验检疫机构处以 3000 元以上 3 万元以下罚款。

（七）进境动物隔离检疫场使用的行政责任

《进境动物隔离检疫场使用监督管理办法》第 31 条至第 35 条规定了进境动物隔离检疫场使用的行政责任，主要包括以下几个方面：

1. 动物隔离检疫期间，隔离场使用人有下列情形之一的，由检验检疫机构按照《进出境动植物检疫法实施条例》第 60 条规定予以警告；情节严重的，处以 3000 元以上 3 万元以下罚款：

（1）将隔离动物产下的幼畜、蛋及乳等移出隔离场的；

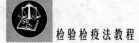

(2)未经检验检疫机构同意,对隔离动物进行药物治疗、疫苗注射、人工授精和胚胎移植等处理;

(3)未经检验检疫机构同意,转移隔离检疫动物或者采集、保存其血液、组织、精液、分泌物等样品或者病料的;

(4)发现疑似患病或者死亡的动物,未立即报告所在地检验检疫机构,并自行转移和急宰患病动物,自行解剖和处置患病、死亡动物的;

(5)未将动物按照规定调入隔离场的。

2. 动物隔离检疫期间,隔离场使用人有下列情形之一的,由检验检疫机构予以警告;情节严重的,处以1万元以下罚款:

(1)人员、车辆、物品未经检验检疫机构同意,并未采取有效的消毒防疫措施,擅自进入隔离场的;

(2)饲养隔离动物以外的其他动物的;

(3)未经检验检疫机构同意,将与隔离动物同类或者相关动物及其产品、动物饲料、生物制品带入隔离场内的。

3. 隔离场使用完毕后,隔离场使用人有下列情形的,由检验检疫机构责令改正;情节严重的,处以1万元以下罚款:

(1)未在检验检疫机构的监督下对动物的粪便、垫料及污物、污水进行无害化处理,不符合防疫要求即运出隔离场的;

(2)未在检验检疫机构的监督下对剩余的饲料、饲草、垫料和用具等作无害化处理或者消毒后即运出隔离场的;

(3)未在检验检疫机构的监督下对隔离场场地、设施、器具进行消毒处理的。

4. 隔离场检疫期间,有下列情形之一的,由检验检疫机构对隔离场使用人处以1万元以下罚款:

(1)隔离场发生动物疫情隐瞒不报的;

(2)存放、使用我国或者输入国家/地区禁止使用的药物或者饲料添加剂的;

(3)拒不接受检验检疫机构监督管理的。

(八)出境水果检验检疫行政责任

根据《出境水果检验检疫监督管理办法》第30条规定,有以下情况之一的,检验检疫机构可对其处以3万元以下罚款:

1. 来自注册果园、包装厂的水果混有非注册果园、包装厂水果的;

2. 盗用果园、包装厂注册登记编号的;

3. 伪造或变造产地供货证明的；

4. 经检验检疫合格后的水果被调换的；

5. 其他违反本办法规定导致严重安全、卫生质量事故的。

(九)进境货物木质包装检疫行政责任

根据《进境货物木质包装检疫监督管理办法》的规定，有下列情况之一的，由检验检疫机构处以 3 万元以下罚款：

1. 未经检验检疫机构许可，擅自拆除、遗弃木质包装的；

2. 未按检验检疫机构要求对木质包装采取除害或者销毁处理的；

3. 伪造、变造、盗用 IPPC 专用标识的。

国家质检总局认定的检验机构违反有关法律法规以及本办法规定的，国家质检总局应当根据情节轻重责令其限期改正或者取消对其资格认定。

(十)代理报检的行政责任

《出入境检验检疫代理报检管理规定》第 26 条至第 29 条规定了代理报检的行政责任，主要包括以下几个方面：

1. 代理报检企业不如实提供进出口商品的真实情况，取得检验检疫机构的有关证单，或者对法定检验的进出口商品不予报检，逃避进出口商品检验的，由检验检疫机构根据《中华人民共和国进出口商品检验法实施条例》第 48 条的规定没收违法所得，并处商品货值金额 5％以上 20％以下罚款；情节严重的，并撤销其报检注册登记。

2. 代理报检企业违反规定扰乱报检秩序，有下列行为之一的，由检验检疫机构按照《中华人民共和国进出口商品检验法实施条例》第 58 条的规定责令改正，没收违法所得，可以并处 10 万元以下罚款，暂停其 6 个月以内代理报检业务；情节严重的，撤销其代理报检企业注册登记：

(1)1 年内报检员 3 人次以上被撤销报检从业注册的；

(2)未按照规定代委托人缴纳检验检疫费、未如实向委托人告知检验检疫收费情况或者借检验检疫机构名义向委托人乱收取费用的；

(3)对检验检疫机构的调查和处理不予配合的，或者威胁、贿赂检验检疫工作人员的；

(4)出让其名义供他人办理代理报检业务的；

(5)例行审核不合格的。

3. 代理报检企业有下列情形之一的，有违法所得的，由检验检疫机构责

令改正,处以违法所得 3 倍以下罚款,最高不超过 3 万元;没有违法所得的,处以 1 万元以下罚款:

(1)未按照规定建立、完善代理报检业务档案,或者不能真实完整地记录其承办的代理报检业务的;

(2)拒绝接受检验检疫机构监督检查的;

(3)未按期申请例行审核的。

4. 代理报检企业有其他违反出入境检验检疫法律法规规定行为的,检验检疫机构按照相关法律法规规定追究其法律责任。

四、国境卫生检疫相对人的行政责任

应当受国境卫生检疫行政处罚的行为是指:(1)应当受入境检疫的船舶,不悬挂检疫信号的;(2)入境、出境的交通工具,在入境检疫之前或者在出境检疫之后,擅自上下人员,装卸行李、货物、邮包等物品的;(3)拒绝接受检疫或者抵制卫生监督,拒不接受卫生处理的;(4)伪造或者涂改检疫单、证,不如实申报疫情的;(5)瞒报携带禁止进口的微生物、人体组织、生物制品、血液及其制品或者其他可能引起传染病传播的动物和物品的;(6)未经检疫的入境、出境交通工具,擅自离开检疫地点,逃避查验的;(7)隐瞒疫情或者伪造情节的;(8)未经卫生检疫机关实施卫生处理,擅自排放压舱水,卸垃圾、污物等应受控制的物品的;(9)未经卫生检疫机关实施卫生处理,擅自移运尸体、骸骨的;(10)废旧物品、废旧交通工具,未向卫生检疫机关申报,未经卫生检疫机关实施卫生处理和签发卫生检疫证书而擅自入境、出境或者使用、拆卸的;(11)未经卫生检疫机关检查,从交通工具上移下传染病病人造成传染病传播危险的。

具有上述第(1)项至第(5)项行为的,处以警告或者 100 元以上 5000 元以下的罚款;具有上述第(6)项至第(9)项行为的,处以 1000 元以上 1 万元以下的罚款;具有上述第(10)项、第(11)项行为的,处以 5000 元以上 3 万元以下的罚款。

对有下列行为之一的单位或者个人,国境卫生检疫机关可以根据情节轻重,给予警告或者罚款:(1)逃避检疫,向国境卫生检疫机关隐瞒真实情况的;(2)入境的人员未经国境卫生检疫机关许可,擅自上下交通工具,或者装卸行李、货物、邮包等物品,不听劝阻的。罚款全部上缴国库。

《国境口岸突发公共卫生事件出入境检验检疫应急处理规定》第 30 条规定,在国境口岸突发事件出入境检验检疫应急处理工作中,口岸有关单位和个人有下列情形之一的,依照有关法律法规的规定,予以警告或者罚款:(1)向检验检疫机构隐瞒、缓报或者谎报突发事件的;(2)拒绝检验检疫机构进入突发事件现场进行应急处理的;(3)以暴力或其他方式妨碍检验检疫机构应急处理工作人员执行公务的。

《出入境特殊物品卫生检疫管理规定》规定,有下列行为之一的,检验检疫机构可以给予警告或者处以5000元以下的罚款:(1)瞒报或者漏报禁止进口的微生物、人体组织、生物制品、血液及其制品等特殊物品的;(2)未经检验检疫机构许可,擅自移运、销售和使用特殊物品的;(3)在规定时限内未向检验检疫机构申报或者拒绝接受特殊物品卫生检疫后续监管的;(4)伪造或者涂改检疫单、证的。

五、检验检疫相对人的刑事责任

(一)商检刑事责任

1.逃避商检罪

《商检法》第33条规定了逃避法定检验的刑事责任:"将必须经商检机构检验的进口商品未报经检验而擅自销售或者使用的,或者将必须经商检机构检验的出口商品未报经检验合格而擅自出口的,构成犯罪的,依法追究刑事责任。"《商检法实施条例》第45条、第46条对其作了细化规定。《商检法实施条例》第45条规定了进口逃避法定检验的刑事责任:"擅自销售、使用未报检或者未经检验的属于法定检验的进口商品,或者擅自销售、使用应当申请进口验证而未申请的进口商品的,构成犯罪的,依法追究刑事责任。"《商检法实施条例》第46条规定了出口逃避法定检验的刑事责任:"擅自出口未报检或者未经检验的属于法定检验的出口商品,或者擅自出口应当申请出口验证而未申请的出口商品的,构成犯罪的,依法追究刑事责任。"

《刑法》将逃避商检罪纳入扰乱市场秩序罪之中。现行《刑法》第230条规定:"违反进出口商品检验法的规定,逃避商品检验,将必须经商检机构检验的进口商品未报经检验而擅自销售、使用,或者将必须经商检机构检验的出口商品未报经检验合格而擅自出口,情节严重的,处3年以下有期徒刑或者拘役,并处或者单处罚金。"

2.进出口假冒伪劣商品罪

《商检法》第35条规定:"进口或者出口属于掺杂掺假、以假充真、以次充好的商品或者以不合格进出口商品冒充合格进出口商品,构成犯罪的,依法追

究刑事责任。"

3. 伪造、变造、买卖或者盗窃商检单证罪

《商检法》第36条规定:"伪造、变造、买卖或者盗窃商检单证、印章、标志、封识、质量认证标志的,依法追究刑事责任。"

《商检法实施条例》第49条规定:"伪造、变造、买卖或者盗窃检验证单、印章、标志、封识、货物通关单或者使用伪造、变造的检验证单、印章、标志、封识、货物通关单,构成犯罪的,依法追究刑事责任。"

4. 进出口经检验不合格商品罪

《商检法实施条例》第47条规定:"销售、使用经法定检验、抽查检验或者验证不合格的进口商品,或者出口经法定检验、抽查检验或者验证不合格的商品的,构成犯罪的,依法追究刑事责任。"

(二)动植物检疫刑事责任

1. 引起重大动植物疫情罪

《进出境动植物检疫法》第42条规定:"引起重大动植物疫情的,比照《刑法》第178条的规定追究刑事责任。"由于《进出境动植物检疫法》颁布于1991年,当时比照的《刑法》是1979年《刑法》,当时该条文的序号是第178条。事实上,随着《刑法》的多次修正之后,《刑法》的相关条文序号已经改变为《刑法》第337条第1款。现行《刑法》第337条第1款规定:"违反有关动植物防疫、检疫的国家规定,引起重大动植物疫情的,或者有引起重大动植物疫情危险,情节严重的,处3年以下有期徒刑或者拘役,并处或者单处罚金。"

2. 伪造、变造检疫单证罪

《进出境动植物检疫法》第43条规定:"伪造、变造检疫单证、印章、标志、封识,依照《刑法》第167条的规定追究刑事责任。"相应的条文已经由1979年《刑法》的第167条演变为现行《刑法》的第280条第1款。现行《刑法》第280条第1款规定:"伪造、变造、买卖或者盗窃、抢夺、毁灭国家机关的公文、证件、印章的,处3年以下有期徒刑、拘役、管制或者剥夺政治权利;情节严重的,处3年以上10年以下有期徒刑。"

《进出境动植物检疫法》采取"比照《刑法》第178条的规定"、"依照《刑法》第167条的规定"来追究刑事责任,不能适应《刑法》修正后法条序号与内容的变化,在今后修订《进出境动植物检疫法》时,还是以"依法追究刑事责任"为宜。

(三)国境卫生检疫刑事责任

国境卫生检疫刑事责任主要是引起检疫传染病传播罪应当承担的刑事责任。《刑法》将引起检疫传染病传播罪列入危害公共卫生罪之中。《国境卫生检疫法》第22条规定:"引起检疫传染病传播或者有引起检疫传染病传播严重危险的,依照《中华人民共和国刑法》第178条的规定追究刑事责任。"经过多次修改后的现行《刑法》对应的条文是第332条。根据该条规定,违反国境卫生检疫规定,引起检疫传染病传播或者有传播严重危险的,处3年以下有期徒刑或者拘役,并处或者单处罚金;单位犯引起检疫传染病传播罪的,对单位判处罚金,并对其直接负责的主管人员和其他直接责任人员,依照前述对自然人的规定进行处罚。

《国境口岸突发公共卫生事件出入境检验检疫应急处理规定》第30条规定,在国境口岸突发事件出入境检验检疫应急处理工作中,口岸有关单位和个人有下列情形之一,构成犯罪的,依法追究刑事责任:(1)向检验检疫机构隐瞒、缓报或者谎报突发事件的;(2)拒绝检验检疫机构人员进入突发事件现场进行应急处理的;(3)以暴力或其他方式妨碍检验检疫机构应急处理工作人员执行公务的。

第二节　行政主体的检验检疫行政执法

一、检验检疫行政执法的概念

简而言之,执法就是执行法律。检验检疫行政执法是指各级检验检疫行政部门及法律、法规授权的部门或检验检疫行政部门委托的组织,依法将检验检疫法律、法规和规章的规定适用于特定的行政相对人,从而影响其权利义务或对其权利义务的履行情况进行监督检查的行政行为。检验检疫行政执法具体体现为在检验检疫行政部门职权范围内依法实施监督管理和依法查处违法活动,它是保证检验检疫法制建设的重要措施。检验检疫行政执法是国家行政执法的一部分,是检验检疫法制建设的重要环节。检验检疫系统必须严格按照社会主义法制的基本要求,切实依法行政,把行政执法工作纳入法制的轨道。

检验检疫行政执法具有以下特征：

1. 行政性。检验检疫行政执法是一种具体的行政行为,是各级检验检疫行政部门及法律法规授权或委托的组织依据检验检疫法律、法规和规章的规定,在其职权范围内,针对特定的相对人采取某种具体行政措施的活动。

2. 强制性。检验检疫行政执法是检验检疫行政部门及法律、法规授权或委托组织代表国家所进行的行政管理活动,是以国家的强制力为后盾的,其依法实施的行为具有法定的强制力。

3. 单向性。检验检疫行政执法是检验检疫行政部门或法律、法规授权组织与行政相对人之间发生的地位不平等的行政法律关系,是检验检疫行政部门或法律、法规授权组织以国家的名义进行执法检查活动的单方行为。其执法行为无须征得相对人的同意,同时其行为的效力相对人也不能加以否认和抵制,必须执行。其执法行为确有违法和不当时,相对人也只能事后寻求行政救济。

4. 职权和职责的统一性。检验检疫行政执法是法律赋予检验检疫行政部门或法律、法规授权组织的职权,同时也是其职责。检验检疫行政部门或法律、法规授权组织必须依法履行职责,保证检验检疫法律、法规的实施。其执法活动也必须限定在法律、法规规定的范围内,超出了法定的职权范围,其行为将构成违法。

5. 程序性。程序是实体法律得以正确实施的保证。同其他执法一样,检验检疫行政执法既要执行实体法,同时也必须执行程序法,任何一方面的欠缺都可能导致行政执法无效甚至是违法。

6. 技术性。检验检疫行政执法,与其他行政执法的显著区别在于,除了运用法律的、经济的、行政的手段外,还运用技术手段,以技术为支撑,靠科学、公正、准确的数据说话。其技术性表现为行政管理活动与技术检验检疫活动的有机结合、协调统一。

二、检验检疫行政执法行为的分类

根据不同的标准可将检验检疫行政执法行为分为不同的种类。

（一）根据法定的权限和法律、法规约束的程度可分为羁束行为和自由裁量行为

羁束行为是指法律、法规已明确规定了检验检疫行政执法的范围、形式、

方法、程序等,检验检疫行政执法只能按照法定的范围、形式、方法、程序进行,没有自由选择的余地。自由裁量行为是指法律、法规仅仅规定了范围、条件、幅度和种类,检验检疫行政部门在执行时可以根据具体情况在规定的范围内自由裁量。

(二)根据行使职权的前提条件不同可分为依职权的行为和依申请的行为

依职权的行为是指检验检疫行政部门依据法定职权主动实施,无须经相对人意思表示即能产生法律效力的行为。如对相对人实施的行政处罚,即是典型的依职权的行为。

依申请的行为是指检验检疫行政部门以相对人的申请为前提条件而作出的行为。如行政许可属典型的依申请的行为。

(三)根据行为是否必须具备法定的形式可分为要式行为和不要式行为

要式行为是指检验检疫部门的执法行为必须具备某种方式或形式才能产生法律效力的行为,不具备这种法定形式即构成形式违法。检验检疫行政执法必须遵守法定的程序,使用统一的法律文书,并严格履行审批手续,否则执法行为就无效。如:行政处罚必须以书面形式作出,才能对相对人发生法律效力,否则行政处罚无效。

不要式行为是指法律、法规未规定行为的具体方式或形式,行政执法主体可以自行选择和采用适当的方式或形式进行,并可以产生法律效力的行为。如:在检验检疫执法检查过程中发现的较轻微的违法行为,即时责令其改正即属不要式行为。

(四)根据权力的来源不同可分为依职权的行为、依授权的行为和依委托的行为

依职权的行为是指检验检疫部门依自己法定的职权所实施的执法行为。各级检验检疫部门依法查处检验检疫行政违法案件的行为绝大多数都属于依职权的行为。

依授权的行为是指有关的行政机关或组织,按法律、法规的授权所实施的检验检疫行政执法行为。如有关法律、法规授权质量技术监督部门对进出口计量器具的量值检定、进出口锅炉压力容器的安全监督检验等行为即属依授权的行为。

依委托的行为是指其他行政机关或组织,经检验检疫行政部门委托后,在

委托范围内代表检验检疫行政部门实施的执法行为,由此产生的责任由委托的检验检疫行政部门承担。例如商检技术机构受各级检验检疫行政部门的委托实施执法行为。

(五)根据行为对相对人的作用方式可分为实力行为和意思行为

实力行为是指检验检疫部门通过实力的动作对相对人所作的行为。如检验检疫部门对进出口商品进行检查的行为。

意思行为是指检验检疫部门仅以意思力对相对人所作的一种行为。如检验检疫行政执法过程中对相对人发通知,对某一案件的受理等行为。

(六)根据执法主体与处理事件的关系可分为单一行为和共同行为

单一行为是指仅由检验检疫部门自己对一个案件作出处理的行为,实际中绝大多数情况,都是由检验检疫部门单独办案,都属单一行为。

共同行为是指检验检疫部门与其他执法部门共同对同一事件作出处理的行为。

三、检验检疫行政执法行为的方式

检验检疫行政执法行为必须通过一定的方式进行,常见的方式有以下几种:

(一)行政监督检查

检验检疫行政监督检查是指检验检疫行政执法部门为实现法定的监督管理职能,对公民、法人或其他组织遵守检验检疫法律、法规及规章情况所进行的监督检查活动。行政监督检查是检验检疫行政执法的主要方式,是检验检疫执法部门以国家的名义所实施的行为;是检验检疫行政执法部门单方面依职权所实施的行政行为;是一种限制性的行政行为,表现为对相对人权利进行某种临时限制,而行政相对人有义务服从和协助这种行为,否则要承担相应的法律责任;是一种了解和查询行为,它既不是对相对人实体权利的处分,也不是以强制手段保障的执行行为,而是一种为某种处分和执行作事前了解和查询,以便掌握实际情况的行为,是检验检疫行政部门作出正确的行政决定、行政处罚、行政强制措施的前提和基础。

检验检疫行政执法部门在行使监督检查权时应当注意以下几点:

第一,必须依据法定职权进行。

第二,监督检查必须遵循有限检查的原则。

第三,监督检查本身不得包含创设或剥夺相对人权利的因素。

第四,监督检查必须遵循法定的程序。

（二）行政许可

检验检疫行政许可是指检验检疫行政部门根据行政相对人的申请而赋予特定的行政相对人某种权利能力或法律资格的行为。行政许可的行为方式是特定的书面批准文件——许可证。许可证的申请、审查、颁发和撤销的各种规则构成了许可证制度。它是检验检疫行政部门依法实施的一种重要的行政执法行为。检验检疫行政许可的特点是：第一,它是检验检疫行政部门就特定事项对某些行政相对人所为的具体行政行为；第二,它是依据行政相对人的申请而发起的行政行为；第三,检验检疫行政许可的允许事项对其他公民和法人是禁止的。例如检验检疫行政部门颁发的原产地证、原产地标记等。

检验检疫行政部门在实施行政许可行为时必须遵循合法原则,公正、公开、公平原则,效率原则等原则。

（三）行政决定

检验检疫行政决定是指检验检疫行政部门依法针对特定的对象所作的具体的、单方面的,能够直接发生行政法律关系的决定。包括依法使行政相对人获得或丧失某种权利的权力性行政决定和依法使行政相对人承担或免除一定义务的义务性行政决定。前者如对某生产企业的产品决定免检或撤销免检,后者如决定某企业限期整改。行政决定是检验检疫行政执法中应用较为广泛的一种手段。

（四）行政处罚

检验检疫行政处罚是指检验检疫行政执法部门对违反检验检疫法律、法规及规章的行政相对人所给予的一种行政制裁。行政处罚是检验检疫行政执法中使用最广的行为方式,它是对已经发生的检验检疫行政违法行为的制裁,并以实现义务为目的。主要通过对违法的行政相对人的人身权、财产权的限制、剥夺以达到惩戒的目的。

检验检疫行政处罚主要包括申诫罚、财产（经济）罚和能力（行为）罚。申诫罚又称精神罚或影响声誉罚,是指检验检疫行政执法部门向违法的相对人发出警戒,申明其违法行为,通过对其名誉、荣誉、信誉等施加影响,引起其精神上的警惕,使其不再违法的处罚形式,其主要形式是警告。财产(经济)罚是指检验检疫行政执法部门强迫违法者交纳一定数额的金钱或一定数量的物品,即剥夺其某种财产权的处罚,其主要形式包括罚款、没收违法所得和没收非法财物。行为(能力)罚是指检验检疫行政执法部门限制或剥夺行政违法者某些特定行为能力和资格的处罚,其主要形式是责令停产、停业和暂扣或吊销许可证、执照。

检验检疫行政处罚应当遵循以下原则:

第一,处罚法定的原则。是指检验检疫行政处罚必须严格依据法律规定进行,它是行政活动合法性要求在行政处罚中的具体应用。处罚法定原则包含四个方面的要求:一是处罚设定法定,二是实施处罚的主体法定,三是处罚的依据法定,四是处罚程序法定。

第二,处罚公正、公开的原则。处罚公正原则是指行政处罚的设定与实施要公平正直,没有偏袒。这是处罚法定原则的必要补充,处罚不仅要合法,而且要公正、恰当。

第三,一事不再罚的原则。一事不再罚原则是指针对相对人的一个违法行为,不能给予多次的处罚。对一个违法行为如果给予多次处罚,就违背了过罚相当原则,有失公正。但是,只要符合违法构成要素就是"一事"。一个违法行为可能只触犯一个法律规范而构成"一事",但也可能触犯两个以上的法律规范而构成"多事"(事实上构成了多个违法行为)。当一个违法行为违反了不同的法律规范,而给予不同的处罚时,就不属于违反一事不再罚原则。

第四,处罚与教育相结合的原则。对违法行为实施处罚的同时要注重对违法者、其他公民和组织进行教育,促使其提高法制观念,自觉遵守法律、维护法律。该原则要求必须克服两方面的片面性:一是片面强调处罚,一罚了事,以罚代教;二是不处罚或少处罚,以教育代替处罚。

第五,保障权利的原则。保障权利的原则是指在行政处罚中要充分保障行政相对人的合法权益,保障相对人在处罚过程中享有陈述权、申辩权、听证权、申请复议权、提起诉讼权以及赔偿请求权等权利。

(五)行政强制措施①

检验检疫行政执法中的行政强制措施是指检验检疫行政机关在检验检疫行政管理过程中,为制止违法行为、防止证据损毁、避免危害发生、控制危险扩大等情形,依法对公民的人身自由实施暂时性限制,或者对公民、法人或者其他组织的财物实施暂时性控制的行为。在检验检疫行政执法实践中,采取行政强制措施,主要是为了查清某一行为是否具有违法性质,或防止某种违法行为继续危害社会,并不以具体义务的存在为前提。其目的是防止或限制可能危害社会的行为发生、发展,行政强制措施所针对的行为违法与否可以是不确定的,或是尚未变成现实的违法行为。

行政强制措施具有具体性,它是检验检疫行政执法主体为实现特定目的,针对特定事项所作出的具体行政行为;行政强制措施具有强制性,它是检验检疫行政执法部门作出的体现国家意志的行为;行政强制措施具有临时性,它是对一种权利的临时约束,而不是对这种权利的最终处分;行政强制措施具有非制裁性,它不以制裁违法行为为目的,而是为了实现某一行政目标。因此行政强制措施并不以相对人违法为前提;行政强制措施具有可诉性,行政相对人对行政强制措施不服的,可以申请行政复议和提起行政诉讼。

检验检疫行政执法中常采用的强制措施主要是强制检查、登记保存、封存、扣押。

(六)行政强制执行

检验检疫行政执法中的行政强制执行是指检验检疫行政机关自身或者申请人民法院,对不履行行政决定的公民、法人或者其他组织,依法强制履行义务的行为。行政强制执行以行政相对人不履行应履行的义务为前提条件,强迫作为义务主体的行政相对人履行其应履行的义务,以保障相应行政管理目标的实现;检验检疫行政强制执行措施由检验检疫行政部门或人民法院实施;行政强制执行的目的是保障行政义务的履行;行政强制执行不得进行执行和解,行政强制执行是行政主体依照法律规定对相对人作出的保障行政行为得以执行的强制措施,对于代表国家行使行政权力的行政主体来说,既是权利又是义务,不得放弃或自由处置。

---

① 行政强制措施与下文的行政强制执行构成行政强制,为规范行政强制,《中华人民共和国行政强制法》于 2011 年 6 月 30 日公布,自 2012 年 1 月 1 日起施行。

四、检验检疫行政执法行为的法律效力

（一）检验检疫行政执法行为有效成立的要件

检验检疫行政执法行为有效成立必须具备以下条件：

1. 检验检疫行政执法主体依法作出决定。
2. 检验检疫行政执法主体依法作出的决定已送达行政相对人。
3. 检验检疫行政执法主体作出的决定已为行政相对人受领。

（二）检验检疫行政执法行为合法的要件

检验检疫行政执法行为合法要件不同于其成立的要件，已经成立的行政执法行为不一定都是合法的。检验检疫行政执法行为合法的要件可以概括为以下几点：

1. 行政执法主体必须合法。包括行政执法的行政主体合法和行为主体合法。检验检疫行政执法的行政主体必须是检验检疫行政部门以及法律、法规授权的组织，其他行政部门和组织均不具备检验检疫行政执法行政主体的资格，所实施的行政执法行为无效。检验检疫行政执法的行为主体只能是检验检疫行政部门、法律、法规授权的组织及其执法人员和检验检疫行政部门委托的组织及其执法人员。

2. 行政执法行为的内容必须合法。内容合法要求行政执法行为必须有充分的事实根据和法律依据。

3. 行政执法行为的对象必须合法。行政执法行为的对象包括人、行为和物。作为检验检疫行政执法行为对象的相对人必须合格，即自然人、法人和其他组织。自然人应当是具有权利能力和行为能力的人，不具有行为能力的人不能成为合格的相对人；法人则必须是依法成立的具有法人资格的组织，不具有独立法人资格的法人的分支机构不是合格的相对人，法人内部机构也不是合格的相对人；其他组织则是依法成立的能独立承担责任的有关组织。相对人是否合格对行政执法行为的效力有重要影响，行政处罚中会因相对人的错误而导致处罚决定无效。作为行政执法行为对象的行为只能是行政相对人的行为，而不能是其他组织和人的行为。行政执法行为对象的物只能是行政相对人违法行为涉及的财物，与违法行为无关的财物不属行政执法行为对象的物。

4. 执法行为的程序必须合法。检验检疫行政执法程序合法的具体要件主要有以下几点：第一是检验检疫行政执法行为必须符合法定的方式。第二是检验检疫行政执法行为必须符合法定的步骤、顺序。第三是检验检疫行政执法行为必须符合法定的时限。

5. 行政执法行为的形式必须合法。检验检疫行政执法行为的形式是其内容的体现，必须符合法律、法规的规定。对需要以书面形式作出的必须以书面形式作出。如行政处罚必须制作行政处罚决定书，对行政相对人罚款，必须出具统一的财政收据，调查笔录必须有行政相对人签名等，都是对执法形式的要求，不符合这些形式要求，会造成执法行为的违法。

（三）检验检疫行政执法行为的法律效力

检验检疫行政执法行为的法律效力包括确定力、拘束力和执行力。

1. 确定力。检验检疫行政执法行为的确定力是指检验检疫行政执法行为一经作出，除非有重大、明显违法情形外，即发生法律效力，非依法定程序不得变更或撤销。

2. 拘束力。检验检疫行政执法行为的拘束力是指检验检疫行政执法行为生效后，所具有的约束、限制行政相对人的法律效力。检验检疫行政执法行为成立后不仅对行政相对人具有拘束力，而且对检验检疫行政执法主体本身及其他一切行政主体和工作人员亦有相应的拘束力。

3. 执行力。检验检疫行政执法行为的执行力是指检验检疫行政执法行为生效后，行政相对人必须实际履行所确定的义务。检验检疫行政执法行为的执行力表现为自行执行力和强制执行力。自行执行力是指执法行为要求行政相对人自觉履行有关义务的法律效力。强制执行力是指在相对人拒绝履行或拖延履行执法行为所确定的义务时，检验检疫行政执法主体就能采取相应的措施或申请人民法院强制相对人履行义务。

五、检验检疫行政执法行为的变更

检验检疫行政执法行为具有确定力，但并非绝对禁止事后变化，它可因一定的事由并依据法定程序而变更或消灭。检验检疫行政执法行为的变更是指检验检疫行政执法行为作出以后、消灭之前，执法行为的内容、依据和形式的变化。检验检疫行政执法行为变更的范围包括执法行为的内容、执法行为的依据和执法行为的形式。

　　检验检疫行政执法行为变更的类型大致可分以下几种：(1)检验检疫行政执法主体对自己执法行为的变更。(2)检验检疫行政执法主体的上级行政部门对下级行政部门的执法行为的变更。(3)行政复议机关对被复议行政执法行为的变更。(4)人民法院对被审查执法行为的变更。

六、检验检疫行政执法行为的消灭

　　检验检疫行政执法行为的消灭，是指执法行为丧失法律效力。检验检疫行政执法行为消灭主要有以下几种方式：

　　1. 检验检疫行政执法行为的撤回，是指检验检疫行政执法主体作出一定执法行为后，发现该行为违法或不当，以职权收回该执法行为，使社会关系恢复到未作出该行为以前的状态。

　　2. 检验检疫行政执法行为的废止，是指检验检疫行政执法主体作出一定的执法行为后，由于客观情况的变化，使得该行为不再适用新的情况，而依职权决定停止该执法行为往后的效力。

　　3. 检验检疫行政执法行为的撤销，是指有权的机关针对违法或明显不当的检验检疫行政执法行为予以撤销，从而取消其效力的过程。

　　4. 检验检疫行政执法行为的无效，是指检验检疫行政执法行为自始没有法律效力。

　　5. 检验检疫行政执法行为的失效，是指由于一定事由的出现，检验检疫行政执法行为自然地往后失去效力的现象。检验检疫行政执法行为的失效具有客观自然性和无溯及既往力的特点。行为失效的情形主要有：期限届满、行为对象消失及行政决定履行完毕。

七、检验检疫行政执法监督

(一)检验检疫行政执法监督的概念

　　广义的检验检疫行政执法监督包括国家监督和社会监督两类。国家监督包括国家权力机关的监督、司法机关的监督和行政机关内部的监督；社会的监督包括人民政协的监督、各民主党派的监督、人民群众的监督以及新闻舆论的监督。狭义的检验检疫行政执法监督，仅指检验检疫行政部门内部及上下级之间的监督。一般所说的检验检疫行政执法监督是指狭义的监督。所以，检验检疫行政执法监督是指各级检验检疫行政部门对本部门行政执法、上级检验检疫行政部门对下级检验检疫行政部门以及检验检疫行政部门对受其委托执法的组织的有关行政执法活动,依法进行督促、检查和纠正活动。

检验检疫行政执法监督具有以下特征:第一,检验检疫行政执法监督的主体是检验检疫行政部门。第二,检验检疫行政执法监督的对象是检验检疫行政执法部门及其行政执法人员。第三,检验检疫行政执法监督的法律关系主要是基于层级关系产生的。

(二)检验检疫行政执法监督的目的和内容

检验检疫行政执法监督的目的是保证检验检疫行政执法的合法性与合理性,维护行政相对人的合法权益,也维护检验检疫行政的良好形象。

检验检疫行政执法监督的内容,根据监督对象从事行政活动的性质和方式,可分为两大类:一类是抽象行政行为的监督,一类是具体行政行为的监督。对检验检疫抽象行政行为的监督,主要是对检验检疫规范性文件的合法性的监督,其方式是备案审查,重点审查其合法性、协调性、严肃性等内容。对具体行政行为的监督主要可概括为以下几方面:(1)检验检疫行政执法主体的合法性;(2)检验检疫行政部门是否履行了法定职责;(3)检验检疫行政执法行为的合法性和适当性;(4)对检验检疫行政部门专职行政执法机构工作的监督;(5)实施法律、法规、规章情况的监督;(6)其他需要监督检查的情况。

检验检疫行政执法监督机构是指检验检疫行政部门内部设置的专门负责检验检疫行政执法监督工作的办事机构。它属于内部工作机构,不能以自己的名义对外行使职权。只能以所属检验检疫行政部门的名义从事工作,其在职权范围内实施的行为后果由所属的检验检疫行政部门负责。

检验检疫行政执法监督的具体制度主要有:(1)地方性法规、规章的报告制度;(2)规范性文件的备案制度;(3)实施法律、法规和规章情况的报告制度;(4)重大行政处罚案件备案制度;(5)行政处罚案件的申诉制度;(6)行政执法统计制度;(7)定期或不定期检查制度;(8)法律、法规和规章规定的其他方式,如行政执法证件管理制度、行政执法责任制度和评议考核制度、行政执法公开制度、行政执法错案追究制度等。

检验检疫行政执法监督检查是执法监督的主要方式。检验检疫行政执法监督检查,是指上级检验检疫行政部门对下级检验检疫行政部门,本级检验检疫行政部门对所属或者委托单位的行政执法情况进行的监督检查。其目的是督促检验检疫行政部门依法行使行政执法权,防止滥用职权、越权执法、徇私

枉法等违法行为的发生。

　　检验检疫行政执法监督检查的内容主要有以下几个方面：(1)有关检验检疫法律、法规、规章以及其他规范性文件是否得到正确、全面的实施，实施中存在什么问题；(2)检验检疫行政执法机构及其执法队伍的建设是否满足执法实际的要求，执法人员的政治、业务、法律素质是否适应行政执法的需要；(3)检验检疫行政执法的技术保障体系的建设、执法手段能否满足执法的要求；(4)检验检疫行政执法机构内部是否建立健全各项规章制度及其贯彻落实情况；(5)检验检疫行政执法机构及其执法人员是否正确行使法律、法规赋予的权力，是否正确履行法律、法规规定的义务，有无超越权限和滥用职权的违法行为；(6)检验检疫行政违法行为是否得到及时、合法、正确的处理；(7)检验检疫行政执法机构及其执法人员的违法行为是否得到及时的纠正和处理；(8)其他需要检查的事项。

　　检验检疫行政执法监督检查的方式主要分以下几种：(1)一般监督检查与特定的监督检查；(2)定期监督检查与不定期监督检查；(3)自查、互查和抽查。检验检疫行政执法监督检查采用的主要方法有：(1)现场检查；(2)调阅审查；(3)统计检查。检验检疫行政执法监督检查工作应当遵循一定的程序，该程序一般分为准备阶段、检查阶段和处理阶段。

第三节　检验检疫行政执法责任

　　行政法要求行政主体的行政行为同时符合行政法的两大基本原则即行政合法性原则和行政合理性原则。违反合法性原则的行政行为是行政违法行为，违反合理性原则的行政行为是行政不当行为。行政违法与行政不当合称为行政瑕疵。行政违法与行政不当都应当并且都有可能承担行政赔偿责任。

一、检验检疫行政违法

(一)检验检疫行政违法的概念

　　检验检疫行政违法是指检验检疫行政主体所实施的违反检验检疫行政法律规范，侵害受法律保护的检验检疫行政关系尚未构成犯罪的有过错的检验检疫行政行为。检验检疫行政违法的主体是检验检疫行政主体，而不是行政相对人。检验检疫行政主体的检验检疫行政行为是通过检验检疫行政人的行为表现出来的。检验检疫行政违法是违反检验检疫行政法律规范,侵害受法律保护的检验检疫行政关系的行为;是尚未构成犯罪的违法行为;是要承担检验检疫行政执法责任的行为。

(二)检验检疫行政违法的构成要件

检验检疫行政违法的构成要件是指由行政法所规定的构成检验检疫行政违法必须具备的一切主、客观条件的总和。检验检疫行政违法的构成要件,是判断检验检疫行政主体及其行政人员行政行为是否违法的标准,也是追究行为人行政责任的根据。

要确定某种检验检疫行政行为是否构成检验检疫行政违法,主要看它是否同时具备以下四个要件:

1. 违法主体必须是检验检疫行政主体

只有检验检疫行政主体的行为才可能构成检验检疫行政违法,非检验检疫行政主体的行为不可能构成检验检疫行政违法。虽然,违法的行为主体可以是检验检疫行政主体中的工作人员以及其他受委托的人员,但是违法主体必须是检验检疫行政主体。

2. 行为人负有检验检疫相关的法定义务

违法行为,实际上就是不履行、不承担法定义务(包括作为义务和不作为义务)的行为。因此,要确定行为人的行为是否构成检验检疫行政违法,首先就得看行为人在检验检疫方面是否具有法定义务。要确定行政失职行为,首先就得确定行为人是否具有这方面的职责(职务上的义务);没有一定的职责,就无法构成失职。

3. 行为人有不履行检验检疫法定义务的行为

仅有法定义务,行政违法还只是一种可能性,只有当行为人不履行、不承担法定义务时,行政违法才会发生。对于构成检验检疫行政违法的基本条件,必须把握两层意思:一是必须是一种行为,而不是思想意识活动,后者不构成行政违法;二是这种行为是违反检验检疫行政法律规范的,是不履行检验检疫法定义务的作为或不作为,它侵害了受法律保护的检验检疫行政关系,对社会有一定的危害性。

4. 这种行为是出于行为人的过错

任何行为都是人们有意识的活动。行为是否违法,不能单看行为在实际上是否同法律相悖,同时应看行为是否出于行为人的过错。过错是指故意或

过失。任何既不出于故意也不出于过失的行为,均不构成行政违法。一位正在进行产品质量监督抽查的执法人员由于心脏病突发而无法履行职责,就不构成检验检疫行政违法(失职)。可见,行为出于行为人过错,也是构成检验检疫行政违法的一个不可缺少的条件。

(三)检验检疫行政违法的分类

检验检疫行政违法主要分类方法有下列几种:

1. 以行为的方式和状态为标准,把检验检疫行政违法分为作为检验检疫行政违法和不作为检验检疫行政违法。

2. 以行为的实体和程序为标准,可把检验检疫行政违法分为实体检验检疫行政违法和程序检验检疫行政违法。实体检验检疫行政违法是指检验检疫行政行为不符合检验检疫行政法律规范要求的实质要件。程序检验检疫行政违法是指行政行为不符合检验检疫行政法律规范要求的形式要件。

3. 根据行政复议机关和人民法院撤销具体行政行为的理由,可以把检验检疫行政违法划分为以下 7 种:(1)检验检疫行政失职;(2)检验检疫行政越权;(3)检验检疫行政滥用职权;(4)检验检疫行政执法事实依据错误;(5)检验检疫行政执法适法错误;(6)检验检疫行政执法程序违法;(7)检验检疫行政侵权等。

(四)检验检疫行政违法的确认

每一行政相对人均有怀疑某一具体行政行为合法性,从而请求有权机关撤销该具体行政行为的权利。但这仅是行政相对人对行政违法的一种"认为权",而不是"确认权"。对行政违法的确认权,归属于有权机关,而不是行政相对人。有权机关包括权力机关、行政机关和司法机关(仅指人民法院)。根据机关的性质,我们可以把上述机关对检验检疫违法行政行为的确认权分为行政确认权、司法确认权和人大确认权。其中,人大确认权具有最高效力,但它只限于针对行政机关的抽象行政行为。司法确认权是一种最终的确认权,但只限于对具体行政行为作出违法与否的判断,而且以行政相对人提起行政诉讼为前提。行政确认权是效力最低的确认权,必须服从与其矛盾的人大确认权、司法确认权,但它在实际行政执法实践中运用最广,而且是一种依职权进行的主动的行为,无须行政相对人的申请。

（五）检验检疫行政违法的后果

行政合法行为与行政违法行为所产生的法律后果是截然相反的。检验检疫行政违法的后果是多方面的,但最主要的表现在两个方面。

第一,影响检验检疫行政行为的法律效力。只有符合有效要件的检验检疫行政行为才具有法律效力,即拥有拘束力、公定力、确定力和执行力。违法的检验检疫行政行为,便失去上述效力的完整性。具体说,有两种情况:(1)完全失去法律效力。如行政处罚决定违法,就必须无条件地撤销。(2)补正后方具有法律效力。如在行政处罚决定书上写错当事人的年龄和家庭地址;在善意越权行为中,有权机关对越权行为的事后追认。

第二,引起法律责任。检验检疫行政主体实施了一种检验检疫行政违法行为,必然引起各种法律责任,主要有以下责任内容:(1)纠正行政违法的责任。即行政违法主体本身有义务纠正其业已发生的违法行为。(2)对行政违法侵害人权利的补救责任。如行政主体对行政相对人实施行政赔偿。(3)违法情节严重的,行政主体及其责任人员还应当承担行政处分责任甚至刑事责任。

二、检验检疫行政不当

检验检疫行政不当是指检验检疫行政主体及其行政人所作的虽然合法但不合理的行政行为。检验检疫行政不当以行为合法为前提,是与检验检疫行政违法相并列的一种有瑕疵的检验检疫行政行为。

检验检疫行政不当具有下列特征:(1)以行政合理性为侵害客体。合理性问题只发生在自由裁量行为中,不发生在羁束行政行为中,而合法性问题在两种行为中均可能发生。(2)以合法为前提。行政不当是行政合法范围内的不当,而不是行政合法范围以外的行政不当。行政合法范围以外的行政不当已被行政违法所吸收。

检验检疫行政不当根据行政自由裁量权内容不同,可以分为对象行政不当、客体行政不当、时间行政不当、地点行政不当;根据自由裁量行政行为的内容不同,还可以分为权利赋予不当和义务科予不当。

检验检疫行政不当如同检验检疫行政违法,也会引起一定的法律效果,当然在效果内容上有所区别。

1. 对效力的效果

在我国,人民法院在行政诉讼中,对具体行政行为只作合法性审查,而不

作合理性审查。行政复议机关在行政复议中可以审查具体行政行为的适当性,但它对不适当的行为适用"变更"决定。可见,检验检疫行政不当可能导致具体检验检疫行政行为的无效,但并不导致绝对的无效。

2. 对责任的效果

在对责任的效果上,检验检疫行政不当与检验检疫行政违法明显不同。检验检疫行政违法必然引发检验检疫行政执法责任,两者有必然的因果关系,而且引发的检验检疫行政执法责任可能是补救性行政责任,也可能是惩罚性行政责任。而检验检疫行政不当未必产生检验检疫行政执法责任,即便产生一般也以承担补救性行政责任为主。

三、检验检疫行政执法责任

(一)检验检疫行政执法责任的概念和特征

检验检疫行政执法责任是指检验检疫行政主体因违反检验检疫行政法律规范而依法必须承担的法律责任。它是检验检疫行政违法(以及部分检验检疫行政不当)所引起的法律后果。

检验检疫行政执法责任有以下特征:

1. 检验检疫行政执法责任是检验检疫行政主体的责任,而不是行政相对人的责任。行政相对人的责任,表现为接受行政处罚。

2. 检验检疫行政执法责任是一种外部责任,不包括内部责任。检验检疫行政执法责任只是指检验检疫行政主体对行政相对人所必须负的责任,而不是指内部主体之间或内部人员之间的责任。

3. 检验检疫行政执法责任是一种法律责任,而不是道义责任。

4. 检验检疫行政执法责任是行政违法或行政不当所引起的法律后果,它基于行政关系而发生。

(二)检验检疫行政执法责任的构成和形式

1. 检验检疫行政执法责任的构成

检验检疫行政执法责任的构成与检验检疫行政违法的构成有因果联系(前者是果,后者是因),但有明显区别。检验检疫行政违法的构成(要件)旨在确认检验检疫行政违法及其性质,检验检疫行政执法责任的构成(要件)则旨在确认检验检疫行政违法的后果及其性质,或者说旨在解决在已构成检验检疫行政违法的基础上是否应追究行为人的行政责任，以及追究其哪一种行政责任的问题。承担检验检疫行政执法责任必须有检验检疫行政违法行为，但并非一有检验检疫行政违法，便一定追究检验检疫行政执法责任。追究检验检疫行政执法责任，必须考虑检验检疫行政执法责任的四个构成要件：(1)行为人已构成行政违法(及部分行政不当)；(2)行为人具有责任能力；(3)行为人的动机、目的、事后的态度等方面的主观恶性达到一定程度；(4)行政违法的情节与后果达到一定程度。

2. 检验检疫行政执法责任的形式

检验检疫行政执法责任的形式主要有下列几种：

(1)承认错误，赔礼道歉。这是一种最为轻微的补救责任形式，承担这种责任一般由直接责任人或机关领导出面，形式可以口头，也可以书面。当行政主体及其行政人由于管理上的违法或不当损害了相对人的权益时，他们理应向相对人承认错误、赔礼道歉。

(2)恢复名誉，消除影响。这也是一种精神上的补救性责任，它适用于行政主体及其行政人的违法或不当处理造成了相对人名誉上的损害，对其造成了不良影响。履行这种责任可采用在大会上宣布正确决定，在报刊上更正原处理决定，或向有关单位寄送更正书面材料等方法。方法的选择取决于名誉的损害程度和影响范围。

(3)履行职务。这种责任是针对行政失职行为人的，在可以继续履行职务的前提下，检验检疫行政失职行为人理应承担履行职务的责任。

(4)撤销违法。撤销违法有两种情况：一是撤销已经完成了的行为，如宣布去年作出的决定无效；二是撤销正进行着的行为，如撤销查封、扣押等。

(5)纠正不当。纠正不当主要是针对行政不当的一种责任。行政不当虽然不一定构成撤销的理由，但行为人有纠正义务，相对人有权要求行政主体及其行政人纠正自己的不当行为，上级行政机关有权要求下级行政机关纠正不当。纠正不当的具体方法是变更不当行为，如修改处理决定等。

(6)返还权益。如果行政主体及其行政人剥夺相对人的权益属行政违法或不当，那么在撤销或变更该行政行为的同时，必须返还相对人的权益。如检验检疫行政部门对行政相对人作出的罚款或没收财物的处罚是错误的，应当向受处罚人退回罚款及没收的财物。这里被剥夺的"权益"必须是相对人合法权益的实际损害。没有实际权益的损害，不构成返还权益责任。

(7)恢复原状。例如检验检疫行政部门非法检查计量器具，致使计量器具损坏，检验检疫行政部门就有修复的责任。

(8)行政赔偿。这里是指狭义的行政赔偿即仅指金钱赔偿,而不包括返还权益和恢复原状。行政赔偿只是在恢复原状无法补救权利条件下的一种补救手段。

(三)检验检疫行政执法责任的划分

1. 行政主体与行政人之间的责任划分

根据责任主体不同,检验检疫行政执法责任可以分为行政主体的责任与行政人的责任。划分行政主体与行政人之间的责任可以按照行政连带与求偿制度来确定。行政人以行政主体名义代表国家实施行政权,它的行为效果由行政主体承受。行政主体对行政人的行为(即使是过错行为)承担连带责任,即先由行政主体出面对相对人承担责任,然后行政主体根据行政人的过错程度,追究其责任并向其行使求偿权。行政人行为引起的行政责任有两种情况:(1)在行政人本人有故意或重大过失的情况下,行政责任最终由行政人承担或由行政主体与行政人分担;(2)在行政人本人无过错或仅有一般过失的情况下,行政责任最终由行政主体承担。

2. 授权人与被授权人之间的责任划分

行政授权是指行政主体依法把行政职权的一部分或全部授予另一组织的行为。在行政授权中,授出行政职权的一方称授权人,接受行政职权的一方称被授权人。授权人与被授权人之间基于行政授权产生的权利义务关系称为行政授权法律关系。在授权法律关系中,被授权人可以以自己的名义自主地行使所授职权,行为后果也由他自己承受。所以,无论被授权人的行为是否超越授权范围,其行为所引起的行政责任,一律由被授权人自己承担。

3. 委托人与被委托人之间的责任划分

行政委托不同于行政授权,它是指行政主体把一定的事务委托给有关组织或个人办理的行为。行政委托的特点是,被委托人必须以委托人的名义从事活动,活动的法律效果由委托人承受。也就是说,委托人承担被委托人行为引起的行政责任,当然只限于在委托权限范围内,如果被委托人的行为超越了委托权限范围,其行政责任则由被委托人自己承担。

(四)检验检疫行政执法责任的追究和免除

1. 检验检疫行政执法责任的追究

检验检疫行政主体及其行政人承担检验检疫行政执法责任有两种方式:一是履行责任,即检验检疫行政主体及其行政人主动履行,如主动赔偿、主动返还权益;二是追究责任,即检验检疫行政主体及其行政人被动履行,由其他有权机关作出一项决定强制其履行,如法院判决检验检疫行政机关赔偿。在我国,有权追究检验检疫行政执法责任的组织有三个,即权力机关、人民法院和检验检疫行政机关。

2. 检验检疫行政执法责任的免除

检验检疫行政执法责任必须依法追究,也可以依法免除。检验检疫行政执法责任的免除,是指行为人虽然符合检验检疫行政执法责任的构成条件,但根据某些法定条件或理由,追究机关决定不追究责任者的检验检疫行政执法责任。检验检疫行政执法责任的免除条件一般需有法律明文规定。

(五)检验检疫行政执法责任的转继和消灭

1. 检验检疫行政执法责任的转继

检验检疫行政执法责任的确定,不仅包括责任内容、形式的确定,而且包括责任者的确定。检验检疫行政执法责任一经确定,责任者不得更换,必须由已被确定的责任者承担已被确定的责任,但是在一定条件下,检验检疫行政执法责任可以发生"转继"。

转继指转移和继受。检验检疫行政执法责任的转继是指在法定条件下,检验检疫行政执法责任从一个主体身上转移到另一个主体身上,原责任者的责任为另一个主体所继受。换句话说,责任的转继就是责任主体的更换。

检验检疫行政执法责任的转继是法定的,而不是由行为人擅自决定的。检验检疫行政执法责任的转继是有条件的,而不是不受法律限制的。责任转继的发生需要具备下列两个条件:(1)检验检疫行政执法责任已被确定,但尚未履行或履行完毕;(2)出现了导致责任转继的法律事实(主要是指检验检疫行政主体被合并或撤销)。检验检疫行政主体被合并的,其责任就自然转继给合并后的机关;检验检疫行政主体被撤销的,由撤销它的机关或者被撤销主体的主管行政机关继受。

2. 检验检疫行政执法责任的消灭

检验检疫行政执法责任的消灭是指责任被确定后,因某些法律事实的出现而不复存在。消灭不同于免除,责任免除发生在责任确定过程中,而责任消灭发生在责任被确定以后。

检验检疫行政执法责任基于以下法律事实之一而消灭:(1)责任者履行责任完毕;(2)权利人放弃了要求责任者承担责任的权利;(3)履行责任失去意义;(4)追究责任的决定被依法撤销。其中,前三种属于"责任的自然消灭",后

一种属于"责任的非自然消灭"。

四、检验检疫行政主体的行政处分责任与刑事责任

检验检疫行政主体及其行政人员的违法行为,应当给予行政处分,特别严重的,还要追究刑事责任。

(一)进出口商品检验的行政处分责任与刑事责任

《进出口商品检验法》第 37 条、第 38 条与《进出口商品检验法实施条例》第 59 条规定了进出口商品检验的行政处分责任与刑事责任,主要是两种情形:

1. 国家商检部门、商检机构的工作人员违反本法规定,泄露所知悉的商业秘密的,依法给予行政处分,有违法所得的,没收违法所得;构成犯罪的,依法追究刑事责任。

2. 出入境检验检疫机构的工作人员滥用职权,故意刁难当事人的,徇私舞弊,伪造检验结果的,或者玩忽职守,延误检验出证的,依法给予行政处分;违反有关法律、行政法规规定签发出口货物原产地证明的,依法给予行政处分,没收违法所得;构成犯罪的,依法追究刑事责任。

(二)进出境动植物检疫的行政处分责任与刑事责任

《进出境动植物检疫法》第 45 条规定了进出境动植物检疫的行政处分责任与刑事责任。动植物检疫机关检疫人员滥用职权,徇私舞弊,伪造检疫结果,或者玩忽职守,延误检疫出证,构成犯罪的,依法追究刑事责任;不构成犯罪的,给予行政处分。

(三)国境卫生检疫的行政处分责任与刑事责任

《国境卫生检疫法》第 23 条、《传染病防治法》第 71 条、《国境口岸突发公共卫生事件出入境检验检疫应急处理规定》第 31 条至第 34 条规定了国境卫生检疫的行政处分责任与刑事责任,主要有以下几个方面:

1. 国境卫生检疫机关工作人员没有秉公执法或及时检疫,违法失职的,或滥用职权、玩忽职守、徇私舞弊的,对主要负责人及其他直接责任人员给予行政处分,情节严重构成犯罪的,依法追究刑事责任。

2. 检验检疫机构未依法履行传染病疫情和突发公共卫生事件的通报

职责和报告职责,责令改正,通报批评;对突发事件隐瞒、缓报、谎报或者授意他人隐瞒、缓报、谎报的,对主要负责人及其他直接责任人员予以行政处分;造成传染病传播、流行或者其他严重后果的,对负有责任的主管人员和其他直接责任人员,依法给予降级、撤职、开除的处分;构成犯罪的,依法追究刑事责任。

3. 突发事件发生后,检验检疫机构拒不服从上级检验检疫机构统一指挥,贻误采取应急控制措施时机或者违背应急预案要求拒绝上级检验检疫机构对人员、物资的统一调配的,对单位予以通报批评;造成严重后果的,对主要负责人或直接责任人员予以行政处分,构成犯罪的,依法追究刑事责任。

4. 突发事件发生后,检验检疫机构拒不履行出入境检验检疫应急处理职责的,对上级检验检疫机构的调查不予配合或者采取其他方式阻碍、干涉调查的,由上级检验检疫机构责令改正,对主要负责人及其他直接责任人员予以行政处分;构成犯罪的,依法追究刑事责任。

五、检验检疫行政赔偿

(一)检验检疫行政赔偿的概念和特征

行政赔偿是行政责任中的核心责任。检验检疫行政赔偿是指检验检疫行政主体及其行政人违法行使行政职权,侵犯行政相对人的合法权益造成损害,而依法必须承担的赔偿责任。

检验检疫行政赔偿具有下列特征:

1. 检验检疫行政赔偿以检验检疫行政违法为前提。检验检疫行政赔偿是检验检疫行政机关及其工作人员违法行使职权所引起的法律责任。没有检验检疫行政违法这个前提,检验检疫行政赔偿责任就不可能发生。

2. 检验检疫行政赔偿以侵犯行政相对人的合法权益并造成损害为条件。这一特征包含两层意思:(1)检验检疫行政主体及其行政人违法行使职权侵犯了行政相对人的合法权益;(2)检验检疫行政主体及其行政人不仅违法行使职权侵犯了行政相对人的合法权益,而且还必须造成了行政相对人人身权和财产权的实际损害。

3. 检验检疫行政赔偿以依法赔偿为原则。依法赔偿是指检验检疫行政机关是否承担赔偿责任,以及如何承担赔偿责任,完全以《国家赔偿法》和《行

政诉讼法》本身及其他法律、法规为依据,而不以学理或判例为标准。

4. 检验检疫行政赔偿以违法行使职权的检验检疫行政机关为赔偿义务机关。虽然检验检疫行政机关的职权行为是通过行政工作人员进行的,但工作人员不是独立的侵权主体,他们只能是所属检验检疫行政机关的代表,因而不直接对相对人承担赔偿责任。

(二)检验检疫行政赔偿的范围

1. 侵犯人身权的检验检疫行政赔偿范围

国家行政机关及其工作人员在行使行政职权时有下列侵犯人身权之一的,受害人有取得行政赔偿的权利①:(1)违法拘留或者违法采取限制公民人身自由的行政强制措施的;(2)非法拘禁或者以其他方法非法剥夺公民人身自由的;(3)以殴打等暴力行为或者唆使他人以殴打等暴力行为造成公民身体伤害或者死亡的;(4)违法使用武器、警械造成公民身体伤害或者死亡的;(5)造成公民身体伤害或者死亡的其他违法行为②。由于检验检疫行政部门没有使用武器、警械的权利,因此对于检验检疫行政赔偿来说,上述第(4)项一般是不存在的。

2. 侵犯财产权的检验检疫行政赔偿范围

检验检疫行政机关及其工作人员在行使行政职权时有下列侵犯财产权情形之一的,受害人有取得行政赔偿的权利③:(1)违法实施罚款、吊销许可证和执照、责令停产停业、没收财物等行政处罚的;(2)违法对财产采取查封、扣押、冻结等行政强制措施的;(3)违反国家规定征收财物、摊派费用的;(4)造成财产损害的其他违法行为④的。

3. 检验检疫行政赔偿范围的排除

属于下列情形之一的,检验检疫行政机关不承担赔偿责任⑤:(1)检验检疫行政机关工作人员与行使职权无关的个人行为;(2)因公民、法人和其他组织自己的行为致使损害发生的,如当事人冒名顶替接受行政处罚,作伪证导致

---

① 参见《国家赔偿法》第3条。

② 这里的"其他违法行为",包括具体行政行为和与行政机关及其工作人员行使行政职权有关的,给公民、法人或者其他组织造成损害的,违反行政职责的行为。

③ 参见《国家赔偿法》第4条。

④ 这里的"其他违法行为"同样包括具体行政行为和与行政机关及其工作人员行使行政职权有关的,给公民、法人或者其他组织造成损害的,违反行政职责的行为。

⑤ 参见《国家赔偿法》第5条。

行政决定错误等等；(3)法律规定的其他情形。此外，国防、外交等国家行为和行政机关制定发布检验检疫行政法规、规章或者具有普遍约束力的决定、命令等抽象行政行为不在检验检疫行政赔偿范围之列。

(三)检验检疫行政赔偿的方式及标准

检验检疫行政赔偿的方式有四种：(1)支付赔偿金；(2)返还财产；(3)恢复原状；(4)消除影响，恢复名誉，赔礼道歉。上述行政赔偿方式中，前三种为物质方式，最后一种为精神方式。在物质方式中，支付赔偿金为"主要方式"，但它不是"优先方式"。能够返还财产或者恢复原状的，予以返还财产或者恢复原状；只有在不能够返还财产或者恢复原状的，才支付赔偿金。

检验检疫行政赔偿的计算标准与普通行政赔偿的计算标准并无差异，《国家赔偿法》针对不同情况作了不同的规定：

1. 对侵犯人身自由权的赔偿标准

侵犯公民人身自由的，每日的赔偿金按照国家上年度职工日平均工资计算。

2. 对侵犯健康权的赔偿标准

侵犯人身健康权是指采用各种手段摧残人的身体，如殴打等。侵犯健康权的赔偿项目和标准如下：

(1)造成身体伤害的，应当支付医疗费，以及赔偿因误工减少的收入。计算减少的收入时，每日赔偿金按照国家上年度职工日平均工资计算，最高额为国家上年度职工年平均工资的 5 倍。

(2)造成部分或者全部丧失劳动能力的，应当支付医疗费，以及残疾赔偿金。残疾赔偿金根据丧失劳动能力的程度确定，部分丧失劳动能力的最高额为国家上年度职工年平均工资的 10 倍，全部丧失劳动能力的为国家上年度职工年平均工资的 20 倍。造成全部丧失劳动能力的，对其扶养的无劳动能力的人，还应当支付生活费。生活费的发放标准参照当地民政部门有关生活救济的规定办理。被抚养的人是未成年人的，生活费给付至 18 周岁；其他无劳动能力的人，生活费给付至死亡时止。

3. 对侵犯生命权的赔偿标准

侵犯生命权的赔偿是指造成人死亡的赔偿。行政侵权造成他人死亡的，应当支付死亡赔偿金、丧葬费，总额为国家上年度职工年平均工资的 20 倍。对死者生前扶养的无劳动能力的人，还应当支付生活费。生活费的标准与前述相同。

4. 对侵犯财产权的赔偿标准

侵犯公民、法人和其他组织的财产权造成损害的,按照下列规定处理:

(1)处罚款、罚金、追缴、没收财产或者违反国家规定征收财物、摊派费用的,返还财产。

(2)查封、扣押、冻结财产的,解除对财产的查封、扣押、冻结,造成财产损坏或者灭失的,按以下两种规则办理赔偿:①应当返还的财产损坏的,能够恢复原状的恢复原状,不能恢复原状的,按照损害程度给付相应的赔偿金;②应当返还的财产灭失的,给付相应的赔偿金。

(3)财产已经拍卖的,给付拍卖所得的价款。

(4)吊销许可证和执照、责令停产停业的,赔偿停产停业期间必要的经常性费用开支。

(5)对财产权造成其他损害的,按照直接损失给予赔偿。

(四)检验检疫行政赔偿的费用

检验检疫行政赔偿的费用包括检验检疫行政机关支付赔偿金的经费和有权机关处理检验检疫行政赔偿案件程序中的有关费用。检验检疫行政赔偿属于国家赔偿,因而检验检疫行政赔偿的费用由国家承担,列入国家财政预算。国家赔偿费用由各级财政机关负责管理。当年实际支付国家赔偿费用超过年度预算部分,在本级预算预备费中解决。

为保障行政相对人的实际利益,行政机关和人民法院处理检验检疫行政赔偿案件不得收取任何费用,但鉴定、审计等费用例外。赔偿请求人要求人民法院确认致害行为违法涉及的鉴定、勘验、审计等费用,由申请人预付,最后由败诉方承担。国家对赔偿请求人取得的赔偿金不予征税。

(五)检验检疫行政赔偿中的追偿

检验检疫行政赔偿是一种国家责任,它意味着具体检验检疫行政机关及其工作人员的侵权行为所导致的赔偿由国家而不是该检验检疫行政机关或人员自己承担赔偿金。但是国家赔偿之后,可以向有关责任者追偿。

检验检疫行政赔偿中的追偿制度,是指检验检疫行政机关对赔偿请求人承担赔偿责任以后,有权要求负有责任的实施机关和人员承担全部或部分赔偿费用的法律制度。检验检疫行政赔偿中的追偿,又称检验检疫行政赔偿中的求偿,简称检验检疫行政求偿。

第四节　检验检疫行政救济

一、检验检疫行政复议

(一)检验检疫行政复议的概念

检验检疫行政复议是指行政相对人(公民、法人和其他组织)认为检验检疫行政主体的具体行政行为侵犯其合法权益,依法向检验检疫行政复议机关提出行政复议申请(即要求重新审查该具体行政行为的申请),检验检疫行政复议机关据此依照法定程序对被申请的具体行政行为进行合法性、适当性审查,并作出检验检疫行政复议决定的法律制度。

检验检疫行政复议工作,应当遵循合法、公正、公开、及时、便民的原则;坚持有错必究,保障法律、法规的正确实施。上级检验检疫行政部门应当加强对下级检验检疫行政部门行政复议工作的指导和监督,发现下级检验检疫行政部门在行政复议工作中确有错误的,应当及时指出,并监督其纠正,必要时依法直接予以纠正。

(二)检验检疫行政复议管辖

有下列情形之一的,公民、法人或者其他组织可以依法申请行政复议:(1)对检验检疫行政部门作出的行政处罚决定不服的;(2)对检验检疫行政部门作出的行政强制措施不服的;(3)对检验检疫行政部门作出的有关许可证、资质证、资格证等证书变更、中止、撤销的决定不服的;(4)认为检验检疫行政部门侵犯合法的经营自主权的;(5)认为检验检疫行政部门违法集资、征收财物、摊派费用或者违法要求其履行其他义务的;(6)认为符合法定条件,申请检验检疫行政部门颁发许可证、资质证、资格证等证书,或者申请审批、登记有关事项,检验检疫行政部门没有依法办理的;(7)申请检验检疫行政部门履行保护财产权利的法定职责,检验检疫行政部门没有依法履行的;(8)认为检验检疫行政部门的其他具体行政行为侵犯其合法权益的。

公民、法人或者其他组织认为检验检疫行政部门的具体行政行为所依据的下列规定不合法,在对具体行政行为申请行政复议时,可以一并提出对该规

定的审查申请:(1)国家检验检疫总局或者国务院其他部门的规定;(2)地方各级检验检疫行政部门的规定。上述规定不含国务院部门规章。规章的审查依照法律、行政法规的规定办理。

对国家检验检疫总局的具体行政行为不服的,向国家检验检疫总局申请行政复议。对国家检验检疫总局的行政复议决定不服的,可以向国务院申请行政裁决。对省、自治区、直辖市检验检疫行政部门的具体行政行为不服的,可以向国家检验检疫总局申请行政复议。

对市、县级检验检疫行政部门的具体行政行为不服的,向其上一级检验检疫行政部门申请行政复议。

对检验检疫行政部门所属的机构,依据法律、法规授权而作出的具体行政行为不服的,向其主管的检验检疫行政部门申请行政复议。

对检验检疫行政部门依法设立的派出机构,以自己的名义作出的具体行政行为不服的,向设立派出机构的检验检疫行政部门申请行政复议。

对检验检疫行政部门委托的机构,以实施委托的检验检疫行政部门的名义作出的具体行政行为不服的,向实施委托的检验检疫行政部门的上一级检验检疫行政部门申请行政复议。

对依法需要批准的具体行政行为不服的,向作出批准决定的检验检疫行政部门的上一级检验检疫行政部门申请行政复议。

对检验检疫行政部门与其他行政部门共同作出的具体行政行为不服的,向作出决定的部门的共同上一级部门申请行政复议。

(三)检验检疫行政复议机构

依法履行行政复议职责的检验检疫行政部门为检验检疫行政复议机关(以下简称行政复议机关)。

行政复议机关的法制工作机构是本部门的行政复议机构(以下简称行政复议机构)。行政复议机构负责办理行政复议案件的有关具体事项,行政复议机构的工作人员名单应当报上一级检验检疫行政部门备案。

行政复议机构的具体职责如下:(1)受理行政复议申请;(2)向有关组织或者人员调查取证;(3)组织审理行政复议案件;(4)拟订行政复议决定;(5)处理或者转送对抽象行政行为的审查申请;(6)对涉及国家秘密和申请人、相关人商业秘密或者个人隐私依法采取保密措施;(7)整理行政复议案卷,并负责归档工作;(8)办理因不服行政复议决定提起行政诉讼的应诉事项;(9)对本部门或者下级部门行政复议中的违法违规行为,依照法定的权限和程序提出处理建议；(10)指导下级检验检疫行政部门的行政复议工作，并对行政复议工作中发现的问题分析研究，提出改进工作的意见和建议；(11)法律、法规规定的其他职责。

（四）检验检疫行政复议参加人

检验检疫行政复议参加人主要是申请人、被申请人，有时会有第三人参加。另外，申请人、被申请人、第三人可以委托代理人代为参加行政复议。代理人代为参加行政复议的，应当由委托人出具委托书。

1. 申请人

依法向检验检疫行政部门申请行政复议的公民、法人或者其他组织，是行政复议申请人（以下简称申请人）。有权申请复议的公民死亡的，其近亲属可以申请行政复议。有权申请复议的公民为无民事行为能力人或者限制民事行为能力人的，其法定代理人可以代为申请行政复议。有权申请复议的法人或者其他组织终止的，承受其权利的法人或者其他组织可以继续享有申请人的权利，申请行政复议。

2. 被申请人

申请人对检验检疫行政部门的具体行政行为不服申请行政复议的，作出具体行政行为的检验检疫行政部门为被申请人（以下简称被申请人）。

3. 第三人

同申请检验检疫行政复议的具体行政行为有法律上的利害关系的公民、法人或者其他组织，可以作为第三人参加行政复议。

（五）检验检疫行政复议程序

1. 行政复议申请

申请人申请行政复议，可以书面申请，也可以口头申请。口头申请的，行政复议机构的工作人员应当当场填写检验检疫行政复议申请笔录，记录申请人的基本情况、行政复议请求、申请行政复议的主要事实、理由和时间，并由申请人签字。

申请人申请行政复议，可以自知道具体行政行为之日起 60 日内提出；但法律规定的申请期限超过 60 日的除外。因不可抗力或者其他正当理由耽误法定申请期限的，申请期限自障碍消除之日起继续计算。

2. 对行政复议申请的处理与受理

行政复议机构收到行政复议申请后，应当在 5 日内对申请复议的主体资

格、申请期限及有关的证据材料进行初步审查,并作出如下处理决定:(1)对符合规定的行政复议申请,决定立案审理。(2)对不符合规定的行政复议申请,行政复议机构可以要求其补正。不补正或者补正后仍不符合规定的,决定不予受理,并书面告知申请人。(3)对不属于本部门管辖的行政复议申请,应当告知申请人向有关的行政部门申请行政复议。(4)对于人民法院已经受理行政诉讼的行政复议申请,决定不予受理,并书面告知申请人。

申请人提出行政复议申请,行政复议机关无正当理由不予受理的,上级检验检疫行政部门应当责令其受理;责令下级检验检疫行政部门受理申请人的行政复议申请的,应当填写责令受理行政复议申请通知书,并送达申请人和被责令受理行政复议申请的检验检疫行政部门。上级检验检疫行政部门认为必要时,也可以直接受理申请人的行政复议申请。

行政复议申请受理之后的行政复议期间中,具体行政行为原则上不停止执行。但是,有下列情形之一的,可以停止执行:(1)被申请人认为需要停止执行的;(2)行政复议机关认为需要停止执行的;(3)申请人申请停止执行,行政复议机关认为其要求合理,决定停止执行的;(4)法律、法规规定停止执行的。

行政复议机构应当自行政复议申请受理之日起 7 日内,将《行政复议申请书》副本或者《行政复议申请笔录》复印件发送被申请人。被申请人应当自接到《行政复议申请书》副本或者《行政复议申请笔录》复印件之日起 10 日内,提出书面答复,并提交当初作出具体行政行为的证据、依据和其他有关材料。

行政复议机关受理行政复议申请,不得向申请人收取任何费用。行政复议活动所需经费,应当从本机关的行政经费中列支。但是,行政复议中,行政复议机关应申请人请求组织检验、鉴定所需费用,由申请人预付。待行政复议案件结案时,该预付费用按以下规定处理:(1)检验、鉴定结论与原具体行政行为所依据的检验结论一致的,该项检验、鉴定费用由申请人承担。(2)检验、鉴定结论与原具体行政行为所依据的检验结论不一致,且经证明原检验结论错误的,该项检验、鉴定费用由被申请人承担。由被申请人承担的检验、鉴定费用,待行政复议案件结案后,被申请人可以向有关的检验机构进行追偿。

3. 行政复议审理

行政复议原则上采取书面审查的方式。但是,行政复议机构认为必要时,可以向有关组织和个人调查情况,听取申请人和第三人意见。对申请人提出的涉及案件产品的检验、鉴定请求,行政复议机构认为确有必要,应当依据《产品质量仲裁检验和产品质量鉴定管理办法》的规定进行检验、鉴定。

在行政复议审理过程中,申请人、第三人可以查阅被申请人提出的书面答复、作出具体行政行为的证据、依据和其他有关材料(当然,涉及国家秘密、商业秘密或者他人隐私的材料除外)。与其相反,在行政复议审理过程中,被申请人不得自行向申请人、其他有关组织或者个人收集证据。

行政复议机构在受理行政复议案件时,应当对申请人提出要求审查的抽象行政行为进行审查或报有关上级部门进行处理。

行政复议机构应当按照下列规定提出行政复议审理意见:

(1)被申请人的具体行政行为认定事实清楚、证据确凿、适用依据正确、程序合法、内容适当的,建议维持原具体行政行为。

(2)被申请人不履行法定职责的,建议责令其在一定期限内履行。

(3)被申请人的具体行政行为有下列情形之一的,建议撤销、变更或者确认该具体行政行为违法,并可以建议责令被申请人在一定期限内重新作出具体行政行为:①主要事实不清、证据不足的;②适用依据错误的;③违反法定程序的;④超越或者滥用职权的;⑤具体行政行为明显不当的。

(4)被申请人在接到《行政复议申请书》副本或者《行政复议申请笔录》复印件 10 日内,未提出书面答复、提交当初作出具体行政行为的证据、依据和其他有关材料的,视为该具体行政行为没有证据、依据,建议撤销该具体行政行为。

行政复议机构对申请人申请行政复议时提出行政赔偿要求,应当按照规定与被申请复议的具体行政行为一并审理,并提出处理意见。申请人在申请行政复议时没有提出行政赔偿请求的,行政复议机关在依法决定撤销或者变更原具体行政行为时,应当责令被申请人返还财产或者解除对财产的强制性行政措施或者赔偿相应的价款。

4. 行政复议决定的作出

行政复议机构应当根据审理意见拟订行政复议决定书,报行政复议机关负责人批准。行政复议决定书应当具备以下内容:(1)申请人、被申请人情况;(2)申请行政复议的主要事实和理由;(3)被申请人作出具体行政行为或不作为的理由和依据;(4)行政复议机关审理认定的事实和理由;(5)行政复议机关作出的行政复议决定;(6)申请人不服行政复议决定,应当向人民法院提起行政诉讼的有效期限;(7)行政复议机关的名称、印章以及作出行政复议决定的日期。

行政复议机关负责人同意审理意见的,签发行政复议决定书;认为审理意见有错误的,可以退回行政复议机构,行政复议机构应当组织重新审理。

行政复议机关审理行政复议案件,应当在行政复议机构接到有效的行政复议申请之日起 60 日内作出行政复议决定。情况复杂,不能在规定的期限内

作出行政复议决定的,经本机关负责人批准,可以适当延长,并告知申请人和被申请人。但是,延长期限最多不得超过 30 日。

行政复议机关一般应当采用邮寄送达的方式送达行政复议文书;根据工作需要,也可以采用直接送达、留置送达、委托送达和公告送达等方式予以送达。《行政复议决定书》一经送达即发生法律效力,申请人、被申请人应当严格执行。

5. 行政复议决定的执行

行政复议机关责令被申请人重新作出具体行政行为的,被申请人不得以同一事实和理由作出与原具体行政行为相同或者基本相同的具体行政行为。被申请人不履行或者无正当理由拖延履行行政复议决定的,行政复议机关或者上级检验检疫行政部门应当责令其限期履行。

申请人逾期不起诉又不履行行政复议决定的,按照下列规定分别处理:(1)维持具体行政行为的行政复议决定,由被申请人依法申请人民法院强制执行;(2)变更具体行政行为的行政复议决定,由行政复议机关依法申请人民法院强制执行。

被撤销或者被变更的具体行政行为涉及申请人财产的,应当按照行政复议决定的要求,解除封存或者返还财产;应当解除封存或者返还的财产灭失或者损坏的,按照有关规定赔偿相应的价款。

6. 行政复议之后的行政诉讼

有下列情形之一的,申请人可以自收到《不予受理决定书》、《行政复议决定书》或者行政复议期满之日起 15 日内,依法提起行政诉讼:(1)行政复议机关决定不予受理行政复议申请的;(2)行政复议机关受理行政复议申请后,超过行政复议期限不作答复的;(3)对行政复议决定不服的。

二、检验检疫行政诉讼

(一)检验检疫行政诉讼的概念

检验检疫行政诉讼是指行政相对人认为检验检疫行政主体的具体行政行为侵犯其合法权益而向人民法院提起诉讼,人民法院对该具体行政行为的合法性进行审查并作出裁判的活动。检验检疫行政诉讼是一种特殊的行政诉讼。

检验检疫行政诉讼具有以下特征:(1)其原告必须是检验检疫行政执法的

行政相对人,包括公民、法人或者其他组织;(2)其被告必须是作出具体行政行为的检验检疫行政主体,包括检验检疫行政机关以及法律、法规授权的组织;(3)其对象必须是检验检疫行政主体所作出的具体行政行为,任何抽象行政行为都不在行政诉讼对象之列;(4)其原因是行政相对人主观上认为检验检疫行政主体的具体行政行为已经侵犯了自己的合法权益,而不论事实上有无侵权;(5)其主管机关是人民法院。

(二)检验检疫行政诉讼的基本原则

检验检疫行政诉讼的基本原则是指贯穿整个检验检疫行政诉讼活动或某几个检验检疫行政诉讼阶段的基本准则。行政诉讼的基本原则完全适用于检验检疫行政诉讼。作为三大诉讼之一的行政诉讼,自然要遵守各类诉讼活动共有的基本原则如:(1)人民法院依法独立行使审判权原则;(2)以事实为根据、以法律为准绳原则;(3)合议、回避、公开审判和两审终审原则;(4)当事人法律地位平等原则;(5)使用本民族语言文字进行诉讼原则;(6)辩论原则;(7)人民检察院实施法律监督原则。但是,行政诉讼有别于民事诉讼和刑事诉讼,有自己特有的如下基本原则:

1. 选择复议原则,是指行政复议不是行政诉讼的前置必经程序,行政相对人提起行政诉讼之前是否先经过行政复议由其自己选择。

2. 审查具体行政行为合法性原则,是指行政诉讼中人民法院只审查具体行政行为,不审查抽象行政行为;只审查具体行政行为的合法性,不审查具体行政行为的合理性和适当性。

3. 具体行政行为不因诉讼而停止执行原则,是指行政诉讼开始后至人民法院作出判决之前,具体行政行为仍然被推定为合法有效而不能停止执行。但是在以下三种情形下,具体行政行为可以停止执行:(1)被告认为需要停止执行的;(2)原告在提起行政诉讼的同时,向法院申请停止执行具体行政行为,法院认为该具体行政行为的执行将会造成难以弥补的损失并且停止执行不会损害社会公共利益,从而裁定停止执行的;(3)法律、法规规定停止执行的。

4. 不适用调解原则,是指行政诉讼过程中人民法院不能采用调解的方式解决诉讼双方当事人之间的矛盾,而只能采用判决的方式。但是,单纯的行政赔偿诉讼可以适用调解。

5. 司法变更权有限原则,是指人民法院对具体行政行为不作出维持或撤销判决而作出直接变更判决的权力受到限制。人民法院的司法变更权仅限于在行政处罚显失公正的情况下才可以行使。

6. 被告负举证责任原则,是指行政诉讼中不是"谁主张、谁举证",而是举证责任倒置,由被告提供其作出具体行政行为所依据的证据。

(三)检验检疫行政诉讼的受案范围

检验检疫行政诉讼的受案范围亦称人民法院的主管范围,是指人民法院受理并审理检验检疫行政争议案件的范围。概括地说,根据审查具体行政行为合法性原则,人民法院的受案范围是因检验检疫具体行政行为是否合法而发生的争议案件。具体地说,人民法院受理的行政案件主要有以下七类:(1)不服检验检疫行政处罚的案件;(2)不服检验检疫行政强制措施的案件;(3)认为检验检疫行政机关侵犯法律规定的经营自主权的案件;(4)对检验检疫行政机关拒绝颁发许可证和执照或者不予答复不服的案件;(5)申请检验检疫行政机关履行法定职责而被拒绝或者不予答复的案件;(6)认为检验检疫行政机关违法要求履行义务的案件;(7)认为检验检疫行政机关侵犯其他人身权、财产权的案件。为严密限定行政诉讼的受案范围,《行政诉讼法》明确规定下列事项人民法院不予受理:(1)国防、外交等国家行为;(2)抽象行政行为;(3)内部行政行为;(4)法律规定由行政机关最终裁决的具体行政行为。

(四)检验检疫行政诉讼管辖

检验检疫行政诉讼管辖是指上下级人民法院之间以及同级人民法院之间在受理第一审检验检疫行政案件上的分工和权限。前述检验检疫行政诉讼的受案范围解决了哪些检验检疫案件可以起诉的问题,而检验检疫行政诉讼管辖则解决了该向哪个法院起诉的问题。

行政诉讼管辖分为法定管辖和裁定管辖。其中法定管辖是指由法律明确规定行政案件的管辖法院,包括级别管辖和地域管辖;裁定管辖是指由法院以裁定的方式确定行政案件的管辖法院,包括移送管辖、指定管辖和移转管辖。

级别管辖是指上下级人民法院之间在受理第一审行政案件上的分工和权限。级别管辖的主要规定如下:(1)最高人民法院管辖全国范围内重大、复杂的第一审行政案件;(2)高级人民法院管辖本辖区内重大、复杂的第一审行政案件;(3)中级人民法院除了管辖本辖区内重大、复杂的第一审行政案件之外,还管辖确认专利权的第一审行政案件、海关处理的第一审行政案件,以及对国务院各部门或者省、自治区、直辖市人民政府所作出的具体行政行为提起诉讼的第一审行政案件;(4)基层人民法院管辖除上述应由中级人民法院、高级人民法院和最高人民法院管辖的第一审行政案件之外的其他第一审行政案件。

地域管辖是指同级人民法院之间在受理第一审行政案件上的分工和权限。未经复议而直接向人民法院起诉的,或者起诉前经过复议而复议机关维持原决定的,均由最初作出具体行政行为的行政机关所在地人民法院管辖。但是,对于起诉经过复议且复议机关改变原具体行政行为的行政诉讼案件,可以由最初作出具体行政行为的行政机关所在地人民法院管辖,也可以由复议机关所在地人民法院管辖。

移送管辖是指受理行政案件的人民法院发现自己对该案件没有管辖权后,将该案件移送到有管辖权的人民法院审理。受移送的人民法院如果认为移送的案件也不属于自己管辖的,不得再自行移送,而应当说明理由,报请共同的上一级人民法院,由其指定某个下级人民法院管辖。

指定管辖是指有管辖权的人民法院由于特殊原因不能行使管辖权,或者人民法院之间对管辖权发生争议而协商不成的情况下,由上级人民法院以裁定的方式指定某一下级人民法院管辖某一行政案件。

移转管辖又称管辖权转移,是指由上级人民法院决定或者同意,上级人民法院审理下级人民法院管辖的第一审行政案件,或者把上级人民法院管辖的第一审行政案件移交给下级人民法院审理。

(五)检验检疫行政应诉准备

检验检疫行政主体在应诉前应当做好充分的准备工作,主要是以下几个方面的工作:

1. 认真审阅起诉状副本

检验检疫行政部门在收到起诉状副本,首先应当作的应诉准备就是认真审阅起诉状副本,主要审查原告起诉是否符合法定要求①,如认为不符合,可以向法院提出异议,以便明确自己是否真正地成为被告。

---

① 审查原告起诉是否符合法定要求主要有两点:一是原告起诉是否符合诉讼时效的规定。二是原告起诉是否同时符合《行政诉讼法》规定的起诉条件:(1)原告是认为出入境检验检疫具体行政行为侵犯其合法权益的公民、法人或其他组织;(2)该出入境检验检疫行政部门是明确的被告;(3)有具体的诉讼请求和事实根据;(4)属于人民法院受案范围和受诉法院管辖。

2. 认真分析研究案件材料

在确定自己必须成为被告之后,检验检疫行政部门应当认真分析研究案件材料。分析研究案件材料的基本要求是全面、系统。全面分析研究案件材料是指需要分析研究的案件材料应当非常全面,至少包括:(1)行政机关处理这一案件时的全部案件材料和诉讼对方提供的案件材料;(2)应诉人员自认为重要的和不重要的案件材料;(3)与案件有直接关系和间接关系的案件材料;(4)对行政机关有利和不利的案件材料。系统分析研究案件材料的步骤是:(1)发现问题、寻找问题;(2)分析问题形成的原因;(3)设定解决问题的方案;(4)审查判断证据,即对各种证据的客观性、相关性和合法性进行审查判断。

3. 决定诉讼代理人

当事人最多可以委托两名诉讼代理人代为诉讼。检验检疫行政机关委托的诉讼代理人主要分为两类:一是本单位熟悉法律事务的人员,如复议机关的复议机构工作人员;二是律师。一般说来,检验检疫行政机关如认为事实清楚、证据确凿,有胜诉把握的,就可决定由本单位的诉讼代理人出庭应诉;检验检疫行政机关如认为事实基本清楚,但证据有不足之处需要加以补充,或者对法律程序不够熟悉以及没有胜诉把握的,则以聘请律师作为诉讼代理人为宜,也可以由一名本单位人员和一名聘请律师共同进行诉讼代理。

检验检疫行政部门委托的本单位诉讼代理人应当具备如下基本素质:(1)熟悉检验检疫方面的管理和专门知识;(2)具有一定的法律知识;(3)具有较强的逻辑推理能力;(4)具有较强的应变能力;(5)具有较强的语言和文字表达能力。

4. 撰写答辩状

答辩状是行政诉讼被告收到由人民法院转来的起诉状副本后,在法定时间内就原告向人民法院提出的诉讼请求,进行答复和反驳的书面材料。它是检验检疫行政机关作为行政诉讼被告所享有的一项重要诉讼权利。检验检疫行政机关应在收到起诉状副本之日起 10 日内递交答辩状。检验检疫行政机关不提出答辩状的,不影响人民法院审理。

(六)检验检疫行政部门在第一审诉讼中的活动

1. 开庭以前的活动

开庭以前,检验检疫行政部门的活动主要有:(1)与委托律师取得联系,请求律师进行必要的准备工作①；(2)研究开庭对策；(3)制订辩论提纲②；(4)起草答辩词③。

2．在庭审准备阶段的活动

在庭审准备阶段,检验检疫行政机关应诉人员应当注意以下几点：

(1)察看法庭的组成。审理行政案件的合议庭成员,应当是三人以上的单数。如发现合议庭的组成不符合要求,应即向法庭提出,请求按法律规定重新组成法庭后再行审理。

(2)对法庭的询问要如实回答。

(3)一旦发现有审判人员或书记员、翻译人员、鉴定人、勘验人等与本案有利害关系或其他关系,可能影响公正审判的,应当及时提出回避申请。

(4)如发现证人在作证前已在旁听席旁听的,应要求法庭责令证人退出法庭。

(5)如发现原告方出庭的诉讼代理人人数超过两人,应向法庭提出责令多余人员退出原告席。

3．在法庭调查阶段的活动

在法庭调查阶段,检验检疫行政部门应当做好以下几件事：

(1)运用好自己的陈述权。

(2)要注意向证人和鉴定人发问。

(3)要注意对当庭出示的证物、当庭宣读的未到庭的证人证言笔录和其他作为证据的文书等进行认真的分析和审查,提出自己的看法。必要时,应诉人员有权申请法庭增加新的证人到庭,申请重新鉴定或勘验。

(4)应注意随时根据法庭调查所发现的新问题、新材料来修改、充实答辩状或辩论要点,使辩论意见建立在法庭调查的基础上。

(5)如果发现了新的问题,并且此问题同案件的实质有关,而又不能当庭得到证实,可以请求法庭延期审理。

4．在法庭辩论阶段的活动

---

① 律师担任出入境检验检疫行政机关的诉讼代理人,虽然也不得自行向原告和证人收集证据,但是一旦发现了证据线索,可以向法庭报告,请求法庭进行调查。

② 辩论提纲的内容包括：(1)将诉讼目标具体化；(2)确定诉讼重点；(3)制订近期行动计划和应变计划。

③ 答辩词的内容包括：(1)对事实及其性质的认定；(2)对适用的法律、法规及其他规范性文件的说明；(3)对原告的起诉状和庭审辩论中可能提出的论点及其论据的驳斥；(4)对人民法院的要求。

在法庭辩论阶段,检验检疫行政部门应当采取以下策略:

(1)在辩论一开始就树立自己的专业形象。在法庭辩论中运用自己掌握的专业知识和特殊技能,可以给原告造成巨大的压力。这是创造环境的心理攻势策略。它可以使原告感到一种无形的压力而不敢信口应辩,以免出纰漏、笑话,被对方抓住把柄。这样可以使你的辩论不会受到挑战。

(2)寻找"先易后难"的问题,达到"以逸待劳"的目的。

(3)辩论时做到有理、有据、有节。

(4)注意提高辩论意见的质量。

(5)发表辩论要点时要突出重点,并应避免啰唆和重复。

(6)在对方提出关键的、尖刻的问题时,要避其锐气,寻找论据,伺机反驳。

5. 在评议宣判阶段的活动

对于第一审法庭笔录,如果书记员不当庭宣读,检验检疫行政机关可以当庭或在5日内要求阅读,如认为对自己的陈述记载有遗漏等,有权申请补正。检验检疫行政机关无论是否阅看笔录,均应在笔录上签名或盖章。

(七)检验检疫行政部门在第二审诉讼中的活动

1. 检验检疫行政机关提起上诉的条件

检验检疫行政机关提起上诉应当同时符合下列条件:(1)具备一定的理由[①];(2)在法定的期限内提起上诉[②];(3)遵循法定的方式提起上诉[③]。

2. 检验检疫行政机关在上诉审书面审中的活动

检验检疫行政机关在上诉审书面审中,应当注意做好以下几件事情:

(1)有权了解第二审合议庭组成人员和书记员等有关人员的姓名,认为应当回避的,可以提出回避的请求,由人民法院决定。

(2)认为不应当进行书面审而应当进行实体审的,可以向人民法院提出。

(3)需要补充证据材料的可以向人民法院提交。

---

① 可以提起上诉的理由有:(1)第一审人民法院判决认定的事实有错误;(2)第一审人民法院在适用法律、法规和规章上有错误;(3)第一审人民法院在审理案件过程中,违背法律、法规关于诉讼程序的规定,影响了判决或裁定的内容;(4)第一审人民法院的判决或裁定缺乏理由,致使行政机关不明败诉的原因。

② 行政机关不服第一审人民法院的判决,应在判决书送达之日起15日内向上一级人民法院提起上诉;不服第一审人民法院的裁定,应在裁定书送达之日起10日内向上一级人民法院提起上诉。

③ 行政机关提起上诉应提交书面上诉状,并应按被上诉人人数提供上诉状副本。

（4）可以由委托代理人前往人民法院向审判人员进一步陈述案件情况，明确提出对审判的要求。

3. 检验检疫行政机关在上诉审实体审中的活动

检验检疫行政机关在上诉审实体审中的活动大体与第一审的活动相同。所不同的是，第二审实体审是围绕上诉要求进行的。

（八）检验检疫行政部门在申诉程序中的活动

我国人民法院审理行政案件实行两审终审制，第二审人民法院的判决或裁定是发生法律效力的终审判决或裁定，被告和原告都必须执行。检验检疫行政机关如认为第二审人民法院的终审判决或裁定有错误的，可以向第二审人民法院或其上级人民法院提出申诉，也可以向人民检察院反映，请求按照审判监督程序提出抗诉。

检验检疫行政机关提出申诉，应当出具申诉状，其内容应具体阐明已发生法律效力的判决或裁定所认定的事实和适用的法律、法规的错误，并提供证据。

（九）检验检疫行政部门在执行程序中的活动

检验检疫行政部门在执行程序中的活动主要包括人民法院发生法律效力的判决、裁定的执行和未引起行政诉讼的具体行政行为的执行。

1. 人民法院发生法律效力的判决、裁定的执行

（1）判决、裁定维持原具体行政行为，相对人拒绝履行的，检验检疫行政机关可以申请人民法院强制执行。

（2）判决行政机关重新作出具体行政行为的，行政机关不得以同一事实和理由作出与原具体行政行为基本相同的具体行政行为。

（3）判决行政机关在一定期限内履行法定职责的，行政机关必须在规定的期限内履行职责。

（4）判决、裁定撤销、部分撤销或变更原具体行政行为的，行政机关不得按原具体行政行为执行或要求相对人履行义务。

2. 未引起行政诉讼的具体行政行为的执行

公民、法人或其他组织对具体行政行为或行政复议决定在法定期限内既不提起诉讼又不履行的，行政机关可以申请人民法院强制执行，或者依法强制执行。

3. 检验检疫行政机关拒绝履行已生效判决或裁定应承担的法律责任

检验检疫行政机关拒绝履行已生效判决或裁定,就应当承担相应的法律责任。法律责任的主要形式如下:

(1)对应当归还的罚款或者应当给付的赔偿金,人民法院有权通知银行从该行政机关的账户内划拨。

(2)在规定期限内不履行的,从期满之日起,对该行政机关按日处以 50 元至 100 元的罚款。

(3)人民法院有权向该行政机关的上一级行政机关或监察、人事机关提出司法建议。

(4)拒不履行判决或裁定,情节严重构成犯罪的,依法追究主管人员和直接责任人员的刑事责任。

思考题

1. 检验检疫相对人法律责任的种类有哪些?

2. 检验检疫相对人的刑事责任有哪些?

3. 检验检疫相对人的行政责任与检验检疫行政主体的行政执法责任有何关系?

4. 检验检疫行政执法行为的法律效力体现在哪些方面?

5. 检验检疫行政违法有哪些形式?

6. 检验检疫行政赔偿与检验检疫行政救济有何关系?

第六章　国际检验检疫法

国际检验检疫法主要有 WTO 规则中有关检验检疫的规定以及世界卫生组织的《国际卫生条例》、联合国粮食及农业组织的《国际植物保护公约》、世界动物卫生组织的《陆生动物卫生法典》和《水生动物卫生法典》等。除了综合性文件之外,有关检验检疫的 WTO 具体规则包括《农业协定》、《实施卫生与植物卫生措施协定》、《纺织品与服装协定》、《技术性贸易壁垒协定》、《与贸易有关的投资措施协定》、《装运前检验协定》、《原产地规则协定》、《进口许可程序协定》、《补贴与反补贴措施协定》、《保障措施协定》等以及诸边贸易协定中的《民用航空器贸易协定》、《政府采购协定》、《国际奶制品协定》、《国际牛肉协定》等。其中,与检验检疫最密切相关的是《技术性贸易壁垒协定》(TBT 协定)、《实施卫生与植物卫生措施协定》(SPS 协定)、《装运前检验协定》、《原产地规则协定》,本章主要就介绍以上四个协定和《国际卫生条例》。

第一节　《技术性贸易壁垒协定》

一、《技术性贸易壁垒协定》概述

WTO《技术性贸易壁垒协定》简称为 TBT 协定。

（一）TBT 协定的制定目的和原则

TBT 协定的制定目的和原则在其序言中得到详尽的阐述,可以归纳为以下几个方面:

1. 注意到乌拉圭回合多边贸易谈判,期望促进 GATT 1994 目标的实现。

2. 认识到国际标准和合格评定体系可以通过提高生产效率和便利国

际贸易的进行而在这方面作出重要贡献,因此期望鼓励制定此类国际标准和合格评定体系,但是期望保证技术法规和标准,包括对包装、标志和标签的要求,以及对技术法规和标准的合格评定程序不给国际贸易制造不必要的障碍。

3. 认识到不应阻止任何国家在其认为适当的程度内采取必要措施,保证其出口产品的质量,或保护人类、动物或植物的生命或健康及保护环境,或防止欺诈行为,但是这些措施的实施方式不得构成在情形相同的国家之间进行任意或不合理歧视的手段,或构成对国际贸易的变相限制,并应在其他方面与TBT 协定的规定相一致。

4. 认识到不应阻止任何国家采取必要措施以保护其基本安全利益。

5. 认识到国际标准化在发达国家向发展中国家转让技术方面可以作出的贡献。

6. 认识到发展中国家在制定和实施技术法规、标准及对技术法规和标准的合格评定程序方面可能遇到特殊困难,并期望对它们在这方面所作的努力给予协助。

(二)TBT 协定的术语及其定义

标准化和合格评定程序通用术语的含义通常应根据联合国系统和国际标准化机构所采用的定义[①],同时考虑其上下文并按照 TBT 协定的目的和宗旨确定。但就 TBT 协定而言,应适用其附件 1 中所列术语的含义。TBT 协定附件 1 列出了下列术语的定义:

1. 技术法规:是指规定强制执行的产品特性或其相关工艺和生产方法、包括适用的管理规定在内的文件。该文件还可包括或专门关于适用于产品、工艺或生产方法的专门术语、符号、包装、标志或标签要求。[②]

2. 标准:是指经公认机构批准的、规定非强制执行的、供通用或重复使用的产品或相关工艺和生产方法的规则、指南或特性的文件。该文件还可包括或专门关于适用于产品、工艺或生产方法的专门术语、符号、包装、标志或标签

---

① 如国际标准化组织/国际电工委员会(ISO/IEC)指南 2,1991 年第 6 版,《关于标准化及相关活动的一般术语及其定义》中列出的术语定义。

② 相比之下,ISO/IEC 指南 2 中的定义未采用完整定义方式,而是建立在所谓"板块"系统之上的。

要求。①

3. 合格评定程序：是指任何直接或间接用以确定是否满足技术法规或标准中的相关要求的程序。②

4. 国际机构或体系：是指成员资格至少对所有成员的有关机构开放的机构或体系。

5. 区域机构或体系：是指成员资格仅对部分成员的有关机构开放的机构或体系。

6. 中央政府机构：是指中央政府、中央政府各部和各部门或所涉活动受中央政府控制的任何机构。③

7. 地方政府机构：是指中央政府机构以外的政府机构（如州、省、地、郡、县、市等），其各部或各部门或所涉活动受此类政府控制的任何机构。

8. 非政府机构：是指中央政府机构和地方政府机构以外的机构，包括有执行技术法规的法定权力的非政府机构。

TBT 协定中所指的所有技术法规、标准和合格评定程序，应理解为包括对其规则的任何修正或产品范围的任何补充，但无实质意义的修正和补充除外。

（三）TBT 协定的适用范围

所有产品，包括工业品和农产品，均应遵守 TBT 协定的规定。但是，政府机构为其生产或消费要求所制定的采购规格不受 TBT 协定规定的约束，而应根据《政府采购协定》的范围由该协定处理。此外，TBT 协定的规定不适用于《实施卫生与植物卫生措施协定》附件 A 定义的卫生与植物卫生措施。

---

① ISO/IEC 指南 2 中定义的术语涵盖产品、工艺和服务。TBT 协定只涉及与产品或工艺和生产方法有关的技术法规、标准和合格评定程序。ISO/IEC 指南 2 中定义的标准可以是强制性的，也可以是自愿的。就 TBT 协定而言，标准被定义为自愿的，技术法规被定义为强制性文件。国际标准化团体制定的标准是建立在协商一致基础之上的。TBT 协定还涵盖不是建立在协商一致基础之上的文件。

② 合格评定程序特别包括：抽样、检验和检查；评估、验证和合格保证；注册、认可和批准以及各项的组合。

③ 对于欧洲共同体，适用有关中央政府机构的规定。但是，欧洲共同体内部可建立区域机构或合格评定体系，在此种情况下，应遵守 TBT 协定关于区域机构或合格评定体系的规定。

二、技术法规和标准

(一)中央政府机构制定、采用和实施的技术法规

对于各自的中央政府机构,在制定、采用和实施技术法规方面应当做到以下几点:

1. 各成员应保证在技术法规方面,给予源自任何成员领土进口的产品不低于其给予本国同类产品或来自任何其他国家同类产品的待遇。

2. 各成员应保证技术法规的制定、采用或实施在目的或效果上均不对国际贸易造成不必要的障碍。为此目的,技术法规对贸易的限制不得超过为实现合法目标所必需的限度,同时考虑合法目标未能实现可能造成的风险。此类合法目标特别包括:国家安全要求,防止欺诈行为,保护人类健康或安全、保护动物或植物的生命或健康及保护环境。在评估此类风险时,应考虑的相关因素特别包括:可获得的科学和技术信息、有关的加工技术或产品的预期最终用途。

3. 如与技术法规采用有关的情况或目标已不复存在,或改变的情况或目标可采用对贸易限制较少的方式加以处理,则不得维持此类技术法规。

4. 如需制定技术法规,而有关国际标准已经存在或即将拟就,则各成员应使用这些国际标准或其中的相关部分作为其技术法规的基础,除非这些国际标准或其中的相关部分对达到其追求的合法目标无效或不适当,例如由于基本气候因素或地理因素或基本技术问题。

5. 应另一成员请求,一成员在制定、采用或实施可能对其他成员的贸易有重大影响的技术法规时应按照前述规定对其技术法规的合理性进行说明。只要出于明确提及的合法目标之一并依照有关国际标准制定、采用和实施的技术法规,即均应予以作出未对国际贸易造成不必要障碍的可予驳回的推定。

6. 为在尽可能广泛的基础上协调技术法规,各成员应在其力所能及的范围内充分参与有关国际标准化机构就各自已采用或准备采用的技术法规所涵盖的产品制定国际标准的工作。

7. 各成员应积极考虑将其他成员的技术法规作为等效法规加以接受,即使这些法规不同于自己的法规,只要他们确信这些法规足以实现与自己的法规相同的目标。

8. 只要适当,各成员即应按照产品的性能而不是按照其设计或描述特征来制定技术法规。

9. 只要不存在有关国际标准或拟议的技术法规中的技术内容与有关国际标准中的技术内容不一致,且如果该技术法规可能对其他成员的贸易有重大影响,则各成员即应:

(1)在早期适当阶段,以能够使其他成员中的利害关系方知晓的方式,在出版物上发布有关提议采用某一特定技术法规的通知。

(2)通过秘书处通知其他成员拟议的法规所涵盖的产品,并对拟议的法规的目的和理由作出简要说明。此类通知应在早期适当阶段作出,以便进行修正和考虑提出的意见。

(3)应请求,向其他成员提供拟议的技术法规的细节或副本,只要可能,即应确认与有关国际标准有实质性偏离的部分。

(4)无歧视地给予其他成员合理的时间以提出书面意见,应请求讨论这些意见,并对这些书面意见和讨论的结果予以考虑。

如一成员面临涉及安全、健康、环境保护或国家安全等紧急问题或面临发生此类问题的威胁,则该成员可省略以上所列步骤中其认为有必要省略的步骤,但是该成员在采用技术法规时应:

(1)立即通过秘书处将特定技术法规及其涵盖的产品通知其他成员,并对该技术法规的目的和理由作出简要说明,包括紧急问题的性质;

(2)应请求,向其他成员提供该技术法规的副本;

(3)无歧视地给予其他成员合理的时间以提出书面意见,应请求讨论这些意见,并对这些书面意见和讨论的结果予以考虑。

10. 各成员应保证迅速公布,或以可使其他成员中的利害关系方知晓的其他方式提供,已采用的所有技术法规。除前述所指的紧急情况外,各成员应在技术法规的公布和生效之间留出合理的时间间隔,使出口成员、特别是发展中国家成员的生产者有时间使其产品和生产方法适应进口成员的要求。

(二)地方政府机构和非政府机构制定、采用和实施的技术法规

对于各自领土内的地方政府和非政府机构,在制定、采用和实施技术法规方面应当做到以下几点:

1. 各成员应采取其所能采取的合理措施,保证此类机构遵守与中央政府机构一样的技术法规义务,但没有通知义务。

2. 各成员应保证依照 TBT 协定的规定对直属中央政府的地方政府的技术法规进行告知,同时注意到内容与有关成员中央政府以往通知的技术法规的技术内容实质相同的地方技术法规不需进行告知。

3. 各成员可要求与其他成员的联系通过中央政府进行。提供信息、提出意见和进行讨论。

4. 各成员不得采取要求或鼓励其领土内的地方政府机构或非政府机构以与 TBT 协定规定不一致的方式行事的措施。

5. 在 TBT 协定项下,各成员对遵守 TBT 协定的所有规定负有全责。各成员应制订和实施积极的措施和机制,以支持中央政府机构以外的机构遵守 TBT 协定的规定。

(三)标准的制定、采用和实施

各成员应保证其中央政府标准化机构接受并遵守 TBT 协定附件 3 中的《关于制定、采用和实施标准的良好行为规范》(TBT 协定中称《良好行为规范》)。他们应采取其所能采取的合理措施,保证其领土内的地方政府和非政府标准化机构,以及他们参加的或其领土内一个或多个机构参加的区域标准化组织接受并遵守该《良好行为规范》。此外,成员不得采取直接或间接地要求或鼓励此类标准化机构以与《良好行为规范》不一致的方式行事的措施。各成员关于标准化机构遵守《良好行为规范》规定的义务应予履行,无论这一标准化组织是否已接受《良好行为规范》。

对于已接受并遵守《良好行为规范》的标准化机构,各成员应承认其遵守 TBT 协定的原则。

三、符合技术法规和标准

(一)中央政府机构的合格评定程序

1. 各成员应保证,在需要切实保证符合技术法规或标准时,其中央政府机构对源自其他成员领土内的产品适用下列规定:

(1)合格评定程序的制订、采用和实施,应在可比的情况下以不低于给予本国同类产品的供应商或源自任何其他国家同类产品的供应商的条件,使源自其他成员领土内产品的供应商获得准入;此准入使产品供应商有权根据该程序的规则获得合格评定,包括在该程序可预见时,在设备现场进行合格评定并能得到该合格评定体系的标志。

(2)合格评定程序的制订、采用或实施在目的和效果上不应对国际贸易造成不必要的障碍。此点特别意味着:合格评定程序或其实施方式不得比给予进口成员对产品符合适用的技术法规或标准所必需的足够信任更为严格,同时考虑不符合技术法规或标准可能造成的风险。

2. 在实施合格评定程序的规定时,各成员应保证:

(1)合格评定程序尽可能迅速地进行和完成,并在程序上给予源自其他成员领土内的产品不低于本国同类产品的待遇。

(2)公布每一合格评定程序的标准处理时限,或应请求,告知申请人预期的处理时限;主管机构在收到申请后迅速审查文件是否齐全,并以准确和完整的方式通知申请人所有不足之处;主管机构尽快以准确和完整的方式向申请人传达评定结果,以便申请人在必要时采取纠正措施;即使在申请存在不足之处时,如申请人提出请求,主管机构也应尽可能继续进行合格评定;应请求,通知申请人程序进行的阶段,并对任何迟延进行说明。

(3)对信息的要求仅限于合格评定和确定费用所必需的限度。

(4)由此类合格评定程序产生或提供的与其有关的源自其他成员领土内产品的信息,其机密性应受到与本国产品同样的遵守,其合法商业利益应得到与本国产品相同的保护。

(5)对源自其他成员领土内的产品进行合格评定所征收的任何费用与对本国或源自任何其他国家的同类产品所征收的费用相比是公平的,同时考虑因申请人与评定机构所在地不同而产生的通讯、运输及其他费用。

(6)合格评定程序所用设备的设置地点及样品的提取不致给申请人或其代理人造成不必要的不便。

(7)只要在对一产品是否符合适用的技术法规或标准作出确定后改变其规格,则对改变规格产品的合格评定程序即仅限于为确定对该产品仍符合有关技术法规或标准是否有足够的信任所必需的限度。

(8)建立一程序,以审查有关实施合格评定程序的投诉,且当一投诉被证明属合理时采取纠正措施。

3. 合格评定程序的任何规定均不得阻止各成员在其领土内进行合理的现场检查。

4. 如需切实保证产品符合技术法规或标准,且国际标准化机构发布的相关指南或建议已经存在或即将拟就,则各成员应保证中央政府机构使用这些指南或建议或其中的相关部分,作为其合格评定程序的基础,除非应请求作出适当说明,指出此类指南、建议或其中的相关部分特别由于如下原因而不适合于有关成员:国家安全要求;防止欺诈行为;保护人类健康或安全;保护动物或植物生命或健康及保护环境;基本气候因素或其他地理因素;基本技术问题或

基础设施问题。

5. 为在尽可能广泛的基础上协调合格评定程序,各成员应在力所能及的范围内充分参与有关国际标准化机构制订合格评定程序指南和建议的工作。

6. 合格评定程序的通知。只要不存在国际标准化机构发布的相关指南或建议,或拟议的合格评定程序的技术内容与国际标准化机构发布的相关指南或建议不一致,并且此合格评定程序可能对其他成员的贸易产生重大影响,则各成员即应:

(1)在早期适当阶段,以能够使其他成员中的利害关系方知晓的方式,在出版物上发布有关提议采用的特定合格评定程序的通知;

(2)通过秘书处通知其他成员拟议的合格评定程序所涵盖的产品,并对该程序的目的和理由作出简要说明,此类通知应在早期适当阶段作出,以便仍可进行修正和考虑提出的意见;

(3)应请求,向其他成员提供拟议的程序的细节或副本,只要可能,即应确认与有关国际标准化机构发布的指南或建议有实质性偏离的部分;

(4)无歧视地给予其他成员合理的时间以提出书面意见,应请求讨论这些意见,并对这些书面意见和讨论的结果予以考虑。

7. 如一成员面临涉及安全、健康、环境保护或国家安全等紧急问题或面临发生此类问题的威胁,则该成员可省略上述有关通知的规定所列步骤中其认为有必要省略的步骤,但该成员在采用该程序时应:

(1)立即通过秘书处将特定程序及其涵盖的产品通知其他成员,并对该程序的目的和理由作出简要的说明,包括紧急问题的性质;

(2)应请求,向其他成员提供该程序规则的副本;

(3)无歧视地给予其他成员合理的时间以提出书面意见,应请求讨论这些意见,并对这些书面意见和讨论的结果予以考虑。

8. 各成员应保证迅速公布已采用的所有合格评定程序,或以可使其他成员中的利害关系方知晓的其他方式提供。

9. 除前述紧急情况外,各成员应在有关合格评定程序要求的公布和生效之间留出合理的时间间隔,使出口成员,特别是发展中国家成员的生产者有时间使其产品和生产方法适应进口成员的要求。

(二)中央政府机构对合格评定的承认

对于各自的中央政府机构:

1. 在不损害合格评定程序有关规定的情况下,各成员应保证,只要可能,即接受其他成员合格评定程序的结果,即使这些程序不同于他们自己的程序,只要他们确信这些程序与其自己的程序相比同样可以保证产品符合有关技术法规或标准。各方认识到可能需要进行事先磋商,以便就有关事项达成相互满意的谅解,特别是关于:

(1)出口成员的有关合格评定机构的适当和持久的技术资格,以保证其合格评定结果的持续可靠性得到信任;在这方面,应考虑通过认可等方法核实其遵守国际标准化机构发布的相关指南或建议,作为拥有适当技术资格的一种表示。

(2)关于接受该出口成员指定机构出具的合格评定结果的限制。

2.各成员应保证其合格评定程序尽可能允许合格评定互认的规定得到实施。

3.鼓励各成员应其他成员请求,就达成相互承认合格评定程序结果的协议进行谈判。成员可要求此类协议满足 TBT 协定规定的合格评定互认标准,并在便利有关产品贸易的可能性方面使双方满意。

4.鼓励各成员以不低于给予自己领土内或任何其他国家领土内合格评定机构的条件,允许其他成员领土内的合格评定机构参加其合格评定程序。

(三)地方政府机构的合格评定程序

对于各自领土内的地方政府机构:

1.各成员应采取其所能采取的合理措施,保证此类机构符合有关中央政府机构合格评定程序的规定,通知义务除外。

2.各成员应保证依照中央政府机构合格评定程序的规定对直属中央政府的地方政府的合格评定程序作出通知,同时注意到内容与有关成员中央政府以往通知的合格评定程序的技术内容实质相同的合格评定程序不需作出通知。

3.各成员可要求与其他成员的联系通过中央政府进行,包括通知、提供信息、提出意见和进行讨论。

4.各成员不得采取要求或鼓励其领土内的地方政府机构以与中央政府机构合格评定程序的规定不一致的方式行事的措施。

5.在 TBT 协定项下,各成员对遵守中央政府机构合格评定程序的所有规定负有全责。各成员应制订和实施积极的措施和机制,以支持中央政府机构以外的机构遵守中央政府机构合格评定程序的规定。

（四）非政府机构的合格评定程序

1. 各成员应采取其所能采取的合理措施,保证其领土内实施合格评定程序的非政府机构遵守中央政府机构合格评定程序的规定,但关于通知拟议的合格评定程序的义务除外。此外,各成员不得采取具有直接或间接要求或鼓励此类机构以与中央政府机构合格评定程序的规定不一致的方式行事的效果的措施。

2. 各成员应保证只有在非政府机构遵守中央政府机构合格评定程序规定的情况下,其中央政府机构方可依靠这些机构实施的合格评定程序,但关于通知拟议的合格评定程序的义务除外。

（五）国际和区域体系

1. 如需要切实保证符合技术法规或标准,只要可行,各成员即应制订和采用国际合格评定体系并作为该体系成员或参与该体系。

2. 各成员应采取其所能采取的合理措施,保证其领土内的相关机构加入或参与的国际和区域合格评定体系遵守中央政府机构合格评定程序的规定。此外,各成员不得采取任何具有直接或间接要求或鼓励此类体系以与中央政府机构合格评定程序规定不一致的方式行事的效果的措施。

3. 各成员应保证只有在国际或区域合格评定体系遵守适用的中央政府机构合格评定程序规定的情况下,其中央政府机构方可依靠这些体系。

四、信息和援助

（一）关于技术法规、标准和合格评定程序的信息

1. 每一成员应保证设立咨询点,能够回答其他成员和其他成员中的利害关系方提出的所有合理询问,并提供有关下列内容的文件:

（1）中央或地方政府机构,有执行技术法规法定权力的非政府机构,或此类机构加入或参与的区域标准化机构在其领土内采用或拟议的任何技术法规;

（2）中央或地方政府机构,此类机构加入或参与的区域标准化机构在其领土内采用或拟议的任何标准;

（3）中央或地方政府机构,或有执行技术法规法定权力的非政府机构,或

此类机构加入或参与的区域机构在其领土内实施的任何或拟议的合格评定程序；

（4）成员或其领土内中央或地方政府机构加入或参与国际和区域标准化机构和合格评定体系的情况，及参加 TBT 协定范围内的双边和多边安排的情况，并应能提供关于此类体系和安排的规定的合理信息；

（5）按照 TBT 协定发布通知的地点，或提供关于何处可获得此类信息的信息，以及咨询点的地点。

2. 但是如一成员因法律或行政原因设立一个以上的咨询点，则该成员应向其他成员提供关于每一咨询点职责范围的完整且明确的信息。此外，该成员应保证将送错咨询点的任何询问迅速转交正确的咨询点。

3. 每一成员均应采取其所能采取的合理措施，保证设立一个或一个以上的咨询点，能够回答其他成员和其他成员中的利害关系方提出的所有合理询问，并提供有关下列内容的文件或关于从何处获得这些文件的信息：

（1）非政府标准化机构或此类机构加入或参与的区域标准化机构在其领土内采取或拟议的任何标准；

（2）非政府机构或此类机构加入或参与的区域机构在其领土内实施的任何合格评定程序或拟议的合格评定程序；

（3）其领土内非政府机构加入或参与国际和区域标准化机构和合格评定体系的情况，以及参加在 TBT 协定范围内的双边和多边安排的情况，并应能提供关于此类体系和安排的规定的合理信息。

4. 各成员应采取其所能采取的合理措施，保证如其他成员或其他成员中的利害关系方依照 TBT 协定的规定索取文件副本，除递送费用外，应按向有关成员本国或任何其他成员国民[①]提供的相同价格（如有定价）提供。

5. 如其他成员请求，发达国家成员应以英文、法文或西班牙文提供特定通知所涵盖的文件，如文件篇幅较长，则应提供此类文件的摘要。

6. 秘书处在依照 TBT 协定的规定收到通知后，应迅速向所有成员和有利害关系的国际标准化和合格评定机构散发通知的副本，并提请发展中国家成员注意任何有关其特殊利益产品的通知。

7. 只要一成员与一个或多个任何其他国家就与技术法规、标准或合格评定程序有关的问题达成可能对贸易有重大影响的协议，则至少一名属该协议

---

① 　TBT 协定中所指的"国民"一词，对于 WTO 的单独关税区成员，应被视为在该关税区内定居或拥有真实有效的工业或商业机构的自然人或法人。

参加方的成员即应通过秘书处通知其他成员该协议所涵盖的产品,包括对该协议的简要说明。鼓励有关成员应请求与其他成员进行磋商,以达成类似的协议或为参加此类协议作出安排。

8. TBT 协定的任何内容不得解释为要求以下之一:

(1)使用成员语言以外的语言出版文本;

(2)使用成员语言以外的语言提供草案细节或草案的副本,但前述关于发达国家成员应以英文、法文或西班牙文提供特定通知的规定除外;

(3)各成员提供他们认为披露后会违背其基本安全利益的任何信息。

9. 提交秘书处的通知应使用英文、法文或西班牙文。

10. 各成员应指定一中央政府机构,负责在国家一级实施 TBT 协定关于通知程序的规定,但附件 3 中的规定除外。

11. 但是如由于法律或行政原因,通知程序由中央政府的两个或两个以上主管机关共同负责,则有关成员应向其他成员提供关于每一机关职责范围的完整且明确的信息。

(二)对其他成员的技术援助

1. 如收到请求,各成员应就技术法规的制定向其他成员、特别是发展中国家成员提供建议。

2. 如收到请求,各成员应就建立国家标准化机构和参加国际标准化机构的问题向其他成员、特别是发展中国家成员提供建议,并按双方同意的条款和条件给予他们技术援助,还应鼓励本国标准化机构采取同样的做法。

3. 如收到请求,各成员应采取其所能采取的合理措施,安排其领土内的管理机构向其他成员、特别是发展中国家成员提供建议,并按双方同意的条款和条件就下列两方面内容给予他们技术援助:(1)建立管理机构或技术法规的合格评定机构,(2)能够最好地满足其技术法规的方法。

4. 如收到请求,各成员应采取其所能采取的合理措施,安排向其他成员,特别是发展中国家成员提供建议,并就在提出请求的成员领土内建立已采用标准的合格评定机构的问题,按双方同意的条款和条件给予他们技术援助。

5. 如收到请求,各成员应向其他成员、特别是发展中国家成员提供建议,并就这些成员的生产者希望利用收到请求的成员领土内的政府机构或非政府机构实施的合格评定体系所应采取的步骤问题,按双方同意的条款和条件给予他们技术援助。

6. 如收到请求,加入或参与国际或区域合格评定体系的成员应向其他成员、特别是发展中国家成员提供建议,并就建立机构和法律体制以便能够履行因加入或参与此类体系而承担义务的问题,按双方同意的条款和条件给予他们技术援助。

7. 如收到请求,各成员应鼓励其领土内加入或参与国际或区域合格评定体系的机构向其他成员、特别是发展中国家成员提供建议,并就建立机构以使其领土内的有关机构能够履行因加入或参与而承担义务的问题,考虑他们提出的关于提供技术援助的请求。

8. 在向其他成员提供建议和技术援助时,各成员应优先考虑最不发达国家成员的需要。

(三)对发展中国家成员的特殊和差别待遇

1. 各成员应通过下列规定和 TBT 协定其他条款的相关规定,对参加 TBT 协定的发展中国家成员提供差别和更优惠待遇。

2. 各成员应特别注意 TBT 协定有关发展中国家成员的权利和义务的规定,并应在执行 TBT 协定时,包括在国内和在运用 TBT 协定的机构安排时,考虑发展中国家成员特殊的发展、财政和贸易需要。

3. 各成员在制订和实施技术法规、标准和合格评定程序时,应考虑各发展中国家成员特殊的发展、财政和贸易需要,以保证此类技术法规、标准和合格评定程序不对发展中国家成员的出口造成不必要的障碍。

4. 各成员认识到,虽然可能存在国际标准、指南和建议,但是在其特殊的技术和社会经济条件下,发展中国家成员可采用某些技术法规、标准或合格评定程序,旨在保护与其发展需要相适应的本国技术、生产方法和工艺。因此,各成员认识到不应期望发展中国家成员使用不适合其发展、财政和贸易需要的国际标准作为其技术法规或标准,包括试验方法的依据。

5. 各成员应采取其所能采取的合理措施,以保证国际标准化机构和国际合格评定体系的组织和运作方式便利所有成员的有关机构积极和有代表性地参与,同时考虑发展中国家的特殊问题。

6. 各成员应采取其所能采取的合理措施,以保证国际标准化机构应发展中国家成员的请求,审查对发展中国家成员有特殊利益产品制订国际标准的可能性,并在可行时制订这些标准。

7. 各成员应依照 TBT 协定的规定,向发展中国家成员提供技术援助,以保证技术法规、标准和合格评定程序的制订和实施不对发展中国家成员出口

的扩大和多样化造成不必要的障碍。在确定技术援助的条款和条件时,应考虑提出请求的成员,特别是最不发达国家成员,所处的发展阶段。

　　8. 各方认识到发展中国家成员在制订和实施技术法规、标准和合格评定程序方面可能面临特殊问题,包括机构和基础设施问题。各方进一步认识到发展中国家成员特殊的发展和贸易需要以及他们所处的技术发展阶段可能会妨碍他们充分履行 TBT 协定项下义务的能力。因此,各成员应充分考虑此事实。因此,为保证发展中国家成员能够遵守 TBT 协定,授权根据 TBT 协定第 13 条设立的技术性贸易壁垒委员会(TBT 协定中称委员会),应请求就 TBT 协定项下全部或部分义务给予特定的、有时限的例外。在审议此类请求时,委员会应考虑发展中国家成员在技术法规、标准和合格评定程序的制订和实施方面的特殊问题,他们特殊的发展和贸易需要以及所处的技术发展阶段,这些均可能妨碍他们充分履行 TBT 协定项下的义务,委员会应特别考虑最不发达国家成员的特殊问题。

　　9. 在磋商过程中,发达国家成员应记住发展中国家成员在制定和实施标准、技术法规和合格评定程序过程中遇到的特殊困难。为帮助发展中国家成员在这方面的努力,发达国家成员应考虑前者特殊的财政、贸易和发展需要。

　　10. 委员会应定期审议 TBT 协定制定的在国家和国际各级给予发展中国家的特殊和差别待遇。

五、机构、磋商和争端解决

(一)技术性贸易壁垒委员会

　　1. 特此设立技术性贸易壁垒委员会,由每一成员的代表组成。委员会应选举自己的主席,并应在必要时召开会议,但每年应至少召开一次会议,为各成员提供机会,就与 TBT 协定的运用或促进其目的的实现有关的事项进行磋商,委员会应履行 TBT 协定或各成员所指定的职责。

　　2. 委员会设立工作组或其他适当机构,以履行委员会依照 TBT 协定相关规定指定的职责。

　　3. 各成员应避免 TBT 协定项下的工作与政府在其他技术机构中的工作造成不必要的重复。委员会应审查此问题,以期将此种重复减少到最小限度。

（二）磋商和争端解决

1. 就影响 TBT 协定运用的任何事项的磋商和争端解决应在争端解决机构的主持下进行,并应遵循由"争端解决谅解"详述和适用的 GATT 1994 第22 条和第 23 条的规定,但应在细节上作必要修改。

2. 专家组可自行或应一争端方请求,设立技术专家小组,就需要由专家详细研究的技术性问题提供协助。

3. 技术专家小组应按 TBT 协定附件 2 的程序管理,具体规定如下:

（1）技术专家小组受专家组的管辖。其职权范围和具体工作程序应由专家组决定,并应向专家组报告。

（2）参加技术专家小组的人员仅限于在所设领域具有专业名望和经验的个人。

（3）未经争端各方一致同意,争端各方的公民不得在技术专家小组中任职,除非在例外情况下专家组认为非其参加不能满足在特定科学知识方面的需要。争端各方的政府官员不得在技术专家小组中任职。技术专家小组成员应以个人身份任职,不得作为政府代表,也不得作为任何组织的代表。因此,政府或组织不得就技术专家小组处理的事项向其成员发出指示。

（4）技术专家小组可向其认为适当的任何来源进行咨询及寻求信息和技术建议。在技术专家小组向在一成员管辖范围内的来源寻求此类信息或建议之前,应通知该成员政府。任何成员应迅速和全面地答复技术专家小组提出的提供其认为必要和适当信息的任何请求。

（5）争端各方应可获得提供给技术专家小组的所有有关信息,除非信息属机密性质。对于向技术专家小组提供的机密信息,未经提供该信息的政府、组织或个人的正式授权不得发布。如要求从技术专家小组处获得此类信息,而技术专家小组未获准发布此类信息,则提供该信息的政府、组织或个人将提供该信息的非机密摘要。

（6）技术专家小组应向有关成员提供报告草案,以期征求他们的意见,并酌情在最终报告中考虑这些意见,最终报告在提交专家组时也应散发有关成员。

4. 如一成员认为另一成员未能根据 TBT 协定取得令人满意的结果,且其贸易利益受到严重影响,则可援引上述争端解决的规定。在这方面,此类结果应等同于如同在所涉机构为一成员时达成的结果。

六、最后条款

（一）保留

未经其他成员同意,不得对 TBT 协定的任何条款提出保留。

（二）审议

每一成员应在《WTO 协定》对其生效之日后,迅速通知委员会已有或已采取的保证 TBT 协定实施和管理的措施。此后,此类措施的任何变更也应通知委员会。委员会应每年对 TBT 协定实施和运用的情况进行审议,同时考虑 TBT 协定的目标。

在不迟于《WTO 协定》生效之日起的第 3 年年末及此后每 3 年期期末,委员会应审议 TBT 协定的运用和实施情况,包括与透明度有关的规定,以期在不损害 TBT 协定第 12 条规定及为保证相互经济利益和权利与义务的平衡所必要的情况下,提出调整 TBT 协定项下权利和义务的建议。委员会应特别注意在实施 TBT 协定过程中所取得的经验,酌情向货物贸易理事会提出修正 TBT 协定文本的建议。

七、关于制定、采用和实施标准的良好行为规范

（一）总则

1. 就本规范而言,应适用 TBT 协定附件 1 中的定义。

2. 本规范适用于下列机构:WTO 一成员领土内的任何标准化机构,无论是中央政府机构、地方政府机构,还是非政府机构;一个或多个成员为 WTO 成员的任何政府区域标准化机构;以及一个或多个成员位于 WTO 一成员领土内的任何非政府区域标准化机构(TBT 协定中称标准化机构)。

3. 接受和退出本规范的标准化机构,应将该事实通知设在日内瓦的 ISO/IEC 信息中心。通知应包括有关机构的名称和地址及现在和预期的标准化活动的范围。通知可直接送交 ISO/IEC 信息中心,或酌情通过 ISO/IEC 的国家成员机构,或最好通过 ISO/NET 的相关国家成员或国际分支机构转交。

（二）实质性规定

1. 在标准方面,标准化机构给予源自 WTO 任何其他成员领土产品的待遇不得低于给予本国同类产品和源自任何其他国家同类产品的待遇。

2. 标准化机构应保证不制订、不采用或不实施在目的或效果上给国际贸易制造不必要障碍的标准。

3. 如国际标准已经存在或即将拟就,标准化机构应使用这些标准或其中的相关部分作为其制订标准的基础,除非此类国际标准或其中的相关部分无效或不适当,例如由于保护程度不足,或基本气候或地理因素或基本技术问题等原因。

4. 为在尽可能广泛的基础上协调标准,标准化机构应以适当方式,在力所能及的范围内,充分参与有关国际标准化机构就其已采用或预期采用标准的主题制订国际标准的工作。对于一成员领土内的标准化机构,只要可能,即应通过一代表团参与一特定国际标准化活动,该代表团代表已采用或预期采用主题与国际标准化活动有关的标准的该成员领土内所有标准化机构。

5. 一成员领土内的标准化机构应尽一切努力,避免与领土内其他标准化机构的工作或与有关国际或区域标准化机构的工作发生重复或重叠。他们还应尽一切努力就其制定的标准在国内形成协商一致。同样,区域标准化机构也应尽一切努力避免与有关国际标准化机构的工作发生重复或重叠。

6. 只要适当,标准化机构即应按产品的性能而不是设计或描述特征制订以产品要求为基础的标准。

7. 标准化机构应至少每 6 个月公布一次工作计划,包括其名称和地址、正在制订的标准及前一时期已采用的标准。标准的制订过程自作出制订标准的决定时起至标准被采用时止。应请求,应以英文、法文或西班牙文提供具体标准草案的标题。有关工作计划建立的通知应在国家或在区域(视情况而定)标准化活动出版物上予以公布。

应依照国际标准化组织信息网的任何规则,在工作计划中标明每一标准与主题相关的分类、标准制订过程中已达到的阶段以及引以为据的国际标准。各标准化机构应至迟于公布其工作计划时,向设在日内瓦的 ISO/IEC 信息中心通知该工作计划的建立。

通知应包括标准化机构的名称和地址,公布工作计划的出版物的名称和期号,工作计划适用的期限、出版物的价格(如有定价)以及获得出版物的方法和地点。通知可直接送交 ISO/IEC 信息中心,或最好酌情通过国际标准化组

织信息网的相关国家成员或国际分支机构。

8. ISO/IEC 的国家成员应尽一切努力成为 ISO/NET 的成员或指定另一机构成为其成员,并争取获得 ISO/NET 成员所能获得的最高级类型的成员资格。其他标准化机构应尽一切努力与 ISO/NET 成员建立联系。

9. 在采用一标准前,标准化机构应给予至少 60 天的时间供 WTO 一成员领土内的利害关系方就标准草案提出意见。但在出现有关安全、健康或环境的紧急问题或出现此种威胁的情况下,上述期限可以缩短。标准化机构应不迟于征求意见期限开始时,在规定的出版物上发布关于征求意见的通知。该通知应尽可能说明标准草案是否偏离有关国际标准。

10. 应 WTO 一成员领土内任何利害关系方请求,标准化机构应迅速提供或安排提供一份供征求意见的标准草案副本。除实际递送费用外,此项服务的收费对国内外各方应相同。

11. 标准化机构在进一步制订标准时,应考虑在征求意见期内收到的意见。如收到请求,应尽可能迅速地对通过已接受本"良好行为规范"的标准化机构收到的意见予以答复。答复应包括对该标准偏离有关国际标准必要性的说明。

12. 标准一经采用,即应迅速予以公布。

13. 应 WTO 一成员领土内任何利害关系方请求,标准化机构应迅速提供或安排提供一份最近工作计划或其制订标准的副本。除实际递送费用外,此项服务的收费对国内外各方应相同。

14. 标准化机构对已接受本"良好行为规范"的标准化机构就本规范的实施提出的交涉,应积极给予考虑并提供充分的机会就此进行磋商。并应为解决任何投诉作出客观努力。

第二节 《实施卫生与植物卫生措施协定》

一、《实施卫生与植物卫生措施协定》概述

WTO《实施卫生与植物卫生措施协定》简称为 SPS 协定。

(一)SPS 协定的制定目的和原则

SPS 协定的制定目的和原则在其序言中得到详尽的阐述,可以归纳为以

下几个方面：

1. 重申不应阻止各成员为保护人类、动物或植物的生命或健康而采用或实施必需的措施，但是这些措施的实施方式不得构成在情形相同的成员之间进行任意或不合理歧视的手段，或构成对国际贸易的变相限制；

2. 期望改善各成员的人类健康、动物健康和植物卫生状况；

3. 注意到卫生与植物卫生措施通常以双边协议或议定书为基础实施，期望建立有关规则和纪律的多边框架，以指导卫生与植物卫生措施的制定、采用和实施，从而将其对贸易的消极影响降到最低程度；

4. 认识到国际标准、指南和建议可以在这方面作出重要贡献；

5. 期望进一步推动各成员使用协调的、以有关国际组织制订的国际标准、指南和建议为基础的卫生与植物卫生措施，这些国际组织包括食品法典委员会、国际兽疫组织以及在《国际植物保护公约》范围内运作的有关国际和区域组织，但不要求各成员改变其对人类、动物或植物的生命或健康的适当保护水平；

6. 认识到发展中国家成员在遵守进口成员的卫生与植物卫生措施方面可能遇到特殊困难，进而在市场准入及在其领土内制订和实施卫生与植物卫生措施方面也会遇到特殊困难，期望协助他们在这方面所作的努力；

7. 最终期望对适用 GATT 1994 关于使用卫生与植物卫生措施的规定，特别是第 20 条第 b 项①的规定详述具体规则。

(二)SPS 协定的术语及其定义②

1. 卫生与植物卫生措施

卫生与植物卫生措施是指用于下列目的之一的任何措施：

(1)保护成员领土内的动物或植物的生命或健康免受虫害、病害、带病有机体或致病有机体的传入、定居或传播所产生的风险；

(2)保护成员领土内的人类或动物的生命或健康免受食品、饮料或饲料中的添加剂、污染物、毒素或致病有机体所产生的风险；

(3)保护成员领土内的人类的生命或健康免受动物、植物或动植物产品携带的病害或虫害的传入、定居或传播所产生的风险；

---

① 在 SPS 协定中，所指的第 20 条第 b 项也包括该条的起首部分。

② 就这些定义而言，"动物"包括鱼和野生动物；"植物"包括森林和野生植物；"虫害"包括杂草；"污染剂"包括杀虫剂、兽药残余物和其他杂质。

(4)防止或控制成员领土内因虫害的传入、定居或传播所产生的其他损害。

卫生与植物卫生措施包括所有相关法律、法令、法规、要求和程序,特别包括:最终产品标准;工序和生产方法;检验、检查、认证和批准程序;检疫处理,包括与动物或植物运输有关的或与在运输过程中为维持动植物生存所需物质有关的要求;有关统计方法、抽样程序和风险评估方法的规定;以及与粮食安全直接有关的包装和标签要求。

2. 协调

协调是指不同成员制订、承认和实施共同的卫生与植物卫生措施。

3. 国际标准、指南和建议

国际标准、指南和建议包括以下内容:

(1)对于粮食安全,指食品法典委员会制订的与食品添加剂、兽药和除虫剂残余物、污染物、分析和抽样方法有关的标准、指南和建议,及卫生惯例的守则和指南;

(2)对于动物健康和寄生虫病,指国际兽疫组织主持制订的标准、指南和建议;

(3)对于植物健康,指在《国际植物保护公约》秘书处主持下与在《国际植物保护公约》范围内运作的区域组织合作制订的国际标准、指南和建议;

(4)对于上述组织未涵盖的事项,指经委员会确认的、由其成员资格向所有 WTO 成员开放的其他有关国际组织公布的有关标准、指南和建议。

4. 风险评估

风险评估是指根据可能适用的卫生与植物卫生措施评价虫害或病害在进口成员领土内传入、定居或传播的可能性,及评价相关潜在的生物学后果和经济后果;或评价食品、饮料或饲料中存在的添加剂、污染物、毒素或致病有机体对人类或动物的健康所产生的潜在不利影响。

5. 适当的卫生与植物卫生保护水平

适当的卫生与植物卫生保护水平是指制订卫生与植物卫生措施以保护其领土内的人类、动物或植物的生命或健康的成员所认为适当的保护水平①。

6. 病虫害非疫区

病虫害非疫区是指由主管机关确认的未发生特定虫害或病害的地区,无

---

① 许多成员也称此概念为"可接受的风险水平"。

论是一国的全部或部分地区,还是几个国家的全部或部分地区。①

7. 病虫害低度流行区

病虫害低度流行区是指由主管机关确认的特定虫害或病害发生水平低、且已采取有效监测、控制或根除措施的地区,该地区可以是一国的全部或部分地区,也可以是几个国家的全部或部分地区。

(三)SPS 协定的适用范围

SPS 协定适用于所有可能直接或间接影响国际贸易的卫生与植物卫生措施。此类措施应依照 SPS 协定的规定制订和适用。对于不属 SPS 协定范围的措施,SPS 协定的任何规定不得影响各成员在《技术性贸易壁垒协定》项下的权利。

二、基本权利和义务

1. 各成员有权采取为保护人类、动物或植物的生命或健康所必需的卫生与植物卫生措施,只要此类措施与 SPS 协定的规定不相抵触。

2. 各成员应保证任何卫生与植物卫生措施仅在为保护人类、动物或植物的生命或健康所必需的限度内实施,并根据科学原理,如无充分的科学证据则不再维持,但临时采取卫生与植物卫生措施的情况除外。

3. 各成员应保证其卫生与植物卫生措施不在情形相同或相似的成员之间,包括在成员自己领土和其他成员的领土之间构成任意或不合理的歧视。卫生与植物卫生措施的实施方式不得构成对国际贸易的变相限制。

4. 符合 SPS 协定有关条款规定的卫生与植物卫生措施应被视为符合各成员根据 GATT 1994 有关使用卫生与植物卫生措施的规定所承担的义务。

三、协调

1. 为在尽可能广泛的基础上协调卫生与植物卫生措施,各成员的卫生与

---

① 病虫害非疫区可以包围一地区、被一地区包围或毗连一地区,可在一国的部分地区内,或在包括几个国家的部分或全部地理区域内,在该地区内已知发生特定虫害或病害,但已采取区域控制措施,如建立可限制或根除所涉虫害或病害的保护区、监测区和缓冲区。

植物卫生措施应根据现有的国际标准、指南或建议制订,除非 SPS 协定中另有规定。

2. 符合国际标准、指南或建议的卫生与植物卫生措施应被视为为保护人类、动物或植物的生命或健康所必需的措施,并被视为与 SPS 协定和 GATT 1994 的有关规定相一致。

3. 如存在科学理由,或一成员依照 SPS 协定有关规定确定动植物卫生的保护水平是适当的,则各成员可采用或维持比根据有关国际标准、指南或建议制订的措施所可能达到的保护水平更高的卫生与植物卫生措施。① 尽管有以上规定,但是所产生的卫生与植物卫生保护水平与根据国际标准、指南或建议制订的措施所实现的保护水平不同的措施,均不得与 SPS 协定中任何其他规定相抵触。

4. 各成员应在力所能及的范围内充分参与有关国际组织及其附属机构,特别是食品法典委员会、国际兽疫组织以及在《国际植物保护公约》范围内运作的有关国际和区域组织,以促进在这些组织中制订和定期审议有关卫生与植物卫生措施所有方面的标准、指南和建议。

5. 卫生与植物卫生措施委员会(SPS 协定中称委员会)应制订程序,以监控国际协调进程,并在这方面与有关国际组织协同努力。

四、等效

1. 如出口成员客观地向进口成员证明其卫生与植物卫生措施达到进口成员适当的卫生与植物卫生保护水平,则各成员应将其他成员的措施作为等效措施予以接受,即使这些措施不同于进口成员自己的措施,或不同于从事相同产品贸易的其他成员使用的措施。为此,应请求,应给予进口成员进行检查、检验及其他相关程序的合理机会。

2. 应请求,各成员应进行磋商,以便就承认具体卫生与植物卫生措施的等效性问题达成双边或多边协定。

---

① 存在科学理由的情况是,一成员根据 SPS 协定的有关规定对现有科学信息进行审查和评估,确定有关国际标准、指南或建议不足以实现适当的动植物卫生保护水平。

五、风险评估和适当的卫生与植物卫生保护水平的确定

1. 各成员应保证其卫生与植物卫生措施的制定以对人类、动物或植物的生命或健康所进行的、适合有关情况的风险评估为基础,同时考虑有关国际组织制订的风险评估技术标准。

2. 在进行风险评估时,各成员应考虑:可获得的科学证据;有关工序和生产方法;有关检查、抽样和检验方法;特定病害或虫害的流行;病虫害非疫区的存在;有关生态和环境条件;以及检疫或其他处理方法。

3. 各成员在评估对动物或植物的生命或健康构成的风险并确定为实现适当的卫生与植物卫生保护水平以防止此类风险所采取的措施时,应考虑下列有关经济因素:由于虫害或病害的传入、定居或传播造成生产或销售损失的潜在损害;在进口成员领土内控制或根除病虫害的费用;以及采用替代方法控制风险的相对成本效益。

4. 各成员在确定适当的卫生与植物卫生保护水平时,应考虑将对贸易的消极影响降到最低程度的目标。

5. 为实现在防止对人类生命或健康、动物和植物的生命或健康的风险方面运用适当的卫生与植物卫生保护水平的概念的一致性,每一成员应避免其认为适当的保护水平在不同的情况下存在任意或不合理的差异,如此类差异造成对国际贸易的歧视或变相限制。各成员应在委员会中进行合作,依照SPS协定制定指南,以推动本规定的实际实施。委员会在制定指南时应考虑所有有关因素,包括人们自愿承受人身健康风险的例外特性。

6. 在制定或维持卫生与植物卫生措施以实现适当的卫生与植物卫生保护水平时,各成员应保证此类措施对贸易的限制不超过为达到适当的卫生与植物卫生保护水平所要求的限度,同时考虑其技术和经济可行性。①

7. 在有关科学证据不充分的情况下,一成员可根据可获得的有关信息,包括来自有关国际组织以及其他成员实施的卫生与植物卫生措施的信息,临时采用卫生与植物卫生措施。在此种情况下,各成员应寻求获得更加客观地进行风险评估所必需的额外信息,并在合理期限内据此审议卫生与植物卫生

---

① 除非存在如下情况,否则一措施对贸易的限制不超过所要求的程度:存在从技术和经济可行性考虑可合理获得的另一措施,可实现适当的卫生与植物卫生保护水平,且对贸易的限制大大减少。

措施。

8. 如一成员有理由认为另一成员采用或维持的特定卫生与植物卫生措施正在限制或可能限制其产品出口,且该措施不是根据有关国际标准、指南或建议制定的,或不存在此类标准、指南或建议,则可请求说明此类卫生与植物卫生措施的理由,维持该措施的成员应提供此种说明。

六、适应地区条件,包括适应病虫害非疫区和低度流行区的条件

1. 各成员应保证其卫生与植物卫生措施适应产品的产地和目的地的卫生与植物卫生特点,无论该地区是一国的全部或部分地区,或几个国家的全部或部分地区。在评估一地区的卫生与植物卫生特点时,各成员应特别考虑特定病害或虫害的流行程度、是否存在根除或控制计划以及有关国际组织可能制定的适当标准或指南。

2. 各成员应特别认识到病虫害非疫区和低度流行区的概念。对这些地区的确定应根据地理、生态系统、流行病监测以及卫生与植物卫生控制的有效性等因素。

3. 声明其领土内地区属病虫害非疫区或低度流行区的出口成员,应提供必要的证据,以便向进口成员客观地证明此类地区属、且有可能继续属病虫害非疫区或低度流行区。为此,应请求,应使进口成员获得进行检查、检验及其他有关程序的合理机会。

七、透明度

各成员应依照 SPS 协定附件 B 的规定通知其卫生与植物卫生措施的变更,并提供有关其卫生与植物卫生措施的信息。SPS 协定附件 B 规定了卫生与植物卫生措施的透明度,具体内容有:

(一)法规的公布

1. 各成员应保证迅速公布所有已采用的卫生与植物卫生法规[①],以使有利害关系的成员知晓。

2. 除紧急情况外,各成员应在卫生与植物卫生法规的公布和生效之间留

---

① 卫生与植物卫生措施包括普遍适用的法律、法令或命令。

出合理时间间隔,使出口成员、特别是发展中国家成员的生产者有时间使其产品和生产方法适应进口成员的要求。

(二)咨询点

每一成员应保证设立一咨询点,负责对有利害关系的成员提出的所有合理问题作出答复,并提供有关下列内容的文件:

1. 在其领土内已采用或提议的任何卫生与植物卫生法规;

2. 在其领土内实施的任何控制和检查程序、生产和检疫处理方法、杀虫剂允许量和食品添加剂批准程序;

3. 风险评估程序、考虑的因素以及适当的卫生与植物卫生保护水平的确定;

4. 成员或其领土内相关机构在国际和区域卫生与植物卫生组织和体系内,及在 SPS 协定范围内的双边和多边协定和安排中的成员资格和参与情况,及此类协定和安排的文本。

各成员应保证在如有利害关系的成员索取文件副本,除递送费用外,应按向有关成员本国国民①提供的相同价格(如有定价)提供。

(三)通知程序

只要国际标准、指南或建议不存在或拟议的卫生与植物卫生法规的内容与国际标准、指南或建议的内容实质上不同,且如果该法规对其他成员的贸易有重大影响,则各成员即应执行以下通知程序:

1. 提早发布通知,以使有利害关系的成员知晓采用特定法规的建议;

2. 通过秘书处通知其他成员法规所涵盖的产品,并对拟议法规的目的和理由作出简要说明。此类通知应在仍可进行修正和考虑提出的意见时提早作出。

3. 应请求,向其他成员提供拟议法规的副本,只要可能,应标明与国际标准、指南或建议有实质性偏离的部分;

4. 无歧视地给予其他成员合理的时间以提出书面意见,应请求讨论这些意见,并对这些书面意见和讨论的结果予以考虑。

但是,如一成员面临健康保护的紧急问题或面临发生此种问题的威胁,则

---

① SPS 协定中所指的"国民"一词,对于 WTO 的单独关税区成员,应被视为在该关税区内定居或仍有真实有效的工业或商业机构的自然人或法人。

该成员可省略以上通知程序所列步骤中其认为有必要省略的步骤,只要该成员:

1. 立即通过秘书处通知其他成员所涵盖的特定法规和产品,并对该法规的目标和理由作出简要说明,包括紧急问题的性质;

2. 应请求,向其他成员提供法规的副本;

3. 允许其他成员提出书面意见,应请求讨论这些意见,并对这些书面意见和讨论的结果予以考虑。

通知还要遵循以下规定:

1. 提交秘书处的通知应使用英文、法文或西班牙文。

2. 如其他成员请求,发达国家成员应以英文、法文或西班牙文提供特定通知所涵盖的文件,如文件篇幅较长,则应提供此类文件的摘要。

3. 秘书处应迅速向所有成员和有利害关系的国际组织散发通知的副本,并提请发展中国家成员注意任何有关其特殊利益产品的通知。

4. 各成员应指定一个中央政府机构,负责在国家一级依据前述规定实施有关通知程序的规定。

(四)一般保留

SPS 协定的任何规定不得解释为以下任一要求:

1. 使用成员语文以外的语文提供草案细节或副本或公布文本内容,但本附件第 8 款规定的除外;

2. 各成员披露会阻碍卫生与植物卫生立法的执行或会损害特定企业合法商业利益的机密信息。

八、控制、检查和批准程序

各成员在实施控制、检查和批准程序[①]时,包括关于批准食品、饮料或饲料中使用添加剂或确定污染物允许量的国家制度,应遵守 SPS 协定附件 C 的规定,并在其他方面保证其程序与 SPS 协定规定不相抵触。SPS 协定附件 C 的主要内容有:

1. 对于检查和保证实施卫生与植物卫生措施的任何程序,各成员应保证:

---

① 控制、检查和批准程序,特别包括抽样、检查和认证程序。

（1）此类程序的实施和完成不受到不适当的迟延，且对进口产品实施的方式不严于国内同类产品。

（2）公布每一程序的标准处理期限，或应请求，告知申请人预期的处理期限；主管机构在接到申请后迅速审查文件是否齐全，并以准确和完整的方式通知申请人所有不足之处；主管机构尽快以准确和完整的方式向申请人传达程序的结果，以便在必要时采取纠正措施；即使在申请存在不足之处时，如申请人提出请求，主管机构也应尽可能继续进行该程序；以及应请求，将程序所进行的阶段通知申请人，并对任何迟延作出说明。

（3）有关信息的要求仅限于控制、检查和批准程序所必需的限度，包括批准使用添加剂或为确定食品、饮料或饲料中污染物的允许量所必需的限度。

（4）在控制、检查和批准过程中产生的或提供的有关进口产品的信息，其机密性受到不低于本国产品的遵守，并使合法商业利益得到保护。

（5）控制、检查和批准一产品的单个样品的任何要求仅限于合理和必要的限度。

（6）因对进口产品实施上述程序而征收的任何费用与对国内同类产品或来自任何其他成员的产品所征收的费用相比是公平的，且不高于服务的实际费用。

（7）程序中所用设备的设置地点和进口产品样品的选择应使用与国内产品相同的标准，以便将申请人、进口商、出口商或其代理人的不便减少到最低程度。

（8）只要由于根据适用的法规进行控制和检查而改变产品规格，则对改变规格产品实施的程序仅限于为确定是否有足够的信心相信该产品仍符合有关规定所必需的限度。

（9）建立审议有关运用此类程序的投诉的程序，且当投诉合理时采取纠正措施。

如某一进口成员实行批准使用食品添加剂或制定食品、饮料或饲料中污染物允许量的制度，以禁止或限制未获批准的产品进入其国内市场，则该进口成员应考虑使用有关国际标准作为进入市场的依据，直到作出最后确定为止。

2. 如某一卫生与植物卫生措施规定在生产阶段进行控制，则在其领土内进行有关生产的成员应提供必要协助，以便利此类控制及控制机构的工作。

3. SPS协定的内容不得阻止各成员在各自领土内实施合理检查。

九、技术援助

1. 各成员同意以双边形式或通过适当的国际组织便利向其他成员,特别是发展中国家成员,提供技术援助。此类援助可特别针对加工技术、研究和基础设施等领域(包括建立国家管理机构),并可采取咨询、信贷、捐赠和赠予等方式(包括为寻求技术专长的目的),为使此类国家适应并符合为实现其出口市场的适当卫生与植物卫生保护水平所必需的卫生与植物卫生措施而提供的培训和设备。

2. 当发展中国家出口成员为满足进口成员的卫生与植物卫生要求而需要大量投资时,后者应考虑提供此类可使发展中国家成员维持和扩大所涉及的产品市场准入机会的技术援助。

十、特殊和差别待遇

1. 在制定和实施卫生与植物卫生措施时,各成员应考虑发展中国家成员、特别是最不发达国家成员的特殊需要。

2. 如适当的卫生与植物卫生保护水平留有余地允许分阶段采用新的卫生与植物卫生措施,则应给予发展中国家成员有利害关系产品更长的时限以符合该措施,从而维持其出口机会。

3. 为保证发展中国家成员能够遵守 SPS 协定的规定,应请求,委员会有权,给予这些国家对于 SPS 协定项下全部或部分义务的特定的和有时限的例外,同时应考虑其财政、贸易和发展需要。

4. 各成员应鼓励和便利发展中国家成员积极参与有关国际组织。

十一、磋商和争端解决

1. 由"争端解决谅解"详述和适用的 GATT 1994 第 22 条和第 23 条的规定适用于 SPS 协定项下的磋商和争端解决,除非 SPS 协定另有具体规定。

2. 在 SPS 协定项下涉及科学或技术问题的争端中,专家组应寻求专家组与争端各方磋商后选定的专家的意见。为此,在主动或应争端双方中任何一方请求下,专家组在其认为适当时,可设立一技术专家咨询小组,或咨询有关国际组织。

3.SPS 协定中的任何内容不得损害各成员在其他国际协定项下的权利,包括援用其他国际组织或根据任何国际协定设立的斡旋或争端解决机制的权利。

十二、管理

1. 特别设立的卫生与植物卫生措施委员会,为磋商提供经常性场所。委员会应履行为实施 SPS 协定规定并促进其目标实现所必需的职能,特别是关于协调的目标。委员会应经协商一致作出决定。

2. 委员会应鼓励和便利各成员之间就特定的卫生与植物卫生问题进行不定期的磋商或谈判。委员会应鼓励所有成员使用国际标准、指南和建议。在这方面,委员会应主办技术磋商和研究,以提高在批准使用食品添加剂或确定食品、饮料或饲料中污染物允许量的国际和国家制度或方法方面的协调性和一致性。

3. 委员会应同卫生与植物卫生保护领域的有关国际组织,特别是食品法典委员会、国际兽疫组织和《国际植物保护公约》秘书处保持密切联系,以获得用于管理 SPS 协定的可获得的最佳的科学和技术意见,并保证避免不必要的重复工作。

4. 委员会应制定程序,以监测国际协调进程及国际标准、指南或建议的使用。为此,委员会应与有关国际组织一起,制定一份委员会认为对贸易有较大影响的同卫生与植物卫生措施有关的国际标准、指南或建议清单。在该清单中各成员应说明那些被用作进口条件或在此基础上进口产品符合这些标准即可享有对其市场准入的国际标准、指南或建议。在一成员不将国际标准、指南或建议作为进口条件的情况下,该成员应说明其中的理由,特别是他是否认为该标准不够严格,而无法提供适当的卫生与植物卫生保护水平。如一成员在其说明标准、指南或建议的使用为进口条件后改变其立场,则该成员应对其立场的改变提供说明,并通知秘书处以及有关国际组织,除非此类通知和说明已根据附件 B 中的程序作出。

5. 为避免不必要的重复,委员会可酌情决定使用通过有关国际组织实行的程序,特别是通知程序,所产生的信息。

6. 委员会可根据一成员的倡议,通过适当渠道邀请有关国际组织或其附属机构审查有关特定标准、指南或建议的具体问题,包括对不使用有关国际标准、指南或建议所作说明的依据。

7. 委员会应在《WTO 协定》生效之日起 3 年后,并在此后有需要时,对

SPS 协定的运用和实施情况进行审议。在适当时,委员会应特别考虑在 SPS 协定实施过程中所获得的经验,向货物贸易理事会提交修正 SPS 协定文本的建议。

十三、实施

各成员对在 SPS 协定项下遵守其中所列所有义务负有全责。各成员应制定和实施积极的措施和机制,以支持中央政府机构以外的机构遵守 SPS 协定的规定。各成员应采取所能采取的合理措施,以保证其领土内的非政府实体以及其领土内相关实体为其成员的区域机构,符合 SPS 协定的相关规定。此外,各成员不得采取具有直接或间接要求或鼓励此类区域或非政府实体、或地方政府机构以与 SPS 协定规定不一致的方式行事效果的措施。各成员应保证只有在非政府实体遵守 SPS 协定规定的前提下,方可依靠这些实体提供的服务实施卫生与植物卫生措施。

十四、最后条款

对于最不发达国家成员影响进口或进口产品的卫生与植物卫生措施,这些国家可自《WTO 协定》生效之日起推迟 5 年实施 SPS 协定的规定。对于其他发展中国家成员影响进口或进口产品的现有卫生与植物卫生措施,如由于缺乏技术专长、技术基础设施或资源而妨碍实施,则这些国家可自《WTO 协定》生效之日起推迟 2 年实施 SPS 协定的规定,但关于提供是否限制另一成员出口的说明和保证透明度的规定除外。

第三节 《装运前检验协定》

一、《装运前检验协定》概述

(一)《装运前检验协定》的制定目的和原则

《装运前检验协定》的制定目的和原则在其序言中得到详尽的阐述,可以归纳为以下几个方面：

1. 注意到部长们于 1986 年 9 月 20 日同意，乌拉圭回合多边贸易谈判旨在"进一步放宽和扩大世界贸易"、"加强 GATT 的作用"以及"增加 GATT 体制对不断演变的国际经济环境的反应能力"；

2. 注意到一些发展中国家成员求助于装运前检验；

3. 认识到发展中国家需要在核实进口货物的质量、数量或价格所必需的时间和限度内采取该做法；

4. 注意到此类程序的实施不得造成不必要的迟延或不公平的待遇；

5. 注意到此种检验根据定义是在出口成员的领土内实施的；

6. 认识到需要制定有关用户成员和出口成员权利和义务的议定的国际框架；

7. 认识到 GATT 1994 的原则和义务适用于 WTO 成员政府授权的装运前检验实体的活动；

8. 认识到宜使装运前检验实体的经营及与装运前检验相关的法律、法规具有透明度；

9. 期望迅速、有效和公正地解决出口商和装运前检验实体之间在《装运前检验协定》项下产生的争端。

(二)《装运前检验协定》的术语及其定义

1. 用户成员

用户成员是指政府或任何政府机构签约或授权使用装运前检验活动的成员。

2. 装运前检验活动

装运前检验活动是指与对将出口至用户成员领土的货物的质量、数量、价格，包括汇率和融资条件，和(或)海关归类进行核实有关的所有活动。

3. 装运前检验实体

装运前检验实体是指由一成员签约或授权实施装运前检验活动的任何实体。

(三)《装运前检验协定》的适用范围

《装运前检验协定》适用于在各成员领土内实施的所有装运前检验活动，

无论此类活动是由一成员的政府还是由任何政府机构签约或授权的。①

二、用户成员的义务

(一)非歧视

用户成员应保证装运前检验活动以非歧视的方式实施,在实施这些活动中使用的程序和标准是客观的,且对受此类活动影响的所有出口商平等适用。用户成员应保证其签约或授权的装运前检验实体的所有检验人员统一执行检验。

(二)政府要求

用户成员应保证在进行与其法律、法规和要求相关的装运前检验活动的过程中,在 GATT 1994 第 3 条第 4 款的规定与此有关的情况下,应遵守这些规定。

(三)检验地点

用户成员应保证所有装运前检验活动,包括签发检验结果清洁报告书或不予签发的通知书,均应在货物出口的关税领土内进行,如因所涉及的产品性质复杂而无法在该关税领土内实施检验,或如果双方同意,则可在制造该货物的关税领土内进行。

(四)标准

用户成员应保证关于数量和质量的检验应依照买卖双方在购货合同中规定的标准实施,如无此类标准,则适用有关国际标准②。

(五)透明度

透明度的义务主要体现在以下四个方面:

---

① 各方理解,本规定并不要求各成员有义务允许其他成员的政府实体在其领土内实施装运前检验活动。
② 国际标准指成员资格对所有 WTO 成员开放的政府或非政府机构采用的标准,其公认的活动之一是在标准化领域。

1.用户成员应保证装运前检验活动以透明的方式实施。

2.用户成员应保证在出口商最初接洽装运前检验实体时,该实体向出口商提供一份出口商遵守检验要求所必需的全部信息的清单。如出口商提出请求,则装运前检验实体应提供实际信息。该信息应包括用户成员与装运前检验活动有关的法律和法规,还应包括用于检验及价格和汇率核实目的的程序和标准、出口商相对于检验实体的权利以及根据协定第21款制定的上诉程序。现有程序的额外程序性要求或变更不得适用于装运货物,除非在安排检验日期时已将这些变更通知有关出口商。但是,在GATT 1994第20条和第21条所处理类型的紧急情况下,此类额外要求或变更可在通知出口商之前对装运货物实施。但是此援助并不免除出口商在遵守用户成员的进口法规方面的义务。

3.用户成员应保证机密商业信息应以方便的方式使出口商获得,装运前检验实体设立的检验办公室应作为信息点,在其中可获得此信息。

4.用户成员应以能够使其他政府和贸易商知晓的方式,迅速公布与装运前检验活动有关的所有适用法律和法规。

(六)机密商业信息的保护

用户成员机密商业信息的保护义务主要有以下5点:

1.用户成员应保证装运前检验实体应将在实施装运前检验过程中收到的所有未经公布、第三方不能普遍获得或在公共领域不能普遍获得的信息视为商业机密。用户成员应保证其装运前检验实体为此保留程序。

2.应请求,用户成员应向各成员提供其为实施上述第1点义务而采取措施的信息。但是不得要求任何成员披露会危害装运前检验计划的有效性或损害特定公私企业的合法商业利益的机密信息。

3.用户成员应保证装运前检验实体不对任何第三方泄露机密商业信息,但是装运前检验实体同与其签约或其授权进行检验的政府实体分享该信息的情况除外。用户成员应保证他们自与其签约或向其授权进行检验的装运前检验实体收到的机密商业信息得到充分保护。装运前检验实体只有在机密信息为信用证或其他支付方式或由于通关、进口许可或外汇管制的目的而通常需要的情况下,方可同与其签约或其授权进行检验的政府实体分享此类信息。

4.用户成员应保证装运前检验实体不要求出口商提供有关下列内容的信息:

(1)与已获专利、已获许可或未披露的方法有关,或与正在申请专利的方

法有关的制造数据；

（2）未公布的技术数据，但为证明符合技术法规或标准所必需的数据除外；

（3）内部定价，包括生产成本；

（4）利润水平；

（5）出口商与其供应商之间的合同条款，除非其他方法无法使实体进行所涉检验，在此种情况下，实体应只要求为此目的所必需的信息。

5. 对于上述第 4 点义务所指的信息，装运前检验实体不得另行要求提供，但出口商为说明一特定情况可自愿发布。

（七）利益冲突

用户成员应保证装运前检验实体保留程序以避免以下各方之间的利益冲突，同时记住前述有关保护机密商业信息的规定：

1. 在装运前检验实体与任何与所涉装运前检验实体有关的实体之间，包括装运前检验实体在其中有财务或商业利益的任何实体，或在所涉装运前检验实体中有财务利益且其装运货物将由该装运前检验实体进行检验的任何实体；

2. 在装运前检验实体与其他任何实体之间，包括需进行装运前检验的其他实体，但是签约或授权进行检验的政府实体除外；

3. 在装运前检验实体内部从事除要求实施检验程序之外的其他活动的各部门之间。

（八）迟延

用户成员在迟延方面的义务有：

1. 用户成员应保证装运前检验实体在检验装运货物时避免无理迟延。用户成员应保证，一旦装运前检验实体与出口商商定检验日期，装运前检验实体即应在该日期进行检验，除非在出口商和装运前检验实体双方同意的基础上重新安排日期，或装运前检验实体被出口商或不可抗力①妨碍无法实施检验。

2. 用户成员应保证，在收到最终单证和完成检验后，装运前检验实体在 5

---

① 各方理解，就《装运前检验协定》而言，"不可抗力"指"使合同无法履行的不可抗拒的强制或强迫、无法预料的事物的趋势。"

个工作日内签发检验结果清洁报告书,或提供详细书面说明列明不予签发的理由。用户成员应保证,在后一种情况下,装运前检验实体应给予出口商提交书面意见的机会,如出口商提出请求,应在双方方便的最早日期安排复验。

3. 用户成员应保证,只要出口商提出请求,装运前检验实体承诺在实际检验日期前,根据出口商和进口商之间的合同、形式发票以及适用的关于进口授权的申请,对价格和在适用的情况下对汇率进行初步核实。用户成员应保证,只要货物与进口单证和/或进口许可证相符,即不撤销装运前检验实体在该初步核实基础上已接受的价格或汇率。他们应保证,在进行初步核实后,装运前检验实体应立即以书面形式通知出口商他们接受价格和/或汇率或不予接受的详细原因。

4. 用户成员应保证,为避免支付的迟延,装运前检验实体应尽快将检验结果清洁报告书送交出口商或出口商的指定代表。

5. 用户成员应保证,如检验结果清洁报告出现笔误,则装运前检验实体应尽快更正错误,并将更正的信息送交有关方。

(九)价格核实

用户成员应保证,为防止高报价、低报价和欺诈,装运前检验实体应根据下列准则实施价格核实①:

1. 装运前检验实体只有在他们能够证明其关于价格不符合要求的调查结果是根据符合以下第2项至第5项所列标准的核实程序做出的,方可拒绝出口商和进口商之间议定的合同价格。

2. 装运前检验实体为核实出口价格而进行的价格比较应根据在相同或大致相同时间、根据竞争和可比的销售条件、符合商业惯例的自同一出口国供出口的相同或类似货物的一个或多个价格进行,并扣除任何适用的标准折扣。该比较应根据下列规定:

(1)仅使用可提供有效比较基础的价格,同时考虑与进口国和用以进行价格比较的一个或多个国家有关的经济因素;

(2)装运前检验实体不得依靠供出口到不同进口国的货物的价格而对装运货物任意强加最低价格;

(3)装运前检验实体应考虑以下第3项所列的特定因素;

---

① 在装运前检验实体与海关估价有关的服务方面,用户成员的义务应为他们在《WTO协定》附件1A所列GATT 1994和其他边贸易协定中所接受的义务。

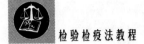

（4）在上述程序的任何阶段，装运前检验实体应向出口商提供对价格进行说明的机会。

3. 在实施价格核实时，装运前检验实体应适当考虑销售合同的条款和与交易有关的普遍适用的调整因素。这些因素应包括但不仅限于：销售的商业水平和销售数量，交货期和交货条件，价格升级条款，质量标准，特殊设计特征，特殊装运或包装规格，订货数量，现货销售，季节影响，许可费或其他知识产权费以及作为合同一部分提供的、但未按通常做法单独开列发票的服务；还应包括与出口商价格有关的某些因素，如出口商与进口商之间的合同关系等。

4. 运输费用的核实应仅与销售合同中列明的出口国中运输方式的议定价格有关。

5. 下列因素不得用于价格核实目的：

（1）进口国生产的货物在该国的销售价格；

（2）来自出口国以外一国供出口货物的价格；

（3）生产成本；

（4）任意的或虚构的价格或价值。

（十）上诉程序

用户成员应保证装运前检验实体制定程序以接受和考虑出口商提出的不满意见并对此作出决定，用户成员还应依照前述规定使出口商可获得有关此类程序的信息。用户成员应保证依据下列准则制订和保留此类程序：

1. 装运前检验实体应指定一名或多名官员，在正常的营业时间内，在设立装运前检验管理办公室的每一城市或每一港口接收、考虑出口商的申诉或不满意见，并对此作出决定；

2. 出口商应以书面形式向指定的一名或多名官员提供所涉具体交易的事实、不满意见的性质以及建议的解决办法；

3. 指定的一名或多名官员对出口商的不满意见应给予积极考虑，并应在收到第 2 项所指的文件后尽快作出决定。

（十一）背离

作为对用户成员的义务规定的背离，用户成员应规定，除分批装运外，如装运货物的价值低于用户成员规定的适用于该批货物的最低价值，则不得对其进行检验，但特殊情况除外。此最低价值应成为根据透明度规定向出口商提供信息的一部分。

三、出口成员的义务

(一)非歧视

出口成员应保证其与装运前检验活动有关的法律和法规以非歧视的方式实施。

(二)透明度

出口成员应以能够使其他政府和贸易商知晓的方式,迅速公布所有与装运前检验活动有关的适用法律和法规。

(三)技术援助

如收到请求,出口商应按双方同意的条件向用户成员提供旨在实现《装运前检验协定》目标的技术援助。[①]

四、独立审查程序

各成员应鼓励装运前检验实体和出口商共同解决双方的争端。但是,在依照规定提交不满意见2个工作日后,双方中每一方均可将争端提交进行独立审查。各成员应采取其所能采取的合理措施以保证为此制定和保留下列程序:

1. 就《装运前检验协定》而言,这些程序应由一代表装运前检验实体的组织和一代表出口商的组织联合组成的独立实体管理。

2. 独立实体应制订下列专家名单:

(1)由一代表装运前检验实体的组织提名的一组成员;

(2)由一代表出口商的组织提名的一组成员;

(3)独立实体提名的一组独立贸易专家。

此名单中专家的地理分布应能使任何根据此程序提出的争端得到迅速处理。该名单应在《WTO协定》生效起2个月内制订并每年进行更新。该名单应可公开获得,并应通知秘书处,并散发所有成员。

---

① 各方理解,该技术援助可在双边、诸边或多边基础上提供。

3. 希望提出争端的一出口商或一装运前检验实体应与独立实体联系,并要求组成专家组。独立实体应负责设立专家组。专家组应由 3 名成员组成。专家组成员的选择应避免不必要的费用和迟延。第一名成员应由有关装运前检验实体自上述名单的(1)组中选出,只要该成员不附属于该实体。第二名成员应由有关出口商自上述名单的(2)组中选出,只要该成员不附属于该出口商。第三名成员应由独立实体自上述名单的(3)组中选出。不得对自上述名单的(3)组中选出的任何独立贸易专家提出异议。

4. 自上述名单的(3)组中选出的独立贸易专家应担任专家组主席。独立贸易专家应作出必要的决定,以保证专家组迅速解决争端,例如决定案件的事实是否要求专家组成员召开会议,如要求召开会议,决定在哪里召开会议,同时考虑实施所涉检验的地点。

5. 如争端各方同意,则也可由独立实体自上述名单的(3)组中选出一独立贸易专家审查所涉争端。该专家应作出必要的决定,以保证迅速解决争端,例如考虑实施所涉检验的地点。

6. 审查的对象应为确定在进行产生争端的检验过程中,争端各方是否遵守《装运前检验协定》的规定。程序应迅速,并为双方提供机会以便亲自或以书面形式提出意见。

7.3 人专家组的决定应以多数票作出,关于争端的决定应在提出独立审查的请求后的 8 个工作日内作出,并告知争端各方。时限可经争端各方同意而予以延长。专家组或独立贸易专家应根据案件的是非曲直分配费用。

8. 专家组的决定对于争端方的装运前检验实体和出口商具有约束力。

五、通知

各成员应在《WTO 协定》对其生效时,向秘书处提交其实施《装运前检验协定》的法律和法规的副本,以及与装运前检验有关的其他法律和法规的副本。对于与装运前检验有关的法律和法规的变更,在未正式公布前不得实施。这些变更在公布后应立即通知秘书处。秘书处应将该信息的可获性通知各成员。

六、审议

在《WTO 协定》生效之日起第 2 年年底及此后每 3 年,部长级会议应审议《装运前检验协定》的条款及实施和运用情况,同时考虑《装运前检验协定》

的目标及其运用过程中取得的经验。作为此类审议的结果,部长级会议可修正《装运前检验协定》的条款。

七、磋商

应请求,各成员应就影响《装运前检验协定》实施的任何事项与其他成员进行磋商。在此种情况下,应适用由"争端解决谅解"详述和适用的 GATT 1994 第 22 条的规定。

八、争端解决

成员间有关《装运前检验协定》运用的任何争端应遵守由"争端解决谅解"详述和适用的 GATT 1994 第 23 条的规定。

九、最后条款

最后条款有以下两条:
1. 各成员应为实施《装运前检验协定》而采取必要的措施。
2. 各成员应保证其法律和法规不违反《装运前检验协定》的条款。

第四节　《原产地规则协定》

一、《原产地规则协定》概述

(一)《原产地规则协定》的制定目的和原则

《原产地规则协定》的制定目的和原则在其序言中得到详尽的阐述,可以归纳为以下几个方面:

1. 注意到部长们于 1986 年 9 月 20 日同意,乌拉圭回合多边贸易谈判旨在"进一步放宽和扩大世界贸易"、"加强 GATT 的作用"以及"增加 GATT 体制对不断演变的国际经济环境的反应能力";

2. 期望促进 GATT 1994 目标的实现；

3. 认识到明确和可预测的原产地规则及其实施可便利国际贸易的流动；

4. 期望保证原产地规则本身不对贸易造成不必要的障碍；

5. 期望保证原产地规则不使各成员在 GATT 1994 项下的权利丧失或减损；

6. 认识到宜使与原产地规则有关的法律、法规和做法具有透明度；

7. 期望保证原产地规则以公正、透明、可预测、一致和中性的方式制定和实施；

8. 认识到可使用磋商机制和程序以迅速、有效和公正地解决《原产地规则协定》项下产生的争端；

9. 期望协调和澄清原产地规则。

(二)原产地规则的定义和范围

就《原产地规则协定》第一部分至第四部分而言,原产地规则应定义为任何成员为确定货物原产地而实施的普遍适用的法律、法规和行政裁决,只要此类原产地规则与导致给予超出 GATT 1994 第 1 条第 1 款适用范围的关税优惠的契约式或自主贸易制度无关。

原产地规则应包括用于非优惠商业政策工具的所有原产地规则,例如在适用下列条款中:GATT 1994 第 1 条、第 2 条、第 3 条、第 11 条和第 13 条下的最惠国待遇;GATT 1994 第 6 条下的反倾销税和反补贴税;GATT 1994 第 19 条下的保障措施;GATT 1994 第 9 条下的原产地标记要求;以及任何歧视性数量限制或关税配额等。还应包括用于政府采购和贸易统计的原产地规则。[①]

二、实施原产地规则的纪律

(一)过渡期内的纪律

在后续"四、原产地规则的协调"所列原产地规则协调工作计划完成之前,各成员应保证:

[①] 各方理解,本规定不损害为定义"国内产业"或"国内产业的同类产品"或其他类似措辞所作的确定。

1. 当其发布普遍适用的行政裁决时,明确规定需满足的要求。特别是:

(1)在适用税则归类改变标准的情况下,此种原产地规则及其任何例外必须明确列明税则目录中该规则所针对的子目录或品目;

(2)在适用从价百分比标准的情况下,原产地规则中也应标明计算百分比的方法;

(3)在适用制造或加工工序标准的情况下,应准确列明授予有关货物原产地的工序。

2. 尽管存在与其原产地规则相联系的商业政策措施或工具,但是其原产地规则不得用作直接或间接实现贸易目标的工具。

3. 原产地规则本身不得对国际贸易产生限制、扭曲或破坏作用。

原产地规则不得提出过于严格的要求或要求满足与制造或加工无关的某一条件,作为确定原产国的先决条件。但是,就适用与以上第 1 项相一致的从价百分比标准而言,可包括与制作或加工无直接关系的费用。

4. 适用于进出口货物的原产地规则不得严于用于确定货物是否属国产货物的原产地规则,且不得在其他成员之间造成歧视,无论有关货物生产者的从属关系如何①。

5. 他们的原产地规则应以一致、统一、公平和合理的方式进行管理。

6. 他们的原产地规则应以肯定标准为依据。作为对肯定标准的部分澄清或在不需使用肯定标准确定原产地的个别情况下,可允许使用说明什么情况不授予原产地的原产地规则(否定标准)。

7. 他们与原产地规则有关的普遍适用的法律、法规、司法判决和行政裁决应予以公布,如同已遵守并符合 GATT 1994 第 10 条第 1 款的规定。

8. 应有正当理由的出口商、进口商或任何人请求,各成员应尽快但不迟于提出评定请求后 150 天②,公布对有关货物原产地的评定意见,只要已提交所有必要要素。此类评定请求应在有关货物交易开始前予以接受,也可以在随后任何时间予以接受。此类评定意见的有效期为 3 年,只要据以作出原产地规则评定的事实和条件,包括原产地规则本身仍然可以进行比较。只要提

---

① 对于用于政府采购目的的原产地规则,本规定不得在各成员在 GATT1994 项下已承担的义务之外增加义务。

② 对于《WTO 协定》生效之日起 1 年内提出的请求,仅要求各成员尽快发布评定意见。

前通知各有关方,如在以下第 10 项所指的审查中作出与评定意见相反的决定,则此类评定意见将不再有效。此类评定应可公开获得,但需遵守以下第 11 项的规定。

9. 如对其原产地规则进行修改或采用新的原产地规则,则此类修改不得按其法律或法规规定追溯实施,也不得损害其法律或法规。

10. 他们所采取的有关原产地确定的任何行政行为均可由独立于发布确定的主管机关的司法、仲裁或行政庭或程序迅速进行审查,该审查可修改或撤销该确定。

11. 对于属机密性质的所有信息或为适用原产地规则而在保密基础上提供的信息,有关主管机关应严格按机密信息处理,未经提供该信息的个人或政府的特别允许不得披露,除非在进行司法程序时要求予以披露。

(二)过渡期后的纪律

考虑到所有成员的目标为,作为第四部分所列协调工作计划的结果,制定协调的原产地规则,在开始实施该协调工作计划的结果时,各成员应保证:

1. 为制定《原产地规则协定》的所有目的而平等实施原产地规则。

2. 根据各自的原产地规则,确定为一特定货物原产地的国家应为货物完全获得的国家,或如果该货物的生产涉及一个以上国家,则为进行最后实质性改变的国家。

3. 适用于进出口货物的原产地规则不得严于用于确定一货物是否属国产货物的原产地规则,且不得在其他成员之间造成歧视,无论有关货物生产者的从属关系如何。

4. 原产地规则应以一致、统一、公平和合理的方式进行管理。

5. 他们与原产地规则有关的普遍适用的法律、法规、司法判决和行政裁决应予以公布,如同已遵守并符合 GATT 1994 第 10 条第 1 款的规定。

6. 应有正当理由的出口商、进口商或任何人的请求,各成员应尽快但不迟于提出评定请求后 150 天,公布对有关货物原产地的评定意见,只要已提交所有必要要素。此类评定请求应在有关货物交易开始前予以接受,也可以在随后任何时间予以接受。评定意见的有效期为 3 年,只要据以作出评定的原产地规则的事实和条件,包括原产地规则本身仍然可以进行比较。只要提前通知各有关方,如在以下第 8 项所指的审查中作出与评定意见相反的决定,则此类评定意见将不再有效。此类评定意见应可公开获得,但需遵守以下第 9 项的规定。

7. 如对其原产地规则进行修改或采用新的原产地规则,则此类修改不得按其法律或法规规定追溯实施,也不得损害其法律或法规。

8. 他们所采取的有关原产地确定的任何行政行为均可由独立于发布确定的主管机关的司法、仲裁或行政庭或程序进行迅速审查,该审查可修改或撤销该确定。

9. 对于属机密性质的所有信息或为适用原产地规则而在保密基础上提供的信息,有关主管机关应严格按机密信息处理,未经提供该信息的个人或政府的特别允许不得披露,除非在进行司法程序时要求予以披露。

三、审议、磋商和争端解决的程序安排

(一)机构

1. 原产地规则委员会

原产地规则委员会(《原产地规则协定》中称委员会),由每一成员的代表组成。委员会应选举自己的主席,并应视需要召开会议,但每年应至少召开一次会议,以便为各成员提供机会,就与《原产地规则协定》第一部分、第二部分、第三部分和第四部分的运用有关的事项或促进这些部分所列目标的实现进行磋商,并履行《原产地规则协定》项下和货物贸易理事会指定的其他职责。在适当时,委员会应请求技术委员会就与《原产地规则协定》有关的事项提供信息和建议。委员会还可要求技术委员会提供其对促进《原产地规则协定》上述目标的实现的其他适当工作。WTO秘书处应担任委员会的秘书处。

2. 原产地规则技术委员会

原产地规则技术委员会(《原产地规则协定》中称"技术委员会")由海关合作理事会(CCC)主持,CCC秘书处应担任委员会的秘书处。

技术委员会代表的组成遵循以下规定:

(1)每一成员有权派代表参加技术委员会。每一成员可指定一名代表和一名或多名副代表作为其在技术委员会的代表。在技术委员会被如此代表的成员下称技术委员会成员。在技术委员会会议上,技术委员会成员的代表可接受顾问的协助,WTO秘书处也可以观察员身份出席此类会议。

(2)不属WTO成员的CCC成员可指定一名代表和一名或多名副代表出席技术委员会会议。此类代表应以观察员身份出席技术委员会的会议。

(3)在经技术委员会主席批准的前提下,CCC秘书长(以下简称秘书长)

可邀请既不属于 WTO 成员也不属于 CCC 成员的政府的代表,以及政府间国际组织和贸易组织的代表以观察员身份出席技术委员会会议。

(4)出席技术委员会会议的代表、副代表和顾问的提名应向秘书长提出。

技术委员会视需要召开会议,但每年不得少于一次。技术委员会应选举自己的主席,并制定其工作程序。

技术委员会的职责包括:

(1)在技术委员会任何成员请求下,审查在各成员对原产地规则的日常管理中出现的具体技术性问题,并根据所提供的事实提出关于适当解决办法的咨询意见。

(2)提供任何成员或委员会可能请求获得的有关确定货物原产地的任何事项的信息和建议。

(3)就《原产地规则协定》运用和法律地位的技术方面的问题定期准备和散发报告。

(4)对执行和运用第二部分和第三部分的技术问题进行年度审议。

(5)技术委员会应履行委员会可能要求的其他职责。

(6)技术委员会应努力尝试在合理的较短时间内完成关于具体事项的工作,特别是各成员或委员会向其提交的事项。

(二)修改和采用新的原产地规则的信息和程序

每一成员应在《WTO 协定》对其生效之日后 90 天内向秘书处提交其在该日期已实施的与原产地规则有关的、普遍适用的司法判决和行政裁决。如一原产地规则因疏忽未予提供,则有关成员应在认识到此事实后立即提交。秘书处应将其收到的和可获得的信息清单向各成员散发。

在过渡期内,对其原产地规则进行修改的成员,除微小修改外,或采用新的原产地规则的成员,就本条而言,应包括未向秘书处提供的任何原产地规则,并应为此在修改的或新的原产地规则生效前至少 60 天进行通知,以使利害关系方知晓修改或采用新的原产地规则的意图,除非一成员出现例外情况或受到出现意外情况的威胁。在这些例外情况下,该成员应尽早公布其修改的或新的原产地规则。

(三)审议

委员会应每年审议《原产地规则协定》第二部分和第三部分的执行和运用情况,同时考虑《原产地规则协定》的目标。委员会应每年将此类审议所涉期间的发展情况通知货物贸易理事会。

委员会应审议第一部分、第二部分和第三部分的规定,并提出必要的修正建议以反映协调工作计划的结果。

委员会应与技术委员会合作,建立一机制,以审议协调工作计划的结果,并对此提出修正建议,同时考虑原产地规则协调的目标和原则。这方面可能包括的情况是,需要使原产地规则更具操作性,或需要进行更新以考虑受任何技术变化所影响的新的工序。

（四）磋商

由"争端解决谅解"详述和适用的 GATT 1994 第 22 条的规定适用于《原产地规则协定》。

（五）争端解决

由"争端解决谅解"详述和适用的 GATT 1994 第 23 条的规定适用于《原产地规则协定》。

四、原产地规则的协调

（一）目标和原则

为协调原产地规则,特别是为进行国际贸易提供更大的确定性,部长级会议应与 CCC 一起依据如下原则实施下列工作计划:

1. 原产地规则应平等适用于《原产地规则协定》所列原产地规则的制定目的;

2. 原产地规则应规定,一特定货物的原产地应为完全获得该货物的国家;或如果该货物的生产涉及一个以上的国家,则为进行最后实质性改变的国家;

3. 原产地规则应是客观的、可理解的和可预测的。

4. 尽管存在可能与原产地规则相联系的措施或工具,但是原产地规则不得用作直接或间接实现贸易目标的工具。原产地规则本身不得对国际贸易产生限制、扭曲或破坏作用。原产地规则不得提出过分严格的要求或要求满足与制造或加工无关的条件,作为确定原产国的先决条件。但是,就适用从价百分比标准而言,可包括与制作或加工无直接关系的成本。

5. 原产地规则应以一致、统一、公平和合理的方式进行管理。

6. 原产地规则应具有一致性。

7. 原产地规则应依据肯定标准。否定标准可用以澄清肯定标准。

（二）工作计划

工作计划应在《WTO 协定》生效后尽早开始，并在开始后 3 年内完成。委员会和技术委员会应为进行此工作的适当机构。

为使 CCC 提供详细的投入，委员会应要求技术委员会依据原产地规则协调的原则提供下述工作所产生的解释和意见。为保证协调工作计划及时完成，该项工作应在协调制度（HS）税则目录的不同的章或类所代表的产品部门基础上进行。

1. 完全获得和最小操作或工序

技术委员会应制定关于下列内容的协调定义：

（1）被视为在一国完全获得的货物。此工作应尽可能详细。

（2）本身不能授予一货物原产地的最小操作或工序。此工作的结果应在收到委员会请求后 3 个月内提交委员会。

2. 实质性改变——税则归类改变

（1）技术委员会应依据实质性改变标准，在确定特定产品或产品部门的原产地规则时，考虑并详述如何使用关税子目录或品目变化，在适当时，税则目录中符合此标准的最小变化。

（2）技术委员会应将以上工作按产品划分，同时考虑协调制度税则目录的章或类，以便至少每季度向委员会提交其工作结果。技术委员会应在收到委员会请求后的 1 年零 3 个月内完成上述工作。

3. 实质性改变——补充标准

在根据"实质性改变——税则归类改变"规定完成每一产品部门或各产品类别的工作时，如仅使用协调制度税则目录无法表示实质性改变，则技术委员会：

（1）应依据实质性改变标准，在制定特定产品或一产品部门的原产地规则时，考虑并详述如何以补充或专有的方式使用其他要求，包括从价百分比①和/或制造或加工工序②；

---

① 如规定从价标准，则原产地规则中也应表明此百分比的计算方法。

② 如规定制造或加工工序标准，则应准确列明授予有关产品原产地的工序。

（2）可对其建议提供说明；

（3）应将以上工作按产品划分，同时考虑协调制度税则目录的章或类，以便至少每季度向委员会提交其工作结果。技术委员会应在收到委员会请求后的 2 年零 3 个月内完成上述工作。

（三）委员会的作用

依据原产地规则协调的原则，委员会应依照规定的时间框架，定期审议技术委员会的解释和意见，以期采纳此类解释和意见。委员会可要求技术委员会改进或细化其工作和（或）开发新的方法。为协助技术委员会，委员会应提供要求进行额外工作的理由，并酌情提出备选方法。待所有工作完成后，委员会应考虑结果的总体一致性。

（四）协调工作计划的结果和后续工作

部长级会议应将协调工作计划的结果列入一附件作为《原产地规则协定》的组成部分①，并制定该附件生效的时限。

五、《关于优惠原产地规则的共同宣言》

《关于优惠原产地规则的共同宣言》是《原产地规则协定》的附件 2，其制定的原因是认识到一些成员实施不同于非优惠原产地规则的优惠原产地规则。

（一）优惠原产地规则的定义

就该共同宣言而言，优惠原产地规则应定义为任何成员为确定货物是否有资格根据导致给予超出适用 GATT 1994 第 1 条第 1 款的关税优惠的契约性或自主贸易制度而实施的普遍适用的法律、法规和行政裁决。

（二）各成员确定优惠原产地规则的要求

各成员同意保证：

1. 在发布普遍适用的行政裁决时，明确规定应满足的要求，特别是：

（1）在适用税则归类改变标准的情况下，此种优惠原产地规则及其任何例

---

① 同时应考虑与海关归类有关的关于争端解决的安排。

外必须明确列明税则目录中该规则所针对的子目录或品目；

（2）在适用从价百分比标准的情况下，优惠原产地规则中也应标明计算百分比的方法；

（3）在适用制造或加工工序标准的情况下，应准确列明授予有关优惠原产地的工序。

2. 他们的原产地规则应以肯定标准为依据。作为对肯定标准的部分澄清或在不需使用肯定标准确定原产地的个别情况下，可允许使用说明什么情况不授予原产地的原产地规则（否定标准）。

3. 他们与优惠原产地规则有关的普遍适用的法律、法规、司法判决和行政裁决应予以公布，如同已遵守并符合 GATT 1994 第 10 条第 1 款的规定。

4. 应有正当理由的出口商、进口商或任何人的请求，各成员应尽快但不迟于提出评定请求后 150 天①，公布对有关优惠原产地的评定意见，只要已提交所有必要要素。此类评定请求应在有关货物交易开始前予以接受，也可以在随后任何时间予以接受。此类评定意见的有效期为 3 年，只要据以作出优惠原产地规则评定的事实和条件，包括原产地规则本身仍然可以进行比较。只要提前通知各有关方，如在第 6 项所指的审查中作出与评定意见相反的决定，则此类评定意见将不再有效。此类评定应可公开获得，但需遵守第 7 项的规定。

5. 如对其优惠原产地规则进行修改或采用新的优惠原产地规则，则此类修改不得按其法律或法规规定追溯实施，也不得损害其法律或法规。

6. 他们所采取的有关优惠原产地确定的任何行政行为均可由独立于发布确定的主管机关的司法、仲裁或行政庭或程序进行迅速审查，该审查可修改或撤销该确定。

7. 对于属机密性质的所有信息或为适用优惠原产地规则而在保密基础上提供的信息，有关主管机关应严格按机密信息处理，未经提供该信息的个人或政府的特别允许不得披露，除非在进行司法程序时要求予以披露。

（三）各成员优惠原产地规则的通报要求

各成员同意，向秘书处迅速提交在《WTO 协定》对其生效之日已实施的与优惠原产地规则有关的、普遍适用的司法判决和行政裁决。此外，各成员同

---

① 对于《WTO 协定》生效之日起 1 年内提出的请求，各成员仅需要尽快发布评定意见。

意,向秘书处尽早提供对优惠原产地规则所作的任何修改或新的优惠原产地规则,秘书处应将其收到的和可获得的信息清单向各成员散发。

第五节　《国际卫生条例》

一、定义、目的和范围、原则及负责当局

(一)定义

《国际卫生条例》定义了以下 62 个专业术语:"受染"、"受染地区"、"航空器"、"机场"、交通工具的"到达"、"行李"、"货物"、"主管当局"、"集装箱"、"集装箱装卸区"、"污染"、"交通工具"、"交通工具运营者"、"乘务人员"、"除污"、"离境"、"灭鼠"、"总干事"、"疾病"、"消毒"、"除虫"、"事件"、"无疫通行"、"物品"、"陆路口岸"、"陆地运输车辆"、"卫生措施"、"病人"、"感染"、"检查"、"国际交通"、"国际航行"、"侵扰性"、"创伤性"、"隔离"、"医学检查"、"《国际卫生条例》国家归口单位"、"本组织"或"世卫组织"、"永久居留"、"个人资料"、"入境口岸"、"港口"、"邮包"、"国际关注的突发公共卫生事件"、"公共卫生观察"、"公共卫生风险"、"检疫"、"建议"和"建议的"、"宿主"、"公路车辆"、"科学依据"、"科学原则"、"船舶"、"长期建议"、"监测"、"嫌疑"、"临时建议"、"临时居留"、"旅行者"、"媒介"、"核实"、"世界卫生组织《国际卫生条例》联络点"。

(二)目的和范围

《国际卫生条例》的目的和范围是以针对公共卫生风险,同时又避免对国际交通和贸易造成不必要干扰的适当方式,预防、抵御和控制疾病的国际传播,并提供公共卫生应对措施。

(三)原则

《国际卫生条例》的执行原则包括:(1)充分尊重人的尊严、人权和基本自由原则;(2)以《联合国宪章》和《世界卫生组织组织法》为指导的原则;(3)保护世界人民不受疾病国际传播之害的原则;(4)国家主权遵循国际条例的原则。

（四）负责当局

各缔约国应该指定或建立一个《国际卫生条例》国家归口单位以及在各自管辖范围内负责实施《国际卫生条例》规定卫生措施的当局。《国际卫生条例》国家归口单位应随时能够同世界卫生组织《国际卫生条例》联络点保持联系。世界卫生组织应该指定《国际卫生条例》联络点，后者应与《国际卫生条例》国家归口单位随时保持联系。世界卫生组织应该让所有缔约国了解世界卫生组织收到的《国际卫生条例》国家归口单位的联系细节。

二、信息和公共卫生应对

（一）监测

各缔约国应该在不迟于《国际卫生条例》在该缔约国生效后 5 年内，尽快发展、加强和保持其发现、评估、通报和报告事件的能力。在评估之后，缔约国可根据正当需要和实施计划向世界卫生组织报告，从而获得 2 年的延长期以履行前述义务。在特殊情况下并在一项新的实施计划的支持下，缔约国可向总干事进一步要求不超过 2 年的延长期，总干事应该考虑审查委员会的技术意见作出决定。获得延期的缔约国应每年向世界卫生组织报告全面实施条例的进展。应缔约国的要求，世界卫生组织应该帮助缔约国发展、加强和保持其发现、评估、通报和报告事件的能力。世界卫生组织应该通过其监测活动收集有关事件的信息，并评估事件引起疾病国际传播和干扰国际交通的可能性。

（二）通报

各缔约国应该评估本国领土内发生的事件。各缔约国应在评估公共卫生信息后 24 小时内，以现有最有效的通讯方式，通过《国际卫生条例》国家归口单位向世界卫生组织通报在本国领土内发生、并根据决策文件有可能构成国际关注的突发公共卫生事件的所有事件，以及为应对这些事件所采取的任何卫生措施。如果世界卫生组织接到的通报涉及国际原子能机构的权限，世界卫生组织应立刻通报国际原子能机构。

通报后，缔约国应该继续及时向世界卫生组织报告他得到的关于所通报事件的确切和充分详细的公共卫生信息，在可能时包括病例定义、实验室检测结果、风险的来源和类型、病例数和死亡数、影响疾病传播的情况及所采取的卫生措施；必要时，应该报告在应对可能发生的国际关注的突发公共卫生事件时面临的困难和需要的支持。

（三）在意外或不寻常公共卫生事件期间的信息共享

缔约国如果有证据表明在其领土内存在可能构成国际关注的突发公共卫生事件的意外或不寻常的公共卫生事件，不论其起源或来源如何，应向世界卫生组织提供所有相关的公共卫生信息。在此情况下，《国际卫生条例》第 6 条的规定应充分适用。

（四）磋商

若发生在本国领土的事件无须通报，特别是现有的信息不足以填写决策文件，缔约国仍可通过《国际卫生条例》国家归口单位让世界卫生组织对此事件知情，并同世界卫生组织就适宜的卫生措施进行磋商。在本国领土发生事件的缔约国可要求世界卫生组织协助评估该缔约国获取的任何流行病学证据。

（五）其他报告

世界卫生组织可考虑来自除通报或磋商外其他来源的报告，应根据既定的流行病学原则评估这些报告，然后将事件信息通报据称在其领土内发生事件的缔约国。在根据这类报告采取任何行动前，世界卫生组织应该根据规定的程序与据称在其领土内发生事件的缔约国进行协商并设法获得核实。为此目的，世界卫生组织应将获得的信息通报各缔约国，并且只有在充分合理的情况下世界卫生组织才可对信息来源进行保密。这类信息将根据规定的程序加以使用。

在可行的情况下，缔约国应该在获得在本国领土外确认发生有可能引起疾病国际传播的公共卫生风险证据后的 24 小时内报告世界卫生组织，其依据为出现以下之一的输出或输入性：(1)人间病例；(2)携带感染或污染的媒介；(3)被污染的物品。

（六）核实

世界卫生组织应该要求缔约国对来自除通报和磋商以外的其他来源的、声称该国正发生可能构成国际关注的突发公共卫生事件的报告进行核实。在此情况下，世界卫生组织应就正设法核实的报告通知有关缔约国。

当世界卫生组织提出要求时，每个缔约国应该核实并做到以下三点：

1. 在 24 小时内对世界卫生组织的要求作出初步答复或确认;

2. 在 24 小时内提供关于世界卫生组织要求中所提及事件状况的现有公共卫生信息;

3. 在评估的前提下向世界卫生组织报告信息,其中包括该条陈述的相关信息。

(七)世界卫生组织提供信息

世界卫生组织应该通过目前最有效的途径尽快秘密地向所有缔约国并酌情向相关政府间组织发送所收到并且是使该缔约国能够应付公共卫生风险所必需的公共卫生信息。世界卫生组织应向其他缔约国通报可帮助他们防范发生类似事件的信息。世界卫生组织应该利用所收到的信息,进行核实、评估和援助,但原则上不得将此类信息广泛提供给其他缔约国。

(八)国际关注的突发公共卫生事件的确定

根据收到的信息,特别是从本国领土上正发生事件的缔约国收到的信息,总干事应该根据特定的标准和程序确定该事件是否构成国际关注的突发公共卫生事件。

如果总干事进行评估后,认为国际关注的突发公共卫生事件正在发生,则应该与本国领土上发生事件的缔约国就初步决定进行磋商。如果总干事和缔约国对决定意见一致,总干事应该就适宜的临时建议征求突发事件委员会的意见。

在磋商后,如果总干事和本国领土上发生事件的缔约国未能在 48 小时内就事件是否构成国际关注的突发公共卫生事件取得一致意见,总干事应召开突发事件委员会会议,作出最终决定。

(九)公共卫生应对

各缔约国应该尽速、但不迟于《国际卫生条例》对该缔约国生效之日起 5年,发展、加强和保持快速和有效应对公共卫生风险和国际关注的突发公共卫生事件的能力。世界卫生组织应该与会员国协商,发布指南以支持缔约国发展公共卫生应对能力。

在世界卫生组织的要求下,缔约国应该尽最大可能对世界卫生组织协调的应对活动提供支持。当有要求时,世界卫生组织应该应要求向受到国际关注的突发公共卫生事件影响或威胁的其他缔约国提供适宜的指导和援助。

（十）世界卫生组织与政府间组织和国际机构的合作

世界卫生组织在实施《国际卫生条例》时应该酌情与其他有关政府间组织或国际机构合作并协调其活动，其中包括通过缔结协定和其他类似的安排。如果通报、核实或应对某个事件主要属于其他政府间组织或国际机构的职责范围，则世界卫生组织应该与该组织或机构协调活动，以确保为保护公众健康采取适当的措施；并且世界卫生组织可以出于公共卫生目的而提供建议、支持或给予技术或其他援助。

三、建议

（一）临时建议

如果国际关注的突发公共卫生事件正在发生，总干事应该发布临时建议。此类临时建议可酌情修改或延续，包括在确定国际关注的突发公共卫生事件已经结束后，根据需要发布旨在预防或迅速发现其再次发生的其他临时建议。

临时建议可包括遭遇国际关注的突发公共卫生事件的缔约国或其他缔约国对人员、行李、货物、集装箱、交通工具、物品和（或）邮包应该采取的卫生措施，其目的在于防止或减少疾病的国际传播和避免对国际交通的不必要干扰。

临时建议可根据特定程序随时撤销，并应在公布3个月后自动失效。临时建议可修改或延续3个月。临时建议至多可持续到确定与其有关的国际关注的突发公共卫生事件之后的第二届世界卫生大会。

（二）长期建议

世界卫生组织可提出关于常规或定期采取适宜卫生措施的长期建议。缔约国可针对正发生的特定公共卫生危害对人员、行李、货物、集装箱、交通工具、物品和（或）邮包采取以上措施，以防止或减少疾病的国际传播和避免对国际交通的不必要干扰。世界卫生组织可酌情修改或撤销长期建议。

（三）建议的标准

总干事在发布、修改或撤销临时或长期建议时一般应该考虑以下标准：
1. 有直接关系的缔约国的意见；

2.(视情况而定)突发事件委员会或审查委员会的建议；

3.科学原则以及现有的科学证据和信息；

4.根据适合情况的风险评估所采取的卫生措施,对国际交通和贸易的限制和对人员的侵扰不超过可适度保护健康的其他合理措施；

5.相关的国际标准和文书；

6.其他相关政府间组织和国际机构开展的活动；

7.其他与事件有关的适宜和具体信息。

(四)针对人员、行李、货物、集装箱、交通工具、物品和邮包的建议

1.世界卫生组织针对人员向缔约国发布的建议可包括以下意见：

(1)不必采取特定的卫生措施；

(2)审查在受染地区的旅行史；

(3)审查医学检查证明和任何实验室分析结果；

(4)需要作医学检查；

(5)审查疫苗接种或其他预防措施的证明；

(6)需要接种疫苗或采取其他预防措施；

(7)对嫌疑者进行公共卫生观察；

(8)对嫌疑者实行检疫或其他卫生措施；

(9)对受染者实行隔离并进行必要的治疗；

(10)追踪与嫌疑者或受染者接触的人员；

(11)不准嫌疑者或受染者入境；

(12)拒绝未感染的人员进入受染地区；

(13)对来自受染地区的人员进行出境检查和(或)限制出境。

2.世界卫生组织针对行李、货物、集装箱、交通工具、物品和邮包向缔约国发布的建议可包括以下意见：

(1)不必采取特定的卫生措施；

(2)审查载货清单和航行路线；

(3)实行检查；

(4)审查离境或过境时采取消除感染或污染措施的证明；

(5)处理行李、货物、集装箱、交通工具、物品、邮包或尸体(骸骨)以消除感染或污染,包括病媒和宿主；

(6)采取具体卫生措施以确保安全处理和运输尸体(骸骨)；

(7)实行隔离或检疫；

（8）如果现有的一切处理或操作方法均不成功,则在监控的情况下查封和销毁受感染、污染或者嫌疑的行李、货物、集装箱、交通工具、物品或邮包;

（9）不准离境或入境。

四、入境口岸

（一）基本职责

各缔约国应该尽到以下基本职责:

1. 确保指定入境口岸的能力在规定的期限内得到加强;

2. 确定负责本国领土上各指定入境口岸的主管当局;

3. 当为应对特定的潜在公共卫生风险提出要求时,尽量切实可行地向世界卫生组织提供有关入境口岸有可能导致疾病的国际传播的感染源或污染源,包括媒介和宿主的相关资料。

（二）机场和港口

缔约国应该指定理应发展《国际卫生条例》附件 1 规定的卫生检疫能力的机场和港口。缔约国应该确保根据要求和示范格式签发船舶免予卫生控制措施证书和船舶卫生控制措施证书。各缔约国应该向世界卫生组织寄送被授予签发船舶卫生控制措施证书、船舶免予卫生控制措施证书、延长船舶免于卫生控制措施证书 1 个月等权限的港口名单并及时通知任何改变情况。世界卫生组织应该公布收到的信息。

应有关缔约国的要求,世界卫生组织可以经适当调查后,组织对机场或港口进行认证。世界卫生组织可与缔约国协商定期对这些认证进行审核。世界卫生组织应与相关政府间组织和国际机构合作,制订和公布对机场和港口进行认证的指南。世界卫生组织还应该发布经认证的机场和港口的名录。

（三）陆路口岸

出于合理的公共卫生原因,缔约国可指定应发展卫生检疫能力的陆路口岸,并考虑:(1)与其他入境口岸相比,缔约国可能指定的陆路口岸各类型国际交通的流量和频率,(2)国际交通始发地或到达特定陆路口岸之前所通过地区存在的公共卫生风险。

拥有共同边界的缔约国应就预防或控制疾病在陆路口岸的国际传播达成双边或多边协定或安排,并联合指定需具备规定能力的毗邻陆路口岸。

(四)主管当局的职责

主管当局应该:

1. 负责监测离开或来自受染地区的行李、货物、集装箱、交通工具、物品、邮包和尸体(骸骨),以便其始终保持无感染源或污染源的状态,包括无媒介和宿主;

2. 尽量切实可行地确保旅行者在入境口岸使用的设施清洁卫生,保持无感染源或污染源,包括无媒介和宿主;

3. 根据《国际卫生条例》要求负责监督对行李、货物、集装箱、交通工具、物品、邮包和尸体(骸骨)采取的任何灭鼠、消毒、除虫或除污措施或对人员采取的任何卫生措施;

4. 尽可能事先告知交通工具运营者对交通工具采取控制措施的意向,并应在有条件的情况下提供有关使用方法的书面信息;

5. 负责监督清除和安全处理交通工具中任何受污染的水或食品、人或动物排泄物、废水和任何其他污染物;

6. 采取与《国际卫生条例》相符的一切可行措施,监测和控制船舶排放的可污染港口、河流、运河、海峡、湖泊或其他国际水道的污水、垃圾、压舱水和其他有可能引起疾病的物质;

7. 负责监督在入境口岸向旅行者、行李、货物、集装箱、交通工具、物品、邮包和尸体(骸骨)提供服务的从业人员,必要时包括实施检查和医学检查;

8. 具备有效的应急机制以应对意外的公共卫生事件;

9. 就根据《国际卫生条例》采取的相关公共卫生措施同《国际卫生条例》国家归口单位沟通。

如有确实迹象和(或)证据表明从受染地区出发时采取的措施并不成功,则可对来自该受染地区的旅行者、行李、货物、集装箱、交通工具、物品、邮包和尸体(骸骨)在到达时重新采取世界卫生组织建议的卫生措施。

在进行除虫、灭鼠、消毒、除污和其他卫生处理程序中,应避免伤害个人并尽可能避免造成不适,或避免损害环境以致影响公共卫生,或损坏行李、货物、集装箱、交通工具、物品和邮包。

五、公共卫生措施

(一)到达和离开时的卫生措施

遵循适用的国际协议和《国际卫生条例》各有关条款,缔约国出于公共卫生目的可要求在到达或离境时:(1)对旅行者,了解有关该旅行者旅行目的地的情况,以便与其取得联系;了解有关该旅行者旅行路线以确认到达前是否在受染地区或其附近进行过旅行或可能接触传染病或污染物,以及根据《国际卫生条例》要求检查旅行者的健康文件;进行能够实现公共卫生目标的侵扰性最小的非创伤性医学检查。(2)对行李、货物、集装箱、交通工具、物品、邮包和尸体(骸骨)进行检查。

如有证据表明存在公共卫生风险,缔约国对嫌疑或受染旅行者可在逐案处理的基础上,采取能够实现防范疾病国际传播的公共卫生目标的侵扰性和创伤性最小的医学检查等额外卫生措施。根据缔约国的法律和国际义务,未经旅行者本人或其父母或监护人的事先知情同意,一般情况下不得进行医学检查、疫苗接种、预防或卫生措施;接种疫苗或接受预防措施的旅行者本人或其父母或监护人应该被告知接种或不接种疫苗以及采用或不采用预防措施可能引起的任何风险。对旅行者实行或施行涉及疾病传播危险的任何医学检查、医学操作、疫苗接种或其他预防措施时,必须根据既定的国家或国际安全准则和标准,以尽量减少这种危险。

(二)对交通工具和交通工具运营者的特别条款

1. 交通工具运营者

缔约国应该采取符合《国际卫生条例》的一切可行措施,确保交通工具运营者:

(1)遵守世界卫生组织建议并经缔约国采纳的卫生措施。

(2)告知旅行者世界卫生组织建议并经缔约国采纳在交通工具上实施的卫生措施。

(3)经常保持所负责的交通工具无感染源或污染源,包括无媒介和宿主;如果发现有感染源或污染源的证据,需要采取相应的控制措施。

2. 过境船舶和航空器

一般来说,缔约国对以下情况不得采取卫生措施:

（1）不是来自受染地区、在前往另一国家领土港口的途中经过该缔约国领土上的运河或航道的船舶。在主管当局监督下应该允许任何此类船舶添加燃料、水、食物和供应品。

（2）通过该缔约国管辖的水域、但不在港口或沿岸停靠的任何船舶。

（3）在该缔约国管辖的机场过境的航空器，但可限制航空器停靠在机场的特定区域，不得上下人员和装卸货物。然而，在主管当局监督下应该允许任何此类航空器添加燃料、水、食物和供应品。

3. 过境的民用货车、火车和客车

一般来说，不得对来自非疫区并在无人员上下和装卸货物的情况下通过领土的民用货车、火车或客车采取卫生措施。

4. 受染交通工具

如果在交通工具上发现有临床体征或症状和基于公共卫生风险事实或证据的信息，包括感染源和污染源，主管当局应该认为该交通工具受染，并可对交通工具进行适宜的消毒、除污、除虫或灭鼠，或使上述措施在其监督下进行；在每个病例中决定所采取的技术，以保证根据《国际卫生条例》的规定充分控制公共卫生风险。

5. 入境口岸的船舶和航空器

一般情况下，不应当因公共卫生原因而阻止船舶或航空器在任何入境口岸停靠。但是，如果入境口岸不具备执行《国际卫生条例》规定的卫生措施的能力，可命令船舶或航空器在自担风险的情况下驶往可到达的最近适宜入境口岸，除非该船舶或航空器存在可能使更改航程不安全的操作问题。

一般情况下，缔约国不应该出于公共卫生理由拒绝授予船舶或航空器"无疫通行"，特别是不应该阻止它上下乘客、装卸货物或储备用品，或添加燃料、水、食品和供应品。缔约国可在授予"无疫通行"前进行检查，若舱内发现感染源或污染源，则可要求进行必要的消毒、除污、除虫或灭鼠，或者采取其他必要措施防止感染或污染传播。

在到达目的地港口或机场前，一旦发现交通工具上有可疑传染病病人或公共卫生风险的证据，船长或机长或其代理应当尽早通知港口或机场管制部门。该信息必须立即告知港口或机场的主管当局。在紧急情况下，船长或机长应直接向有关港口或机场主管当局通报。

6. 入境口岸的民用货车、火车和客车

世界卫生组织应与缔约国协商，制定对入境口岸和通过陆路口岸的民用货车、火车和客车所采取卫生措施的指导原则。

（三）对旅行者的特别条款

1. 接受公共卫生观察的旅行者

一般来说,如在抵达时接受公共卫生观察的可疑旅行者不构成直接的公共卫生风险,而缔约国将其预期到达的时间通知已知入境口岸的主管当局,则可允许该旅行者继续国际旅行。该旅行者在抵达后应向该主管当局报告。

2. 与旅行者入境有关的卫生措施

一般来说,不得将创伤性医学检查、疫苗接种或其他预防措施作为旅行者进入某个缔约国领土的条件。但不排除缔约国在一些特殊情况中要求实行医学检查、疫苗接种或其他预防措施或者提供疫苗接种或其他预防措施的证明。

3. 旅行者的待遇

在实行《国际卫生条例》规定的卫生措施时,缔约国应该以尊重其尊严、人权和基本自由的态度对待旅行者,并尽量减少此类措施引起的任何不适或痛苦,包括:

(1)以礼待人,尊重所有旅行者;

(2)考虑旅行者的性别、社会文化、种族或宗教等方面的关注;

(3)向接受检疫、隔离、医学检查或其他公共卫生措施的旅行者提供或安排足够的食品和饮水、适宜的住处和衣服,保护其行李和其他财物,给予适宜的医疗,如可能,以其理解的语言提供必要交流方式和其他适当的帮助。

（四）对货物、集装箱和集装箱装卸区的特别条款

1. 转口货物

一般来说,除活的动物外,无须转运的转口货物不应该接受《国际卫生条例》规定的卫生措施或出于公共卫生目的而被扣留。

2. 集装箱和集装箱装卸区

缔约国应该在可行的情况下确保集装箱托运人在国际航行中使用的集装箱保持无感染源或污染源,包括无媒介和宿主,特别是在拼箱过程中。多用途使用集装箱时,集装箱托运人和受托人应当尽力避免交叉污染。

缔约国应该在可行的情况下确保集装箱装卸区保持无感染源或污染源,包括无媒介和宿主。在可行的情况下,集装箱装卸区应配备检查和隔离集装

箱的设施。

一旦缔约国认为国际集装箱装卸量非常繁重时,主管当局应该采取符合《国际卫生条例》的一切可行措施,包括进行检查,评估集装箱装卸区和集装箱的卫生状况,以确保《国际卫生条例》规定的义务得到履行。

六、卫生文件

卫生文件的一般规定是:除《国际卫生条例》或世界卫生组织发布的建议所规定的卫生文件外,在国际航行中不应要求其他卫生文件。但该一般规定不适用于申请临时或长期居留的旅行者,也不适用于根据适用的国际协议有关国际贸易中物品或货物公共卫生状况的文件要求。主管当局可要求旅行者填写通讯地址表和关于旅行者健康情况的调查表。

《国际卫生条例》对"疫苗接种或其他预防措施证书"、"航海健康申报单"、"航空器总申报单"的卫生部分、"船舶卫生证书"等4种卫生文件作出了规定。

七、收费

(一)对关于旅行者的卫生措施收费

除申请临时或长期居留的旅行者外,缔约国根据《国际卫生条例》对以下公共卫生保护措施不得收取费用,但可以向交通工具运营者或所有者收取用于其雇员的费用,或向有关保险来源收取费用:

1. 根据《国际卫生条例》进行的医学检查,或缔约国为确定被检查旅行者健康状况而可能要求进行的任何补充检查;

2. 为到达旅行者进行的任何疫苗接种或其他预防措施,如其属于未公布的要求或者在进行疫苗接种或其他预防措施之前10天内公布的要求;

3. 要求对旅行者进行合适的隔离或检疫;

4. 为说明采取的措施和采取措施日期而为旅行者颁发的证书;

5. 对旅行者随身行李采取的卫生措施。

缔约国可对除以上卫生措施之外的其他卫生措施,包括主要有益于旅行者的措施,收取费用。对旅行者采取的此类卫生措施收费时,每个缔约国对此类收费只应有一种价目表,而且每次收费应与价目表相符,不超过提供服务的实际成本,不分旅行者的国籍、住所或居留地。价格表及其任何修订应当至少在征收前 10 天公布。各缔约国在任何情况下都不得因有待交付费用而阻碍旅行者或交通工具运营者离开缔约国领土。

（二）对行李、货物、集装箱、交通工具、物品或邮包的收费

对根据《国际卫生条例》规定对行李、货物、集装箱、交通工具、物品或邮包采取的卫生措施收费时，每个缔约国对此类收费只应有一种价目表，而且每次收费应与价目表相符，不超过提供服务的实际成本，不区分行李、货物、集装箱、交通工具、物品或邮包的国籍、旗帜、注册或所有权，特别不应对行李、货物、集装箱、交通工具、物品或邮包有本国和外国之分。价格表及其任何修订应当至少在征收前 10 天公布。

八、一般条款

（一）卫生措施的执行

根据《国际卫生条例》采取的卫生措施应当无延误地开始和完成，以透明和无歧视的方式实施。

（二）额外的卫生措施

《国际卫生条例》不应妨碍缔约国为应对特定公共卫生风险或国际关注的突发公共卫生事件，根据本国有关法律和国际法义务采取卫生措施。这些措施对国际交通造成的限制以及对人员的创伤性或侵扰性不应超过能适度保护健康的其他合理的可行措施。

在决定是否执行额外卫生措施时，缔约国的决定应基于以下依据：

1. 科学原则；

2. 现有的关于人类健康危险的科学证据，或者此类证据不足时，现有信息，包括来自世界卫生组织和其他相关政府间组织和国际机构的信息；

3. 世界卫生组织的任何现有特定指导或建议。

缔约国应该在采取对国际交通造成明显干扰[①]的额外卫生措施后 48 小时内，向世界卫生组织报告此类措施及其卫生依据，临时或长期建议中涵盖的

---

　　① 明显干扰一般是指拒绝国际旅行者、行李、货物、集装箱、交通工具、物品等入境或出境或延误入境或出境 24 小时以上。

措施除外。

（三）合作和援助

缔约国应尽可能在以下方面相互合作：

1. 根据《国际卫生条例》规定，发现和评估事件并采取应对措施；

2. 提供或促进技术合作和后勤支持，特别在发展、加强和保持《国际卫生条例》所要求的公共卫生能力方面；

3. 筹集财政资源以促进履行其根据《国际卫生条例》承担的义务；

4. 为履行《国际卫生条例》制订法律草案和其他法律和行政规定。

世界卫生组织应该应要求尽可能在以下方面与缔约国合作：

1. 评价和评估其公共卫生能力，以促进《国际卫生条例》的有效实施；

2. 向缔约国提供技术合作和后勤支持或给予方便；

3. 筹集财政资源以支持发展中国家建设、加强和保持公共卫生能力。

（四）个人资料的处理

缔约国对根据《国际卫生条例》从另一缔约国或从世界卫生组织收集或收到的、涉及身份明确或可查明身份的个人的健康信息，应根据国家法律要求保密并匿名处理。

如对评估和管理公共卫生风险至关重要，缔约国可透露和处理个人资料，但缔约国和世界卫生组织必须确保个人资料：

1. 得到公平、合法处理，并且不以与该目的不一致的方式予以进一步处理；

2. 与该目的相比充分、相关且不过量；

3. 准确且在必要时保持最新，必须采取一切合理措施确保删除或纠正不准确或不完整的资料；

4. 保留期限不超过必需的时间。

（五）诊断用生物物质、试剂和材料的运输和处理

缔约国应该根据国家法律并考虑到有关国际准则，便利根据《国际卫生条例》用于核实和公共卫生应对目的的生物物质、诊断样本、试剂和其他诊断材料的运输、入境、出境、处理和销毁。

九、《国际卫生条例》专家名册、突发事件委员会和审查委员会

（一）《国际卫生条例》专家名册

总干事应该确立由所有相关专业领域的专家组成的名册（以下简称《国际卫生条例》专家名册）。除非《国际卫生条例》另有规定，总干事应该根据《世界卫生组织专家咨询团和专家委员会条例》（以下简称《世界卫生组织咨询团条例》）任命《国际卫生条例》专家名册成员。此外，总干事应根据每个缔约国的要求任命一名成员，并酌情任命有关政府间组织和区域经济一体化组织建议的专家。有意的缔约国应将拟推荐为咨询团成员的每位专家的资历和专业领域报告总干事。总干事应将《国际卫生条例》专家名册的组成定期通知缔约国以及有关政府间组织和区域经济一体化组织。

（二）突发事件委员会

总干事应成立突发事件委员会，该委员会应总干事要求就以下方面提出意见：

1. 某个事件是否构成国际关注的突发公共卫生事件；
2. 国际关注的突发公共卫生事件的结束；
3. 建议发布、修改、延续或撤销临时建议。

突发事件委员会应由总干事从《国际卫生条例》专家名册和酌情从本组织其他专家咨询团选出的专家组成。总干事应从保证审议某个具体事件及其后果连续性的角度出发确定委员的任期。总干事应根据任何特定会议所需要的专业知识和经验并适当考虑地域公平代表性原则选定突发事件委员会的成员。突发事件委员会至少有一名成员应当是在其领土内发生事件的缔约国提名的专家。

总干事根据本人的动议或应突发事件委员会的要求可任命一名或多名技术专家担任该委员会的顾问。

（三）审查委员会

总干事应该成立审查委员会，其职责如下：

1. 就《国际卫生条例》的修订，向总干事提出技术性建议；
2. 向总干事提出有关长期建议及对其修改或撤销的技术性意见；

3. 向总干事就其所交付的与《国际卫生条例》的实施有关的任何事宜提供技术性意见。

审查委员会应被视为专家委员会。总干事应从《国际卫生条例》专家名册成员和适当时从本组织其他专家咨询团成员中挑选和任命审查委员会成员。

十、最终条款

最终条款规定了以下内容:(1)报告和审查;(2)修正;(3)争端的解决;(4)与其他国际协议的关系;(5)国际卫生协议和条例;(6)生效、拒绝或保留的期限;(7)世界卫生组织的新会员国;(8)拒绝;(9)保留;(10)拒绝和保留的撤回;(11)非世界卫生组织会员国的国家;(12)总干事的通报;(13)作准文本。

思考题

1. 技术法规与标准的关系是什么?

2. 技术性贸易壁垒与卫生与植物卫生措施有何关系?

3. 如何理解 WTO 中各协定的透明度原则?

4. 装运前检验协定中用户成员的义务与出口成员的义务有何异同?

5. 原产地规则协定规定了哪些要求?

6. 国际卫生条例规定了哪些公共卫生措施?

检验检疫法典型案例选

一、逃避卫生检疫行政处罚强制执行案

(一)案情介绍

2001 年 9 月 28 日,上海某机械有限公司向 A 检验检疫机关报检一批进口旧设备。该批货物未经木质包装检疫和卫生处理就被擅自提运使用。A 检验检疫机关依据《国境卫生检疫法实施细则》第 109 条第 10 项和第 110 条第 3 款的规定,于 2002 年 2 月 7 日对该公司作出了罚款人民币 5000 元的行政处罚决定。

该公司以该违法事实系代理报关公司所为与自己无关为由,拒绝在法定期限内缴纳罚款,也未依法提起行政复议或行政诉讼,对 A 检验检疫机关多次督促其缴纳罚款的通知置若罔闻,拒不执行处罚决定,且对执法人员进行谩骂、恐吓。根据《行政处罚法》第 51 条第 1 项、第 3 项的规定,当事人逾期不履行行政处罚决定的,作出行政处罚决定的行政机关可以采取每日按罚款数额的 3‰加处罚款并申请法院强制执行。2002 年 10 月 22 日法院予以受理,并对该公司强制执行,罚款及逾期加处的罚款共 27800 元。

(二)案情分析

本案中,上海某机械有限公司进口旧设备,首先是旧设备本身必须经过进出口商品检验,其次其木质包装需要经过动植物检疫和国境卫生检疫。因此,上海某机械有限公司的进口旧设备行为必须同时遵守《进出口商品检验法》、《进出境动植物检疫法》、《国境卫生检疫法》。本案中上海某机械有限公司进口旧设备的商检没有违法,但是其木质包装的动植物检疫和国境卫生检疫违法。

A 检验检疫机关在这起逃避动植物检疫及卫生检疫处罚案中,依据法律条款及掌握尺度准确。木质包装逃避检疫,违反《进出境动植物检疫法》和《国

境卫生检疫法》，依据两个法律分别有法律责任的规定，但是显然只能依据其一进行处罚。由于货物的木质包装主要不是按照动植物及其产品进出境的，而是随着货物进出国境，因此，应当按照《国境卫生检疫法》进行处罚。

在调查取证过程中，当事人以该违法事实系代理报关公司所为与自己无关的理由进行申辩。事实上报检单证上的单位公章、收货单位均为该公司，代理报关公司仅仅是代理而已，代理行为发生的法律后果由被代理人承担，因此，A检验检疫机关处罚该公司并无不当，该公司的申诉理由不成立。

A检验检疫机关在发出处罚通知的同时，已告知当事人在法定期限内提起行政复议或行政诉讼的权利，但是上海某机械有限公司未依法提起行政复议或行政诉讼。当事人既未行使合法权利，又未履行义务，反而对执法人员进行谩骂、恐吓，试图逃避处罚。最终被强制执行罚款与逾期加处的罚款，上海某机械有限公司付出的罚款总额是原罚款额的5倍多，体现了检验检疫法的严肃性。

关于检验检疫行政处罚，如果当事人拒不执行罚款，检验检疫机关不能自己采取强制措施对当事人强制罚款，但是可以向法院申请强制执行，通过法院的强制力来保障检验检疫行政处罚的权威性。

二、未办理入境检疫审批案

（一）案情介绍

2002年10月，上海A外贸易有限公司（简称A外贸公司，下同）代理浙江某花卉种苗发展有限公司（简称B花卉公司，下同）从台湾地区进口1批蝴蝶兰小苗，共47000株，并于10月29日委托上海某储运有限公司向口岸检验检疫机关报检。在受理报检时，检验检疫人员发现单证中缺少引进植物种苗的检疫审批单及相应的备案材料，即要求报检人补充提供。11月1日，报检人补充提供了1份盖有浙江省林业种苗管理总站印章及检疫员吴某签名的"引进林业种子、种苗和其他繁殖材料检疫审批单"。经审核，检验检疫人员发现该公司提供的检疫审批单有伪造嫌疑，经查确认货主B花卉公司提供的检疫审批单为无效单证，而且贸易代理人A外贸公司提供的该批种苗的植物介质（苔藓）"进境动植物检疫许可证"也与货物实际情况不相符。

经调查后查明：当检验检疫人员10月30日要求补充提供引进种苗的检疫审批单后，A外贸公司的业务员与货主B花卉公司的人员，持伪造的"引进林木种子、种苗和其他繁殖材料检疫审批单"到浙江省林业种苗管理总站,利用该站对有关法律法规的生疏骗取信任加盖了公章,并伪造"吴 X"的签名。A 外贸公司又为 B 花卉公司提供了用于上海某公司的植物介质"进境动植物检疫许可证",并由代理报检公司提供给口岸检验检疫机关。虽然"进境动植物检疫许可证"由 A 外贸公司申领,但进境后的生产、加工、使用、存放单位与该批货物的实际情况不符。根据"进境动植物检疫许可证"的申领使用规定,A 外贸公司及 B 花卉公司均没有对该批货物事先办理检疫审批,至此案情明了。

根据调查情况,该口岸检验检疫机关对 A 外贸公司未事先办理植物介质的检疫审批"擅自进口的行为,依据《动植物检疫法实施条例》第 59 条第 2 项的规定,处以 3000 元罚款处罚,于 2003 年 1 月 9 日发出处罚决定书,该公司于当日缴纳了罚款";对 B 花卉公司在办理引进种苗检疫审批单中的违法行为,向浙江省森林病虫防治检疫站等部门通报,作移交处理。

(二)案情分析

本案是违反进出境动植物检疫的检疫审批制度的典型案件。进出境动植物检疫的检疫审批制度主要有以下要求:

1. 事前性

进出境动植物检疫的检疫审批要求在进口报检之前进行,具有事前性。A 外贸公司未事先办理植物介质的"进境动植物检疫许可证"就擅自进口,违反了《进出境动植物检疫法》的检疫审批要求。检验检疫人员要求报检人补充提供引进植物种苗的检疫审批单,并非说明进口植物种苗的检疫审批可以在报检之后进行,而是基于两种原因的考虑,一种是考虑到 A 外贸公司有可能因工作失误,忘记将已经获得的检疫审批单提交,从而给予其一次补充提交的机会;另一种是考虑到对于一些特殊情况下来不及办理检疫审批手续的进口者,要给予其一个合理的期限予以补充提交检疫审批,但这种事后检疫审批的当事人,应当同时提交有关检疫审批滞后原因的说明与证明。本案中 A 外贸公司并无特殊情况,在报检后不可能获得检疫审批,在不甘心的状态下企图蒙混过关,因此与 B 花卉公司合谋骗取签章来伪造检疫审批单,从而构成违法。

2. 真实性

进出境动植物检疫的检疫审批要求当事人在动植物进口报检时提供的检疫审批单是真实的。本案中 A 外贸公司的业务员与货主 B 花卉公司的人员,

持伪造的"引进林木种子、种苗和其他繁殖材料检疫审批单"到浙江省林业种苗管理总站,利用该站对有关法律法规的生疏骗取信任加盖了公章,并伪造"吴 X"的签名。虽然公章本身是真实的,但是检疫审批单还是不真实的。如果说,公章的骗取加盖尚不能否认公章的真实性的话,那么伪造"吴 X"的签名肯定是不真实的,这足以否定该检疫审批单的真实性。因此,负责任的检疫人员发现后就可否认该检疫审批单的有效性。

3. 协调性

进口植物种苗的检疫审批由林业部门负责,但是对检疫审批单的审查由检验检疫部门负责。两个部门之间应当协调配合,分工负责。本案中,B 花卉公司在补办引进种苗检疫审批单过程中存在的弄虚作假行为,也是违法行为,但是查处该类违法行为的部门并非是检验检疫部门。因此,检验检疫部门不能对此类违法行为直接进行处罚,而应移交给林业部门进行查处。本案中检验检疫机构将 B 花卉公司的违法行为移交给浙江省森林病虫防治检疫站处理,是恰当的。至于 A 外贸公司未事先办理植物介质的"进境动植物检疫许可证"就擅自进口,并使用其他单位的植物介质"进境动植物检疫许可证"来办理报检,违反了"进出境动植物检疫法"的规定,属于检验检疫机构管辖范围,依据《进出境动植物检疫法实施条例》的规定,可以处以 5000 元以下罚款,本案中检验检疫机构根据案情对其处以 3000 元罚款,从执法主体、处罚对象、适用法律、处罚幅度方面都符合规定。

三、一起错判为逃避商检罪的伪造国家机关印章罪案件

（一）案情介绍

某公司法定代表人赵某为招揽生意,缩短货主从海关监管库提取货物的时间,向他人订制了"已办检验检疫 10 号"、"已办检验检疫 12 号"两枚假章,后将两枚假章交给雇员张某和张某某,要求二人在公司代办的进口货物运单上加盖,造成进口货物已申报检验可以放行的假象,致使 26 批次的货物未经国家检验检疫部门检验检疫即从海关监管库中提出,达到其快速进境的目的。

2009 年 2 月 1 日,北京市朝阳区人民检察院以赵某犯伪造国家机关印章罪,张某、张某某犯逃避商检罪向北京市朝阳区人民法院提起公诉。北京市朝阳区人民法院经审理认为:赵某、张某、张某某违反《进出口商品检验法》的规定,逃避商品检验检疫,构成逃避商检罪,故以逃避商检罪判处三被告人有期

徒刑一年,罚金 1000 元。

一审宣判后,北京市朝阳区人民检察院以赵某的行为应构成伪造国家机关印章罪,且情节严重,应处 3 年以上 10 年以下有期徒刑为由,向北京市第二中级人民法院提出抗诉。

北京市第二中级人民法院审理后认为:一审判决中未明确逃避检验检疫的商品种类,未查清是否属于法定必检商品,认定赵某、张某、张某某犯逃避商检罪的事实不清,故发回北京市朝阳区人民法院重审。

在重新审理过程中,法庭发现逃避检验的商品不属法定必检的商品,故北京市朝阳区人民检察院撤销了对张某和张某某犯逃避商检罪的指控,保留了对赵某犯伪造国家机关印章罪的指控。2009 年 9 月 29 日,北京朝阳区人民法院以伪造国家机关印章罪,判处赵某有期徒刑 1 年,罚金 1000 元。宣判后,赵某未提出上诉。

(二)案情分析

逃避商检罪的犯罪对象必须是法定必检的进出口商品,只有当法定必检的进出口商品逃避商检时,才可能构成逃避商检罪;伪造国家机关印章罪的犯罪对象必须是国家机关的印章,只有伪造的是国家机关的印章,才可能构成伪造国家机关印章罪。如果本案当事人确实同时存在逃避法定检验和伪造检验检疫印章的事实,一审法院的判决才具有合法性。如果当事人在进口货物运单上加盖伪造的"已办理检验检疫 10 号"和"已办理检验检疫 12 号"两枚印章,其目的是为了逃避法定检验,那么伪造印章是手段,逃避法定商检是目的,在手段和目的上分别构成伪造国家机关印章罪和逃避商检罪,目的行为吸收手段行为,应当按照逃避商检罪判处。

北京市朝阳区人民检察院以赵某的行为应构成伪造国家机关印章罪,且情节严重,应处 3 年以上 10 年以下有期徒刑为由,向北京市第二中级人民法院提出抗诉。这一抗诉理由是否成立,关键在于"情节严重"是否成立。如果情节严重,则手段犯罪该处的刑罚高于目的犯罪该处的刑罚,就不宜以目的罪吸收行为罪进行判处。但由于本案中一审公诉机关在起诉书中并未明确指控赵某属于"情节严重",根据案情也无法确定"情节严重",因此只能按照情节一般来看待。虽然伪造国家机关印章罪,情节严重的,应处 3 年以上 10 年以下有期徒刑,但是对于情节一般的伪造国家机关印章罪,只能处 3 年以下有期徒刑,此时与逃避商检罪的刑罚相当,只要两罪的构成要件均符合,应当根据目的罪吸收行为罪的原则,按照逃避商检罪判处。

但是,二审法院查明,本案的逃避商检行为所逃避的并非一定是法定检验。由于没有证据证明逃避的是法定检验,就不能按照逃避商检罪进行判处。因此,本案中三个当事人均不构成逃避商检罪,一审判决错误,应当予以撤销。但赵某伪造检验检疫印章的事实确凿,其构成伪造国家机关印章罪的罪名成立,由于目的罪的缺失,手段罪可以独立成立,因此对赵某按照伪造国家机关印章罪进行判处。张某、张某某未参与伪造检验检疫印章,因此不予追究伪造国家机关印章罪。

值得注意的是,如果张某、张某某明知赵某提供的检验检疫印章是伪造的,那么其使用伪造的检验检疫印章行为,同样构成伪造国家机关印章罪。本案法院可能无法查证张某、张某某的"明知"主观状态,因此不予追究张某、张某某的伪造国家机关印章罪。

四、因国境卫生检疫引出的出国劳务纠纷案

(一)案情介绍

原告袁某,江苏海门市三星镇人,现年 40 岁,从事建筑钢筋工。1998 年曾赴新加坡从事过建筑劳务,2001 年 2 月到海门市某劳务公司报名出国赴新加坡,并交纳了相应的费用。

2001 年 3 月 9 日,海门某劳务公司组织袁某等人到江苏南通出入境检验检疫局国际旅行卫生保健中心进行出国前体格检查,该公司在袁某的体检表上注明其是第二次前往新加坡劳务,并称袁某刚从新加坡回来,上一次的出国前体检和在新加坡复检都没有问题。保健中心为袁某胸透时发现其右上肺有阴影,其他各项检查结果均正常。经南通市卫生防疫站也就是南通市结核病防治所胸片复查,发现其右上肺有一直径小于 0.5cm 的陈旧性肺结核钙化点阴影。根据我国肺结核报告制度,这是肺结核痊愈的标志之一,属正常范畴,不在报告之列,故南通出入境检验检疫局向袁某出具了"经复查,两肺野及心膈正常"的报告并签发了"国际旅行健康证明书"。袁某据此证书与中国某建筑工程(新加坡)有限公司签订了雇佣合同,并按合同缴纳了 3.7 万元出国费用。

2001 年 6 月 28 日,袁某到达新加坡。次日在新加坡进行了例行健康检查,在 7 月 5 日出具的胸片报告上写着"右上肺感染阴影,建议随访,心膈影正常"。当时新加坡雇佣单位人员向袁某提出了两种选择,要么是在新加坡进一

步检查、治疗、观察,复查合格后方可留下来从事劳务,要么回国。袁某选择了后者,并于 2001 年 7 月 11 日回国。但袁某需要承担从新加坡返回的单程机票费和中国某建筑(新加坡)公司与其签订合同上的罚款 5000 元。

袁某回国后,在海门市人民医院拍片检查,告之肺部有少许陈旧性阴影。于是袁某向其所在地的海门市人民法院提起民事诉讼,将保健中心、防疫站和海门某劳务公司告上法庭,要求三被告赔偿其从新加坡返回的路费及被新方公司的罚款,共计 8326.5 元,以及承担诉讼费。他认为,被告在明知其体检的目的是为了出国劳务,由于过错,将原告肺部早就存在的阴影忽略,并出具身体合格可以出国的健康证明,致使其到新加坡后被查出而被赶回,其受损与被告的过错有直接的因果关系。

2001 年 11 月 7 日,海门市人民法院受理此案。原告袁某的代理人提出了对被列为第三被告的海门某劳务公司撤诉的申请,经法院口头裁定准予撤诉。在庭审中,两被告向法庭提出申请,要求对防疫站 4 月 1 日为原告袁某所摄胸片作法医学鉴定,以明确袁某受检时肺部是否患有不能取得"国际旅行健康证明书"的传染病。海门市人民法院于 2002 年 1 月 7 日,委托南通市中级人民法院进行了法医学鉴定,鉴定结论为"陈旧性结核诊断成立"。

海门法院审理后认为,两被告的检验报告仅仅对南通出入境检疫局负责,对外与原告之间不发生直接的权利义务关系,两被告为原告进行健康检查并无过错,因此判决驳回原告袁某要求被告保健中心、防疫站赔偿损失的诉讼请求。案件受理费人民币 344 元,邮资费人民币 180 元,合计人民币 524 元由原告袁某负担。法医学鉴定费人民币 278 元由两被告负担。

袁某对海门市人民法院的判决不服,于 2002 年 6 月 2 日上诉至南通市中级人民法院。南通市中级人民法院审理后认为,原审法院认定事实清楚,一审判决并无不当,因此判决驳回上诉,维持原判,本案案件受理费 344 元,由上诉人袁某承担。

(二)案情分析

尽管事实上涉外劳务纠纷与国境卫生检疫无关,但本案中的出国劳务纠纷,其起诉原因源于国境卫生检疫行为。分析本案案情,可以梳理出被告无须承担责任的以下三个理由。

首先,是当事人自己选择回国,并没有被强制回国的损失后果。由于当事人自己作出选择所产生的损失后果,理应由当事人自己承担,不需任何人承担后果。因此,当事人无权向包括保健中心、防疫站和海门某劳务公司在内的任何机构或个人提出赔偿请求。新加坡卫生部、劳工部对入境劳务工人不能获得就业签证的健康状况规定是"具有活动性结核或艾滋病病毒感染者",并不包括本案原告在新加坡所查出的病情。据袁某在庭审中陈述,其在10多年前曾患过肺结核,经治疗后痊愈。陈旧性结核钙化点早已存在,其1998年赴新加坡时未因此而被退回,说明这并不妨碍袁某在新加坡取得劳务资格。而且,此次新加坡方也没有强制原告退回,而是允许其作出是留在新加坡治疗还是回国治疗的选择。当事人自己选择了回国,损失责任在其自身,理应由原告自己承担损失后果。

其次,检验检疫部门的行为与当事人损失之间的关系。即便是当事人被新加坡检疫部门强制退回中国,也不能追究检验检疫部门的赔偿责任。检验检疫部门的检疫行为是国家职权所在,并非接受当事人的委托,如果出现没有检出疫病,致使染疫人出境的,仅仅需要承担行政执法责任,无须对当事人承担相应的赔偿责任。当事人如果被外国检疫机关拒绝入境,其产生的损失是由于当事人自身身体健康原因所致,并非检验检疫机关的检疫行为所致。当然,如果不该进行创伤性检疫而进行创伤性检疫,给当事人造成直接损失的,检验检疫部门应当承担赔偿责任。本案中,袁某出国体检时发现的直径小于0.5cm的陈旧性肺结核钙化点阴影,这是原肺结核感染痊愈后的表现之一,按我国结核病报告制度属正常范畴,不在报告之列,故防疫站出具了"两肺及心膈正常"的摄片报告。根据我国的有关法律法规规定,出入境人员患检疫传染病、监测传染病及其他传染病者不签发"国际旅行健康证明书",而袁某并非患有传染病,属签发"国际旅行健康证明书"的对象。本案中,法医学鉴定结论为"陈旧性结核诊断成立"。对于新方出具的"右上肺感染阴影"体检报告,未能确认"感染性阴影"的性质,肺部感染可能是一般性的,也可能是传染性的。袁某自4月1日受检后至出国的间隔近3个月,因此肺部感染应当是在受检后发生的,甚至是出境后发生的。袁某回国后再次检查时肺部阴影消失,可以证明此次肺部感染是一般性的,非传染性的。因此,两被告的行为并无过错。

再次,被告保健中心、防疫站是接受南通出入境检疫局的委托,根据《中华人民共和国国境卫生检疫法》以及《卫生部、公安部关于中国公民出入境提交健康证明书的通知》为原告进行健康检查,两被告的检验报告仅仅对南通出入境检疫局负责,对外与原告之间不发生直接的权利义务关系。而且,两被告为原告进行健康检查并无过错。如果两被告对当事人的检查行为直接影响到原告的健康,造成原告的直接损失的,当然要承担赔偿责任。而本案显然没有这种直接损失,因此,两被告无须承担任何赔偿责任。

五、一起外轮疫鼠处置案

（一）案情介绍

2008年11月26日12:00，一艘来自俄罗斯科尔萨科夫港、空载入境的巴拿马籍船舶"宜发"轮抵达福州港文湾锚地，福州检验检疫局卫生检疫人员周天喜奉命登上该轮实施入境检疫。船舶单证、食品装载港、航行日志等情况，一一过目，认真检查。在实施检疫过程中，厨房旁边临时物品堆放间的一只死鼠引起周天喜的职业警觉。他立即戴好口罩、手套，用杀虫剂对死鼠1米范围进行杀虫，实施采样，将死鼠装入密封袋，再反装入另一个密封采样袋。经询问船长，回答说在船上从未发现鼠类活动，前几个月还在生活区投下老鼠药，但未发现死鼠。周天喜掏出了高功率远距对讲机向科长汇报，按照科长指示对船员立即进行体温检测，对船舶生活区厨房、餐厅、食品储藏间、船员房间等区域彻底查找是否还有其他死鼠。检查结果为：船员体温未见异常；船舶卫生状况不佳，公共场所脏乱，船员房间不整洁，厨房有油污，干货间堆放杂乱；发现2处鼠咬痕，8处陈旧性鼠粪；未发现有其他死鼠。

经请示同意，13:40卫生检疫查验科科长李平航向船长下达指令："船长你好，经查验你船发现不明原因死鼠，决定立即采取现场紧急控制措施，请立即挂上'PP'字旗，禁止人员上下船舶，禁止其他船舶靠近，对船员实施一日两次的体温检测，随时报告船员健康状况，布放捕鼠器械，防止蚤类叮咬。"

同时，对死鼠立即送样检测鉴定。17:50，样品送达福建出入境检验检疫局保健中心检疫实验所。22:30，检测结果显示：鼠疫F1抗原呈阳性。

出入境检验检疫福建局与福州局立即启动口岸突发公共卫生事件应急处置工作预案，对船舶实行紧急控制措施，并立即使用同一方法重复检测，与福建省CDC实验室进行比对。经进一步复检核实，与福建省CDC实验室比对，所得结论均为鼠疫F1抗原阳性，判定为疑似鼠疫，鼠种形态学为黄胸鼠。于是决定对全船进行熏蒸灭鼠、除虫、消毒，对船员实施留验观察。

11月28日，检疫人员克服天气、海浪的影响，用小船及时将检疫处理物资送达该船，开始了周密的卫生处理。所有船员在检疫人员的监督下沐浴、换上干净衣服，穿上了一次性隔离服。16:00，清点人数，封好最后一道舱门，实施灭蚤、消毒、溴甲烷熏蒸除鼠，投放溴甲烷400kg。在不能密闭熏蒸的部位及生活区重点部位布放鼠笼、粘鼠板进行器械捕鼠。16:30，全体人员撤离"宜

发"轮。留守人员在"宜发"轮停泊海域附近 400m 处抛锚值班。

　　共有 23 人需要隔离,留验场所要求容量很大。经过论证和现场勘查,选定位于连江县黄岐镇畚箕山上的某部队一空置旧营区。检疫人员先对留验场所进行除虫、消毒处理,整洁环境,将寝室被褥等物品摆放整齐。11 月 28 日 15:05,船员抵达,在入口处脱除一次性隔离衣后进入留验场所,开始了为期 6 天的留验生活。检疫人员对船员进行流行病学调查.每天 2 次测量体温、医学诊察,对留验场所生活垃圾、留验人员排泄物进行卫生处理,对留验场所走廊及楼前空地进行灭蚤处理。检疫人员对有情绪船员进行耐心细致的解释,及时消除船员的不满,取得船员的理解与配合。检疫人员安排好船员的饮食,还为船员采购取暖器、抗感冒药等常备药品。

　　11 月 30 日上午,检疫人员检测船舶溴甲烷残留浓度达到安全限值后,经现场评价判定熏蒸效果为合格。然后,再次对船舶进行全面除虫和重点部位消毒。

　　12 月 4 日 14:00,留验满 6 天,船员无一出现鼠疫相关症状和体征。登轮检疫人员、船舶代理、海关人员、引航员等所有间接接触者,未见异常。

　　经专家小组评估,本次疑似鼠疫疫情已得到有效控制和消除,同意终止处置行动。疫情解除,降下检疫信号。

　　(二)案情分析

　　本案是发现染疫死鼠后的卫生处理案件,属于采取强制措施的行政行为。从本案中可以总结出卫生处理这一行政强制措施的基本要求。

　　首先,卫生处理等检疫工作需要极强的责任心。检疫人员周天喜如果不发现死鼠,或看到死鼠后视而不见,不及时报告,就有可能让船员下船,导致疫情扩散。检疫人员责任心不强,则隔离、熏蒸、除虫、灭鼠等卫生处理就不会及时进行,船上人员就多一份危险,就增加一份疫病扩大的可能性。

　　其次,卫生处理必须遵守一定的程序。一方面,发现并确认需要卫生处理的疫情需要一定的程序。本案中,检疫人员必须仔细检查船舶等出入境运输工具,发现死鼠等可疑现象,必须及时报告,并按照指示进行进一步的检查,采取一定的紧急措施后,送样进行实验室检疫,经复检、比对等程序确认染疫后,才启动进一步的卫生处理预案。另一方面,进行卫生处理也需要按照一定的程序。人员隔离需要按照一定的程序,熏蒸、除虫、灭鼠都要遵守程序。本案检疫人员较好地执行了卫生处理的程序。

　　再次,卫生处理必须注意人性化。涉及对船上人员的隔离,是对这些人员人身权利的限制,一般都会引起受隔离人员的抵触情绪,需要检疫人员耐心做好思想工作,并对受隔离人员的生活起居热情照顾,以消除其情绪、取得他们的配合。只有如此,才能取得较好的执法效果。

福建局在此次检疫处置事件中显然很好地做到了以上三点,起到了很好的检疫效果,因此其受到国家质检总局和福建省政府的肯定,也是理所当然的。此次检疫处置事件,是我国口岸卫生检疫部门多年来首次在入境船舶上发现染疫死鼠。它的成功处置,避免了疫情的扩散,维护了港口正常的生产秩序,保障了口岸的卫生安全。

参考书目

[1][美]博登海默著:《法理学:法律哲学与法律方法》,邓正来译,中国政法大学出版社 1998 年版。

[2]张文显主编:《法理学》,高等教育出版社 2003 年版。

[3]陈乃新著:《经济法理性论纲——以剩余价值法权化为中心》,中国检察出版社 2004 年版。

[4]国家质量监督检验检疫总局法规司编:《出入境检验检疫法律基础教材》,中国纺织出版社 2008 年版。

[5]谢建华、王丽红主编:《检验检疫法规与实务》,化学工业出版社 2010 年版。

[6]国家质量监督检验检疫总局编:《出入境检验检疫法律实务问答》,化学工业出版社 2010 年版。

[7]王艳林主编:《质检法教程》,中国政法大学出版社 2010 年版。

[8]祝铭山主编:《质量监督检验检疫行政诉讼》,中国法制出版社 2004 年版。

[9]詹思明、王仲符编著:《海峡两岸检验检疫制度研究》,厦门大学出版社 2009 年版。

[10]宋大涵、葛志荣、蒲长城主编:《中华人民共和国进出口商品检验法实施条例释义》,法律出版社 2005 年版。

[11]王国平主编:《动植物检疫法规教程》,科学出版社 2006 年版。

[12]房维廉主编:《〈进出境动植物检疫法〉的理论和实务》,中国农业出版社 1995 年版。

[13]姚文国、史敏主编:《〈中华人民共和国进出境动植物检疫法实施条例〉释义》,中国农业出版社 1997 年版。

[14]姚文国等编:《浅谈动植物检疫法》,法律出版社 1988 年版。

[15]崔茂森主编:《学习进出境动植物检疫法实施条例 100 问》,大连出版社 1997 年版。

[16]国家质量监督检验检疫总局卫生司中国卫生法学会国境卫生检疫专

业委员会深圳出入境检验检疫局主编:《国际卫生条例与中国卫生检疫》,广东科技出版社 2008 年版。

[17]刘善春、吴平:《卫生行政法研究》,北京大学出版社 2007 年版。

[18]北京大学出版社编:《中国卫生法前沿问题研究》,北京大学出版社 2005 年版。

[19]朱宽胜主编:《纪念〈中华人民共和国国境卫生检疫法〉颁布 10 周年论文集》,人民卫生出版社 1996 年版。

[20]吕志平主编、中华人民共和国广东卫生检疫局编:《广东卫生检疫纪念〈中华人民共和国国境卫生检疫法〉公布十周年论文集》,人民卫生出版社 1996 年版。

[21]季任天主编:《商检管理学》,中国计量出版社 2008 年版。

[22]季任天、于俊嶙著:《质量监督检验检疫概论》,中国计量出版社 2010 年版。

[23]顾钟毅、李德涛编著:《质量检验基础》,中国标准出版社 2004 年版。

[24]秦现生主编:《质量管理学》,科学出版社 2002 年版。

[25]鞠兴荣主编:《动植物检验检疫学》,中国轻工业出版社 2008 年版。

[26]乐涛、毕玉霞主编:《动物检验检疫》,重庆大学出版社 2007 年版。

[27]河南出入境检验检疫局编著:《出入境检验检疫证单签证规范》,中国标准出版社 2010 年版。

[28]吴晖主编:《动植物检验检疫学》,中国轻工业出版社 2008 年版。

[29]周宜开主编:《卫生检验检疫》,人民卫生出版社 2006 年版。

[30]顾忠盈主编:《为了这片净土　江苏进出境动植物检验检疫重大案例选编》,东南大学出版社 2009 年版。

[31]孙颖杰主编:《出入境动物检验检疫技术研究》,中国海洋大学出版社 2009 年版。

[32]洪雷编著:《出入境检验检疫报检实用教程》,格致出版社 2009 年版。

[33]国家质量监督检验检疫总局卫生司、中国卫生法学会国境卫生检疫专业委员会、深圳出入境检验检疫局主编:《国际卫生条例与中国卫生检疫》,广东科技出版社 2008 年版。

[34]仲德昌编著:《出入境纺织品检验检疫 500 问》,中国纺织出版社 2008 年版。

[35]洪雷著:《进出口商品检验检疫》,汉语大词典出版社 2008 年版。

[36]郭晓玲主编:《进出口纺织品检验检疫实务》,中国纺织出版社 2007

年版。

[37]戴诗琼主编:《检验检疫学》,对外经济贸易大学出版社 2002 年版。

[38]黄冠胜主编:《主要贸易国家或地区动物检疫法律法规》,中国农业出版社 2007 年版。

[39]徐力、汪敏、施欲晖编著:《检验检疫原理与实务》,上海交通大学出版社 2007 年版。

[40]刘耀威编著:《中国出入境检验检疫》,北京大学出版社 1999 年版。

[41]李廷、陆维民编著:《检验检疫概论与进出口纺织品检验》,中国纺织大学出版社 2005 年版。

[42]于大海、崔砚林主编:《中国进出境动物检疫规范》,中国农业出版社 1991 年版。

[43]许志刚主编:《植物检疫学》,中国农业出版社 2003 年版。

[44]夏红民主编:《中国的进出境动植物检疫》,中国农业出版社 1998 年版。

[45]北京动植物检疫局主编:《进出境动植物检疫》,中国农业科技出版社 1995 年版。

[46]李志红、杨汉春、沈佐锐主编:《动植物检疫概论》,中国农业大学出版社 2004 年版。

[47]吴荣恩主编:《出入境检验检疫行政执法办案指南》,法律出版社 2010 年版。